徐國裕　編著

# 船舶管理

## （第二版）

海洋特色
教科書
系列叢書

- 大專商船與航運管理科系之教材
- 海運從業人員在船舶技術管理上之參考

五南圖書出版公司 印行

# 二版序

一、本書出版後，除符合商船相關科系有關船舶管理及船務行政的教學需要外，亦適用於研究所及海運公司所屬船隊，在船舶技術管理上的參考。

二、近五年來與船舶營運有關的海事國際公約及國內法規，作了部分的修訂。本書內容亦必須在法規適用上予以同步修正，以符合營運管理上的作業規定。

三、感謝中國驗船中心黃余得處長提供資料及寶貴意見，特致謝意。

四、海運事務日新月異，船舶管理作業不斷精進，筆者才疏學淺，疏漏謬誤之處在所難免，尚祈海運先進不吝賜正，實所企盼。

徐國裕 謹識

中華海洋事業協會

2013年9月

# 序

一、本書適用於大專商船相關科系，有關「船舶管理」及「船務管理」三學分課程。因科系背景不同，可依授課時數及教學需求，選擇所需章節教授之。

二、本書第一篇有關船舶基本概述部分，大部分參考周和平教授所著「船藝學」之內容。另有關新船建造與監造部分，大部採用黃余得先生之論述，並徵得同意，特此致謝。有關船務行政管理方面，亦參照IMO Model Course 2.05之內容編寫。

三、本書涵蓋範圍符合STCW 78/95中有關「船舶概論」、「船務行政」、「船上組織與管理」、「船上安全與訓練」及「船舶安全管理」內容。

四、本書兼具理論與實務，除可供大專商船相關科系使用外。亦希望能對海運從業人員，提供基本的船舶管理常識。因慮及篇幅有些專業部分如「船舶結構及穩度」、「貨物作業」及「船上醫療」等仍建議參考相關論著。

五、本書原為筆者講授「船舶管理」之教本，感謝中國航運公司郭炳秀船長提供寶貴資料並予以校正，另商船系所吳建興、陳坤宏、塗紹忠、劉千豪等同學先後在資料整理上之協助，一併致謝。

六、船舶管理涉及範圍甚廣，筆者才疏學淺，疏漏謬誤之處在所難免，尚祈各界賢達先進不吝賜正，實所企盼。

徐國裕 謹識

於海洋大學海運研究中心

2007年7月

# 目錄

001

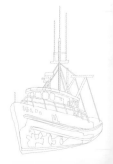

005

# 第一篇
## 船舶　Ship

# 第一章　船舶概論

「船舶」一詞，原來是用以表示浮在水上之物體的一種概念，英語中稱船舶為『Ship』或『Vessel』，若嚴格區分，『Ship』表示大型船，而『Vessel』則表示大型船及小型船。我國對於「船舶」一詞的意義在船舶法第一條中有如下的定義：

「本法所稱船舶，謂在水面或水中供航行之船舶，其類別如下：

一、客船：謂搭載乘客超過十二人之船舶。

二、非客船：謂不屬於客船之其他船舶。

三、小船：謂總噸位未滿五十之非動力船舶，或總噸位未滿二十之動力船舶。

四、動力船舶：謂裝有機械用以航行之船舶。

五、非動力船舶：謂不屬於動力船舶之任何船舶。」

## 第一節　一般航用術語（General Nautical Terms）

每一種行業都有其各自使用之專門術語，在學習某種工作以前，應將一般使用之術語加以瞭解，航用術語包羅萬象，涉及廣泛，本節中僅述及最基本及最常用的航海名詞，以作為學習船舶管理（Ship Management）之開端。

### 一、關於船體術語

船體的主要部分稱為船殼（Hull），按其縱向劃分，可分為前部（Fore Part），舯部（Midship Part）及船後部（After Part），在船體之最前端稱為艏材（Stem），船體最後端之部分稱為船艉（Stern）。如圖1-1所示。至於其各部之劃分如圖1-1所示。

STERN ─── AFTER PART　MIDSHIP PART　FORE PART ←── STEM

圖1-1

船前部係指艏材至第一個主橫向艙壁（Transverse Bulkhead）；舯部係指由第一個主橫向艙壁至最後一主橫向艙壁之部分；船後部係指最後一個主橫向艙壁至船艉之部分。

任何與船縱向相同方向的線稱為縱向線（Fore-and-Aft Line），由船艏中央與船艉中央之連線稱為艏艉中心線（Fore-and-Aft Center Line）。在艏艉中心線的垂直平面上將船身分成兩部分，人在船上，面向船艏，在其右側之部分稱其為右舷側（Starboard Side），在其左側之部分稱其為左舷側（Port Side）。如圖1-2及圖1-3所示。通常船上的各種裝備，其編號在右舷側者使用單數編號，在左舷側者使用偶數編號。例如救生艇的編號即是。

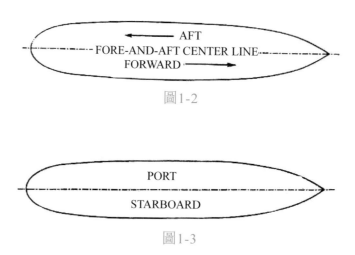

圖1-2

圖1-3

船殼由船底的龍骨（Keel）向上，兩邊亦分別稱為左舷與右舷，船前部曲面之處稱其為船艏（Bow），在左則稱為左舷艏（Port Bow），在右則稱為右舷艏（Starboard Bow）。在左舷則稱為左舷艉部（Port Quarter），在右舷則稱為右舷艉部（Starboard Quarter）。

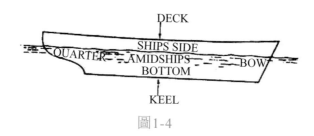

圖1-4

當船浮在水面時，船殼表面濕水部分與露出部分的交界線稱為水線（Water

Line）。

　　船舷（Ship's Side）依其上下又可分為上舷（Top Side），水線帶（Boottopping Side）及底舷（Bottom Side）。在重載水線以上的部分稱為上舷；重載水線與輕載水線間之區域稱為水線帶；在輕載水線之下方區域稱為底舷。如圖1-5所示。

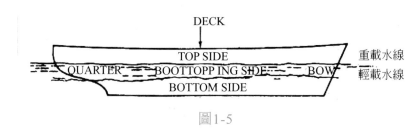

圖1-5

　　在船樑（Beam）上鋪以近乎水平方向之平面結構物稱甲板（Deck）。若鋪以厚木板稱其為木甲板（Wooden Deck）；鋪以鋼板則稱為鋼板甲板（Steel Deck），為構成船體縱向及橫向強度之結構物。甲板按其所在部位，則細分下列各種：

1. 羅經船橋甲板（Compass Bridge Deck）。
2. 航海船橋甲板（Navigation Bridge Deck）。
3. 救生艇甲板（Boat Deck）。
4. 散步甲板（Promenade Deck）。
5. 艏樓甲板（Forecastle Deck）。
6. 船橋樓甲板（Bridge Deck）。
7. 船艉樓甲板（Poop Deck）。
8. 上甲板（Upper Deck）。
9. 第二甲板或中甲板（Second Deck or Tween Deck）。
10.第三甲板或最下甲板（Third Deck or Orlop Deck）。

　　如圖1-6所示，曝露於天候狀況下而無遮蓋之最上層連續甲板稱為露天甲板（Weather Deck）。甲板若不連續則稱為台甲板（Platform Deck）或稱艙內甲板。

　　乾舷（Freeboard）為最上層之連續水密甲板（通常為上甲板）至水線之高度。一般指船舯部處重載水線至乾舷甲板上緣之垂直距離。

　　舭（Bilge）係指船邊與平底相遇之船殼彎曲部分。

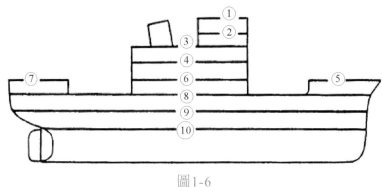

圖1-6

舭龍骨（Bilge Keel）係安裝於船底瘤部之長翼板，用以阻止船舶之橫搖（Roll-ing）。

## 二、關於船內位置與方向之名詞

陸地上的人住在房屋裏，海員則住在船裏（In a Ship）。在船之外面稱為在船外（Outboard），在甲板之上稱為在船上（On Board），在甲板之下稱為在船內（In Board）。

對橫向位置而言，由艏艉中心線把船分成左右兩半，在船舷之裏面稱為舷內（Inboard），在舷之外面稱為舷外（Outboard）。如圖1-7所示。

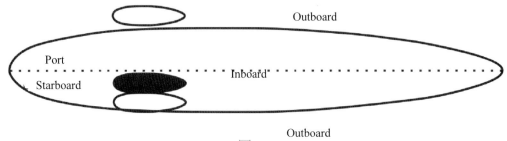

圖1-7

例如某船載有三艘救生艇，一艘已被旋出舷外（Outboard），另兩艘存放於右舷舷內（Inboard to Starboard）。若比右舷之兩艘而言，黑色艇在白色艇之內舷（Inboard），而白色艇在黑色艇之外舷（Outboard）。

至於，對船上東西所在位置之名稱可如圖1-8所示。

圖1-8

### 三、關於船外位置與方向的名詞

在艏正前（Ahead），在艉正後（Astern）及在正橫（Abeam）均為相對方位，當某物在正前與在正橫之間之方位，稱為在前方（On the Bow），當某物在正後與在正橫之間之方位，稱為在後方（On the Quarter）。如圖1-9所示。

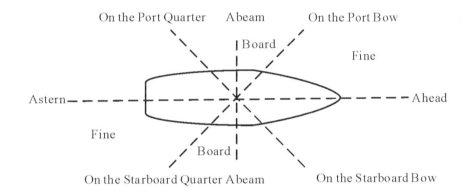

圖1-9

對於船外之較精確方位可使用以正前方為零度之相對方位（Relative Bearing）度數表示之。

## 第二節 船舶的主要尺度

為便於說明船舶之主要尺度（Principal Dimensions），我們應先認識基線或基準面。

基線（Base Line）〔B.L〕係指通過模體（Moulded Form）船舯（Amidship）最低點作平行於載重水線之直線謂之基線，該線所屬之水平面，稱基線面向（Baseline Plane）平行於水線面（Water Plane），所有的垂直尺度

（Vertical Dimension），均以此基線或平面為準則。

中線面（Centerline Plane）〔C.P.〕係經過船體中心而垂直於基線面的一個縱向平面，船體在此面之左右互相對稱。船體之其他縱剖面均與中線面相互平行。

同時與基線面及中線面垂直之剖面稱為橫剖面（Transverse Section），若將船長 區分成若干相等間隔，該間隔在側視圖（Profile）上謂之等分線（Station），通常係 將船長十等分，或十的數等分之。最前端之分線謂之艏垂標（Forward Perpendicular）〔F.P〕，係垂直通過設計滿載吃水線（Designed Load Water Line）與艏材（Stem）

前端相交點；最後一條等分線謂之艉垂標（After Perpendicular）〔A.P〕係艉柱（Stern Post）之後端垂直線，如無艉柱，則以舵桿（Rudder stock）之中心線為艉垂標；位於船體中央之橫剖面謂之舯剖面（Midship Section），以〔⊗〕表示之。

## 一、船長（Length of Ship）〔L〕

全長（Length Over All）〔L.O.A〕：由船艏最前端量至船艉最末端間之水平距離，是為全長，亦稱總長。

垂標間距（Length Between Perpendiculars）〔L.B.P or LBP〕：在夏季載重線（Summer Load Water Line）上測量，由船艏材（Stem）前緣至舵柱（Rudder Post）後緣間之水平距離，稱為垂標間距。如無舵柱時，則由艏材前緣量至舵桿（Rudder Stock）之中心。通常僅謂船長L即指垂標間距而言。

設計水線長（Length of Designed Load Water Line）〔L.D.W.L〕：即設計水線與艏柱上皮縫及船艉兩相交點間之距離，如圖1-10所示，一部分商船採巡洋艦船（Cruiser Stern），部分艉部浸在水內，其設計水線較垂標間距為長，故船級協會以0.96×[L.D.W.L]當作L.B.P。

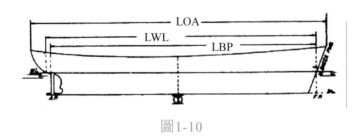

圖1-10

登記長度（Registered Length）〔$L_R$〕：即自噸位甲板（Tonnage Deck）；前

端船艏柱上皮縫量至艉垂標之距離，如圖1-11所示。

　　噸位長度（Tonnage Length）〔$L_T$〕：即噸位甲板下前後兩端肋骨或護條木之內邊線，與中心線兩相交點間之距離，如圖1-11所示。

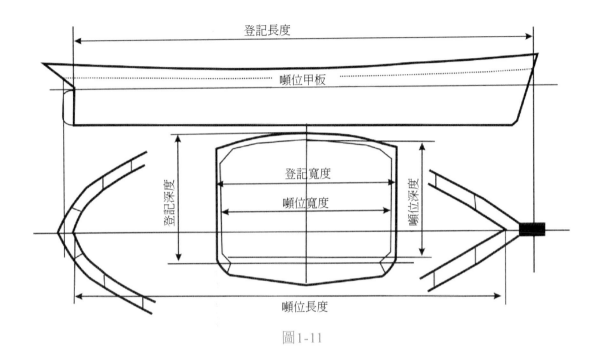

圖1-11

## 二、船寬（Breadth of Ship）〔B〕

　　全寬（Extreme Breadth）〔$B_E$〕：即船之最大寬度，量至兩舷護板或其屬物之最外邊緣。

　　模寬（Moulded Breadth）〔$B_{ELD}$〕：即在船之最寬處兩側船殼板內緣或肋骨外緣間之距離，又稱模樑寬度（Beam Moulded），如圖1-12所示。如為木質船，則量至兩側舷板外緣間之距離，如圖1-13所示

　　設計水線寬（Breadth of Designed Load Water Line）〔$B_{DWL}$〕：即最大橫剖面在設計滿載吃水線處之寬度。

　　登記寬度（Registered Breadth）〔$B_R$〕：係指在船之最寬處兩側板外緣間之距離，如圖1-11所示。

　　噸位寬度（Tonnage Breadth）〔$B_T$〕：係計算噸位所需之尺度，故度量方法隨裝載貨物之不同而異，散裝貨船量其兩側舷板內緣門之距離。若貨物係包裝者，則量至兩側肋骨或護木條內邊緣之距離，如圖1-11所示。

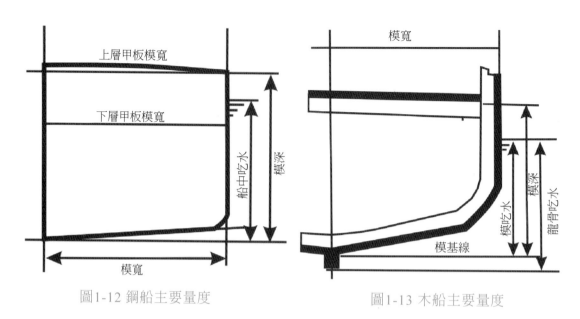

圖1-12 鋼船主要量度      圖1-13 木船主要量度

船寬影響穩度（Stability），船愈寬穩度愈大，但阻力增加。

### 三、船深（Depth of Ship）〔D〕

模深（Moulded Depth）〔$D_{MLP}$〕：即船舯兩舷自甲板下緣與基線間之距離，亦即橫樑端上緣至基線間之距離如圖1-12及1-13所示。

艙深（Depth of Hold）〔$D_H$〕：即於船舯並於中線面上，自副肋骨（Registered Frame）頂至脊樑頂之距離。

登記深度（Registered Depth）〔$D_R$〕：與艙深同。

噸位深度（Tonnage Depth）〔$D_T$〕：在噸位長度之半長處，自三分之一橫樑拱高（Camber）處量至副肋骨頂之垂直距離，如有艙底板，則艙底板之厚度須減除，如圖1-11所示。

船深與船體之縱向強度有關，船愈深抗彎能力愈佳，即縱向強度愈大。

### 四、吃水（Draft of Ship）〔d〕

模吃水（Moulded Draft）〔$d_{MLD}$〕：即自基線至水線間之垂直距離，如圖1-12及1-13所示。

龍骨吃水（Keel Draft）〔$d_K$〕：係自龍骨底線至水線間之距離，如圖1-12及1-13所示。

當船舶滿載貨物、燃油及水，船殼露出水面之高度恰與法定乾舷相等時之吃水謂之滿載吃水。

## 五、其他尺度

船舷內傾（Tumblehome）：船舷在水線以上向內傾斜，如圖1-14所示。其目的在於避免船體碰傷，一般船隻船舷內多在船體中段，蓋船以其中段最寬，在港內船隻擁擠，併靠繫纜時；或停靠碼頭時，最易相碰，但此類船隻建造時施工較難。

舷緣外傾（Flare）：船舷在水線以上向外傾斜，如圖1-15所示。與船舷內傾相反，其目的在於排開浪濤，避免或減少海浪捲上甲板，舷緣外傾於船艏部更為顯著，蓋以船前進時，船艏興起之浪花很大，極易捲上甲板而損及甲板上設備。

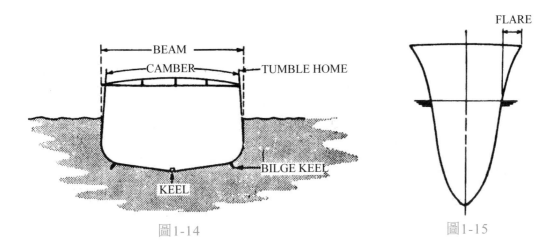

圖1-14　　　　　　　　　　　　　　圖1-15

舷弧高（Sheer）：即船舷甲皮線上任一點與船舯水平線間之垂直高度，亦即甲皮縱向所成之曲線高度，如圖1-16所示。其目的在增加艏艉之儲備浮力（Reserve Buoyancy），並增強艏、艉部浪花之防擋能力，艏舷弧（Sheer Forward）通常較艉舷弧（Sheer Aft）為大。

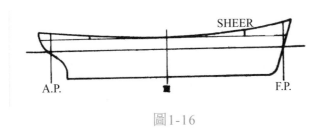

圖1-16

拱高（Camber）：即橫剖面甲板線上任一點與甲板端緣所連水平線間之垂直高度，如圖1-14所示。其目的在便於甲板上積水流向兩舷之排水孔，亦可使甲板之縱向拉力略為增強。主甲板及其上層甲板全部均應有拱高，但主甲板以下之艙

內甲板僅為安置房間或放置貨物，絕不致有積水，故可免去，以免製造時費工費料。標準拱高為船寬1呎，中心線處高起1/4吋，其比例約為1：50。

　　橫斜高（Dead Rise or Rise of Floor）：即舯剖面自船底龍骨皮處所做之切線，與船舷之垂直交點至船底基線間之高度，亦即船底橫向所成之傾斜，該橫斜高視船型而不同，如圖1-17所示。

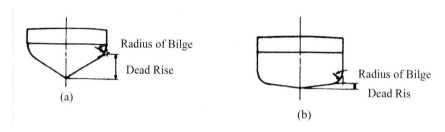

圖1-17

　　舭曲半徑（Radius of Bilge，or Turn of Bilge）：即船底板至船舷板彎轉之圓弧半徑，如圖1-17所示。其之所以採圓弧，為避免該處受力集中，並可減少阻力，且航行狹窄水道時又可避免損傷。

　　水線係數（Water-Plane Coefficient; CW）：係指船舶之實際水線面積與其相同最大長與寬之長方形面積之比

　　方塊係數（Block Coefficient; Cb）：或稱肥瘦係數（Coefficient of Fineness）係指船舶水下之體積或排開水之體積與其最大長度、寬度與吃水深度之矩形方塊體積之比。方塊係數可自0.45之中型快速巡防艦（Frigate）及競賽用遊艇（Racing Yachts）等窄型船（Fine Line Vessel）至0.85之粗直型油輪。

## 六、淨空高度（Air Draft）

　　船舶吃水線至船舶本身最高點之距離，可利用來判斷船舶是否可以通過橋樑。

## 第三節　船舶型式（Type of Ship）

　　近代船型發展與船體之上層結構（Superstructure）及甲板房艙（Deck House）有關，主甲板（Main Deck）之上各種建築物，謂之上層結構，其中寬度

與船寬相等或相近者稱為船樓。船舶的型式很多,今略述於下:

平甲板型船(Flush Deck Vessel):如圖1-18所示,主甲板前後平坦,僅中間有機艙天罩(Engine Casing)及駕駛台(Bridge)外,無其他建築物。

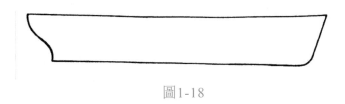

圖1-18

短艏樓型船(Monkey Forecastle Vessel):如圖1-19所示,除船體中部主甲板有橋樓,可供船員居住及操縱船舶外,船首部有短艏樓,用以裝置錨鍊及繫纜設備。

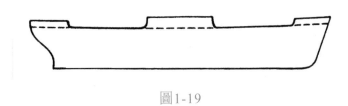

圖1-19

三島型船(Three Island Vessel):如圖1-20所示,主甲板上前有艏樓(Foreca-stle),後有艉樓(Poop)加大,中部有橋樓,成三島型,各建築分別作為船員居所,儲藏間或工作間。

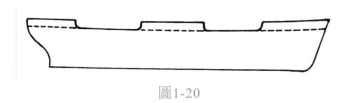

圖1-20

高艉甲板型船(Raised Quarter Deck Vessel):如圖1-21所示,因船艉部有軸道(Shaft Tunnel),或因機器較高,超過主甲板,為使船員工作便利或居住舒適,將艉部甲板增高,而成高艉甲板型船以為補救。或可增加裝載容積使營運有利。此類型船隻多屬小型船。

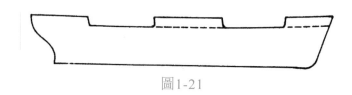

圖1-21

　　井圍甲板型船（Well Deck Vessel）：由於載重法規之規定，乾舷（Freeboard），因上層結構的存在，可予若干扣減，因此常使艉艛與橋艛連成一道，或使高艉甲皮板與橋艛接連，形成長艉艛，艏艛與橋艛間築以舷牆，如此則乾舷扣減額增加，吃水加深增加載貨量，如圖1-22及1-23所示，然如海浪捲入舷牆，淤積形成自由液面，將影響穩度，為其缺點。

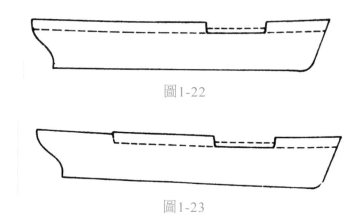

圖1-22

圖1-23

　　遮陽甲板型船（Shade Deck Vessel）：將三島型船各船艛間加以薄甲板，而於兩側開舷側口（Side Opening），即稱之為遮陽甲板型船，如圖1-24所示。

圖1-24

　　遮蓋甲板型船（Awning Deck Vessel）：於主甲板上加建一層薄弱甲板篷，以為天遮，此層甲板謂之遮蓋甲板，如圖1-25所示。

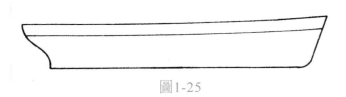

圖1-25

　　輕甲板型船（Spar Deck Vessel）：有貫通之上甲板，謂之輕甲板（Spar Deck），其結構較遮蓋甲板船略強，較主甲板弱，且船體中部仍有橋艛建築。如圖1-26所示。

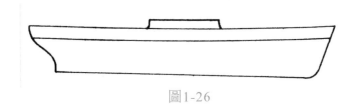

圖1-26

　　遮蔽甲板型船（Shelter Deck Vessel）：有前後貫通之上甲板，位於主甲板之上，結構較強。該甲板上開有一或兩個減噸開口（Tonnage Opening）又稱減噸艙口，艙口前後為水密隔艙壁（Water Tight Bulkhead），而艙口部分僅加以不水密之臨時裝置（Temporary Appliance），如圖1-27所示。蓋以不水密之空間依噸位丈量法規（Tonnage Measurement Regulation）不計入丈量噸位，因此使船隻為敞開遮蔽甲板船（Open Shelter Deck Vessel）。若將丈量艙口以水密方式封閉，結構略予加強，以遮蔽甲板作為主甲板使用，則可減少乾舷，加深吃水，載重量（Dead Weight）因而增加，適於裝載比較重大之貨物，是為封閉式遮蔽甲板船（Closed Shelter Deck Vessel）。

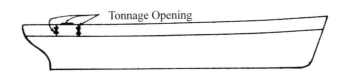

Tonnage Opening

圖1-27

　　後橋艛型船（Bridge After Vessel）：一部分貨船將主機（Main Engine）及駕駛台（Bridge）裝置於船艉部，故只有船艉艛，如圖1-28所示。其優點為船艙船舯（Amidship）擴大；增加甲板面積以裝載艙面貨（Deck Cargo）；裝卸貨方便；

縮短推進軸（Propeller Shaft）及軸道（Shaft Alley）保養較便，減少重量及體積；造價低廉。

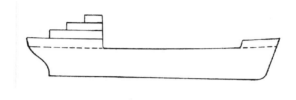

圖1-28

## 第四節　船舶標誌（Ship's Marks）

依我船舶法之規定，船舶應具備下列各項標誌：

船名：應標示於船艏兩舷及船艉外部易見之處所。

船籍港名：應標示於船艉船名之下方。

船舶總噸位與淨噸位：應橫向標示於駕駛室內顯明易見之處，其噸位數字採用阿拉伯字體。

船舶號數：應以阿拉伯數字焊刻於舯部主樑中央顯明易見之處；如舯部無主樑者，應於舯部適當之處所或機艙之主樑上焊刻之。

船舶吃水尺度：應以阿拉伯數字焊刻於艏材及艉材左右兩舷顯明易見之處；如無艏材或艉材，應焊刻相當於艏材或艉材之處所，每數字之高及數字間之距離均為十公分，僅焊刻雙數，數字之底線，即表示吃水之深度，如圖1-29所示。此外在船舯左右兩舷加刻之。另有英制吃水尺度，各數字之高及各數字間之距離，均為6吋，數字之底線即表示吃水之深

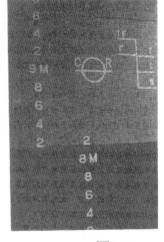

圖1-29

度，如圖1-30所示。

載重線標誌：於船舯左右兩舷之外板上，將甲板線、載重線圈及各項載重線標示之。

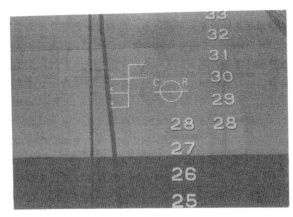

圖1-30

IMO船舶編號（Ship Identification Number）：所有船舶最遲需於二〇〇四年七月一日以後之第一次進塢檢驗時，將IMO船舶編號永久標示在艉部或舯部外板或船艛之側面或前面，客船則需在從空中可清楚看見之水平面上，以及船舶內部（如機艙末端隔艙壁或貨艙口或油輪之泵浦間或駛上駛下貨船隔艙壁之部位）。

## 第五節　載重線標誌

載重線標誌係由英國國會議員普林索（Samuel Plimsoll）先生於一八七三年所創製，旨在限制船舶於某季節航經某地區時之載重，以保障海上人命與財產之故又稱為普林索（乾舷）標誌（Plimsoll Mark）。

載重線（Load Line）與乾舷（Freeboard）係一事之兩面，前者指船身入水部分，後者指船身出水部分。我國船舶法第四十四條規定，載重線為船舶最高吃水線，船舶航行時，其載重不得超過該線。

甲板線係標於船之舯部外舷外板上之橫線長300公釐（12吋）、寬25公釐（1吋），該線上之上緣位於乾舷甲板上緣向外延長與船殼板外面相交之點。甲板線亦可以船上其他固定點為基準標劃之，惟其乾舷數值應比照修訂，於任何情況

下，上述基準點之位置及乾舷甲板之識別應於一九六六年國際載重線證書內註明。

船舶載重線標誌係由一圓圈，其外徑300公釐（12吋）、寬25公釐（1吋）與一橫線長450公釐（18吋）、寬25公釐（1吋）組合而成，該橫線上緣中點與圓圈之中心點相合。圓圈中心點位於船舯部甲板下垂直下方，與甲板線上緣之垂直距離即為勘劃之夏季乾舷值。如圖1-32所示。

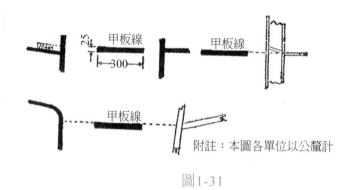

圖1-31

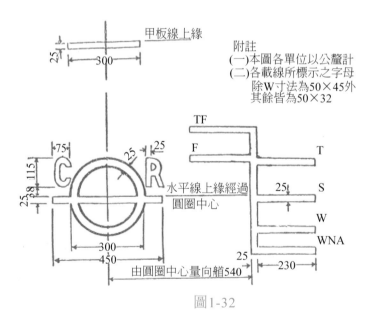

圖1-32

各項載重線，均以水平橫線標示之，該等橫線長230公釐（9吋）、寬25公釐（1吋），劃於載重線圈中心向艏540公釐（21吋）處，寬為25公釐（1吋）之一垂直線前，並與該垂直線成直角，但淡水載重線應劃於該垂直線之後，各載重線之名稱及符號規定如圖1-33所示。

1. 夏期載重線，為上緣經過載重線圈中心之一橫線，以S標示之。

2. 冬期載重線之上緣，以W標示之。

3. 冬期北大西洋載重線之上緣，以WNA標示之。

4. 熱帶載重線之上緣以T標示之。

5. 夏期淡水載重線之上緣，以F標示之；夏期淡水載重線與夏期載重線之差數亦即其他各載重線於淡水水域內之允許增加吃水值。

6. 熱帶淡水載重線之上緣，以TF標示之。

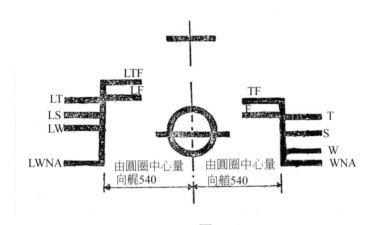

圖1-33

　　船舶依規定勘劃載木乾舷時，除一般之載重線標誌外，應另增劃木材載重線，亦以水平橫線標示之，該等橫線長230公釐（9吋）、寬為25公釐（1吋），劃於載重線圈中心向船艉540公釐（21吋）處，寬為25公釐（1吋）之一垂直線後。但淡水載重線應劃於該垂線直線前，並與該垂直線成直角，各載重線之名稱及符號如下：

1. 夏期木材載重線之上緣，以LS標示之。

2. 冬期木材載重線之上緣，以LW標示之。

3. 冬期北大西洋載重線之上緣，以LWNA標示之。

4. 熱帶木材載重線之上緣，以LT標示之。

5. 夏期淡水木材載重線之上緣，以LF標示之。

6. 熱帶淡水木材載重線之上緣，以LTF標示之。

　　航行我國沿海及內水船舶之載重方框，係一正方形，位於船舯甲板線之垂直下方，其外對角線之長為300公釐、寬為25公釐，與一長450公釐、寬為25公釐之

水平橫線組合而成，該方框之兩對角線一為垂直，一為水平，該水平橫線上緣之中點與載重線方框對角線之交點相合。自此橫線上緣至甲板線上緣之垂直距離即為所勘劃之夏季乾舷值。如圖1-34所示。

　　航行我國沿海及內水船舶載重線之勘劃，均以水平橫線標示之，該等橫線長230公釐、寬為25公釐，劃為載重方框中心向艏540公釐處，寬為25公釐之垂直線前，並與該垂直線成直角，各載重線之名稱及符號規定如下：

1. 夏期載重線，為上緣經過載重方框中心之一橫線，以「夏」標示之。
2. 熱帶載重線之上緣，以「熱」標示之。
3. 淡水載重線之上緣，以「淡」標示之。

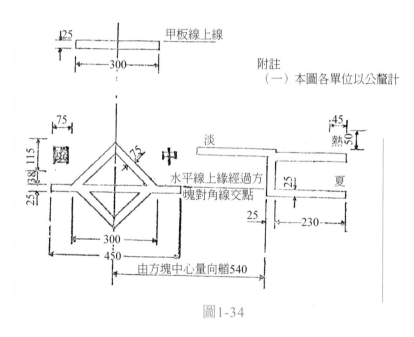

圖1-34

　　載重線勘劃機構之標誌得沿載重線圓圈標於貫通該圓圈中心點橫線之上方，或上下兩方，此鑒別勘劃機構之代字不得多於四個，每字的高115公釐（4 1/2吋）、寬75公釐（3吋）。

　　載重線圓圈、標誌及文字，於其底色為深色時應漆以白色或黃色，或其底色為淺色時應漆以黑色，如為鋼船，其標誌應妥慎焊刻於船舶殼板上；如為木船，應刻入船殼外板至少三公釐之深度。

## 最小乾舷

　　依載重線勘劃規則經修正後，所得之乾舷即為夏期之最小乾舷。在任何情形

下，夏期之最小乾舷，應不少於50公釐（2吋），如船舶在第一位置上設有艙口，而其艙口蓋非屬鋼質箱形艙口蓋或鋼質附墊圈之氣密艙口蓋者，其乾舷應不少於150公釐。熱帶最小乾舷係自夏期乾舷上，依照每一公尺夏期吃水減去四十八分之一公尺即得，此乾舷之最小值與夏期最小乾舷之限制同。冬期最小乾舷係自夏期乾舷上，依照每一公尺夏期吃水增加四十八分之一公尺即得。

　　冬期北大西洋乾舷，於船長未滿100公尺時，於冬期中航行於北大西洋冬期水域內者，於其冬期乾舷上加以50公釐即得冬期北大西洋最小乾舷；船長超過100公尺者，其冬期乾舷即為其冬期北大西洋乾舷。淡水乾舷，係自海水最小乾舷內減去下式計算所得之公分數，即為單位密度之淡水最小乾舷。

$$\frac{\Delta}{40T}$$

　　式中：Δ為船舶在海水中夏期載重線上時之排水量，其單位為公噸。

　　　　　T為船舶在海水中夏期載重線上時，每公分之吃水噸數，其單位為每公分公噸。

　　如船舶在夏期載重線上之海水排水量不能確定時，前項淡水最小乾舷得依夏期吃水每一公尺減去四十八分之一公尺求之。

# 第六節　船舶噸位（Ship's Tonnage）

　　船舶噸位有重量噸位與容積噸位兩類。所謂重量噸位，係指計算船舶之重量或載重量而以噸數表示者。例如船舶排水量噸位，船舶載重噸位等。所謂容積噸位，係指船舶的容積，而以每2.8328立方公尺表示一登記噸位之容積而言。例如船舶總登記噸位，船舶淨登記噸位等。此兩類均為計算船舶之容積與載重量之噸位，其計算運費使用之重量噸與容積噸兩者不同，因計算運費之噸位係以貨物為計算對象，而本節所討論的則為以船舶為丈量之對象，不可混淆。

## 一、船舶與噸位

### （一）噸位的種類

　　為表示船舶的大小，自古即使用噸位（Tonnage），船舶與噸位就如形與影一般，關係密切。噸位之種類如表1-1所示，這些噸位均以噸（Ton）為使用單位，

既複雜又易混淆。

表1-1　噸位之種類

| 噸位之用途 | 噸位之種類 |
|---|---|
| 表示船舶的重量 | 排水量、排水噸位 |
| 表示船舶的容積 | 總噸位、淨噸位 |
| 表示貨物的重量 | 載貨重量噸位 |
| 表示貨物的容積 | 載貨容積噸位 |

（二）噸位之起源

　　十五世紀初，英國人為便於向商船課稅，而設置噸位。當時以船舶能裝載酒樽數表示船舶的大小，而樽的容積為252加侖（40.23立方呎），若注滿酒則其重量為2.240磅（1.016公斤）作為標準。若拍打空樽則發出噸（Ton）之音響，乃得噸之名稱。於是沿襲相傳，以相當於酒樽之重量稱為噸（Ton）。

　　當時，以船舶所能裝載之樽數，決定船舶的大小，轉變成所能容載之噸位數來決定。即其單位由一個樽的重量轉變為重量噸位。一噸的重量等於2.240磅，容積為40立方呎。

（三）課稅與噸位

　　自古以來，對船舶各項稅金之標準課徵，就採何種為宜，有許多的建議。其標準所必備的條件大致如下：
1. 符合課稅的宗旨。
2. 對於各種船舶均公平。
3. 對於船舶之形狀及構造沒有不良影響。
4. 不會妨礙船舶在航運上所必要的設備與改善。

　　總噸位是表示船舶之大小及收益能力。有關船舶之稅金與手續費，即以這種為標準課稅，究竟以哪一種噸位課稅，因國別而有所不同，下表1-2所列，僅供參考。

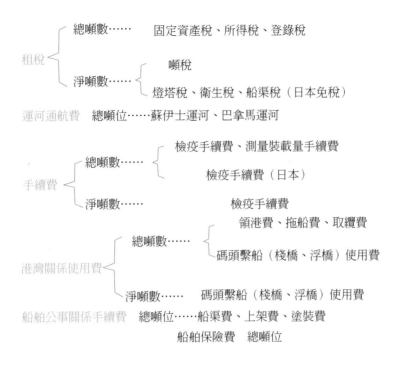

表1-2 徵收稅金、手續費之基準與頓位

租稅
- 總頓數……固定資產稅、所得稅、登錄稅
- 淨頓數……
  - 頓稅
  - 燈塔稅、衛生稅、船渠稅（日本免稅）

運河通航費 總頓位……蘇伊士運河、巴拿馬運河

手續費
- 總頓數……
  - 檢疫手續費、測量裝載量手續費
  - 檢疫手續費（日本）
- 淨頓數……檢疫手續費

港灣關係使用費
- 總頓數……
  - 領港費、拖船費、取纜費
  - 碼頭繫船（棧橋、浮橋）使用費
- 淨頓數……碼頭繫船（棧橋、浮橋）使用費

船舶公事關係手續費 總頓位……船渠費、上架費、塗裝費

船舶保險費 總頓位

## 二、登記頓位（Registered Tonnage）

依照我國船舶法及船舶丈量規則之規定，除總頓位未滿二十登記頓位之動力船舶或總頓位未滿五十登記頓位之非動力船舶及軍事建制之艦艇外，均應依規定施行丈量。確定登記頓位，作為繳納稅金及其他費用之衡量標準。計算頓位之方法，係將船體圍蔽部分（Enclosed Space）之容積以100立方呎或2.8328立方公尺為一登記頓位，以丈量之。登記頓位又分登記總頓位及登記淨頓位兩種。

### （一）登記總頓位（Gross Register Tonnage）

登記總頓位，一般稱其為總頓位（Gross Tonnage），係指該船甲板以上及甲板以下「圍蔽部分」（Enclosed Space）之總容積，以立方呎或立方公尺為丈量的計算標準，以立方呎為計算標準者，每一百立方呎為一登記頓位，以立方公尺為計算標準者，每2.8328立方公尺為一登記頓位。此處一登記頓位之意義，並非表示有一頓的重量，僅表示其合一百立方呎之容積或2.8328立方公尺之容積。自一六九四年就開始有頓位丈量的立法，直至一八九四年再度召開會議後，始訂

出一套合理且完善之辦法,成為以後各國及兩大運河噸位丈量之準則。因此次會議之秘書名為喬治莫森(George Moorsom),故此制度乃稱為莫森噸位丈量法(Moorsom's System)。

莫森噸位丈量法之基本原則是:船舶所應繳納之費用,應視其營利能力(Potential Earning Capacity)而定。而船舶之營運能力,以載貨多寡與載貨之空間成正比。故船舶之噸位,應由此種內部空間求得之。此空間包括甲板以下及船艛各部分,在實際丈量中以100立方呎訂為一登記噸位之單位,不僅計算方便且大小適中,故各國紛紛採用。在使用公制之國家,則以2.8328立方公尺為一登記噸位其大小相當於100立方呎。

在量訂總噸位前,應先決定量噸甲板(Tonnage Deck)。依我國船舶丈量規則之規定,對於量噸甲板之規定如下:

1. 不滿三層甲板之船舶,以上甲板為量噸甲板。

2. 三層甲板以上的船舶,以從最下層數起之第二層甲板為量噸甲板。

3. 量噸甲板與上甲板之決定,應對裝置之永久甲板梁上面甲板之永久性與連續性加以考慮,所謂連續甲板,係指甲板無中斷之意;機器與鍋爐艙之艙棚、船艙艉尖艙及堰艙均不視為甲板連續之中斷。貨艙口、天窗及梯口等,亦均不視為甲板連續之中斷。

4. 量噸甲板內,如有數個不相連續甲板在其中斷部分自船之艏艉延伸,且其不相連續各甲板之高度,又各不同,則以最低之甲板線作為量噸甲板線。自此量噸甲板線以上至較高甲板下面之頂部空間,視作中斷部分丈量之。

1. 總噸位包括之空間

依我國船舶丈量規則之規定對於總噸位包括之容量對於未滿三層甲板及三層甲板以上船舶分別規定:

未滿三層甲板之總噸位,包括下列各款之容量:

(1) 量噸甲板下之容量。

(2) 量噸甲板上圍蔽處所之容量。

(3) 艙口噸位超過總噸位(不含艙口噸位)千分之五之部分容量。

三層甲板以上船舶之總噸位包括下列各款之容量:

(1) 量噸甲板下之容量。

(2) 量噸甲板上各甲板間之容量。

(3) 上甲板上圍蔽處所之容量。

(4) 艙口噸位超過總噸位千分之五之部分容量。

前述兩種均不包括免除丈量部分之噸位。

2. 免除丈量之容積

下列各處在量計總噸位時，得免除丈量：

(1) 乾舷甲板上之上層建築有永久開口（最小高度為130公分，最小寬度100公分），設有掩蔽之處，得免除丈量。

(2) 上甲板上，無水密裝置之遮蔽地位，為短程乘客之用者，得免除丈量。

(3) 上層建築上，有永久開口者，其甲板間之地位，得免除丈量。

(4) 操舵機、絞盤、起錨機之在甲板上之遮蔽地位，得免除丈量，其免除之地位以離機60公分為限。

(5) 僅供傳光至艙室內，或上甲板之走道不供旅客使用者，得免除丈量。

(6) 上甲板之廚房，得免除丈量。

(7) 上甲板之船員廁所及浴室得免除丈量。如供旅客之用者，每五十名旅客亦得免除一所，但不得超過十二所。

(8) 二重底之專供壓水艙用者，得免除丈量。但可供裝載物件或燃料者，仍須丈量之。

(9) 副機與副鍋爐裝置於主甲板以上，且不與推進機器連接者，得免除丈量。

（二）登記淨噸位（Net Register Tonnage）

登記淨噸位，簡稱淨噸位（Net Tonnage）係船舶能用來裝載客貨之容積，亦如總噸位係以立方呎或立方公尺為丈量之計算標準，而以登記噸位表明其容積者。其計算方法，係自船舶總噸位內，減除不能直接用作裝載客貨部分之容積即得。此項減除之處所，各國規定略有不同，依我國船舶丈量規則規定，淨噸位係自總噸位內減除下列部分之噸位。

1. 船員使用地位。

2. 駕駛使用地位。

3. 推進機使用地位。

蘇伊士及巴拿馬運河區噸位（Suez and Panama Canal Tonnage）

大多數之國家，皆沿襲莫森噸位丈量之方法與原則，故其計算所得皆極相近。唯航行於蘇伊士及巴拿馬運河區之船舶為收取運河通過稅（Assessment of Tolls）其噸位需依運河區所定之丈量標準丈量，與一般國家之規定略有出入，大

於通常噸位丈量之標準。

## 三、一九六九年船舶噸位丈量國際公約（International Convention on Tonnage Measurement of Ships, 1969；Tonnage, 1969）

（一）定義

國際航程：指由本公約締約國家駛往該國以外之港口，或與此相反的航行。
為此，凡由締約國政府對其國際關係負責的每一領土，或由聯合
國管理的每一領土，都被視為單獨的國家。

總噸位：是指根據本公約各項規定丈量確定的船舶總容積。

淨噸位：是指根據本公約各項規定丈量確定的船舶有效容積。

新　船：是指本公約生效之日起安放龍骨，或處於相應建造階段的船舶。

現成船：是指非新船。（TONNAGE, 1969 Art. 2）

（二）適用範圍

1. 本公約適用於從事國際航行的下列船舶：

   (1) 在締約國政府的國家中登記的船舶。

   (2) 在根據第20條擴大適用本公約的領土內登記的船舶。

   (3) 懸掛某締約國政府國旗而不在該國登記的船舶。

2. 本公約適用於：

   (1) 新船。

   (2) 經改建或改裝的現有船舶，主管機關認為各種改建或改裝對其現有總噸位
   有實質上的改變。

   (3) 經船舶所有人提出要求適用本公約的現有船舶。

   (4) 本公約生效日起12年以後的一切現有船舶；除本款（b）及（c）項中所述
   船舶外，還不包括為使其適用於現行其他國際公約的有關要求，而需保留
   其原有噸位的船舶。

3. 對於已經根據本條第(2)款(c)項適用本公約的現有船舶，此後不得再依照本公約
   生效前該主管機關對國際航行船舶的要求測定該船的噸位。（TONNAGE, 1969
   Art. 3）

### （三）發證

1. 按照本公約測定總噸位和淨噸位的每艘船舶，應發給國際船舶噸位證書。

2. 這種證書應由主管機關發給，或由該主管機關正式授權的人員或組織發給。不論屬於那一種情況，該主管機關應對證書負完全責任。（TONNAGE, 1969 Art. 3）

### （四）證書註銷

　　當船舶的佈置、結構、容積、處所的用途、載客證書中准許的乘客總數、勘定的載重線或准許的吃水等方面發生變動、致使總噸位或淨噸位必須增加時，則除了附則Ⅰ規則中所規定的例外情況外，國際噸位證書（一九六九）應停止生效，並由主管機關予以註銷。（TONNAGE, 1969 Art. 10（1））

### （五）檢查

1. 懸掛締約國政府國旗的船舶在其它締約國港口時，應接受該國政府正式授權的官員檢查。這種檢查以核實下列目的為限：

　(1) 該船是否備有有效的國際噸位證書（一九六九）。

　(2) 該船的主要特徵是否與證書中所載的數據相符。

2. 在任何情況下，不得因施行這種檢查而滯留船舶。

3. 如果經檢查發現船舶的主要特徵與國際噸位證書（一九六九）所載不一致，從而導致增加總噸位或淨噸位，則應及時通知該船旗國政府。（TONNAGE, 1969 Art. 12）

### （六）特定船舶之噸位丈量

　　按船東要求，各國官署得准許船舶原須按一九六九年船舶丈量國際公約（TONNAGE 1969）丈量總噸者，按其在一九六九年船舶丈量國際公約生效前已實施之各國內丈量規則丈量船舶總噸位，以配合一九七四年海上人命安全國際公約（SOLAS 74）、一九七八年海員標準訓練、發證及當值國際公約（STCW 78）及一九七三/七八年海洋防止污染國際公約（MARPOL 73/78）之各章節規定，該等總噸位不得登錄於一九六九年噸位證書上。

　　（IMO Assembly resolution A.494（12），A.541（13），A540（13））

（七）按國內噸位規定丈量總噸位及證書註記

按國內噸位規定丈量總噸位之船舶，其按一九七四年海上人命安全國際公約（SOLAS 74）、一九七八年海員標準訓練、發證及當值國際公約（STCW 78）及一九七三/七八年海洋防止污染國際公約（MARPOL 73/78）所簽發之安全或防止污染證書上有關總噸位應註記如下：

『上述總噸位係各國官署按其在一九六九年船舶丈量國際公約生效前已實施之各國內丈量規則丈量者』（IMO Assembly resolution A.494（12），A.541（13），A540（13））

（八）總噸位及淨噸位計算

總噸位之計算係以下列公式求得：

$GT = K_1 V$

其中V為船舶之所有密閉空間，單位為立方公尺

$K_1 = 0.2 + 0.02 \log_{10} V$ （或由丈量章程附表中查出）

淨噸位之計算係以下列公式求得：

$$NT = K_2 V_c \left(\frac{4d}{3D}\right)^2 + K^3 \left(N_1 + \frac{N_2}{10}\right)^2$$

但應受下列之限制：

1. 式中 $\left(\frac{4d}{3D}\right)^2$ 其值不得大於1。

2. $K_2 V_c \left(\frac{4d}{3D}\right)^2$ 之值不得小於0.25GT。

3. NT不得小於0.30GT。

若計算結果超出上述範圍，則以其限制值為準。

前述公式之各符號所代表的意義為：

$V_c$ =全部之載貨空間，單位立方公尺。

$K_2 = 0.2 + 0.02 \log_{10} V_c$ （或由丈量章程附表中查出）。

$K_3 = 1.25 \times \left(\frac{GT + 10,000}{10,000}\right)$

$D$ =船舯處之模深，單位公尺。

$d$ =船舯處之模吃水，單位公尺。

$N_1$ =居住於床位在8個以下之船艙中之乘客數。

$N_2$＝其他乘客。

$N_1+N_2$ 表船舶所允許之乘客人數，若$N_1+N_2$小於13，則前式中之及皆以零代入。

GT　　表總噸位，由前項計算中求得。

## 四、船舶排水量（Ship's Displacement）

　　依據阿基米得原理，凡物體在液體中所減輕的重量，等於其所排去同體積液體的重量。因此任一船舶浮於水面時，其所排開水之重量，即等於該船之重量，此種所排去之水量，即稱為該船之排水量。一般所指之排水量係指船舶滿載客貨至法定最高吃水線之重量即所謂滿載排水量（Full Load Displacement），亦即該船之最大排水量。船舶如在未裝載燃料客貨前，計算其排水量，（即此時船舶之重量，僅包括船身、機器、設備、船員與給養品等），則稱此時之排水量為輕載排水量（Light Load Displacement）。

　　海水每立方呎重64磅，淡水每立方呎重63磅，如同英制每噸（2240磅）計算海水或淡水之重量須35立方呎體積之海水或36立方呎體積之淡水始合一噸之重量，是以每有以船舶所排去水之容量若干立方呎，以表示該船之排水量者，稱其為「排水體積」（Volume of Displacement）。如以船舶所排開水之重量若干噸，以表示該船之排水量者，稱其為「排水重量」（Weight of Displacement）。但因船舶過於龐大，無法直接估量排水重量，乃根據水力學原理，以相當於船舶沒入水中部分同樣體積大小之水量，而間接計算其排水量。其公式如下：

$$排水噸位 = \frac{LDWL \times BMLD \times DMLD \times C_b}{35（海水）或36（淡水）}$$

式中LDWL係表示設計最高載重線長度。

　　BMLD係表示船之模寬。

　　DMLD係表示船之最高載重線吃水。

　　$C_b$係表示船型係數。

　　如係使用公制，因海水每一立方公尺重1.025公噸，淡水每一立方公尺重1公噸，上述之計算可大為簡化如下：

排水量（淡水）＝LDWL × BMLD × DMLD ×$C_b$

排水量（海水）＝1.025 × LDWL × BMLD × DMLD ×$C_b$

## 五、船舶載重量（Dead Weight of a Ship）

　　船舶之載重係指船舶之裝載能力，除船舶船身、機器、設備、以及船員與給養品外，可以裝載客貨燃料之重量。一般所指之載重量係指船舶之最大載重量，即為船舶滿載排水量與輕載排水量之差。一船舶之載重量以重量噸表示者，稱其為載重噸位（Deadweight Tonnage）。

　　船舶出航，並非每次滿載，欲知每一航次之實際載重，必須在每一航次實際排水量噸數減去該船輕載排水量之噸數即得。或以當時之平均吃水（Mean Draft）查載重標尺（Dead Weight Scale）即可求得。

# SHIP'S PARTICULARS

Sep. 1998

| | |
|---|---|
| **Ship's Name** | **: China Steel Investor** |
| Owner | : CSE Transport ( International ) Corp. |
| Builder | : China Shipbuilding Corporation |
| Builder's Hull No. | : 623 |
| Class Name | : China Corporation Register of Shipping |
| Class Symbols | : CR100 +E , Bulk Carriers , " Strengthened for Heavy Cargoes ,holds 2,4,6 and 8 may be empty " CMS(CAU)+ |
| Class Name | : American Bureau of Shipping |
| Class Symbols | : ABS +A1 (E)<br>" Bulk Carriers " SH, + AMS, + ACCU |
| **Kind of Ship** | **: Bulk Carrier** " Strengthened for heavy cargoes, certain holds may be empty " |
| **Nationality** | **: Republic of China ( R.O.C. )** |
| **Port og Registry** | **: Kaohsiung** |
| **Official Number** | **: 013346**　　　　　　　IMO Number : 9127277 |
| **Call Sign** | **: B D F G** |
| Keel Laid | : Nov.26$^{th}$ 1996 |
| Launched | : Mar.28$^{th}$ 1997 |
| Delivered | : Jun.23$^{rd}$ 1997 |

| | |
|---|---|
| **Length Overall　( L O A )** | **: 288.714 m** |
| Length Between Perpendicular ( L P P ) | : 274.800 m |
| Breadth , Moulded | :　44.500 m |
| **Depth , Moulded** | **:　23.000 m** |
| Draft , Moulded ( designed ) | :　15.000 m |
| **Draft , Extreme ( summer )** | **:　16.927 m**　( TPC - 116.2 mt ) |
| **Full Load Displacement ( summer )** | **: 177,302 mt** |
| **Lightship Weight** | **:　22,746 mt** |
| **Deadweight ( summer )** | **: 154,556 mt** |
| Light Draft , Extreme | :　2.502 m |
| **Gross Tonnage** | **:　82,112** |
| **Net Tonnage** | **:　50,753** |
| Summer Freeboard | :　6130 mm |
| Tropical Freeboard | :　5775 mm |
| Winter Freeboard | :　6485 mm |
| Allowance Fresh Water Freeboard | :　380 mm |

Last Port of Call :

Last Loading Port :　　　　　　Last Cargo of Load :

Next Port of Call :　　　　　　Name of Master :

Agent :　　　　　　　　　　　Name of Chief Officer :

# 第二章 船舶類別

船舶可依其建造材料、用途、構造、航行區域、航線、法規等等而予分類，現依其各種分類法詳述如下：

## 第一節 依建造材料而分類

### （一）木船（Wooden Vessel）

最早建造之船舶均以木材為建造材料，自鋼材發明以後已逐漸由鋼板所取代。惟目前多數的漁船、遊艇、駁船及其他小型船舶，仍有以木材為建造材料者。

### （二）鋼船（Steel Vessel）

自鋼材發明以後，由於其具有最高之強度，於熱處理後容易彎曲加工及電焊技術的應用等優點，故今較大船舶均使用鋼材建造，目前世界上百分之九十以上噸位之船舶均屬鋼船。

### （三）木鐵合構船（Compositing Vessel）

船體之強力結構部分如龍骨（Keel）、肋骨（Frame）、樑（Beam）等採用鋼材，船殼（Hull）採用木材合建而成。

### （四）混凝土船（Concrete Vessel）

有些船舶試以混凝土（鋼骨水泥）替代鋼板造船舶，由於毛細孔關係易滲漏水份，笨重脆弱，易於破裂，目前還在改進研究中。

### （五）鋁質船（Aluminum Boat）

鋁質船，因鋁質輕，且易為海水所浸蝕，多以鋁合金製造可耐腐蝕，質輕又美觀，可惜其韌力強度過低，不能建造大型船舶，僅可供以建造救生艇、遊艇或

大船之上層建築（Superstructure）。

（六）包板船（Sheathed Vessel）

即在木殼船外殼水線下部分包以鋼皮或鐵皮以避免撞壞，防止生藻而減低速度。

（七）合成纖維船（Fiberglass Reinforced Plastic Vessel）

係以玻璃纖維及強化塑膠為材料，質輕又可防蝕、防熱不燃等功能。目前小型船如遊艇、救生艇等使用相當多。

## 第二節　依推進方式而分類

（一）櫓槳船（Oaring Ship）

舊式木船以櫓、楫擊水之反作用力推進。櫓之作用及原理與近代螺槳（Screw Propeller）相同，而楫則發展成為明輪（Paddle Wheel）。

（二）帆船（Sailing Vessel）

張帆，利用風力推進者，在海上欲航駛某目標，及使逆風，亦可採「之」字航進而達目的地。

（三）機帆船（Sailing Motor Boat）

小型船隻，在船上同時裝有推進機器與風帆，遇順風則利用風帆航行以節省燃料，無風、逆風或進出港口之際，則利用機器推進。

（四）明輪船（Paddle Wheel Ship）

利用水車裝在船之兩舷或船尾，以改善操楫往返之不便，以連續作用擊水面前進。明輪在內河航行安全，但在海洋中因有波浪，效率極低。

## （五）螺槳船（Ship With Screw Propeller）

利用螺槳推進之船舶，普通有單螺槳船（single screw ship）、三螺槳船（Triple Screw Ship）及四螺槳船（Quadruple Screw Ship）等。

## （六）噴射推進船（Jet Propulsion Vessel）

利用向後噴射水流，產生作用力，使船向前移動。百年以前英國採用唧筒推進者，現代則用離心式推動機，其優點為擱淺時不致損壞推進器。

## （七）氣墊船（Hover Craft）

利用壓縮空氣由船底特備之噴嘴射出，形成空氣層將船身與水隔離，以減少阻力。其推進器則設於水面上，以反作用力推進。適於短距離之平底淺水、內河、沿海渡輪使用，並可水陸兩用。

## （八）水翼船（Hydrofoil Craft）

利用高速航行時，艄部仰起。

## （九）爆發推進船（Explosive Propulsion Vessel）

利用炸藥於密室爆發產生高壓氣，經由導管射出以作推進，此乃間歇性推動。因為爆發室（Explosive Chamber）須具極高的強度，同時因間歇性推進產生強裂震動，故極少採用。

# 第三節　依推進動力而分類

## （一）往復蒸汽機船（Reciprocating Steam Engine Ship）

此種船按汽缸膨脹次數又分為單膨漲蒸汽機（Single Expansion Engine），二膨漲機（Double Expansion Engine），三膨漲蒸汽機（Triple Expansion Engine），四膨漲機（Quadruple Expansion Engine）等四種。

## （二）蒸汽渦輪機船（Steam Turbine Ship）

普通有衝動式（Impulse Type）、反動式（Reaction Type）及衝動與反動合併

式（Combination Type）渦輪機等三種。

### （三）燃氣渦輪機船（Gas Turbine Vessel）

用高壓熱燃氣轉動渦輪以帶動螺槳者。

### （四）柴油機船（Diesel Engine Vessel）

燃料在汽缸內燃燒所產生的壓力推動曲軸旋轉，使引擎產生動力，普通有二衝程式（Two Cycle Type）及四衝程式（Four Cycle Type）兩種。

### （五）電動推進船（Electric Propulsion Ship）

由電力帶動馬達以推進船舶者。普通有渦輪發電電動馬達（Turbo Electric Motor Set）與柴油機發電電動馬達（Diesel Electric Motor Set）兩種。

### （六）核子動力船（Nuclear Vessel）

利用核子動力以推進船者。

## 第四節　依航行區域而分類

### （一）遠洋船（Ocean Going Vessel）

航行遠洋，具有極高續航力與適航性（Seaworthiness），多為巨型船舶。

### （二）沿海船（Coaster）

適宜近海沿海及內海航行之船舶，一切標準均較遠洋船為低，噸位一般而言也較小。

### （三）內河或運河或湖泊船（Inland Water Vessel, Canal Vessel or Laker）

適宜航行於內河、運河或湖泊之船舶，多為平底船舶。

### （四）渡船（Ferry Boat）

可分渡海及渡河船，吃水淺，船寬較大，結構亦不及遠洋船為強，且多屬單

底。

## 第五節　依法規上而分類

（一）國籍

分為中華民國船舶及外國船舶。

（二）登記

依有否登記而分為登記船與不登記船。

（三）所有人

依船舶所有人而分為公務船與私有船。

（四）航線

依航線而分為國際航線，短程國際航線與國內航線。

（五）動力

依動力分為動力船與非動力船。

（六）安全要求

依安全要求之不同分為客船與非客船。

（七）載重線勘劃

依載重線勘劃分為甲型船、乙型船及乙型修減或修增乾舷船。

（八）新船與現成船

（九）小船與一般船舶

依我國船舶法規定，凡總噸位未滿五十噸之非動力船或總噸位未滿二十噸之

動力船舶稱為小船。小船之管轄及適用法規與一般船級不同。

### （十）營運

依營運分類分為定期船與不定期船。

## 第六節　依用途而分類

船舶依用途而分類可分為：軍艦（Warship）；商船（Merchant Ship）；漁船（Fishing Boat）；特種任務船（Special Service Ship）等四類。

### （一）軍艦

圖2-1　航空母艦

1. 航空母艦（Aircraft Carrier）

一如其名該艦係用來攜載航空器具，藉所載之飛機上之武器、炸彈、火箭、魚雷、水雷即具有長程之攻擊力。飛機可用來攔截並消滅前來偵察或攻擊的敵機，並可為本艦隊作長程之偵察。母艦上本身即具攻擊性武器，但仍需靠反潛直升機（Anti-submarine（A/S））、大型航空母艦（CVB）、輕型航空母艦（CVL）以及護航航空母艦（CVE）等四型。除護航航空母艦外，其餘均為高速（超過30節），僅裝有對空武器。航空母艦由其飛行甲板很好識別。排水量在20,000至50,000噸之間。

2. 巡洋艦（Cruiser）

為一種大型之軍艦，其排水量約為6,000～15,000噸，航速可達35節，且能長距離巡航，中型裝甲並備有5吋至8吋砲或導向飛彈之武裝。巡洋艦又可細分為重型巡洋艦（CA），大型巡洋艦（CB），輕型巡洋艦（CL），防空巡洋艦（CLAA），特遣艦隊指揮巡洋艦（CLC），獵殺巡洋艦（CLK），導向飛彈巡洋艦（CAG，CLG）等。

圖2-2　巡洋艦

3. 驅逐艦（Destroyer DD）

屬於小型（其排水量約為2,000～4,000噸）、快速中型武裝（5吋砲）之一般性任務戰艦。護航驅逐艦（Escort Destroyer DDE），裝有特種攻潛設備；雷達哨戒驅逐艦（Radio Picket Destroyer DDR），裝有特種裝備，以執行哨戒任務。

圖2-3　驅逐艦

電導飛彈驅逐艦（Guided Missile Destroyer）為新型的驅逐艦，艦上裝有砲外，另裝有艦對空（Ship-to-Air）之電導飛彈，反潛追蹤魚雷（Anti-submarine Homing Topedoes）及反潛直升機。其排水量可能超過5,000噸。其動力可能為渦輪蒸汽機或燃氣渦輪機。

4. 巡防艦（Frigates）

為擔任護航與巡邏，排水量噸位約為1,400噸左右，航速17節，裝有5吋砲之軍艦。一般又可分成四種：一般目的巡防艦（General Purpose Frigate）；反潛巡防艦（A/S Frigate）；反空巡防艦（A/A Frigate）；防空巡防艦（AD Frigate）。

（1）一般目的巡防艦

在這種巡防艦上，裝有反潛，反空及有限度之飛機方向探測設備，具有與驅逐艦一樣的各項武器，其排水量約為2,300噸，長約為360呎。

圖2-4　巡防艦

（2）反潛巡防艦（Anti-submarine Frigate）

主要用於反潛巡防用。其排水量約為2,150噸或2,200噸，另一種為1,020噸。

（3）反空巡防艦（Against Aircraft Frigate）

其排水量約為2,250噸，用於護航反空襲（Against Aircraft）及攻擊空中飛機用。

圖2-5　反潛巡防艦

圖2-6　反空巡防艦

（4）防空巡防艦（Air Defence Frigate）

　　其排水量約為2,090噸，裝有對空雷達。

圖2-7　防空巡防艦

5. 潛水艇（Submarine）

　　為一小型，重武裝，且可潛航之軍艦，其類型可分為電導飛彈潛水艇（SSG），反潛潛水艇（SSK），運油潛水艇（SSO），運貨潛水艦（ASSA）

以及運輸潛水艦（ASSP）等。運輸潛水艦與運貨潛水艦皆屬兩棲類型，核子潛水艇（SSN）則為應用核子能推動的潛水艇。

圖2-8　潛水艇

6. 掃雷艇（Minesweepers MS）

特別建造之小艇，掃雷艇上裝備有掃雷工，用以擔任掃雷任務者。此類船又分沿海掃雷艇（Coastal Minesweeper C.M.S.）與岸邊掃雷艇（Inshore Minesweeper I.M.S）兩種。C.M.S.排水量約為450噸；而I.M.S之排水量約為150噸。

圖2-9　沿海掃雷艇

圖2-10 岸邊掃雷艇

7. 登陸艦（Landing Ships）

為突擊用之艦艇，其設計可作長程航行並能自灘頭卸下作戰人員、砲火及坦克，一般所見之戰車登陸艦為（Landing Ship Tanks L.S.T）。

圖2-11 登陸艦

8. 魚雷艇（Torpedo Boat）

為發射魚雷攻擊敵艦之用，排水量不大，速率與驅逐艦相近。

9. 佈雷艇（Mine Layer）

設水雷以攻擊敵艦用。

10. 砲艇（Gun Boat）

裝有機槍之小型艦艇。

11. 巡邏艇（Patrol Boat）

為小型快速之艦艇，其上裝有砲及魚雷，為小型之反潛船隻。

圖2-12　魚雷艇

圖2-13　佈雷艇

（二）商船

## 1. 客船（Passenger Ship）

專以運送旅客為目的，其設備及構造均應力求能使旅客舒適、愉快、安全和便利。

客船就其居住設備（Accommodations）及安全要求（Safety Requirements）又可分為：豪華國際航線客船（Luxurious Passenger Liner）；搭載大量乘客的特殊貿易客船（Special Trade Passenger Ships）；國內航線客船或客貨船（Domestic Passenger or Passenger Cargo Ships）。

法規上規定凡搭載旅客超過十二人之船舶均屬客船，因此客貨船即屬客船範圍之內，此外像車輛渡船（Car Ferry），渡船（Ferry Boat），渡峽船（Cross-Channel Boat），觀光船（Sight-Seeing Vessel）等亦屬客船。還有最近發展在島嶼及沿海航路上之水翼船（Hydrofoil Craft）與氣墊船（Hovercraft）亦屬客船。

圖2-14　豪華客船

圖2-15　客輪（S.S. Universe）

圖2-16　氣墊船

圖2-17　車輛渡船

2. 傳統式雜貨船（Conventional General Cargo Ship）

雜貨船之主要目的係用來載運各種箱裝（In Boxes），綑裝（In Bales）、束裝（In Bundles）等雜貨為主，有時在甲板上設有少量船室，可搭乘客最多12人，因貨船載客規定不得超過十二人。

貨船按其航期又分為定期貨船（Cargo Liner）與不定期貨船（Tramp Ship）。雜貨種類繁多，在質量上有輕質貨與重質貨之分，在形態上又有乾貨（Dry Cargo）與液體貨（Liquid Cargo）之別；在載運方式上又分散裝貨（Bulk Cargo）、包裝貨（Packed Cargo）、非包裝貨（Unpacked Cargo）與貨櫃貨（Container Cargo）等，為適應各種貨物之運輸，貨船亦分成若干型，對於沿用已久之傳統式貨船，一般即稱其為一般雜貨船。

3. 多用途乾貨船（Multi-Purpose Dry Cargo Ship）

一般雜貨船在裝運物種類方面，為適於營運利益使易於獲得滿載之貨源起見，而向多用途方面發展。在此類船貨船中以一萬四千噸級自由型多用途船最具代表。此類船之載貨種類計有包裝貨物、冷凍貨物、貨油、散裝乾貨，並可載運20呎長之標準貨櫃216個（露天甲版上兩層計96個，艙內120個），貨油艙在第二及第七貨艙之不鏽鋼深櫃（Deep Tank）內。

圖2-18　傳統式雜貨船

圖2-19　多用途乾貨船

4. 貨櫃船（Container Ship）

近年來由於勞動力的不足及工時費用之增高，為使船舶在港中停泊時間減少，增加船舶運航的次數，因此產生了貨櫃化運輸，近年來貨櫃運輸之興起與發展，已認為是運輸史上之重要革命。

貨櫃船依裝運貨櫃程度而區分為：

（1）全貨櫃船（Full Container Ship）：

整船之設計全部係用來裝運貨櫃。

（2）半貨櫃船（Semi-Container Ship）：

　　該船只有一部分的貨艙容積用來裝運貨櫃，另一部分貨艙與一般雜貨船無異。

（3）可變貨櫃船（Convertible Container Ship）：

　　該型船經特殊設計，全部的容積或部分容積可裝載貨櫃也可裝載其他一般貨物，並且具有性能，俾使船能在不同情況下適應航行。

（4）載運有限度貨櫃船隻：

　　該型船雖配有裝卸和固定貨櫃的設備，但船身構造仍屬一般貨船設計。

圖2-20　全貨櫃船

5. 駛進駛出船（Roll-on/Roll-off Ship）

　　此型船係為貨物滾動方式裝卸而設計，即裝卸貨物時使用拖車（Trailer），牽引車（Tractor），堆高機（Fork Truck）及其他車輛為之，車輛自船兩側的舷門或艉門經著陸板（Ramp）自動或被拖至船上，艙內車輛占有若干空間且車輛需留若干間隙以使車輛運轉，艙內的著陸板及昇降機亦需占若干間隙，且車輛不能堆積而必需將貨艙上下分成若干層甲板，每層甲板上部均需留有若干間隙，故此型在裝載同等容積的貨物時較一般貨櫃船需要增加約一倍之艙間，故

僅於載運重型車輛及航程較短時為適用，貨櫃除以車輛裝載外，通常多以貨物墊板（Pallet）事先裝妥，船上兩側設有橫向起重機（Sideporter），艙內設有昇降機，艙內作業以堆高機堆運。

圖2-21　駛進駛出船

6. 貨駁母船（Barge Carrying Ship）或稱母子船。

貨駁母船又可分為下述兩種：

橋式起重機型貨駁母船（Gantry Crane Type Carrying Ship; Lighter Aboard Ship; LASH）橋式起重機貨駁母船簡稱LASH。其特徵為單甲板、大艙口、具有翼艙（Wing Tank）；住艙及駕駛台設在船之前部，機艙在後半部；煙囪與機艙口圍壁均分列在兩側，如此佈置，乃為空出船體中心線之遼闊部位，供載子駁；子駁係用船上可前後移動之橋式起重機（Gantry Crane）橫列於母船上。

Lash System包括母船（LASH Ship），子駁（LASH Lighter）及橋式起重機（LASH Crane）等三部分。此類船舶之優點為：

(A)可縮短在港口停留的時間，以起重機在吊重時每15分鐘自艙內至艉運送浮駁往返為例，每小時可起卸4×370即約1,500噸。

(B)因母船不需停靠碼頭而僅需在港內下錨，故可不受碼頭擁擠的影響。

(C)拖船拖動浮駁，可往返於母船與內陸河港間之運輸。

平台升降機型貨駁母船（Platform Elevator Type Barge Carrying Ship; Seabee Class Barge Carrier）平台升降機型貨駁母船，又稱海蜂級貨駁母船。此型船

為美國新奧爾良市Lykes Bros Steamship Co., Inc.公司所設計。該系統係由母船（Seabee），子駁（Seabee Barge）及平台升降機（Seabee Elevator）所組成。其第一艘於1971年7月10日下水，船長875呎，速率20節，後部安裝荷重2,000噸之可潛式升降機（Submersible Elevator），比任何起重機的能量為大，可將滿載貨駁由海面上安全裝上船來，再用兩部自推式運輸機（Self-propelled Transporter）將貨駁縱列在三層暢通無阻的甲板上，38艘子駁共裝24,500噸貨物，可在13時內裝船完畢。

圖2-22　海蜂級貨駁母船

7. 散裝貨船（Bulk Carrier）

凡將貨物散裝於船艙內者，統稱為散裝貨船。包括油輪（Oil Tanker）及特殊液體貨運輸船（Specialized Liquid Cargo Carrier）等之濕散裝貨船（Liquid Bulk Carrier），礦砂船（Ore Carrier）、煤碳運輸船（ Coal Carrier），穀物運輸船（Grain Carrier）、散裝食鹽運輸船（Bulk Salt Carrier）、散裝水泥運輸船（Bulk-Cement Carrier）等之乾散裝貨船，及同時裝運兩種或多種散裝貨物之混用散裝運輸船（Combination Bulk Carrier）與全能散裝貨運輸船（Universal Bulk Carrier）等。惟通常所指散裝貨船係指以運輸穀物其密度約為45～50 Cu-ft/Ton或更重者，則稱為礦砂船。

低密度乾散裝貨船（Low Density Dry Bulk Carrier），米、麥、豆、玉蜀黍、高粱等穀類及煤炭、食鹽等同屬低密度散裝乾貨，所佔容積較大，而以淺二重底自然均載船為其標準船型。其艙內上下四隅設有三角型翼艙，在設計上可能發生之變化為有時廢棄頂部翼艙（Topside Tank）或將頂部翼艙之斜板改螺栓固定，當載運輕質貨物時可將斜板卸除，使頂部翼艙部分亦可裝載貨物。大型

船有時加設內層船殼（Inner Side Shell），而成為雙層船殼型（Double Hull Type），俾易於清除貨物，亦可利用外殼所夾之空間，增加壓艙水之容積。

圖2-23　散裝貨運載船

礦砂船（Ore Carrier）裝載密度為25 Cu-ft/Ton或更重之散裝鐵砂或其他礦砂之船舶稱為礦砂船。由於礦砂特別凝重，所佔容積甚小，故礦砂船通常為深二重底，雙縱隔艙壁之單甲板船。礦砂儲置於高內底（High Inner Bottom）上之中線窄艙（Center-line Narrow Holds）內，兩側之大型翼槽裝載壓艙水等使用。

圖2-24　礦砂運載船

混用散裝貨船（Combination Bulk Carrier），由於針對一種散裝貨而設計之專用散裝貨船（Pure Bulk Carrier），回程常須以壓艙水空載而返之不經濟性。為適應一般航運之需要，自一九五○年起逐漸趨向於混用散裝貨船之建造。最初出現者為礦砂油料兩用運載船（Ore and Oil Carrier），或稱礦/油運載船（Ore/Oil Carrier），其中心部為礦砂艙，兩側及船底為貨油艙。如圖2-25所示。

053

圖2-25　礦／油運載船

　　又如礦砂散裝兩用運載船（Ore and Bulk Carrier）或稱礦/散運載船（Ore/Bulk Carrier），其中心為礦砂艙，散裝貨（穀物）艙在兩側，兩者均以深二重底，縱隔艙壁，單甲板之礦砂船型為基本船型，僅將原裝壓艙水之翼艙改裝油或穀物即可，故在設計上之變異不大。另還有汽車散裝貨兩用船（Car and Bulk Carrier）或稱汽車／散裝貨運載船（Car/Bulk Carrier）如圖2-26所示。散裝貨木材兩用船（Bulk and Timber Carrier）或稱散裝貨/木材運載船（Bulk/Timber Carrier）。如圖2-27所示。

圖2-26　汽車／散裝貨運載船

圖2-27　散裝／木材運載船

8. 油輪（Oil Tanker）

用來裝載散裝油料之船，我們稱其為油輪。通常所指之油輪係指散裝石油類礦物油，如原油、重油、柴油、汽油等為目的，至於用來散裝魚油、植物油、瀝青油、糖蜜等者稱無雜用油輪。有些則以其係用來裝載原油而加以分類，用來運載原油者稱其為原油運輸船（The Crude Tanker）。原油運輸船，因其船隻愈大愈經濟，迄目前已有巨霸型原油運輸船其載重噸已超過五十萬噸，可見油

輪發展之快速。

055

圖2-28　原油運載船

9. 木材運載船（Lumber Carrier or Timber Carrier）

為運載木材之專用船舶。能在往返航程中能具裝載穀物或其他雜貨之需要，其構造與一般之雜貨船並無很顯著之差別。木材運載船，為便於裝卸原木（Logs），貨艙甚長，艙口壁較通常雜貨船之貨艙為長，因此木材運載船一般僅分二或三個艙口，艙口之寬度亦比一般雜貨船之艙口寬。其寬度達船寬之43.5～52.5％，艙內亦無支柱（Pillar）等障礙物。

10. 液化氣運載船（Liquefied Gas Carrier）

天然氣（Natural Gas）及石油氣（Petroleum Gas）已成為現代工業國家之新能源及家庭用之主要燃料。該等氣體均可予以液化，置於船上之特製液化氣槽（Liquefied Gas Tank）或貨艙（Cargo Tank）內而運輸。專供運輸此等液化烴氣（Hydrocarbon Gas）及少數其他液化氣如液化無水氨（Anhydrous Ammonia）等之船舶稱為液化氣運載船。液化氣運輸船又依其運載液化氣種類之不同而分別稱其為液化天然氣運輸船（Liquefied Natural Gas Carrier; LNG Carrier）與液化石油氣運輸船（Liquefied Petroleum Gas Carrier; LPG Carrier）等。由於液化烴氣易燃、易爆、具毒性以及其液化過程係在常溫高

壓，或在常壓低溫之下進行，於運輸途中需保持液態所需持之高壓或低溫狀況，此為安全運輸之重要課題。

圖2-29　液化石油氣運載船

圖2-30　液化天然氣運載船

圖2-31　化學品運載船

11. 冷藏船（Refrigerated Carrier）

　　凡將肉類、青果、蔬菜等食品貨物冷藏於船上而運輸者，統稱為冷藏船。冷藏船之裝運獸肉者，稱為獸肉運輸船（Meat Carrier），裝運青果者稱為青果運載船（Fruit Carrier），青果船中專門運載香蕉船者，稱其為香蕉運載船（Banana Carrier）。

　　冷藏船之貨艙為一大冷藏庫，船艙應盡可能的減少樑柱，深式樑等障礙物。艙內壁張有板或合木板，木板與船板間以軟木（Cork）、石棉（Asbestos）等絕熱材料填實，使艙之周圍成為絕熱構造。艙口蓋亦須為絕熱者。然後在艙內繞以冷卻管，吸收艙內熱氣，或由冷凍室之風扇向艙內打入冷風，使達到預期之冷度。

12. 車輛運載船（Vehicle Carrier）

　　專為運載各種車輛而設計，細分駛進駛出型車輛運載船（Roll-on/Roll-off Type Vehicle Carrier）及吊上吊下型車輛運載船（Lift-on /Lift-off Vehicle Carrier）兩種。駛進駛出型車輛運輸船必須具有車輛通行間之門（Port）及跳板（Ramp），並有暢通無阻之倉庫型甲板艙（Warehouse Type Tween Deck Space），高度適於車輛儲置，船內跳板（Internal Ramp）或升降機，可使車輛移轉於各層甲板上。

圖2-32　汽車運載船

13. 潛舉型甲板重貨運載輪（Deck Cargo／Heavy Lift Carrier）

　　「藍色瑪琳號」於二〇〇〇年四月交船，可載運潛艇、軍艦等，於以巴緊張之際，美國的驅逐艦「柯爾號」在葉門亞丁港遭到重擊，造成十多位水手死傷。「柯爾號」遭重擊後，據瞭解，將由一艘潛舉型甲板重貨載運輪「藍色瑪琳號」（Blue Marlin）載運回美國修復。其運載之方法就是將長五百零五呎的柯爾號舉出水面，在置於甲板上載運回美國修復，而不是用拖拉的方式拉回國。

圖2-33　藍色瑪琳號

藍色瑪琳號載重五萬六千五百噸，寬四十二公尺，設計吃水點八公尺，結構吃水二十三點三公尺，它是藉由一平且寬的甲板來載送重大型貨物的貨輪，其可載運的有潛艇、軍艦、鑽油平台、貨櫃吊車與大型結構物如煙囪與橋樑等。其裝卸貨物方式十分特殊，除可利用吊車吊卸及利用軌道重大型貨物移至載貨甲板上之外，也可將整個船體半潛到水中，然後，將浮力的重大型貨物，以拖船或纜繩移至甲板上方後，船體再慢慢浮起而將整個貨物載起，故稱之為潛舉型甲板重貨載運輪。

圖2-34　潛舉型甲板重貨載運輪

（三）漁船（Fishing Boat）

1. 捕鯨母船（Whale Factory Ship）
2. 捕鯨船（Whale Catcher Boat）
3. 鮪鰹釣船（Tuna and Bonito Clipper）
4. 拖網船（Trawler）
5. 流網船（Drifter）
6. 巾著網船（Purse Netter）
7. 漁獲物運搬船（Fish Carrier）
8. 漁業練習船（Fisheries Training Boat）
9. 漁業巡邏船（Fisheries Patrol Boat）

10.漁業調查船（Fisheries Research Vessel）

（四）特種任務船（Special Service Ship）

1. 實習船（Training Ship）

2. 海底電纜鋪設船（Cable Ship）

3. 救難船（Salvage Boat）

4. 挖泥船（Dredger）

5. 碎冰船（Ice Breaker）

6. 巡邏船（Patrol Ship）

7. 醫院船（Hospital Ship）

8. 渡船（Ferry Boat）

9. 拖船（Tug Boat）

10.給水船（Water Boat）

11.引水船（Pilot Boat）

12.測量船（Surveying Ship）

13.修理船（Repair Ship）

14.垃圾船（Garbage Ship）

15.消防船（Fire Boat）

16.起重船（Floating Crane）

17.浮標敷設船（Buoy Tender）

18.氣象觀測船（Meteorological Ship）

19.駁船（Barge）

20.交通船（Launch）

21.流出油回收船（Outflow Oil Withdrawal Boat）

圖2-35　起重船

圖2-36　拖船

圖2-37 浮塢

圖2-38 引水船

圖2-39　海巡署巡邏艇

# 第三章 船舶檢查

　　船舶檢查為船舶管理中重要的一環，航業經營者及海上工作的人員要準備船舶受檢，而航政官署及驗船機構則為船舶檢查的執行人。其關連的人幾乎涉及所有之海運從業人員。

　　船舶搭載客貨航行海上，難免遭受風浪的襲擊，為確保旅客、船員及所載貨物的安全，除應配置相當海員外，應注意船舶的適航性。

　　為策航行安全，船舶應具備適於航行之結構強度、船舶穩度、推進機器或工具及設備，為達此目的對於船舶應加以檢查。

## 第一節　船舶檢查適用範圍

### 一、我國船舶檢查的適用範圍

　　依船舶檢查規則第二條之規定：「中華民國船舶除遊艇、小船、高速船外，依本規則之規定施行檢查」。

　　所謂小船依船舶法第三條第一款之規定：「謂總噸位未滿五十之非動力船舶，或總噸位未滿二十之動力船舶」。

　　綜上觀之，我國船舶檢查的適用範圍除下列船舶外，均應施行檢查。

1. 總噸位未滿五十之非動力船舶或總噸位未滿二十之動力船舶。
2. 軍事建置之船舶。

### 二、國際海上人命安全公約對船舶檢查的適用範圍

　　在該公約第 I 章第三條規定：「本規則除另有明文規定外，不適用於：

1. 戰艦或運兵船。
2. 不滿五百總噸之貨船。
3. 不以機械方法推進之船舶。
4. 原始式建造的木船。
5. 不從事貿易之遊艇。

6. 漁船。

目前我國船舶檢查，船舶在國際海上人命安全公約（International Convention for the Safety of Life at Sea 1974）的範圍內之船舶一般均由驗船中心代為檢查及核發証書，其他不在公約規定的船舶除軍事建置之船舶以外，均由港務局航政組的技術課檢查。

## 第二節　船舶檢查之種類及申請

### 一、船舶檢查之種類

船舶檢查的種類可分為

1. 特別檢查
2. 定期檢查
3. 臨時檢查

### 二、特別檢查

特別檢查之時期：

依船舶法第二十五條規定「船舶有左列情形之一時，應向船舶所在地之航政機關申請施行特別檢查：

1. 新船建造時。
2. 船舶購自國外。
3. 船身經修改或換裝推進器。
4. 變更船舶之使用目的或形式。
5. 船舶特別檢查時效屆滿。

船舶經特別檢查後航政機關應核發或換發船舶檢查證書，其有效期間以五年為限。

### 三、定期檢查：

檢查之時期：

船舶之定期檢查為每十二個月一次。

我國船舶法第二十六條規定「船舶經特別檢查後，於每屆滿一年之前後三個

月內，其所有人應向船舶所在地航政機關申請施行定期檢查。

## 四、臨時檢查：

臨時檢查的時期：

依船舶法第二十七條之規定「船舶有下列情事之一者，其所有人應向所在地航政機關申請實施船舶臨時檢查：

1. 遭遇海難者。
2. 船身、機器或設備有影響船舶航行、人命安全或環境污染之虞需修理者。
3. 適航性發生疑義。

## 五、船舶檢查之申請

船舶之特別檢查、定期檢查及臨時檢查，除新建船舶外，應由船舶所有人或船長分別向船舶所在地之航政主管機關或驗船機構申請之。

新建船舶，如承造人與船舶訂造人不屬一人時，其船舶檢查之申請，應由船舶訂造人與承造人共同為之。如船舶訂造人尚未確定，得僅由承造人單獨申請之。

船舶向航政主管機關申請檢查時，應由申請人填具申請書，並檢附有關之文件及圖說；向驗船機構申請檢查時，依驗船機構之規定申請之，申請人並應即時將申請書副本送給船籍港航政主管機關備查。

新建船舶申請建造中檢查時，應由申請人於船舶建造前，按交通部所訂頒有關法令之規定，將建造圖說分別送請船舶所在地之航政主管機關或驗船機構審核，未經核可不得施工。前項圖說必須包括船舶線圖、一般佈置圖、船體結構圖、輪機佈置圖、規範說明書及必要計算書。

改建船舶申請改建中檢查時，船舶所有人應於船舶改建前，將改建有關之圖說，分別送請船舶所在地之航政主管機關或驗船機構審核後始准施工。

# 第三節　我國負責船舶檢查之機構

## 一、在國內

1. 航行國內航線暨航行國際航線而不適用國際公約規定之客船與非客船，為船舶

所在地之航政主管機關。

2. 航行國際航線適用國際公約規定之客船，除有關公約部分為交通部所委託之驗船機構外，其餘為船舶所在地之航政主管機關。

3. 航行國際航線適用國際公約規定之非客船，如經入級者，其入級部分為交通部認可之驗船機構，其有關國際公約部分及公約與入級未包括部分，為本部委託之驗船機構。

4. 航行國際航線適用國際公約規定之非客船，如未入級者，除有關公約部分為交通部委託之驗船機構外，其餘為船舶所在地之航政主管機關。

5. 船舶之無線電設備，為電信主管機關。

## 二、在國外

1. 客船、航行國內航線非客船及航行國際航線不適用國際公約規定之非客船，其圖樣之審核為船籍港航政主管機關。其檢查為船舶所在地經交通部認可之本國驗船機構。

2. 各種船舶之無線電信設備，其圖樣之審核為電信主管機關。檢查為船舶所在地經交通部認可之本國驗船機構。

3. 航行國際航線，適用國際公約規定之非客船，如經入級者，其入級部分為經交通部認可之驗船機構，其有關國際公約與入級未包括部分為交通部委託之驗船機構。如未入級者，其有關國際公約部分為交通部委託之驗船機構，其餘為船舶所在地經交通部認可之本國驗船機構。如船舶所在地未設有本國驗船機構時，得由交通部認可之國際驗船機構檢查。

## 三、航政主管機關

　　我國航政主管機關在中央則為交通部的航政司及航港局。航政司下設有航務、航政監理、海事、港務、國際運籌、機場發展、空運管理等科。主管船舶檢查的機構為船舶科。另中央業務主管單位為航港局。下設航務、企劃、船舶、船員、航安等組，在地方航政主管機關為各地區航務中心，負責船舶檢查的單位則為技術課。

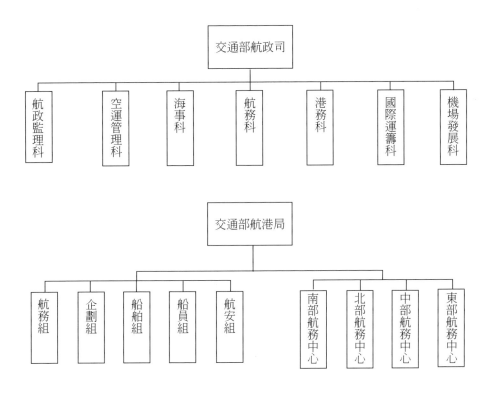

## 四、船級協會（Classification Society）

### （一）船級（Classification of Ship）

　　商船之船級係指船級協會對於商船所訂船殼構造及其設備的等級標準（目前均採單一船級制），為船舶具備適航性之重要條件，船東新造船舶均委請船級協會以監造並經其檢驗，合格即簽發証書即所謂入級，凡入級之船舶，該船級協會給予一定符號並登錄於船舶名錄中，以供各方參考。

### （二）船級協會之主要工作

　　船級協會之主要工作可歸納如下：

1. 為海上人命安全國際公約規定之檢驗及証書之發給。
2. 為船舶載重線之勘劃及証書之發給。
3. 為船舶檢查。
4. 船舶入級之檢驗及証書之發給。
5. 船舶之丈量。
6. 發行入級船舶名錄。

7. 監督造船。

8. 造船材料試驗。

（三）世界著名的船級協會

1. 中國驗船中心（China Corporation Register of Shipping C.R.）

2. 勞氏船級協會（Lloyd's Register of Shipping L.R.)

3. 美國船級協會（American Bureau of Shipping A.B.S.）

4. 日本海事協會（Nippon Kai ji Kyokai N.K.）

5. 法國船級協會（Bureau Veritas B.V.）

6. 義大利船級協會（Register Italiano R.I.）

7. 德國船級協會（Germenischer Lloyd G.L.）

8. 挪威船級協會（Norske Veritas N.V.）

9. 中國船級社（China Classification Society C.C.S）

# 第四節　船舶檢查文書

## 一、船舶檢查必備文書

依船舶檢查規則第二十五條之規定「業經登記之船舶向航政主管機關申請檢查時，船舶所有人或船長應將下列各款之文書送驗；但依有關法令之規定，不適用其中任何一項或多項者，得免送驗：

1. 船舶國籍証書或臨時船舶國籍証書，或其影本。

2. 船舶登記証書，或其影本。

3. 船舶檢查或依有關國際公約規定應備之証書及船級証書。

4. 船舶噸位証書。

5. 載重線証書。

6. 各項設備証書。如裝卸機具証書等。

7. 載客超過十二人者，客船証書。

8. 航海記事簿。

9. 法令規定之其他文書。如豁免証書等。

## 二、國際海上人命安全公約規定各項證書之期限

1. 客船安全証書為一年。
2. 貨船安全設備証書為五年。
3. 貨船安全構造証書為五年。
4. 貨船安全無線電証書為五年。
5. 貨船安全無線電話証書為一年。
6. 核子客船安全証書為一年。
7. 核子貨船安全証書為一年。
8. 船舶豁免証書最長不得超過一年，並不得超過所引之証書有效期限為限。

　　船舶於其証書期限屆滿之時，不在其船籍國境內之港口者，得由主管官署將其証書之期限予以延長，但核准此項延期之目的，應僅在允許該船舶完成其航程至其船籍國，或其預定接受檢驗之國家為目的，且以具有正當而合理之情形者為限。

　　依此而延期之証書，其期限應不得超過五個月，已經核准此項延期之船舶，於返抵其船籍國或抵達其預定接受檢驗之港口後，應不得因獲有此項延期而不領取新証書，即離開該港口或該國。

　　証書之未經依照前列各項予以延期者，得由主管官署於其所載屆滿之日起，予以不超過一個月之寬限。

## 三、我國對於證書期限之特殊規定

　　船舶檢查時效已屆滿或即將屆滿，而船舶因所在港無適當塢臺等修船設備，必需航行至鄰近之另一港口檢修時，船舶所有人或船長得敘明理由向船舶所在地之航政主管機關或驗船機構申請航行至鄰近之另一港口施行檢查，但以經主管機關或驗船機構認為船舶仍具有適航性之情況下始准航行；必要時並得限制其客貨之裝載。（船舶檢查規則第十一條）

　　船舶經檢查後發現某一部分之材料、設備或配件必需換新或修理，而船舶所在地確難及時獲得是項材料、設備、配件或技術時，船舶所有人或船長得敘明理由向船舶所在地之航政主管機關或驗船機構申請延期檢修，但應經主管機關或驗船機構認為不影響其適航性之情況下始准航行，並應於期限內完成檢修。（船舶檢查規則第十二條）

### 四、我國簽發國際海上人命安全公約所規定證書之單位

1. 客船安全証書由船籍港之航政主管機關簽發之。
2. 貨船安全設備証書由船籍港之航政主管機關或由交通部委託中國驗船中心簽發之。
3. 貨船安全構造証書由船籍港之航政主管機關或由交通部委託中國驗船中心簽發之。
4. 貨船無線電安全証書由國家通訊傳播委員會（NCC）或委託中國驗船中心簽發。
5. 核子客船安全証書之簽發機關俟核定另文通知。
6. 核子貨船安全証書之簽發機關俟核定另文通知。
7. 船舶豁免証書由交通部簽發之。

## 第五節　船舶檢查之範圍

　　船舶檢查之範圍應包括下列各項：但依有關法令之規定，不適用其中任何一項或多項者，得免檢查之。

1. 船體各部結構強度。
2. 船舶推進所需之主輔機或工具及設備。
3. 船舶穩度。
4. 船舶載重線。
5. 船舶艙區劃分。
6. 船舶防火構造。
7. 船舶標誌。
8. 防止水污染之各項設施。
9. 救生設備。
10. 救火設施。
11. 燈光音號及旗號設備。
12. 航行儀器設備。
13. 無線電信設備。
14. 居住及康樂設備。
15. 衛生及醫藥設備。

16.通風設備。

17.冷藏設備。

18.貨物裝卸設備。

19.排水設備。

20.操舵起錨及繫船設備。

21.帆裝纜索設備。

22.危險品及大量散裝貨物之裝載儲存設備。

23.海上運送之貨櫃及其固定設備。

24.依法令應配備之其他設備。

## 第六節　船舶檢查之內容

### 一、特別檢查

　　船舶特別檢查分成建造中特別檢查及現成船特別檢查。對於現成船船體之特別檢查又分成，現成鋼船船體之特別檢查及現成木船船體之特別檢查。且每次特別檢查之內容愈後面之特別檢查其包含的項目愈多，檢查愈嚴格。

#### （一）建造中特別檢查

　　建造中之船舶，其船體、主軸機與設備等各部分，應按事先核定之圖說及施工進度，並依有關法令規定，於適當時期，就其必要之部分施行特別檢查。其圖說或施工進度如需修改或變更，應重新經主管機關或驗船機構之審核認可。建造中船舶之特別檢查，自施工開始以迄試航為止，其材料、工藝、工作情況與佈置等，均應經主管機關或驗船機構檢查認為滿意，如經發現未能符合有關法令之規定，或與業經審核之圖說有出入時，應予改正。

　　新建造船舶應在船體建造完成階段之適當時期，在主管機關或驗船機構檢查人員之監督下，施行傾側試驗，以決定船舶之穩定。但新建船舶如其同型船業經施行傾側試驗，其有關穩定之計算書等業經主管機關或驗船機構核可者，得申請准免施行。

　　新建船舶於所有主輔機包括舵機、錨機、錨具及無線電信、航行儀器與救火等設備均已裝置完成並經廠試滿意後，應在主管機關或驗船機構檢查人員之監督

下作航行試驗，經檢查人員認為滿意。

（二）現成船特別檢查

1. 通則

現成船之特別檢查，應於船舶完成建造中檢查之日起或完成前一次特別檢查之日起，不得超過五年之期限內施行之。但主管機關或驗船機構得依船舶之現況而縮短其間隔。

依前條之規定，船舶所有人並得申請提前開始於不超過十二個月之期間內陸續施行各項特別檢查，但此項特別檢查最後完成之期限，應不超過前條之規定。

現成船船體及機器之特別檢查，得應船舶所有人之申請，經主管機關或驗船機構之同意，依連續檢查之方式施行之；其構成船體與機器之各部，應於核定之週期內，輪流依現成船船體與現成船機器特別檢查之規定施行特別檢查，但任何項目兩次特別檢查之間隔，應不超過五年之期限之規定。

現成船船體機器之全部或其重要部分經修改時，或變更船舶之使用目的或型式時，應按事先核定之圖說於適當時期，就必要之部分施行特別檢查。必要時並應在航政主管機關或驗船機構檢查人員之監督下，作航行試驗。現成船之適航性有嚴重損害時，應就影響適航性之部分，施行特別檢查。現有船之各項設備，應依有關法令之規定檢查之。

2. 現行鋼船船體第一次特別檢查

船舶建造完成後施行第一次特別檢查時，其船體除應依船體定期檢查之規定外，應按下列之規定檢查之：

(1) 船舶應進塢、上架或上坡置於適當高度之塢墩上，並將龍骨、船殼板、船艏材、艉肋材或艉柱及舵等清理乾淨以利檢查，如經檢查人員認為必要，應將舵頂起檢換舵承襯套，並將水線下船體重予油漆。

(2) 檢查海底門、船外排洩裝置暨所有附屬於船殼板。

(3) 檢查所有之水密艙壁。

(4) 各貨艙、中甲板、深艙、尖艙、艙底及機艙與鍋爐間應予清理乾淨，並就肋骨與板面檢查之。單底船舶貨艙內之密集墊板，每舷至少應掀開兩列，其中一列應在艙底部，貨艙內所有活動艙蓋及機艙與鍋爐間之地板均應移開，以檢查其下面之結構；如屬二重底，則應將艙頂墊板掀開足夠之數量，必要時並應全部掀開，以利檢查。

(5) 艙底板面覆蓋之水泥或其他混凝物應小心檢查，如經檢查人員作敲鑿試

驗，認為其音響及粘著鐵板狀況良好者，得免移除。

(6) 由部分船體主結構形成之艙櫃，應經清理乾淨作內部檢查，尤以位於鍋爐間下之該類艙櫃，應予特別注意。但除尖艙外，專用以裝載燃油及潤滑油者，經檢查人員依照規定作外部檢查及艙壓試驗，認為滿意時，得免作內部檢查。在作艙櫃內部之檢查時，應注意檢查測深管下端之承擊板。

(7) 各二重底艙間、尖艙及其他由部分船體主結構形成之艙櫃應作艙壓試驗，其艙壓之相當水頭應高達溢流點。艙壓如在船浮狀態試驗時，其船板內部檢查亦必須於船浮狀態下施行之，艙內並應予清潔，保持乾燥。

(8) 各甲板、圍壁及船艛應予檢查，尤應注意開口之拐角以及強度甲板上緣等之不連續處。檢查木甲板或包板時，如發現其板列接觸鬆弛，應移除以檢查其下之鋼板狀況。

(9) 所有之各項設備應逐一予以查對。錨及錨鏈如經卸下移到船外時，應予檢查，錨鏈艙亦應作內部檢查。

(10)艙底水系統所有之泵，應在工作狀況下施行檢試。

(11)經絕緣之冷凍艙，應將其艙口及排水槽掀開以檢查其鋼板。

(12)用於載運散裝油料之船舶，其所有之貨油艙、壓載艙及堰艙應完全清除有害氣體並清理乾淨後檢查之，進油管之過濾器應予拆除，以便檢查附近之船殼板及隔艙壁，但如有其他方法可達到檢視目的時得免之。如裝有陽極板者，則應連同其附件一併予以檢查。每一貨油艙之隔艙壁並可採取交錯艙櫃液壓方式，或等效艙壓方式試驗之，如作液壓試驗時，水頭應高達艙口頂端，但如經檢查人員認為必要時，則應逐櫃試驗之。

(13)如檢查人員認為必要時，得作鋼材厚度測計。

3. 現成鋼船船體第二次特別檢查

船舶建造完成後施行第二次特別檢查時，其船體除應依第一次特別檢查之規定外，應按下列之規定檢查之：

(1) 貨艙內之墊板應自艙底部及內底掀開足夠之數量，以便檢查其艙底部結構、內底板、柱腳、隔艙壁及軸道邊板底端之鋼板。如屬單層底者，貨艙內之密集墊板，每旋至少應掀開三列，其中一列在艙底部。

(2) 由部分船體主結構形成之艙櫃及堰艙，均應經清理作內部檢查。但除尖艙外，專用以裝載燃油者，可選一前端之二重底艙，必要時得另擇一深艙清除有害氣體並徹底清理乾淨後作內部檢查，如經檢查人員認為滿意，其餘之燃油艙復經外部檢查情況良好時，該其餘之燃油艙可免作內部檢查。專

用以裝載潤滑油之艙櫃得免作內部檢查。

(3) 位於舷窗等通氣開口附近之鋼板應予檢查。

(4) 錨鏈應卸下移列船外檢查,錨鏈艙亦應作內部檢查。

4. 現成鋼船船體第三次特別檢查

船舶建造完成後施行第三次特別檢查時,其船體除應依第二次特別檢查之規定外,應按左列之規定檢查:

(1) 鋼材之暴露部分、應予除銹,並應將足夠數量之墊板、間距墊材及內張板等掀開,以利檢查肋材、鋼板、排水孔、通氣管及測深管等。

(2) 用於載運散裝油料之船舶,應於舯部船長二分之一範圍內,至少作橫向兩圈外板之厚度測計。在此範圍內,空載與滿載水線間之每一塊強度甲板,亦應作厚度測計,但檢查人員得視船殼耗損情形酌于增減之。

(3) 由部分船體主結構形成之艙櫃,均應經清理作內部檢查,但除尖艙外,專用以裝載燃料油及潤滑油之二重底艙櫃,應在船之前後端各選其一,必要時得另擇一深艙予以清除有害氣體並徹底清理乾淨後作內部檢查,如經檢查認為滿意,則其餘之燃油及潤滑油艙得經外部檢查清況良好後,免予清理檢查。

(4) 經絕熱之冷凍艙,除應將艙口及排水槽掀開外,並應移除足夠之絕熱板,以便於檢查肋材及鋼板。

5. 現成鋼船船體第四次特別檢查

船舶建造完成後施行第四次特別檢查時,其船體除應依第三次特別檢查之規定外,應按下列之規定檢查:

(1) 由部分船體主結構形成之艙櫃,均應經過清理作內部檢查,但除尖艙外,專用以裝載燃油及潤滑油之二重底艙,得在船之前中後部各選其一,必要時得另擇一深艙,予以清除有害氣體並徹底清理乾淨後作內部檢查,如經檢查人員認為滿意,則其餘各燃油艙及潤滑油艙,得免作內部檢查。

(2) 油輪外之其他船舶,應於舯部船長二分之一範圍,空載與滿載吃水線間之外板,以及強度甲板開口線外之甲板作橫向兩圈之厚度測計,但檢查人員得視船殼耗損情形酌予增減之。

6. 現成鋼船船體第五次特別檢查

船舶建造完成後施行第五次特別檢查時,其船體應依第四次特別檢查之規定檢查,但油輪外之其他船舶,應於舯部船長二分之一範圍內,至少作兩全圈外板之厚度測計。在此範圍內,空載與滿載水線間之每一外板與強度甲板開口線外

之每一甲板，亦應作厚度測計。但檢查人員得視船殼耗損情形約予增減之。

7. 現成鋼船船體第六次及第六次以後之特別檢查

船舶建造完成後施行第六次暨第六次以後之特別檢查時，其船體除應依第五次特別檢查之規定外，應按左列之規定：

(1) 所有之艙櫃包括尖艙、二重底艙、深艙等用以裝載燃油及潤滑油者，應徹底清理後作內部檢查。但除尖艙外，檢查人員如經檢查認為滿意時，得於每一貨艙下選擇一個二重底艙與深艙，予以徹底清理後作內部檢查。

(2) 全船各部構材之確實尺寸應予測計並作詳細記錄。

8. 現成木船船體特別檢查

現成木船施行特別檢查時，其船體除應依船體定期檢查之規定外應按下列之規定檢查之：

(1) 船舶應進塢、上架或上坡置於適當高度之塢墩上，其龍骨、船艙材、艉柱與外板等應清理乾淨以利檢查，並應重予捻縫及油漆。

(2) 舵應頂起連同舵針與舵承予以檢查，如經檢查人員認為必要並應檢換舵承襯套。

(3) 所有之固著釘應詳加檢查，有缺點之螺栓、敲針式木釘均應拔出。位於艙底部之木釘如經檢查人員認為必要時應全部拔出。

(4) 全部構材應予檢查，尤以樑之兩端、樑腋板、樑端之連結材與所有之主要構材應特別注意詳予檢查，或拆開部分外板以確定其內部情形。

(5) 木甲板應予檢查，磨損之部分並應予鑽孔試驗，如發現磨損後之厚度不足規定厚度四分之三或有其他缺點時，應予換新。

(6) 所有之水密艙壁應予檢查，如經檢查人員認為必要，並應作水密試驗。

(7) 船底兩側之通水孔應將污物清除乾淨。

(8) 錨及錨鍊應卸下移列船外檢查，錨鍊艙內部亦應予以檢查。

(9) 桅、圓材、索具、錨鍊筒及艤裝品等應予檢查核對。

(10) 所有桅與艙斜桅之楔應移去，以鋼板構成之桅、艙斜桅與柱應以鎚擊試驗，如經檢查人員認為必要時並應鑽孔試驗。

(11) 經絕緣之冷凍艙，應將其艙口及排水槽掀開，並移除適當數量之內襯板，以使檢查人員能檢查絕熱設施後部之船鼓板與肋材。

9. 現成船機器特別檢查

現成船施行機器特別檢查時之一般規定如下：

(1) 所有通海之開口連同其閥與旋塞等應作內部檢查，其固定於船殼之部分亦

應檢查之。

(2) 與推進及安全有關之泵及抽排水系統包括閥旋塞、管路及過濾器等應予檢查，其他之系統，如經檢查人員認為必要時，亦應試驗之。

(3) 除推進軸應依推進軸之檢查規定外，其他之軸，推力軸承、主軸承及中間軸承應打開檢查。但軸承之下半邊在中心線及磨損狀況良好情形下得免於暴露檢查。

(4) 操舵機器及其附屬裝置應予檢查並作操作試驗。如經檢查人員認為必要時，機器應予拆開檢查。

(5) 主輔機與軸承等基座之鎖緊螺栓與墊應予檢查。

(6) 主要部門之空氣容器應作內外部檢查，其裝置、閥與安全設施亦應予檢查。如容器不可能作內部檢查時，則應作水壓試驗，其試驗之壓力應與新製之規定相同。其安全閥應予試驗校準。

(7) 非由船體結構形成之油櫃以及其裝置應予檢查。如經檢查人員認為必要時，應按新油櫃之規定試驗。

(8) 減速齒輪裝置、齒輪齒、輪幅、軸及軸承，如經檢查人員認為必要時，應打開檢查。

(9) 不包含於鍋爐檢驗之機械及熱交換器應予檢查，如經檢查人員認為必要時並應打開作更進一步之檢查。

(10)錨機應予檢查。

(11)艙底水系統包括閥、旋塞、過濾器及艙底水排出器，如經檢查人員認為必要時應拆開檢查，並應在工作狀況下予以試驗。

(12)供主要用途使用之空氣壓縮機應拆開檢查，並調整其安全閥。

(13)淡水機應拆開檢查並調整其安全閥。

(14)如經檢查人員認為必要，主輔機應在工作狀況下予以試機。

(15)機艙遙控之快閉閥應予檢查，並在工作狀況下試驗之。

(16)鍋爐之給水泵、燃油泵以及鍋爐水之循環泵應拆開檢查。

蒸汽機與渦輪機用為主輔機者，其特別檢查，除依前條之規定外，並應按下列之規定施行：

(1) 蒸汽機之工作部門包括隔艙壁之停止閥、操作閥、汽缸、活塞、閥及閥動裝置、連桿、十字頭及其導路、曲柄軸等應拆開檢查。

(2) 蒸汽渦輪機、傳動機構、離合器以及電動馬達等應拆開檢查；內部推進軸之各錐形端亦應予檢查。

(3) 蒸汽主管使用十二年後之每一次特別檢查，應擇一段移開檢查。同時為便於檢查，應將足夠之外包隔熱物移除，並以二倍之工作壓力作水壓試驗。如經檢查人員認為必要時，應確定其管厚，以決定將來之工作壓力。

(4) 蒸汽渦輪機之葉、轉子、停止閥、軸、填函蓋、推力與調整軸承連同排油與封密管等均應予檢查。

(5) 冷凝器應作檢查，遇修理時應予試驗。

(6) 安全設施應加以檢查及試驗。

內燃機用為主輔機者，其特別檢查除依現成船施行機器特別檢查時之一般規定外，其汽缸、蓋、閥及閥動裝置、燃油泵及其裝具、驅氣泵、驅氣鼓風機及其原動機、增壓器、壓縮機、中間冷卻器、過濾器及油分離器與安全設施、活塞、活塞桿、十字頭及其導路、連桿、曲柄軸與所有之軸承、離合器、倒車裝置、附屬泵、冷卻系統、曲柄軸箱、門閂與爆炸洩壓裝置等應予檢查。

電氣裝備之特別檢查應依左列規定：

(1) 所有之配電板及應急配電板上之裝置應予檢查。如檢查人員認為必要時，過荷電流保護設施與熔斷器並應加以檢試。

(2) 電纜應予檢查之，儘可使其不與固定物發生不應有之擦碰。

(3) 主配電板、應急配電板、發電機、激磁機，暨以電力推進船舶之推進馬達及所有之電力裝置與其線路應以直流電壓五○○伏特之高阻計作絕緣電阻測計。

(4) 所有之發電機應於負載情況下單獨或聯作運轉試驗，開關與斷電器應加試驗。

(5) 所有燃油輸送泵及鍋爐間與機艙通風機之遙控電路應予試驗。

(6) 由電力推進之主機，其繞阻、整流器、滑環以及所有在定子線圈上之空氣槽與在轉子上之通風孔均應檢查。

(7) 所有電磁藕合之空氣隙應予測記，任何超過規定之偏心應予糾正。

(8) 所有航行燈之指示器應在主要電源及應急電源供應之情況下予以試驗。

(9) 應急照明燈光應在工作情況下予以試驗。

## 二、定期檢查

### (一) 船體定期檢查

各艙口、通風筒、機艙天罩、其他外露圍壁、水密艙壁開口、裝貨舷門、輝

槽及其他門口，連同其關閉及鎖緊裝置，均應檢查。

乾舷甲板及艙艛甲板上之各通氣管與測深管及在乾舷甲板與船艛甲板下之各舷窗與窗蓋暨位於乾舷甲板下之排水孔與衛生排水孔，連同其關閉與鎖緊裝置，均應予檢查。

舷牆及排水口、欄杆、舷梯、救生索及裝載甲板木材所需之附件與裝置等均應予檢查。

與計算載重線或最高吃水線位置有關之船艛、設備、佈置、材料或寸法應經確定未曾改裝。

所有主輔操舵裝置之各部分，包括齒輪、舵柄弧、舵柄、滑車、牽桿、鏈、液壓遙控裝置或其他傳動裝置及制動裝置器等均應予檢查，並作操作試驗。

船體水線下部分應不超過二十四個月入塢或上架一次，以檢查船殼外板、艉肋材、舵、推進器、艉軸套及所有之通風裝置包括海水閥體及其附屬裝置等。舵承及艉承之間隙並應予測記。如屬木船並應予捻縫。

船舶之艉軸如裝有能防止海水浸及鋼軸之連續性襯套與格蘭（Gland）者，應每三年檢查一次。如推進器多於一具時，得每四年檢查一次。其他型式之艉軸則應每二年檢查一次。但檢查人員認為必要時，得縮短其檢查期限。

前項規定之單推進器艉軸，如裝有連續性襯套或核定型式之油格蘭或抗銹蝕之材料製成者，如其艉軸之鏈槽為楔形，其底部稜角為具有適當半徑之弧形，同時艉軸表面靠近鏈槽處之尖銳邊緣，業以銼刀或其他適當方法加工磨光者，得應船舶所有人之申請，准予每四年檢查一次。

每次檢查艉軸時，應自艉軸襯套後端起，至距艉錐體長度三分之一處止，使用有效之探傷方法。艉軸襯套之緊密性，亦應予檢查。

艉軸套之磨損間隙如已超過規定之限度時，應予檢換。

運載散裝乾貨之船舶，各貨艙及中層甲板應儘可能予以檢查，如所運載之散裝貨物具有腐蝕性者，各貨艙及中層甲板，應特別注意加強檢查。

（二）機器、鍋爐定期檢查

所有之主輔機及錨機，應在現成船施行特別檢查中之規定檢查。鍋爐定期檢查之時效如下：

1. 船舶裝有兩座以上之水管主鍋爐者，應不超過兩年檢查一次。
2. 船舶僅裝有一座水管主鍋爐者，在建造後八年內應不超過兩年檢查一次，以後至少每年檢查一次。

3. 船舶裝置水管主鍋爐者，應於建造後第四年及第六年內各檢查一次，以後每年檢查一次。

4. 航行中使用之廢氣鍋爐及輔鍋爐，應不超過兩年檢查一次。

　　船舶鍋爐每年施行檢查時，應依下列之規定：

1. 各鍋爐連同其過熱器及節熱器等均應清理乾淨，作內外部檢查。

2. 鍋爐之裝件包括安全閥在內均應予檢查，如檢查人員認為必要時，並應拆開作進一步之檢查，各安全閥之汽壓並應依規定予以調整。直接安裝於爐殼或爐頭之所有螺栓等固定裝置應每八年至少檢查一次。

3. 鍋爐座架及拉條應予檢查，以確知是否保持於有效狀況。

4. 檢查鍋爐板、管及拉條之尺寸時，得施以鑽孔試驗或其他可行之非破壞性方法試驗，如發現銹蝕損耗而尺寸不足時，並應降低原鍋爐設計之工作壓力。

5. 燃油系統連同其安全裝具、閥、控制器以及泵與燃燒器間之排油管路等，應在工作狀況下予以試驗。

6. 鍋爐經重大修理後，其承受壓力之部分，應依規定施以水壓試驗。

（三）臨時檢查

　　船舶遭受損害，進行修理或改裝時，應在檢查人員之督導下就損害部分或修理、改裝部分施行檢查。

　　為修理或改裝而將主輔機、鍋爐、絕緣體或其他裝具移出時，應利用其移出機會對通常不易接近或隱蔽部分之結構，特別注意予以檢查。

　　現成船購自國外，初次申請核發証書時，除應依有關法令規定提供各項圖說外，應儘可能提供以往各次檢查之各項証書報告等資料，航政主管機關或驗船機構得依其船齡、建造標準、過去保養情況暨船舶之現況等，作臨時檢查。

　　船舶遭受損害，經檢查人員檢查後認為在預定航程內適航性無顧慮時，得允施以臨時性之檢修，但應限期完成永久性之修理及檢查。

　　船舶建造是否堅固，設備是否完善，以及經過相當時期之使用後，能否繼續維持其適航力，所關者不僅其本身的安全，即與其在航道相遇之其他船舶之安全亦極有關係。

　　船舶檢查之目的即在確保船舶的適航性，對此航業公司船務管理部門的人員應特別重視，不要因為想節省船舶之修繕費用減低船舶的營運成本而加以不必要

的冒險。船員本身對於船舶管理上為了確保自身的安全,對於船舶的適航性應特別注意,驗船機構則應盡本身職責詳細確實檢查,切勿因為您的疏忽而使船舶安全遭受影響。除此航政主管官署應負起全部船舶檢查的責任。

# 第四章 船舶文書

　　船舶既非完全不能移動位置之物，亦非須經破壞始能移動位置之物，故船舶當然為動產。但船舶雖為動產，然其價值甚高，每超出多數之動產或不動產；又船舶雖可移動，但移動常感困難。航行期間，人口聚集在船上，猶如住屋。此為船舶的特性與一般動產不同，因而法律不能不予船舶以不動產之待遇。海商法第六條中「船舶除此法有特別規定外，適用民法關於動產的規定」。此特別規定，不僅指船舶之不動產性，且包括其人格性，蓋船舶往來不定，往往通行數國的領海，故不能不確定其所屬之國家，以及其主要停泊處所（歸屬港口）。此正與一般人之國籍、住所、姓名相同。

　　船舶兼具「動產」，「不動產」及「人格性」之屬性。若承載客貨於國內外從事水上運送，為保障船貨人員安全及船東、託運人和保險人之權益，無論國際公約或國內之海事相關法令均規定船舶必需在各方面具備一定的條件，符合安全要求，並取得各種證明文件後，始得裝載客貨及航行。如未具備有效之證書，則港口當局或航政機關將不准其發航或進出港口，且保險公司亦會拒絕承保或履行賠償義務。

　　船舶文書包括各級證書及商船各類文件，依據我國船舶法第九條中之規定，船舶應具備之文書，計下列九種：

一、船舶國籍證書或臨時國籍證書
二、船舶檢查證書或依有關國際公約應備之證書
三、船舶噸位證書
四、船員名冊
五、載有旅客者，其旅客名冊
六、訂有運送契約者，其運送契約及關於裝載貨物之文書
七、設備目錄
八、航海記事簿
九、法令所規定之其他文書

　　船舶各類證書及有關文件內容分述下列各節：

## 第一節　適用公約船舶應備之證書與文件

　　國際海事組織（IMO）所議定通過及生效之國際公約，各會員國均能遵照施行，其有關的證書及文件列述於下，其中部份重要證書的式樣請參閱附件。

| （一）所有適用公約之船舶應攜備者 | 參考規定 |
|---|---|
| 1. 國際噸位證書（International Tonnage Certificate（1969）） | Tonnage Convention, article 7 |
| 2. 國際載重線證書（International Load Line Certificate） | LL Convention, article 16; 1988 LL Protocol |
| 3. 國際載重線豁免證書（International Load Line Exemption Certificate） | LL Convention, article 16; 1988 LL Protocol, article 16 |
| 4. 塗層技術文件（Coating Technical File） | SOLAS 1974,regulation II-1/3-2 |
| 5. 建造圖（Construction drawings） | SOLAS 1974,regulation II-1/3-7 |
| 6. 船舶建造檔案（Ship Construction File） | SOLAS 1974,regulation II-1/3-10 |
| 7. 完整穩度手冊（Intact stability booklet） | SOLAS 1974,regulation II-1/5 and II-1/5-1；1988 LL Protocol, article 10 |
| 8. 損害控制圖及手冊（Damage control plans and booklets） | SOLAS 1974,regulation II-1/19 |
| 9. 最低船員安全配額文件（Minimum safe manning document） | SOLAS 1974,regulation V/14.2 |
| 10.消防安全訓練手冊（Fire safety training manual） | SOLAS 1974,regulation II-2/15.2.3 |
| 11.火災控制圖/手冊（Fire Control plan/booklet） | SOLAS 1974,regulation II-2/15.2.4 and II-2/15.3.2 |
| 12.船上培訓和演練紀錄（Onboard training and drills record） | SOLAS 1974,regulation II-2/15.2.2.5 |
| 13.消防安全操縱手冊（Fire safety operational booklet） | SOLAS 1974,regulation II-2/16.2 |
| 14.消防系統和設備保養計劃（Maintenance Plans） | SOLAS 1974,regulation II-2/14.2.2 and II-2/14.4 |
| 15.訓練手冊（Training manual） | SOLAS 1974,regulation III/35 |
| 16.海圖與航海出版物（Nautical charts and nautical publications） | SOLAS 1974,regulation V/19.2.1.4 and V/27 |
| 17.國際信號章程及國際航空與海上搜救手冊第三卷（International Code of Signals and a copy of Volume III of IAMSAR Manual） | SOLAS 1974,regulation V/21 |
| 18.航行活動的記錄（Records of navigational activities） | SOLAS 1974,regulation V/26 and V/28.1 |
| 19.操縱手冊（Manoeuvring booklet） | SOLAS 1974,regulation II-1/28 |
| 20.船長、甲級船員或當值乙級船員證書（Certificates for masters,officers or ratings） | STCW 1978, article VI, regulation I/2; STCW Code, section A-I/2 |
| 21.船員休息記錄（Records of hours of rest） | STCW Code, section A-VIII/1 |
| 22.國際防止油汙染證書（International Oil Pollution Prevention Certificate） | MARPOL Annex I, regulation 7 |
| 23.油料紀錄簿（Oil Record Book） | MARPOL Annex I, regulation 17 and 36 |
| 24.船上油汙染應急計劃（Shipboard Oil Pollution Emergency Plan） | MARPOL Annex I, regulation 37 |

| （一）所有適用公約之船舶應攜備者 | 參考規定 |
|---|---|
| 25.國際防止汙水汙染證書（International Sewage Pollution Prevention Certificate） | MARPOL Annex IV, regulation 5 |
| 26.垃圾管理計劃（Garbage Management Plan） | MARPOL Annex V, regulation 9 |
| 27.垃圾紀錄簿（Garbage Record Book） | MARPOL Annex V, regulation 9 |
| 28.航行數據記錄系統符合性證書（Voyage data recorder system-certificate of compliance） | SOLAS 1974,regulation V/18.8 |
| 29.貨物繫固手冊（Cargo Securing Manual） | SOLAS 1974,regulation VI/5.6 and VII/5 |
| 30.符合文件（Document of Compliance） | SOLAS 1974,regulation IX/4 ;ISM Code paragraph 13 |
| 31.船舶安全管理證書（Safety Management Certificate） | SOLAS 1974,regulation IX/4 ;ISM Code paragraph 13 |
| 32.國際船舶保全證書或臨時國際船舶保全證書（International Ship Security Certificate（ISSC）or Interim International Ship Security Certificate） | SOLAS 1974,regulation XI-2/9.1.1; ISPS Code part A, section 19 and appendices |
| 33.船舶保全計劃及相關紀錄（Ship Security Plan and associated records） | SOLAS 1974,regulation XI-2/9; ISPS Code part A, section 9 and 10 |
| 34.連續概要紀錄（Continuous Synopsis Record（CSR）） | SOLAS 1974,regulation XI-1/5 |
| 35.國際防汙系統證書（International Anti-fouling System Certificate） | AFS Convention regulation 2(1) of annex 4 |
| 36.防汙系統聲明（Declaration on Anti-fouling System） | AFS Convention regulation 5(1) of annex 4 |
| 37.國際防止空氣汙染證書（International Air Pollution Prevention Certificate） | MARPOL Annex VI, regulation 6 |
| 38.臭氧層破壞物質紀錄簿（Ozone Depleting Substances Record Book） | MARPOL Annex VI, regulation 12.6 |
| 39.燃油轉換程序及紀錄簿（Fuel Oil Changeover Procedure and Log-Book（record of fuel changeover）） | MARPOL Annex VI, regulation 14.6 |
| 40.焚化爐廠家操作手冊（Manufacturer's Operating Manual for Incinerators） | MARPOL Annex VI, regulation 16.7 |
| 41.燃油簽收單及燃油樣本（Bunker Delivery Note and Representative Sample） | MARPOL Annex VI, regulation 18.6 and 18.8.1 |
| 42.技術檔案（Technical File） | NOX Technical Code, paragraph 2.3.4 |
| 43.柴油機參數紀錄簿（Record Book of Engine Parameters） | NOX Technical Code, paragraph 2.3.7 |
| 44.豁免證書（Exemption Certificate） | SOLAS 1974, regulation I/12; 1988 SOLAS Protocol, regulation I/12 |
| 45.遠距離識別與追蹤系統符合測試報告（LRIT conformance test report） | SOLAS 1974, regulation V/19-1 |
| 46. | |

| （二）客船除第（一）項所列外應增備： | 參考規定 |
|---|---|
| 1. 客船安全證書（Passenger Ship Safety Certificate） | SOLAS 1974, regulation I/12; 1988 SOLAS Protocol, regulation I/12 |
| 2. 特種貿易客船安全證書（Special Trade Passenger Ship Safety Certificate） | STP 71, rule 5 |
| 特種貿易客船空間證書（Special Trade Passenger Ship Space Certificate） | SSTP 73, rule 5 |
| 3. 客船與搜救中心合作計劃（Search and rescue cooperation plan） | SOLAS 1974, regulation V/7.3 |
| 4. 操作限制清單（List of operational limitations） | SOLAS 1974, regulation V/30 |
| 5. 客船船長決策支持系統（Decision support system for masters） | SOLAS 1974, regulation III/29 |

| （三）貨船除第（一）項所列外應增備： | 參考規定 |
|---|---|
| 1. 貨船安全構造證書（Cargo ship Safety Construction Certificate） | SOLAS 1974, regulation I/12; 1988 SOLAS Protocol regulation I/12 |
| 2. 貨船安全設備證書（Cargo ship Safety Equipment Certificate） | SOLAS 1974, regulation I/12; 1988 SOLAS Protocol regulation I/12 |
| 3. 貨船安全無線電證書（Cargo ship Safety Radio Certificate） | SOLAS 1974, regulation I/12; 1988 SOLAS Protocol regulation I/12 |
| 4. 貨船安全證書（Cargo ship Safety Certificate） | SOLAS 1974, regulation I/12; 1988 SOLAS Protocol regulation I/12 |
| 5. 穀類裝載許可文件（Document of authorization for the carriage of grain） | SOLAS 1974, regulation VI/9; International Code for the Safe Carriage of Grain in Bulk, section 3 |
| 6. 關於汙染損害民事責任之保險或其他財物擔保證書（Certificate of insurance or other financial security in respect of civil liability for pollution damage） | CLC 1969, article VII |
| 7. 關於燃油汙損害民事責任之保險或其他財物擔保證書（Certificate of insurance or other financial security in respect of civil liability for bunker oil pollution damage） | Bunker Convention 2001, article 7 |
| 8. 關於油汙損害民事責任之保險或其他財物擔保證書（Certificate of insurance or other financial security in respect of civil liability for oil pollution damage） | CLC 1969, article VII |
| 9. 加強檢驗報告（Enhanced survey report file） | SOLAS 1974, regulation XI-1/2; resolution A.744(18) |
| 10. 排油偵測及壓載控制系統之紀錄（Record of oil discharge monitoring and control system for the last ballast voyage） | MARPOL Annex I, regulation 31 |
| 11. 排油偵測及控制系統操作手冊（Oil Discharge Monitoring and Control（ODMC）Operational Manual） | MARPOL Annex I, regulation 31; resolution A.496(XII); resolution A.586(14); resolution MEPC(49) |
| 12. 貨物資訊（Cargo information） | SOLAS 1974, regulation VI/2 and XII/10; MSC/Circ.663 |
| 13. 船舶結構通道手冊（Ship Structure Access Manual） | SOLAS 1974, regulation II-1/3-6 |

| （三）貨船除第（一）項所列外應增備： | 參考規定 |
|---|---|
| 14.散裝貨物裝卸和積載手冊（Bulk Carrier Booklet） | SOLAS 1974, regulation VI/7 and XII/8; BLU Code |
| 15.原油洗艙設備及操作手冊（Crude Oil Washing Operation and Equipment Manual（COW Manual）） | MARPOL Annex I, regulation 35; resolution MEPC.81(43) |
| 16.船況評估方案符合聲明書，船況評估方案最終報告與審查紀錄（Condition Assessment Scheme（CAS）Statement of Compliance, CAS Final Report and Review Record） | MARPOL Annex I, regulation 20 and 21; resolution MEPC.94(46)；resolution MEPC.99(48)；resolution MEPC.112(50)；resolution MEPC.131(53)；resolution MEPC.155(55) |
| 17.艙區劃分與穩度資訊（Subdivision and stability information） | MARPOL Annex I, regulation 28 |
| 18.揮發性有機化合物管理計劃（VOC Management Plan） | MARPOL AnnexV I, regulation 15.6 |

| （四）載運有毒化學液體之船舶除第（一）及（三）項所列外應增備： | 參考規定 |
|---|---|
| 1. 國際載運散裝有毒液體物質防止汙染證書（International Pollution Prevention Certificate for the Carriage of Noxious Liquid Substances in Bulk（NLS Certificate）） | MARPOL Annex II, regulation 8 |
| 2. 液貨紀錄簿（Cargo record book） | MARPOL Annex II, regulation 15.2 |
| 3. 程序與佈置手冊（Procedures and Arrangements Manual（P & A Manual）） | MARPOL Annex II, regulation 14; resolution MEPC.18(22) |
| 4. 有毒液體物質汙染海洋之應急計劃（Shipboard Marine Pollution Emergency Plan for Noxious Liquid Substances） | MARPOL Annex II, regulation 17 |

| （五）化學液體船舶除第（一）及（三）項所列外應增備： | 參考規定 |
|---|---|
| 1. 適合載運散裝危險化學品證書（Certificate of Fitness for the Carriage of Dangerous Chemicals in Bulk） | BCH Code, section 1.6; BCH Code as modified by resolution MSC.18(58), section 1.6 |
| 2. 適合載運散裝危險化學品國際證書（International Certificate of Fitness for the Carriage of Dangerous Chemicals in Bulk） | IBC Code, section 1.5; IBC Code as modified by resolution MSC.16(58), MEPC.40(58) and MEPC.40(29), section 1.5 |

| （六）氣體載運船除第（一）及（三）項所列外應增備： | 參考規定 |
|---|---|
| 1. 適合載運散裝液化氣體證書（Certificate of Fitness for the Carriage of Liquefied Gases in Bulk） | GC code section 1.6 |
| 2. 適合載運散裝液化氣體國際證書（International Certificate of Fitness for the Carriage of Liquefied Gases in Bulk） | GC code section 1.5; IGC Code as modified by resolution MSC.17(58), section 1.5 |

| （七）高速氣艇除第（一）、（二）及（三）項所列外應增備： | 參考規定 |
|---|---|
| 1. 高速船艇安全證書（High-Speed Craft Safety Certificate）<br>2. 高速船艇允准營運證書（Permit to Operate High-Speed Craft） | SOLAS 1974, regulation X/3; 1994 HSC Code, section 1.8; 2000 HSC Code, section 1.8<br>1994 HSC Code, section 1.9; 2000 HSC Code, section 1.9 |

| （八）載運危險品之船舶除第（一）、（二）及（三）項所列外應增備： | 參考規定 |
|---|---|
| 1. 載運危險品之符合文件（Document of compliance with the special requirements for ships carrying dangerous goods） | SOLAS 1974, regulation II-2/ 19.4 |

| （九）載運有包裝危險品之船舶除第（一）、（二）及（三）項所列外應增備： | 參考規定 |
|---|---|
| 1. 危險貨品載貨艙單或裝載圖（Dangerous goods manifest or stowage plan） | SOLAS 1974, regulation VII/ 4.5 and VII/7-2; MARPOL Annex III, regulation 4 |

| （十）載運高放射性（INF）貨物之船舶除第（一）、（二）及（三）項所列外應增備： | 參考規定 |
|---|---|
| 1. 國際適裝高放射性貨物之證書（International Certificate of Fitness for the Carriage of INF cargo） | SOLAS 1974, regulation VII/16; INF Code（resolution MSC.88（71）），paragraph1.3 |

| （十一）核子船舶除第（一）、（二）及（三）項所列外應增備： | 參考規定 |
|---|---|
| 1. 核子貨船安全證書或核子客船安全證書可替代貨船安全證書或客船安全證書（A Nuclear Cargo Ship Safety Certificate or Nuclear Passenger Ship Safety Certificate, in place of the Cargo Ship Safety Certificate or Passenger Ship Safety Certificate, as appropriate.） | SOLAS 1974, regulation VIII/10 |

| 其他非強制性證書和文件： | 參考規定 |
|---|---|
| 特種用途船舶<br>1. 特種用途船舶安全證書（Special Purpose Ship Safety Certificate） | Resolution A.534（13）as amended by MSC/Circ.739; 2008 SPS Code（resolution MSC.266（84）），SOLAS 1974, regulation I/12; 1988 SOLAS Protocol, regulation I/12 |

| 其他非強制性證書和文件： | 參考規定 |
|---|---|
| 離岸補給船<br>1. 離岸補給船符合文件（Offshore Supply Vessel Document of Compliance） | Resolution MSC.235(82) |
| 2. 離岸補給船適裝證書（Certificate of Fitness for Offshore Support Vessels） | Resolution A.673(16); MARPOL Annex II, regulation 13(4) |
| 潛水系統<br>1. 潛水系統安全證書（Diving System Safety Certificate） | Resolution A.536(13), section 1.6 |
| 動力支撐挺<br>1. 動力支撐挺構造和設備證書（Dynamically Supported Craft Construction and Equipment Certificate） | Resolution A.373(X), section 1.6 |
| 可移動離岸鑽探單元<br>1. 可移動離岸鑽探單元之安全證書（Mobile Offshore Drilling Unit Safety Certificate） | Resolution A.414(XI), section 1.6; resolution A.649(16), section 1.6; resolution A.649(16) as modified by resolution MSC.38(63), section 1.6, 2009 MODU Code(resolution A.1023(26)) |
| 飛翼船<br>1. 飛翼船安全證書（Wing-in-ground (WIG) Craft Safety Certificate） | MSC/Circ.1054, section 9 |
| 2. 飛翼船允准營運證書（Permit to Operate WIG Craft） | MSC/Circ.1054, section 10 |
| 船舶噪音等級<br>1. 噪音檢查報告（Noise Survey Report） | Resolution A.468(XII), section 4.3 |

# 第二節　國內法規規定之證書及文件

1. 船舶國籍證書（Certificate of Ship's Nationality）或臨時國籍證書（Provisional Certificate of ship's Nationality）

2. 船舶登記證書（Certificate of ship Registry）

3. 船舶噸位證書

4. 檢查證書

5. 航線證書（依航業法規定）

6. 客船證書或臨時客船證書

7. 本國沿海及內水航行之船舶載重線證書

8. 水翼客船或非客船證書

9. 氣墊客船或非客船證書

10.船舶設備及其屬具目錄

11.船員名冊

12.海事報告

## 第三節　船級及運河證書

　　所謂船級，係由各國驗船協會依其檢驗規範及標準認可船舶合於該等級之條件，作為船舶實際情況具有安全航行能力（Seaworthiness）的可靠證明。船舶入級之目的，在於證明船舶密合無隙、強固不漏與在各方面均適於航海。國際貿易通常都限定船舶應符合海上保險的船級條款，銀行多要求在載貨證券內註明：The vessel conformed with the classification clause relating to marine insurance字樣，船舶申請入級，簽發之證書有下列二種：

1. 船級證書（Certificate of Classification）

2. 冷藏設備級位證書（Classification Cert for Refrigerated）

　　船舶如需通過蘇伊士運河或巴拿馬運河者，應向運河當局授權之機構，依規定丈量並分別簽發「蘇伊士運河噸位證書」或「巴拿馬運河噸位證書」。

## 第四節　證書取得及有效期間

（一）船舶國籍證書（Ship Register）

　　頒發機構：交通部或船籍國政府主管機關。

　　發證之依據：船舶所有人於領得船舶檢查證書及噸位證書後，依船舶法之規定在船籍港航政機關辦理所有權登記，然後由航政機構轉呈交通部頒發。

　　有效期間：永久有效。

　　用途：船舶國籍之證明文件，可享受國輪之特權及保障。

（二）船舶噸位證書（Certificate of Ship Tonnage）

　　頒發機構：航政機構或授權之驗船機構。

　　發證之依據：按照船舶法規定由航政機構驗船師依「船舶丈量規則」所定辦法辦理。

有效期間：船舶結構無變動情況下永久有效。

用途：繳納政府稅捐、航行期間之港埠費用、船塢租費等之計算依據。

（三）蘇伊士運河噸位證書（Suez Canal Tonnage Certificate）

頒發機構：蘇伊士運河公司或其指定之代理機構。

發證之依據：按照「Internal Tonnage Communication at Constantionple」之規定丈量後簽發。

有效期間：船舶結構無變動情況下永久有效。

用途：船舶通過蘇伊士運河時繳納運河費費率之計算依據。

（四）巴拿馬運河噸位證書（Panama Canal Tonnage Certificate）

頒發機構：巴拿馬運河公司或其指定之代理機構。

發證之依據：按照「Rules for Management of Vessels for the Panama Canale」丈量後辦理簽發。

有效期間：船舶結構無變動情況下永久有效。

用途：船舶通過巴拿馬運河時繳納運河費費率之計算依據。

（五）國際載重線證書（International Load Line Certificate）

頒發機構：船籍國政府或其指定或認可之驗船機構。

發證之依據：政府之航政機構或指定之驗船機構，依「國際船舶載重線公約」所列規定勘劃最高吃水線後簽發，此項吃水線之尺寸，均在證書上註明，並繪於船體之舯部兩側，倘船隻之結構有所變更時，應申請重新勘劃，並換證書。

有效期間：其有效期不得超過五年，延期以五個月為限。證書有效期內應自證書生效日起屆滿週年或其前後三個月實施定期檢驗（Periodical Inspection），因係一年一度之檢驗，也有人稱之為載重線歲驗。

用途：限制船舶超載，以保船舶之浮力。

（六）客船安全證書（Passenger Ship Safety Certificate）

頒發機構：船籍港之航政機關。

發證之依據：按照1974年海上人命安全國際公約之規定，由船籍港航政機構之驗船師檢查，認為合格後簽發。

有效期間：一年。延期不得超過五個月，未經延期不得超過一個月。

用途：為用以保障航行安全之證明文件。

## （七）貨船安全構造證書（Cargo Ship Safety Construction Certificate）

頒發機構：船籍國政府或其指定或認可之驗船機構。

發證之依據：按照1974年海上人命安全國際公約之規定，由驗船師檢查，認為合格後簽發。

有效期間：證書之有效期為五年，滿一年時須舉行定期檢查。

用途：為安全構造良好之證件，用以保障海上航行之安全。

備註：貨船專用。

## （八）貨船安全設備證書（Cargo Ship Safety Equipment Certificate）

頒發機構：船籍國政府或其指定或認可之驗船機構。

發證之依據：按照1974年海上人命安全國際公約之規定，由驗船師檢查，認為合格後簽發。

有效期間：證書之有效期為五年，滿一年時舉行定期檢查一次，延期不得超過三個月。

用途：為證實安全設備狀況良好之證件，此仍為保障海上航行安全所必須。

備註：貨船專用。

## （九）貨船安全無線電證書（Cargo Ship Safety Radiotelegraphy Certificate）

頒發機構：交通部郵電司，國家通訊傳播委員會（NCC）。

發證之依據：按照1974年海上人命安全國際公約之規定，安全有效期滿由交通部郵電司對無線電設備施予檢查，認為合格後換發之。

有效期間：一年。延期不得超過三個月，未經延期不得超過一個月。

用途：證明船舶無線電台之設備安全，足以維持海上航行之安全。

## （十）貨物裝卸設備登記簿（Register of Cargo gear）

頒發機構：各國驗船機構。

發證之依據：按照各國驗船協會所訂定之「貨物裝卸設備檢驗辦法」由驗船師檢驗後簽發。

有效期間：登記簿永久有效，但每年須檢一次，每五年須作特別檢查一次。

用途：保障碼頭工人工作安全之證明文件。

（十一）貨物裝卸設備在使用前之試驗及檢查證書（Certificate of Test & Examination of Winches Booms and Their Accessory Gears Before Being Taken into Use）

　　頒發機構：各國驗船機構。

　　發證之依據：按照各國驗船協會所訂定之「貨物裝卸設備檢驗辦法」由驗船師檢驗後簽發。

　　有效期間：無特別規定。

　　用途：購置裝卸設備時，買賣雙方委請第三者證明是項設備確安全可靠之證明文件。

　　備註：須將證明書貼於「貨物裝卸設備登記簿」內規定之部位。

（十二）鋼索在使用前之試驗及檢查證明書（Certificate of Test Examination of Wire Rope）

　　頒發機構：各國驗船機構。

　　發證之依據：按照各國驗船協會所訂定之「貨物裝卸設備檢驗辦法」由驗船師檢驗後簽發。

　　有效期間：無特別規定。

　　用途：購置裝卸設備時，買賣雙方委請第三者證明是項設備確安全可靠之證明文件。

　　備註：須將證明書貼於「貨物裝卸設備登記簿」內規定之部位。

（十三）國際海事衛星組織衛星使用授權證書

　　頒發機構：國際海事衛星組織。

　　發證之依據：國際海事衛星使用公約。

　　有效期間：一年。

　　用途：Inmarsat A 用於電話、電報、傳真。

　　　　　Inmarsat B 用於數據傳送（載波）。

（十四）船舶適用於載運危險散裝化學品證書（Certificate of Fitness for the Carriage of Dan-gerous Chemicals in Bulk）

　　頒發機構：各國驗船機構。

　　發證之依據：依據1974/88海上人命安全國際公約之規定，由各國主管機關或其指定之驗船檢查後簽發。

有效期間：有關安全設備部分無特別規定。

用途：購置裝卸設備時，買賣雙方委請第三者證明是項設備確安全可靠之證明文件。

備註：須將證明書貼於「貨物裝卸設備登記簿」內規定之部位。

（十五）船舶適於載運散裝液化氣體證書（Certificate of Fitness for the Carriage of Liquefied Gases in Bulk）

頒發機構：各國驗船機構。

發證之依據：依據1974/88海上人命安全國際公約之規定，由各國主管機關或其指定之驗船檢查後簽發。

有效期間：有關安全設備部分應不超過兩年實施定期檢驗，有關構造（construction）部分應不超過五年實施定期檢驗。

用途：保證操作之裝備、碼頭及施工人員安全，並進而保證船體、航行、環境之安全。

（十六）國際防止油污染證書（International Oil Pollution Prevention Certifica te）

頒發機構：船籍港之航政機關。

發證之依據：MARPOL 73/78防止海水油污染規則。

有效期間：效期不超過五年。

在證書有效期間內應實施不定期檢驗，或以強制性歲檢代替。在效期內應至少實施一次中期檢驗。

用途：避免海洋之油污染，保護海洋環境。

（十七）國際載運散裝有毒液體物質防止污染證書（International Pollution Prevention Certificate the Carriage of Noxious Liquid Substances in Bulk）

頒發機構：船籍港之航政機關。

發證之依據：1973防止船舶污染國際公約及1978議定書（MARPOL 73/78）MAR-POL 73/78管制有毒液體物質污染規則。

有效期間：效期不得超過五年。

用途：避免海洋之油污染，保護海洋環境。

（十八）證書之豁免（Exemption Certificates, Where Applicable）

　　頒發機構：船籍港之航政機關。

　　發證之依據：非經常從事國際航程而因特殊情形擔任一次國際航程之船舶，主管機關得准其免依建造規則之規定，但以能符合主管機關認為足以擔任該航程之安全需求為限。

　　具有新型特徵之船舶，如要求符合建造規則規定，將嚴重妨礙該項特徵之研究發展及應用於從事國際航程者，主管機關得准其免適用該項規定。但該類船舶仍應符合主管機關認為適於其所擬從事之營運，並可確保該船整體安全之要求，該要求為該船舶將駛往國家政府所能接受者。主管機關所作之本項豁免應將其細目與理由提送本組織，本組織並應將之分送各締約國政府以供參考。

　　有效期間：不得超過其載明之期限。

　　用途：得准其免適用不合宜之規定。

　　備註：依照建造規則核准船舶任一項豁免時，除本項所規定之各種證書外，並應頒發「豁免證書」。

（十九）國際防止污水污染證書（International Sewage Pollution Presentation Certificate（ISPP））

　　頒發機構：船籍港之航政機關。

　　發證之依據：1973防止船舶污染國際公約及1978議定書（MARPOL 73/78）防止污水污染規則。

　　有效期間：效期不得超過五年。

　　用途：避免海洋之油污染，保護海洋環境。

（二十）國際海上空氣污染證書（International Airpollation Prevention Certificate（ZAPP））

　　頒發機構：船藉港之航政機關。

　　發證之依據：1973防止船舶污染公約及1978議定書（MARPOL 75/78）防止污水污染規則。

　　有效期間：不超過五年。

　　用途：避免海洋之空氣污染，保護海洋環境。

（二十一）財務保證證書（Certification of Financial Security）

> 頒發機構：美國Coast Guard/P&I
>
> 發證之依據：國際油污染損害民事責任公約。
>
> 有效期間：一年
>
> 用途：發生油污染時由保險公司額外承擔油污染損害責任。

（二十二）特種貿易客船安全證書（Special Trade Passenger Ship Safety Certificate）

> 頒發機構：船籍國政府或其指定或認可之驗船機構。
>
> 發證之依據：1971年特種貿易客船協約之附錄規則。
>
> 有效期間：一年，延期不得超過五個月，未經延期不得超過一個月。
>
> 用途：特為如阿拉伯國家朝聖團等大量旅客，為用以保障航行安全之證明文件。

（二十三）特種貿易客船空間證書（Special Trade Passenger Ship Space Certificate）

> 頒發機構：船籍國政府或其指定或認可之驗船機構。
>
> 發證之依據：1971年特種貿易客船空間議定書之附錄規則。
>
> 有效期間：一年，延期不得超過五個月，未經延期不得超過一個月。
>
> 用途：特為如阿拉伯國家朝聖團等大量旅客，為用以保障航行安全之證明文件。

（二十四）除鼠證明書（Derating Certificate）

> 頒發機構：海港檢疫所。
>
> 發證之依據：按照海港檢疫章程，由檢疫所施行檢查，並燻艙後簽發。
>
> 有效期間：六個月。
>
> 用途：船內無鼠類動物之證明文件。

（二十五）免於除鼠證明書（Derating Exemption Certificate）

> 頒發機構：海港檢疫所。
>
> 發證之依據：按照海港檢疫章程，由檢疫醫官檢查後，認為船上無鼠類或極少鼠類生存，無需燻艙時簽發。
>
> 有效期間：六個月。
>
> 用途：船內無鼠類動物生存之證明文件。

（二十六）冷藏設備級位證書（Certificate of Classification for Refrigerators）

頒發機構：各國驗船機構。

發證之依據：專運肉類或蔬菜果類船隻之冷藏設備，在建造時或建造後由所屬船級之驗船協會驗船師，依據其船級規章檢驗，合格後簽發之。

有效期間：按照規定舉行定期檢查，檢查合格繼續有效。

用途：船舶之資格證件，供船保險及買賣時之訂立保單或船價之參考。

備註：冷藏船或冷藏貨櫃專用。

船舶各項證書涉及人命、財產及環保安全者主要有：

1. 國記載重線證書
2. 貨船安全構造證書
3. 國際防止油污染證書
4. 貨船安全設備證書
5. 貨航安全無線電報證書

由於該五類證書法源不同，規定有效期間隔間不同，故到期日自然演變為不同時間，必須經船級協會檢驗予以加註合格新到期日期。此現象給公司、船上及船級協會等帶來很大困擾，後經國際海上人命安全公約（SOLAS）議定書（Protocol）規定自2000年6月30日起，陸續將前述五種證書到期日統一，假以時日多方配合後，各船上述五種證書到期日將可統一，日後船級協會檢查時可一次完成。

附件4-1 船舶國籍證書範本

# CERTIFICATE OF VESSEL'S NATIONALITY
## ISSUED BY
### MINISTRY OF TRANSPORTATION AND COMMUNICATIONS
## REPUBLIC OF CHINA

It is Certified that <u>CHINA STEEL INVESTOR</u> has been registered at <u>KAOHSIUNG</u> Harbor Bureau, Taiwan, China, as Chinese Vessel and this Certificate of Nationality is issued in accordance with the provisions of Article 15 of the "Law of Ships"

| | | | |
|---|---|---|---|
| Name of Vessel | CHINA STEEL INVESTOR | Port of Registry | KAOHSIUNG |
| Official Number | 013346 | Signal Letters | BDFG |
| Owner of Vessel | CSE TRANSPORT (INTERNATIONAL)CORP. | Owner's Address | 32F NO.8 MING-CHUAN 2ND ROAD KAOHSIUNG, TAIWAN, R.O.C. |
| Intended Use of Vessel | BULK DRY CARGO | Date of Build | JUNE 1997 |
| Material of Hull | STEEL | Registered Length | 276.70 M |
| Type & Number of Engines | TMMC-SULZER 6RTA 72 ERP2 ONE SET | Registered Width | 44.50 M |
| Type & Number of Propellers | SCREW TYPE ONE SET | Registered Depth | 23.00 M |
| Where built Hull Builder | CHINA SHIPBUILDING CO. KAOHSIUNG SHIP YARD | Gross Tonnage | 82,112 |
| Where made Engine Maker | TAIWAN MACHINERY MFG. CORP. KAOHSIUNG | Net Tonnage | 50,753 |
| Date of Launching | JANUARY 1997 | Sails and Masts | |

Issued this <u>23rd</u> day of <u>JULY</u> <u>1997</u>

Number <u>013346</u>

*Ming-Hui Shieh*

Director General
of the
Department of Navigation and Aviation

# THE REPUBLIC OF LIBERIA
### Bureau of Maritime Affairs

**Schedule 2**

## MINIMUM SAFE MANNING CERTIFICATE*

| Ship's Name | Port of Registry | Official No./IMO No. |
|---|---|---|
| OOCL APPLAUSE | MONROVIA | 10150/7418907 |

The Bureau of Maritime Affairs hereby states that, having regard to the requirements of the International Convention on Standards of Training, Certification and Watchkeeping, 1978, and to the principles and guidelines set out in IMO Resolution A.481(XII), the ship named in this document is considered to be safely manned if, whenever it proceeds to sea, it carries not less than the numbers and grades of personnel shown in this document, subject to any special conditions stated herein.

| 1 | Master | 3 | Able Seaman | 1 | Chief Engineer | 3 | Oilers/Motorman |
|---|---|---|---|---|---|---|---|
| 1 | Chief Mate | 3 | Ordinary Seaman | 1 | 1st Assistant Engineer | --- | Fireman/Watertender |
| 1 | 2nd Mate | | | 1 | 2nd Assistant Engineer | | |
| 1 | 3rd Mate(s) RTO | | | 1 | 3rd Asst. Engineer(s) | | |

1 GMDSS 1st/2nd CLASS RADIO ELECTRONIC OPERATOR/MAINTAINER OR
2 DECK OFFICERS HOLDING GMDSS GENERAL OPERATOR CERTIFICATES

Route Permitted: **UNRESTRICTED INTERNATIONAL VOYAGES**
Conditions of Operation:

1.　Watchkeeping arrangements shall be at the discretion of the Master but shall never be of lesser standards than those prescribed by the STCW Convention and IMO Resolution A.481(XII)(see reverse side of this Certificate).

NOTES:
(a) All officers shall be licensed in the grade listed or the grade above.
(b) Able Seamen shall have a record of service of not less than three years' service at sea on deck.
(c) Ordinary Seamen shall have a record of service of not less than six months' service at sea on deck.
(d) Oilers shall have a record of service of not less than one year's service at sea in Engineering Department of a vessel with machinery of aggregate power of not less than 3000 kW.

THE GRADES AND NUMBERS OF PERSONNEL LISTED ABOVE REFLECT THE MINIMUM LEVELS OF MANNING NECESSARY FOR THE SAFETY OF NAVIGATION AND OPERATION. ADDITIONAL PERSONNEL AS MAY BE CONSIDERED NECESSARY FOR MAINTENANCE, OR CARGO HANDLING AND CONTROL, OR WATCHKEEPING, ARE THE RESPONSIBILITY OF THE OWNERS, MASTER AND CHIEF ENGINEER.

*This document is applicable only to masters and to officers and ratings in the deck and engine departments.

12 MARCH 1998
Date of Issuance

Deputy Commissioner of Maritime Affairs

FORM RL-282

Rev 7/97

## 附件4-3 船舶級位證書式樣

# 中 國 驗 船 中 心
# China Corporation Register of Shipping
## CERTIFICATE OF CLASSIFICATION
# 船 級 證 書

Certificate No.
證書號碼

Name of Ship
船 名

IMO No.　　　　　　　　　　CR Register No.　　　　　　　　Flag
IMO號碼　　　　　　　　　　船 級 號 碼　　　　　　　　　　國籍

Description of Ship
船 型

Distinctive Letters / No.　　　　　　　　　　　Port of Registry
信 號 符 字 / 號 碼　　　　　　　　　　　　　船 籍 港

Register Dimensions: Length　　　　　m　　Breadth　　　　m　Depth　　　　m
登 記 尺 寸 船 長　　　　　　　　　　　船 寬　　　　　　　船 深

Gross Tonnage　　　　　　　　　　　　　Net Tonnage
總 噸 位　　　　　　　　　　　　　　　　淨 噸 位

Owner
所有人

Ship Builder　　　　　　　　When/Where Built　　　　　　　Hull No.
船舶建造廠　　　　　　　　　建造年月 / 地點　　　　　　　　船廠編號

Main Engine: Type　　　　　　Set x Power　　　　　kW at　　　　　r.p.m.
主 機 型 式　　　　　　　　　座 x 功率　　　　　　瓩 於　　　　　每分鐘轉數

Engine Maker　　　　　　　　　When/Where Built
主機製造廠　　　　　　　　　　製造年月 / 地點

Refrigerating Machinery:　　　　　　Quantity　　　　　Refrigerant
冷 凍 機 型 式　　　　　　　數 量　　　　　冷 媒

Insulated Space: Min. Temperature　　　°C　Number　　　Total Volume　　　m³
冷 凍 艙 最 低 溫 度　　　　　　　　　艙 數　　　　總 容 積

This is to certify that the above ship has been surveyed in accordance with the Rules of the Society and entered in the Register Book with the Character of Class

茲證明上述船舶業經依本中心規範完成檢驗合格,並於船級名簿中,記載下述船級符號

Hull
船體

Machinery
機 器

Cargo Refrigerating Machinery and Appliance
貨 物 冷 藏 機 器 及 設 備

This certificate is valid until
本 證 書 有 效 期 間 至

The validity of the assigned class is subject to due compliance with the requirements of the Society's Rules regarding maintenance of class.

本船船級須符合本中心規範有關維持船級之規定,方為有效。

Issued at Taipei, on
本 證 書 簽 發 於 台 北 , 於

Chairman　　　董事長

Chief Surveyor　　　總驗船師　　　　　　　　　President　　　執行長

Form No. KC1/08.2012

# 年度及中期檢驗之簽證
# Endorsement for annual and intermediate surveys

茲證明本船依本中心鋼船建造與入級規範第I篇第1.6.5條及第1.6.6條之規定實施檢驗符合規範之有關要求。

THIS IS TO CERTIFY    that, at a survey required by regulation 1.6.5 & 1.6.6 of Part I, Rules for the construction and classification of steel ships, the ship was found to comply with the relevant requirements of the Rules.

年度檢驗
Annual survey:

（圖章 Seal）

簽名 Signed: ................................
*中國驗船中心驗船師*
**Surveyor** to China Corporation Register of Shipping

地點 Place: ................................

日期 Date: ................................

年度/中期 *檢驗
Annual/Intermediate* survey:

（圖章 Seal）

簽名 Signed: ................................
*中國驗船中心驗船師*
**Surveyor** to China Corporation Register of Shipping

地點 Place: ................................

日期 Date: ................................

年度/中期 *檢驗
Annual/Intermediate* survey:

（圖章 Seal）

簽名 Signed: ................................
*中國驗船中心驗船師*
**Surveyor** to China Corporation Register of Shipping

地點 Place: ................................

日期 Date: ................................

年度檢驗
Annual survey:

（圖章 Seal）

簽名 Signed: ................................
*中國驗船中心驗船師*
**Surveyor** to China Corporation Register of Shipping

地點 Place: ................................

日期 Date: ................................

\*　　刪去不適用者。

\*　　Delete as appropriate.

Form No. KC1/08.2012

證書號碼 Certificate No. _____

# 船底外部檢查之簽證
# Endorsement for surveys of the outside of the ship's bottom

茲證明　本船依本中心規範第I篇第1.6.7條之規定實施檢查符合規範之有關要求。

THIS IS TO CERTIFY　that, at an survey required by regulation 1.6.7 of Part I of the Rules, the ship was found to comply with the relevant requirements of the Rules.

第一次檢查
First inspection:

（圖章 Seal）

簽名 Signed: _____
*中國驗船中心驗船師*
**Surveyor** *to China Corporation Register of Shipping*

地點 Place: _____

日期 Date: _____

第二次檢查
Second inspection:

（圖章 Seal）

簽名 Signed: _____
*中國驗船中心驗船師*
**Surveyor** *to China Corporation Register of Shipping*

地點 Place: _____

日期 Date: _____

# 推進軸檢驗之簽證
# Endorsement for surveys of propeller shaft

茲證明　本船依本中心規範第I篇第1.6.8條之規定實施檢查符合規範之有關要求。

THIS IS TO CERTIFY　that, at an survey required by regulation 1.6.8 of Part I of the Rules, the ship was found to comply with the relevant requirements of the Rules.

（圖章 Seal）

簽名 Signed: _____
*中國驗船中心驗船師*
**Surveyor** *to China Corporation Register of Shipping*

地點 Place: _____

日期 Date: _____

## 鍋爐或熱油加熱器檢驗之簽證
## Endorsement for surveys of boiler or thermal oil heater

茲證明　本船依本中心規範第I篇第1.6.9條之規定實施檢查符合規範之有關要求。

THIS IS TO CERTIFY　that, at an survey required by regulation 1.6.9 of Part I of the Rules, the ship was found to comply with the relevant requirements of the Rules.

第一次檢查
First inspection:

（圖章 Seal）

簽名 Signed: ........................................
中國驗船中心驗船師
*Surveyor* to China Corporation Register of Shipping

地點 Place: ........................................

日期 Date: ........................................

第二次檢查
Second inspection:

（圖章 Seal）

簽名 Signed: ........................................
中國驗船中心驗船師
*Surveyor* to China Corporation Register of Shipping

地點 Place: ........................................

日期 Date: ........................................

---

## 特別檢驗完成後，延長證書效期之簽證
## Endorsement where the special survey has been completed

本船符合本中心規範相關要求，且依本中心規範第I篇第1.6.4(e)條之規定，本證書有效期延至

The ship complies with the relevant requirements of the Rules, and this certificate is to, in accordance with regulation 1.6.4(e) of Part I of the Rules, be accepted as valid until ........................................

（圖章 Seal）

簽名 Signed: ........................................
中國驗船中心驗船師
*Surveyor* to China Corporation Register of Shipping

地點 Place: ........................................

日期 Date: ........................................

Form No. KC1/08.2012

證書號碼 Certificate No. .............................

---

## 適用本中心規範第I篇第1.6.4(d)(i) 條規定對有效期
## 延至檢驗港口或給予寬限期證書之延期簽證
## Endorsement to extend the validity of the certificate until
## reaching the port of survey or for a period of grace
## where regulation 1.6.4(d)(i) applies

依本中心規範第I篇第1.6.4(d)(i)條之規定，本證書有效期延至(最長三個月)

This certificate is to, in accordance with regulation 1.6.4(d)(i) of Part I of the Rules, be accepted as valid until (maximum three months) ............................................

簽名 Signed: ...........................................................

中國驗船中心驗船師
**Surveyor** to China Corporation Register of Shipping

地點 Place: ...........................................................

（圖章 Seal）

日期 Date: ...........................................................

---

## 適用本中心規範第I篇第1.6.5(b)(i)條規定對提前週年日期之簽證
## Endorsement for advancement of anniversary date
## where regulation 1.6.5(b)(i) applies

依本中心規範第I篇第1.6.5(b)(i)條之規定，新週年日期為

In accordance with regulation 1.6.5(b)(i) of Part I of the Rules, the new anniversary date is

簽名 Signed: ...........................................................

中國驗船中心驗船師
**Surveyor** to China Corporation Register of Shipping

地點 Place: ...........................................................

（圖章 Seal）

日期 Date: ...........................................................

依本中心規範第I篇第1.6.5(b)(i)條之規定，新週年日期為

In accordance with regulation 1.6.5(b)(i) of Part I of the Rules, the new anniversary date is

簽名 Signed: ...........................................................

中國驗船中心驗船師
**Surveyor** to China Corporation Register of Shipping

地點 Place: ...........................................................

（圖章 Seal）

日期 Date: ...........................................................

# 依本中心規範第I篇第1.6.5(b)(iii)條規定之年度檢驗
## （第5次檢驗）
# Annual survey in accordance with regulation 1.6.5(b)(iii)
## (The 5th survey)

茲證明　本船依本中心規範第I篇第1.6.5(b)(iii)條之規定實施年度檢驗符合規範之有關要求。

THIS IS TO CERTIFY　　that, at an annual survey in accordance with regulation 1.6.5(b)(iii) of Part I of the Rules, the ship was found to comply with the relevant requirements of the Rules.

簽名 Signed: ..................................................................

*中國驗船中心驗船師*

**Surveyor** *to China Corporation Register of Shipping*

地點 Place: ..................................................................

（圖章 Seal）

日期 Date: ..................................................................

105

船舶管理 Ship Management

## 附件4-4　船舶國際噸位證書

### CERTIFICADO INTERNACIONAL DE ARQUEO (1969)　No. KTLO-3298
#### INTERNATIONAL TONNAGE CERTIFICATE (1969)

Expedido en virtud de las disposiciones del
CONVENIO INTERNACIONAL SOBRE ARQUEO DE BUQUES, 1969,
en nombre del Gobierno de la
*Issued under the provisions of the*
*INTERNATIONAL CONVENTION ON TONNAGE MEASUREMENT OF SHIPS, 1969,*
*under the authority of the Government of*

### REPUBLICA DE PANAMA

por **BUREAU VERITAS**

REVIEWED BY THE DIRECTORATE
OF CONSULAR AND MARITIME
AFFAIRS, R. OF PANAMA

DIRECTOR

| Nombre del buque<br>*Name of Ship* | Senal Distinctiva<br>*Distinctive Number or Letters* | Puerto de matricula<br>*Port of Registry* | * Fecha<br>* Date |
|---|---|---|---|
| FAR EASTERN WENDY<br><br>BV Reg. :　00313S | 3 F R B 8 | PANAMA R. P. | 1998 |

\* Fecha en la que se puso la quilla o en la que el buque estaba en un estado equivalente de adelanto en su construccion (Articulo 2(6)), o fecha en la que el buque sufrio transformaciones o modificaciones importantes (Articulo 3 (2) (b)), segun proceda.
\* Date on which the keel was laid or the ship was at a similar stage of construction (Article 2(6)), or date on which the ship underwent alterations or modifications of a major character (Article 3(2)(b)), as appropriate.

#### DIMENSIONES PRINCIPALES
#### *MAIN DIMENSIONS*

| Eslora (Articulo 2(8))<br><br>Length (Article 2(8)) | Manga (Regla 2(3))<br><br>Breadth (Regulation 2(3)) | Puntal de trazado hasta la cubierta superior en el centro del buque (Regla 2(2))<br>*Moulded depth amidships to upper deck (Reg. 2(2))* |
|---|---|---|
| 217.71 m | 32.20 m | 18.70 m |

#### LOS ARQUEOS DEL BUQUE SON :
#### *THE TONNAGES OF THE SHIP ARE :*

ARQUEO BRUTO (*GROSS TONNAGE.*)....................................................... **37695** ...........................

ARQUEO NETO (*NET TONNAGE*) ....................................................... **24141** ...........................

Se certifica que los arqueos de este buque han sido determinados de acuerdo con las disposiciones del Convenio Internacional sobre Arqueo de Buques, 1969.
*This is to certify that the tonnages of this ship have been determined in accordance with the provisions of the International Convention of Tonnage Measurement of Ships, 1969.*

Expedido en .................................... **KOBE, JAPAN** .................................... el dia .................................... **28th JULY 1998** ....................................
*Issued at*　　　　　　　　　　　　　　　　　　　　　　　　　*on the*

El infrascrito declara que esta debidamente autorizado por el Gobierno arriba mencionado para expedir este certificado.
*The undersigned declares that he is duly authorized by the said Government to issue this certificate.*

#### BUREAU VERITAS

Authorizado por el Gobierno de la Republica de Panama
*Authorized by the Government of the Republic of Panama*

S. AWATAGUCHI
KOBE TONNAGE LOAD LINE OFFICE

Secretario
*Secretary*

BV Mod. Ad. E 1430 PNR

## ESPACIOS INCLUIDOS EN EL ARQUEO - *SPACES INCLUDED IN TONNAGE*

| ARQUEO BRUTO - *GROSS TONNAGE* | | | | ARQUEO NETO - *NET TONNAGE* | | | |
|---|---|---|---|---|---|---|---|
| Nombre del espacio<br>*Name of space* | Situacion<br>*Location* | Eslora<br>*Length* | Volumen<br>*Volume*<br>(V) | Nombre del espacio<br>*Name of space* | Situacion<br>*Location* | Eslora<br>*Length* | Volumen<br>*Volume*<br>(V) |
| **UNDERDECK** | | | 117556.89 | NO1 HOLD & HATCH | Fr258-Fr230 | 22.82 | 10108.43 |
| | | | | NO2 HOLD & HATCH | Fr230-Fr197 | 26.90 | 13253.58 |
| 1st Tier:- | | | | NO3 HOLD & HATCH | Fr197-Fr164 | 26.90 | 13253.58 |
| NO1 HATCH & COVER | Fr250-Fr234 | 13.04 | 391.47 | NO4 HOLD & HATCH | Fr164-Fr134 | 24.45 | 11847.43 |
| NO2 HATCH & COVER | Fr224-Fr202 | 17.93 | 550.94 | NO5 HOLD & HATCH | Fr134-Fr101 | 26.90 | 13356.45 |
| NO3 HATCH & COVER | Fr192-Fr170 | 17.93 | 550.94 | NO6 HOLD & HATCH | Fr101-Fr68 | 26.90 | 13357.43 |
| NO4 HATCH & COVER | Fr159-Fr139 | 16.30 | 501.31 | NO7 HOLD & HATCH | Fr68-Fr37 | 25.27 | 11577.58 |
| NO5 HATCH & COVER | Fr128-Fr106 | 17.93 | 550.94 | | | | |
| NO6 HATCH & COVER | Fr95-Fr73 | 17.93 | 550.94 | | | | |
| NO7 HATCH & COVER | Fr63-Fr41 | 17.93 | 550.94 | | | | |
| COMPANION HOUSE | Fr267-Fr262 | 3.60 | 8.52 | | | | |
| DECK STORE (F) | Fr166-Fr162 | 3.26 | 28.49 | | | | |
| DECK STORE (A) | Fr103-Fr99 | 3.26 | 28.49 | | | | |
| ENGINE HATCH | Fr18-Fr16 | 1.36 | 1.25 | | | | |
| ROUNDHOUSE 01 | Fr37-Fr10 | 21.40 | 980.76 | | | | |
| 2nd Tier:- | | | | | | | |
| ROUNDHOUSE 02 | Fr37-Fr12 | 20.00 | 850.18 | | | | |
| 3rd Tier:- | | | | | | | |
| ROUNDHOUSE 03 | Fr37-Fr21 | 12.80 | 663.55 | | | | |
| 4th Tier:- | | | | | | | |
| ROUNDHOUSE 04 | Fr37-Fr21 | 12.80 | 663.55 | | | | |
| 5th Tier:- | | | | | | | |
| ROUNDHOUSE 05 | Fr36+600-Fr28 | 11.00 | 292.64 | | | | |
| FUNNEL | Fr18+550<br>-Fr12+150 | 5.20 | 139.31 | | | | |
| Total (V) .......... | | | 124861.11 | Total (V) ......... | | | 86754.48 |

| ESPACIOS EXCLUIDOS (Regla 2(5)) *Excluded spaces (Regulation 2(5))* | NUMERO DE PASAJEROS (Regla 4(1))<br>*Number of passengers (Regulation 4(1))* | -------- |
|---|---|---|
| | En camarotes de no mas de 8 literas<br>*In cabins with no more than 8 berths* | -------- |
| | Otros pasajeros<br>*Other passengers* | -------- |
| Marquense con un asterico (*) los espacios arriba consignados que comprenden simultaneamente espacios cerrados y excluidos.<br>*An asterisk (*) should be added to those spaces listed above which comprise both enclosed and excluded spaces.* | Calado de trazado<br>(Regla 4(2))<br>*Moulded draught*<br>*(Regulation 4(2))* | 13.535 m |

| Fecha y lugar del arqueo inicial :<br>*Date and place of original measurement* | KOBE, JAPAN / 28th JULY 1998 |
|---|---|
| Fecha y lugar del ultimo rearqueo :<br>*Date and place of last previous measurement* | / |

Observaciones :
*Remarks*

BV Mod. Ad. E 1430 PNR

# 附件4-5 船舶安全設備證書式樣

## 貨船安全設備證書
### CARGO SHIP SAFETY EQUIPMENT CERTIFICATE

本證書應附有設備紀錄(格式E)
This Certificate shall be supplemented by a Record of Equipment (Form E)

茲由中華民國政府委託中國驗船中心依照一九八八年議定書修訂之
一九七四年海上人命安全國際公約之規定發給本證書

中 華 民 國
**REPUBLIC OF CHINA**

Issued under the provisions of the
INTERNATIONAL CONVENTION FOR THE SAFETY OF LIFE AT SEA, 1974,
as modified by the Protocol of 1988 relating thereto
under the authority of the Government of
the REPUBLIC OF CHINA by China Corporation Register of Shipping

證書號碼 Certificate No.

| 船名<br>Name of ship | 船舶號數或信號符字<br>Distinctive number<br>or letters | 船籍港<br>Port of registry | 總頓位<br>Gross tonnage | 載重頓(公頓)*<br>Deadweight of ship<br>(metric tons)* | 船舶長度<br>(第III/3.12條)<br>Length of ship<br>(regulation III/3.12) | IMO編號<br>IMO number |
|---|---|---|---|---|---|---|
| | | | | | | |

船舶型式 **      Type of ship **

| 散裝船 | Bulk carrier |
|---|---|
| 油輪 | Oil tanker |
| 化學液體船 | Chemical tanker |
| 氣體載運船 | Gas carrier |
| 上述以外之貨船 | Cargo ship other than any of the above |

安放龍骨或船舶建造已達類似階段之日期，或有改裝、換裝或重大特性修改工程時，其開工日期
Date on which keel was laid or ship was at a similar stage of construction or, where applicable, date
on which work for a conversion or an alteration or modification of a major character was commenced

茲 證 明
THIS IS TO CERTIFY:

1. 本船業已依照本公約規則第 I/8 條之要求檢驗。
   That the ship has been surveyed in accordance with the requirements of regulation I/8 of the Convention.

2. 檢驗顯示：
   That the survey showed that:

2.1 本船符合本公約有關火警安全系統與設施及火警控制圖之要求；
   the ship complied with the requirements of the Convention as regards fire safety systems and appliances and fire control plans;

2.2 救生設施及救生艇、救生筏與救難艇之設備，已依本公約要求配備；
   the life-saving appliances and the equipment of the lifeboats, liferafts and rescue boats were provided in accordance with the requirements of the Convention;

2.3 本船已依本公約要求備有拋繩器及供救生設施用之無線電裝置；
   the ship was provided with a line-throwing appliance and radio installations used in life-saving appliances in accordance with the requirements of the Convention;

2.4 本船符合本公約有關船上航行設備、引水人登船措施及航海書刊之要求；
   the ship complied with the requirements of the Convention as regards shipborne navigational equipment, means of embarkation for pilots and nautical publications;

2.5 本船已依本公約及現行國際海上避碰規則之要求備有號燈、號標、可發生音響信號與遇險信號之設施；
   the ship was provided with lights, shapes, means of making sound signals and distress signals in accordance with the requirements of the Convention and the International Regulations for Preventing Collisions at Sea in force;

2.6 本船在所有其他各方面均符合本公約有關之要求。
   in all other respects, the ship complied with the relevant requirements of the Convention.

---

\*     僅油輪、化學液體船及氣體載運船填註之。
      For oil tankers, chemical tankers and gas carriers only.

\*\*    刪去不適用者。
       Delete as appropriate.

Form No. GC5 / 05. 2013

2.7. 本船須/不須** 符合本公約規則第 II-2/17/ III/38 **條關於替代設計及佈置之要求；
the ship was/was not** subjected to an alternative design and arrangements in pursuance of regulation(s) II-2/17 / III/38** of the Convention;

2.8. 本證書附/不附** 有防火/救生設備及佈署 **替代設計及佈置之認可文件。
a Document of approval of alternative design and arrangements for fire protection/ life-saving appliances and arrangements** is/is not** appended to this Certificate.

3. 豁免證書已/未** 簽發。
That an Exemption Certificate has/has not** been issued.

本證書有效期間至                  *** ，但應按
This certificate is valid until _____ ***, subject to the

本公約規則第 I/8 條規定實施年度與定期檢驗。
annual and periodical surveys in accordance with regulation I/8 of the Convention.

本證書所依據之檢驗完成日期
Completion date of the survey on which this certificate is based _____

發證地點
Issued at _____

發證日期
Date of issue _____

中國驗船中心　總驗船師
*Chief Surveyor*
*China Corporation Register of Shipping*

---

*** 填入依本公約規則第 I/14(a) 條規定由主管當局指定之有效期限日期。除依規則第 I/14(h) 條規定之修訂外，該日期相當於規則第 I/2(n) 條所定義之週年日期。
Insert the date of expiry as specified by the Administration in accordance with regulation I/14(a) of the Convention. The day and the month of this date correspond to the anniversary date as defined in regulation I/2(n) of the Convention, unless amended in accordance with regulation I/14(h).

船舶管理 Ship Management

證書號碼 Certificate No. _____

## 年度及定期檢驗之簽證
## Endorsement for annual and periodical surveys

茲證明　本船依本公約規則第 I/8 條之規定實施檢驗符合本公約之有關要求。

THIS IS TO CERTIFY　that, at a survey required by regulation I/8 of the Convention, the ship was found to comply with the relevant requirements of the Convention.

年度檢驗
Annual survey:

（圖章 Seal）

簽名 Signed: ................................................
*中國驗船中心驗船師*
**Surveyor** *to China Corporation Register of Shipping*

地點 Place: ................................................

日期 Date: ................................................

---

年度/定期** 檢驗
Annual/Periodical** survey:

（圖章 Seal）

簽名 Signed: ................................................
*中國驗船中心驗船師*
**Surveyor** *to China Corporation Register of Shipping*

地點 Place: ................................................

日期 Date: ................................................

---

年度/定期** 檢驗
Annual/Periodical** survey:

（圖章 Seal）

簽名 Signed: ................................................
*中國驗船中心驗船師*
**Surveyor** *to China Corporation Register of Shipping*

地點 Place: ................................................

日期 Date: ................................................

---

年度檢驗
Annual survey:

（圖章 Seal）

簽名 Signed: ................................................
*中國驗船中心驗船師*
**Surveyor** *to China Corporation Register of Shipping*

地點 Place: ................................................

日期 Date: ................................................

Form No. GC5 / 05. 2013

## 依規則第 I/14(h)(iii) 條規定之年度／定期檢驗
## Annual/periodical survey in accordance with regulation I/14(h)(iii)

茲證明　本船依本公約規則第 I/14(h)(iii) 條之規定實施年度／定期＊＊檢驗符合本公約之有關要求。

THIS IS TO CERTIFY　that, at an annual/periodical** survey in accordance with regulation I/14(h)(iii) of the Convention, the ship was found to comply with the relevant requirements of the Convention.

（圖章 Seal）

簽名 Signed: .............................

中國驗船中心驗船師
**Surveyor** to China Corporation Register of Shipping

地點 Place: .............................

日期 Date: .............................

---

## 適用規則第 I/14(c) 條規定對有效期少於五年
## 證書之延期簽證
## Endorsement to extend the certificate if valid for less than 5 years where regulation I/14(c) applies

本船符合本公約相關要求，且依本公約規則第 I/14(c) 條之規定，本證書有效期延至

The ship complies with the relevant requirements of the Convention, and this certificate shall, in accordance with regulation I/14(c) of the Convention, be accepted as valid until .............................

（圖章 Seal）

簽名 Signed: .............................

中國驗船中心驗船師
**Surveyor** to China Corporation Register of Shipping

地點 Place: .............................

日期 Date: .............................

---

## 適用規則第 I/14(d) 條規定於換證檢驗完成後之延期簽證
## Endorsement where the renewal survey has been completed and regulation I/14(d) applies

本船符合本公約相關要求，且依本公約規則第 I/14(d) 條之規定，本證書有效期延至

The ship complies with the relevant requirements of the Convention, and this certificate shall, in accordance with regulation I/14(d) of the Convention, be accepted as valid until .............................

（圖章 Seal）

簽名 Signed: .............................

中國驗船中心驗船師
**Surveyor** to China Corporation Register of Shipping

地點 Place: .............................

日期 Date: .............................

Form No. GC5 / 05. 2013

證書號碼 Certificate No. ........................................

## 適用規則第 I/14(e) 條或第 I/14(f) 條規定對有效期
## 延至檢驗港口或給予寬限期證書之延期簽證
## Endorsement to extend the validity of the certificate until
## reaching the port of survey or for a period of grace
## where regulation I/14(e) or I/14(f) applies

依本公約規則第 I/14(e) 條或第 I/14(f) 條** 之規定，本證書有效期延至

This certificate shall, in accordance with regulation I/14(e)/I/14(f)** of the Convention, be accepted as valid until ........................................

簽名 Signed: ........................................

*中國驗船中心驗船師*
**Surveyor** to China Corporation Register of Shipping

地點 Place: ........................................

日期 Date: ........................................

(圖章 Seal)

## 適用規則第 I/14(h) 條規定對提前週年日期之簽證
## Endorsement for advancement of anniversary date
## where regulation I/14(h) applies

依本公約規則第 I/14(h) 條之規定，新週年日期為

In accordance with regulation I/14(h) of the Convention, the new anniversary date is ........................................

簽名 Signed: ........................................

*中國驗船中心驗船師*
**Surveyor** to China Corporation Register of Shipping

地點 Place: ........................................

日期 Date: ........................................

(圖章 Seal)

依本公約規則第 I/14(h) 條之規定，新週年日期為

In accordance with regulation I/14(h) of the Convention, the new anniversary date is ........................................

簽名 Signed: ........................................

*中國驗船中心驗船師*
**Surveyor** to China Corporation Register of Shipping

地點 Place: ........................................

日期 Date: ........................................

(圖章 Seal)

# 貨船安全設備證書之設備紀錄(格式E)
## Record of Equipment for the Cargo Ship Safety Equipment Certificate
## (Form E)

本紀錄必須永久依附在貨船安全設備證書
This Record shall be permanently attached to the
Cargo Ship Safety Equipment Certificate

符合一九八八年議定書修訂一九七四年海上人命安全國際公約之設備紀錄
RECORD OF EQUIPMENT FOR COMPLIANCE WITH
THE INTERNATIONAL CONVENTION FOR THE SAFETY
OF LIFE AT SEA, 1974, AS MODIFIED BY THE
PROTOCOL OF 1988 RELATING THERETO

113

**1.** 船舶要目
   *Particulars of ship*

   船名
   Name of ship ..................................................................................

   船舶號數或信號符字
   Distinctive number or letters ..................................................................

**2.** 救生設備細目
   *Details of life-saving appliances*

| | | 左 舷<br>Port side | 右 舷<br>Starboard side |
|---|---|---|---|
| 1. | 救生設備可供之總人數<br>Total number of persons for which life-saving appliances are provided | ........................................ | |
| 2. | 救生艇總數<br>Total number of lifeboats | ................. | ................. |
| 2.1 | 可容載之總人數<br>Total number of persons accommodated by them | ................. | ................. |
| 2.2 | 全圍蔽救生艇(規則第 III/31 條及 LSA 章程第4.6節)數量<br>Number of totally enclosed lifeboats (Reg. III/31 and LSA Code Sec. 4.6) | ................. | ................. |
| 2.3 | 自供空氣系統救生艇(規則第 III/31 條及 LSA 章程第4.8節)數量<br>Number of lifeboats with a self-contained air support system (Reg. III/31 and LSA Code Sec. 4.8) | ................. | ................. |
| 2.4 | 防火救生艇(規則第 III/31 條及 LSA 章程第4.9節)數量<br>Number of fire-protected lifeboats (Reg. III/31 and LSA Code Sec. 4.9) | ................. | ................. |
| 2.5 | 其他救生艇<br>Other lifeboats | | |
| 2.5.1 | 數量<br>Number | ................. | ................. |
| 2.5.2 | 型式<br>Type | ................. | ................. |
| 2.6 | 自由降落救生艇數量<br>Number of freefall lifeboats | | |
| 2.6.1 | 全圍蔽(規則第 III/31 條及 LSA 章程第4.7節)<br>Totally enclosed (Reg. III/31 and LSA Code Sec. 4.7) | ................. | |
| 2.6.2 | 自供(規則第 III/31 條及LSA章程第4.8節)<br>Self-contained (Reg. III/31 and LSA Code Sec. 4.8) | ................. | |
| 2.6.3 | 防火(規則第 III/31 條及LSA章程第4.9節)<br>Fire-protected (Reg. III/31 and LSA Code Sec. 4.9) | ................. | |
| 3. | 馬達救生艇(包括於上述救生艇總數內)數量<br>Number of motor lifeboats (included in the total lifeboats shown above) | ................. | |
| 3.1 | 裝有探照燈之救生艇數量<br>Number of lifeboats fitted with searchlights | ................. | |
| 4. | 救難艇數量<br>Number of rescue boats | ................. | |
| 4.1 | 包括於上述救生艇總數內之數量<br>Number of boats which are included in the total lifeboats shown above | ................. | |

Form No. GC5 / 05. 2013

船舶管理 Ship Management

證書號碼 Certificate No. ............................................

| | | |
|---|---|---|
| 5. | 救生筏<br>Liferafts | |
| 5.1 | 需要核定下水設施者<br>Those for which approved launching appliances are required | |
| 5.1.1 | 救生筏數量<br>Number of liferafts | ............................ |
| 5.1.2 | 可容載之人數<br>Number of persons accommodated by them | ............................ |
| 5.2 | 不需要核定下水設施者<br>Those for which approved launching appliances are not required | |
| 5.2.1 | 救生筏數量<br>Number of liferafts | ............................ |
| 5.2.2 | 可容載之人數<br>Number of persons accommodated by them | ............................ |
| 5.3 | 規則第III/31.1.4條規定之救生筏數量<br>Number of liferafts required by Regulation III/31.1.4 | ............................ |
| 6. | 救生圈數量<br>Number of lifebuoys | ............................ |
| 7. | 救生衣數量<br>Number of lifejackets | ............................ |
| 8. | 浸水衣<br>Immersion suits | |
| 8.1 | 總數<br>Total number | ............................ |
| 8.2 | 浸水衣符合救生衣規定者之數量<br>Number of suits complying with the requirements for lifejackets | ............................ |
| 9. | 供救生設施用之無線電裝置<br>Radio installations used in life-saving appliances | |
| 9.1 | 搜救定位設施數量<br>Number of search and rescue locating devices | |
| 9.1.1 | 雷達搜救詢答機<br>Radar search and rescue transponders (SART) | ............................ |
| 9.1.2 | AIS 搜救發送器<br>AIS search and rescue transmitters (AIS-SART) | ............................ |
| 9.2 | 雙向特高頻無線電話設備數量<br>Number of two-way VHF radiotelephone apparatus | ............................ |

## 3. 航行系統與設備細目
### *Details of navigational systems and equipment*

| 項目<br>Item | 實際配置<br>Actual provision |
|---|---|
| 1.1 標準磁羅經 [1]<br>Standard magnetic compass [1] | ............................ |
| 1.2 備用磁羅經 [1]<br>Spare magnetic compass [1] | ............................ |
| 1.3 電羅經 [1]<br>Gyro compass [1] | ............................ |
| 1.4 電羅經艏向複示器 [1]<br>Gyro compass heading repeater [1] | ............................ |
| 1.5 電羅經方位複示器 [1]<br>Gyro compass bearing repeater [1] | ............................ |
| 1.6 船艏向或航跡控制系統 [1]<br>Heading or track control system [1] | ............................ |
| 1.7 啞羅經或羅經方位裝置 [1]<br>Pelorus or compass bearing device [1] | ............................ |
| 1.8 校正船艏向及方位措施<br>Means of correcting heading and bearings | ............................ |
| 1.9 傳送船艏向裝置 [1]<br>Transmitting heading device (THD) [1] | ............................ |

[1] 依規則第 V/19 條，可代以符合要求之其他方式，惟應予以說明。<br>Alternative means of meeting this requirement are permitted under regulation V/19. In case of other means they shall be specified.

Form No. GC5 / 05. 2013

| | | |
|---|---|---|
| 2.1 | 海圖／電子海圖顯示及資訊系統 [2]<br>Nautical charts/Electronic chart display and information system (ECDIS) [2] | ............................ |
| 2.2 | 電子海圖顯示及資訊系統備用設施<br>Back-up arrangements for ECDIS | ............................ |
| 2.3 | 航海出版刊物<br>Nautical publications | ............................ |
| 2.4 | 電子航海出版刊物備用設施<br>Back-up arrangements for electronic nautical publications | ............................ |
| 3.1 | GPS／地面無線電航行系統接收機 [1/2]<br>Receiver for a global navigation satellite system/terrestrial radionavigation system [1/2] | ............................ |
| 3.2 | 9 GHz 雷達 [1]<br>9 GHz radar [1] | ............................ |
| 3.3 | 第二台雷達（3 GHz/9 GHz [2]）[1]<br>Second radar (3 GHz/9 GHz [2]) [1] | ............................ |
| 3.4 | 自動測繪雷達裝置<br>Automatic radar plotting aid (ARPA) [1] | ............................ |
| 3.5 | 自動追蹤裝置 [1]<br>Automatic tracking aid [1] | ............................ |
| 3.6 | 第二台自動追蹤裝置 [1]<br>Second automatic tracking aid [1] | ............................ |
| 3.7 | 電子測繪裝置 [1]<br>Electronic plotting aid [1] | ............................ |
| 4.1 | 自動識別系統<br>Automatic identification system (AIS) | ............................ |
| 4.2 | 遠距識別及追蹤系統<br>Long-range identification and tracking system | ............................ |
| 5.1 | 航行資料紀錄器 [2]<br>Voyage data recorder (VDR) [2] | ............................ |
| 5.2 | 簡式航行資料紀錄器 [2]<br>Simplified voyage data recorder (S-VDR) [2] | ............................ |
| 6.1 | 航速及航程測量裝置（對水）[1]<br>Speed and distance measuring device (through the water) [1] | ............................ |
| 6.2 | 航速及航程測量裝置（艏向及橫向對地）[1]<br>Speed and distance measuring device<br>(over the ground in the forward and athwartship direction) [1] | ............................ |
| 6.3 | 回聲測深儀 [1]<br>Echo sounding device [1] | ............................ |
| 7.1 | 舵角、螺槳轉速、推力、螺距及操作模式指示器 [1]<br>Rudder, propeller, thrust, pitch and operational mode indicator [1] | ............................ |
| 7.2 | 迴旋速率指示器 [1]<br>Rate of turn indicator [1] | ............................ |
| 8. | 聲音接收系統 [1]<br>Sound reception system [1] | ............................ |
| 9. | 緊急操舵位置之電話 [1]<br>Telephone to emergency steering position [1] | ............................ |
| 10. | 晝光信號燈 [1]<br>Daylight signaling lamp [1] | ............................ |
| 11. | 雷達反射器 [1]<br>Radar reflector [1] | ............................ |
| 12. | 國際信號代碼<br>International Code of Signals | ............................ |
| 13. | 國際航空暨海事搜索與求助手冊，第III卷<br>IAMSAR Manual, Volume III | ............................ |
| 14. | 駕駛台當值警報系統<br>Bridge navigational watch alarm system (BNWAS) | ............................ |

茲證明　本紀錄在所有各方面均屬正確
THIS IS TO CERTIFY　that this Record is correct in all respects

發證地點
Issued at　..........................................

發證日期
Date of issue　..........................................

中國驗船中心　總驗船師
*Chief Surveyor*
*China Corporation Register of Shipping*

[2]　刪去不適用者。
　　Delete as appropriate.
Form No. GC5 / 05. 2013

船舶管理 Ship Management

## 附件4-6　貨船安全構造證書式樣

# 貨船安全構造證書
## CARGO SHIP SAFETY CONSTRUCTION CERTIFICATE

茲由中華民國政府委託中國驗船中心依照一九八八年議定書修訂之
一九七四年海上人命安全國際公約之規定發給本證書
Issued under the provisions of the
INTERNATIONAL CONVENTION FOR THE SAFETY OF LIFE AT SEA, 1974,
as modified by the Protocol of 1988 relating thereto
under the authority of the Government of
the REPUBLIC OF CHINA by China Corporation Register of Shipping

中 華 民 國
REPUBLIC OF CHINA

證書號碼 Certificate No.

| 船名<br>Name of ship | 船舶號數或信號符字<br>Distinctive number<br>or letters | 船籍港<br>Port of registry | 總噸位<br>Gross tonnage | 載重噸(公噸) *<br>Deadweight of ship<br>(metric tons) | IMO 編號<br>IMO number |
|---|---|---|---|---|---|
| | | | | | |

船舶型式 **　　Type of ship **

| 散裝船 | Bulk carrier |
|---|---|
| 油輪 | Oil tanker |
| 化學液體船 | Chemical tanker |
| 氣體載運船 | Gas carrier |
| 上述以外之貨船 | Cargo ship other than any of the above |

建 造 日 期
Date of build:

– 建造合約日期
　Date of building contract  ...........................................................................

– 安放龍骨或船舶建造已達類似階段之日期
　Date on which keel was laid or ship was at a similar stage of construction  ...........................

– 交船日期
　Date of delivery  ...........................................................................

– 換裝或重大特性修改工程時，其開工日期(適用時)
　Date on which work for a conversion or an alteration or
　modification of a major character was commenced (where applicable)  ...........................

所 有 適 用 日 期 均 應 填 入
all applicable dates shall be completed.

茲 證 明
THIS IS TO CERTIFY:

1.　本船業已依照本公約規則第 I/10 條之要求檢驗。
　　That the ship has been surveyed in accordance with the requirements of regulation I/10 of the Convention.

2.　經檢驗顯示本船依上述規則所述結構、機器與設備之狀況均屬滿意，符合本公約規則第 II-1 章與 II-2 章
　　之有關要求(有關火警安全系統與設施及火警控制圖除外)。
　　That the survey showed that the condition of the structure, machinery and equipment as defined in the above
　　regulation was satisfactory and the ship complied with the relevant requirements of chapters II-1 and II-2 of the
　　Convention (other than those relating to fire safety systems and appliances and fire control plans).

\*　　僅油輪、化學液體船及氣體載運船填註之。
　　For oil tankers, chemical tankers and gas carriers only.

\*\*　刪去不適用者。
　　Delete as appropriate.

Form No. GC3 / 05. 2013

3. 最近兩次船底外部檢查實施日期為　　　　　　　　　　　　　　　和
   That the last two inspections of the outside of the ship's bottom took place on ................... and ...................

4. 豁免證書已/未** 簽發。
   That an Exemption Certificate has/has not** been issued.

5. 本船須/不須** 符合本公約規則第II-1/55 / II-2/17 **條關於替代設計及佈置之要求。
   The ship was/was not** subjected to an alternative design and arrangements in pursuance of regulation(s) II-1/55 / II-2/17** of the Convention.

6. 本證書附/不附** 有機械及電力裝置/防火 **替代設計及佈置之認可文件。
   That a Document of approval of alternative design and arrangements for machinery and electrical installations /fire protection** is/is not** appended to this Certificate.

本證書有效期間至　　　　　　　　　　　　　　　***　　，但應按本公約規則第 I/10 條規定實施年度
This certificate is valid until ...................　　　*** , subject to the annual and intermediate surveys

與中期檢驗以及船底外部檢查。
and inspections of the outside of the ship's bottom in accordance with regulation I/10 of the Convention.

本證書所依據之檢驗完成日期
Completion date of the survey on which this certificate is based ...................

發證地點
Issued at ...................

發證日期
Date of issue ...................

...................
中國驗船中心　總驗船師
*Chief Surveyor*
*China Corporation Register of Shipping*

*** 填入依本公約規則第 I/14(a) 條規定由主管當局指定之有效期限日期。除依規則第 I/14(h) 條規定之修訂外，該日期相當於規則第 I/2(n) 條所定義之週年日期。
Insert the date of expiry as specified by the Administration in accordance with regulation I/14(a) of the Convention. The day and the month of this date correspond to the anniversary date as defined in regulation I/2(n) of the Convention, unless amended in accordance with regulation I/14(h).

船舶管理 Ship Management

證書號碼 Certificate No. ........................................

# 年度及中期檢驗之簽證
# Endorsement for annual and intermediate surveys

茲證明　本船依本公約規則第 I/10 條之規定實施檢驗符合本公約之有關要求。

THIS IS TO CERTIFY　　that, at a survey required by regulation I/10 of the Convention, the ship was found to comply with the relevant requirements of the Convention.

年度檢驗
Annual survey:

（圖章 Seal）

簽名 Signed: ........................................
*中國驗船中心驗船師*
**Surveyor** *to China Corporation Register of Shipping*

地點 Place: ........................................

日期 Date: ........................................

年度／中期** 檢驗
Annual/Intermediate** survey:

（圖章 Seal）

簽名 Signed: ........................................
*中國驗船中心驗船師*
**Surveyor** *to China Corporation Register of Shipping*

地點 Place: ........................................

日期 Date: ........................................

年度／中期** 檢驗
Annual/Intermediate** survey:

（圖章 Seal）

簽名 Signed: ........................................
*中國驗船中心驗船師*
**Surveyor** *to China Corporation Register of Shipping*

地點 Place: ........................................

日期 Date: ........................................

年度檢驗
Annual survey:

（圖章 Seal）

簽名 Signed: ........................................
*中國驗船中心驗船師*
**Surveyor** *to China Corporation Register of Shipping*

地點 Place: ........................................

日期 Date: ........................................

Form No. GC3 / 05. 2013

## 依規則第 I/14(h)(iii) 條規定之年度/中期檢驗
## Annual/intermediate survey in accordance with regulation I/14(h)(iii)

茲證明　本船依本公約規則第 I/14(h)(iii) 條之規定實施年度/中期**檢驗符合本公約之有關要求。

THIS IS TO CERTIFY　　that, at an annual/intermediate** survey in accordance with regulation I/14(h)(iii) of the Convention, the ship was found to comply with the relevant requirements of the Convention.

簽名 Signed: ......................................................
中國驗船中心驗船師
*Surveyor* to China Corporation Register of Shipping

地點 Place: ......................................................

日期 Date: ......................................................

（圖章 Seal）

## 船底外部檢查之簽證 ****
## Endorsement for inspections of the outside of the ship's bottom ****

茲證明　本船依本公約規則第 I/10 條之規定實施檢查符合本公約之有關要求。

THIS IS TO CERTIFY　　that, at an inspection required by regulation I/10 of the Convention, the ship was found to comply with the relevant requirements of the Convention.

第一次檢查
First inspection:

簽名 Signed: ......................................................
中國驗船中心驗船師
*Surveyor* to China Corporation Register of Shipping

地點 Place: ......................................................

日期 Date: ......................................................

（圖章 Seal）

第二次檢查
Second inspection:

簽名 Signed: ......................................................
中國驗船中心驗船師
*Surveyor* to China Corporation Register of Shipping

地點 Place: ......................................................

日期 Date: ......................................................

（圖章 Seal）

**** 可訂定額外檢查之規定。
Provision may be made for additional inspections.

Form No. GC3 / 05. 2013

證書號碼 Certificate No. ....................................................

## 適用規則第 I/14(c) 條規定對有效期少於五年
## 證書之延期簽證
# Endorsement to extend the certificate if valid for less than 5 years
# where regulation I/14(c) applies

本船符合本公約相關要求，且依本公約規則第 I/14(c) 條之規定，本證書有效期延至

The ship complies with the relevant requirements of the Convention, and this certificate shall, in accordance with regulation I/14(c) of the Convention, be accepted as valid until ..................................................

簽名 Signed: .........................................................
　　　　　　　　　　　　　　中國驗船中心驗船師
　　　　　　　　　　　　　**Surveyor** to China Corporation Register of Shipping

地點 Place: ..........................................................

日期 Date: ..........................................................

（圖章 Seal）

---

## 適用規則第 I/14(d) 條規定於換證檢驗完成後之延期簽證
# Endorsement where the renewal survey has been completed
# and regulation I/14(d) applies

本船符合本公約相關要求，且依本公約規則第 I/14(d) 條之規定，本證書有效期延至

The ship complies with the relevant requirements of the Convention, and this certificate shall, in accordance with regulation I/14(d) of the Convention, be accepted as valid until ..................................................

簽名 Signed: .........................................................
　　　　　　　　　　　　　　中國驗船中心驗船師
　　　　　　　　　　　　　**Surveyor** to China Corporation Register of Shipping

地點 Place: ..........................................................

日期 Date: ..........................................................

（圖章 Seal）

Form No. GC3 / 05. 2013

## 適用規則第 I/14(e) 條或第 I/14(f) 條規定對有效期
## 延至檢驗港口或給予寬限期證書之延期簽證
# Endorsement to extend the validity of the certificate until
# reaching the port of survey or for a period of grace
# where regulation I/14(e) or I/14(f) applies

依本公約規則第 I/14(e) 條或第 I/14(f) 條**之規定，本證書有效期延至

This certificate shall, in accordance with regulation I/14(e)/I/14(f)** of the Convention, be accepted as valid until .................................

（圖章 Seal）

簽名 Signed: .................................

*中國驗船中心驗船師*
**Surveyor** *to China Corporation Register of Shipping*

地點 Place: .................................

日期 Date: .................................

---

## 適用規則第 I/14(h) 條規定對提前週年日期之簽證
# Endorsement for advancement of anniversary date
# where regulation I/14(h) applies

依本公約規則第 I/14(h) 條之規定，新週年日期為

In accordance with regulation I/14(h) of the Convention, the new anniversary date is .................................

（圖章 Seal）

簽名 Signed: .................................

*中國驗船中心驗船師*
**Surveyor** *to China Corporation Register of Shipping*

地點 Place: .................................

日期 Date: .................................

依本公約規則第 I/14(h) 條之規定，新週年日期為

In accordance with regulation I/14(h) of the Convention, the new anniversary date is .................................

（圖章 Seal）

簽名 Signed: .................................

*中國驗船中心驗船師*
**Surveyor** *to China Corporation Register of Shipping*

地點 Place: .................................

日期 Date: .................................

Form No. GC3 / 05. 2013

## 附件4-7　國際載重線證書式樣

NUM. 6HO-688L
No. .......................

### NIPPON KAIJI KYOKAI

**CERTIFICADO INTERNACIONAL DE FRANCOBORDO (1966)**
INTERNATIONAL LOAD LINE CERTIFICATE (1966)

Expedido en virtud de las disposiciones del Convenio Internacional de 1966, sobre Lineas de Carga, en nombre del Gobierno de la REPUBLICA DE PANAMA por NIPPON KAIJI KYOKAI.
Issued under the provisions of the International Convention on Load Lines, 1966, under the authority of the Government of the REPUBLIC OF PANAMA, by the NIPPON KAIJI KYOKAI.

| Nombre del barco<br>Name of Ship | Número o letras distintivas<br>Distinctive Number or Letters | Puerto de registro<br>Port of Registry | Eslora (L) definida en el Art. 2 (8)<br>Length (L) as defined in Article 2 (8) |
|---|---|---|---|
| ANDHIKA RAINBOW | 3FVJ5<br>IMO 9121015 | Panama | 94.50 m |

Francobordo asignado como:　buque nuevo
Freeboard assigned as:　　　A new ship　*

~~buque existente~~
~~An existing ship~~

Tipo de barco　~~Tipo "A"~~,　Tipo "B"
Type of ship　　~~Type "A"~~　Type "B"

~~Tipo "B" con francobordo reducido~~
~~Type "B" with reduced freeboard~~　*

~~Tipo "B" con francobordo aumentado~~
~~Type "B" with increased freeboard~~

*Tachar lo que no corresponda.
Delete whatever is inapplicable.

**Francobordo medido desde la línea de cubierta**
Freeboard from deck line

| | | | |
|---|---|---|---|
| Tropical<br>Tropical | 487 | mm. (T)<br>mm. (T) | |
| Verano<br>Summer | 653 | mm. (V)<br>mm. (S) | |
| Invierno<br>Winter | 819 | mm. (I)<br>mm. (W) | |
| Atlántico Norte Invierno<br>Winter North Atlantic | 869 | mm. (ANI)<br>mm. (WNA) | |
| Madera tropical<br>Timber tropical | – | mm. (MT)<br>mm. (LT) | |
| Madera verano<br>Timber summer | – | mm. (MV)<br>mm. (LS) | |
| Madera Invierno<br>Timber winter | – | mm. (MI)<br>mm. (LW) | |
| Madera Atlántico Norte Invierno<br>Timber winter North Atlantic | – | mm. (MANI)<br>mm. (LWNA) | |

**Situación de la Línea de Carga**
Load Line

166　mm. por encima de (V)
　　　mm. above (S)

Borde superior de la línea que pasa por el centro del anillo
Upper edge of line through centre of ring

166　mm. por debajo de (V)
　　　mm. below (S)

216　mm. por debajo de (V)
　　　mm. below (S)

–　mm. por encima de (MV)
　　mm. above (LS)

–　mm. por encima de (V)
　　mm. above (S)

–　mm. por debajo de (MV)
　　mm. below (LS)

–　mm. por debajo de (MV)
　　mm. below (LS)

Nota:　Los francobordos y lineas de carga que no sean aplicables no necesitan ser mencionados en el Certificado.
Note:　Freeboards and load lines which are not applicable need not be entered on the certificate.

Reducción en agua dulce para todos los francobordos, diferentes del de madera　173　mm. Para el francobordo para madera　–　mm.
Allowance for fresh water for all freeboards other than timber.　　　　　　　　　mm. For timber freeboards　　　　　mm.

El borde superior de la marca de la línea de cubierta, desde el cual se miden estos francobordos está a　0　mm.　above
The upper edge of the deck line from which these freeboards are measured is　　　　　mm.

the top of the second steel　　en el costado.
　　　　　　　　　　　　　　　deck at side.

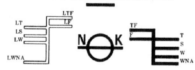

Fecha de la visita inicial o periódica　15th January, 1996
Date of initial or periodical survey

Se certifica que este buque ha sido visitado y que han sido asignados los francobordos y se han marcado las líneas de carga anteriormente indicadas de acuerdo con lo dispuesto en el Convenio Internacional sobre Lineas de Carga de 1966.
This is to certify that this ship has been surveyed and that the freeboards have been assigned and load lines shown above have been marked in accordance with the International Convention on Load Lines, 1966.

Este certificado es valedero hasta　14th January, 2001　sometido a inspecciones periódicas de
This certificate is valid until　　　　　　　　　　　　　　　subject to periodical inspections in accordance with
conformidad con el Artículo 14 (1) (c), del Convenio.
Article 14 (1) (c), of the Convention.

Expedido en Tokio el día　16th May, 1996
Issued at Tokyo the

El infrascrito declara que está debidamente autorizado por dicho Gobierno para expedir este certificado.
The undersigned declares that he is duly authorized by the said Government to issue this certificate.

Director Administrativo　Managing Director
NIPPON KAIJI KYOKAI

IL(PNM)E

95. 7. 1,000 (T)

# 貨船安全無線電證書
## CARGO SHIP SAFETY RADIO CERTIFICATE

本證書應附有無線電設備紀錄（格式R）
This Certificate shall be supplemented by a Record of Equipment of Radio Facilities (Form R)

茲由中華民國政府委託中國驗船中心依照一九八八年議定書修訂之
一九七四年海上人命安全國際公約之規定發給本證書

Issued under the provisions of the
INTERNATIONAL CONVENTION FOR THE SAFETY OF LIFE AT SEA, 1974,
as modified by the Protocol of 1988 relating thereto
under the authority of the Government of
the REPUBLIC OF CHINA by China Corporation Register of Shipping

中 華 民 國
REPUBLIC OF CHINA

證書號碼 Certificate No. _____

| 船名<br>Name of ship | 船舶號數或信號符字<br>Distinctive number<br>or letters | 船籍港<br>Port of registry | 總噸位<br>Gross tonnage | 船舶經認證作業之海域<br>（第IV章第2條）<br>Sea areas in which ship is<br>certified to operate<br>(regulation IV/2) | IMO 編號<br>IMO number |
|---|---|---|---|---|---|
| | | | | | |

安放龍骨或船舶建造已達類似階段之日期，或有改裝、換裝或重大特性修改工程時，其開工日期

Date on which keel was laid or ship was at a similar stage of construction or, where applicable, date on which work for a conversion or an alteration or modification of a major character was commenced _____

茲　　證　　明
THIS IS TO CERTIFY:

1. 本船業已依照本公約規則第I/9條之要求檢驗。
   That the ship has been surveyed in accordance with the requirements of regulation I/9 of the Convention.

2. 檢驗顯示：
   That the survey showed that:

2.1 本船符合本公約有關無線電裝置之要求；
    the ship complied with the requirements of the Convention as regards radio installations;

2.2 供救生設施用無線電裝置之功能符合本公約要求。
    the functioning of the radio installations used in life-saving appliances complied with the requirements of the Convention.

3. 豁免證書已/未*簽發。
   That an Exemption Certificate has/has not* been issued.

　　本證書有效期間至　　　　　　　　　**，但應按本公約規則第I/9條規定實施定期檢驗。
　　This certificate is valid until _____ **, subject to the periodical surveys in accordance with
regulation I/9 of the Convention.

　　本證書所依據之檢驗完成日期
　　Completion date of the survey on which this certificate is based _____

　　發證地點
　　Issued at _____
　　發證日期
　　Date of issue _____

中國驗船中心　總驗船師
Chief Surveyor
China Corporation Register of Shipping

* 刪去不適用者。
  Delete as appropriate.

** 填入依本公約規則第 I/14(a) 條規定由主管當局指定之有效期限日期。除依規則第 I/14(h) 條規定之修訂外，該日期相當於規則第 I/2(n) 條所定義之週年日期。
   Insert the date of expiry as specified by the Administration in accordance with regulation I/14(a) of the Convention. The day and the month of this date correspond to the anniversary date as defined in regulation I/2(n) of the Convention, unless amended in accordance with regulation I/14(h).

Form No. GC4 / 05. 2013

證書號碼 Certificate No. ........................................

# 定期檢驗之簽證
# Endorsement for periodical surveys

茲證明 本船依本公約規則第 I/9 條之規定實施檢驗符合本公約之有關要求。

THIS IS TO CERTIFY that, at a survey required by regulation I/9 of the Convention, the ship was found to comply with the relevant requirements of the Convention.

定期檢驗
Periodical survey:

（圖章 Seal）

簽名 Signed: ........................................
*中國驗船中心驗船師*
**Surveyor** to China Corporation Register of Shipping

地點 Place: ........................................

日期 Date: ........................................

定期檢驗
Periodical survey:

（圖章 Seal）

簽名 Signed: ........................................
*中國驗船中心驗船師*
**Surveyor** to China Corporation Register of Shipping

地點 Place: ........................................

日期 Date: ........................................

定期檢驗
Periodical survey:

（圖章 Seal）

簽名 Signed: ........................................
*中國驗船中心驗船師*
**Surveyor** to China Corporation Register of Shipping

地點 Place: ........................................

日期 Date: ........................................

定期檢驗
Periodical survey:

（圖章 Seal）

簽名 Signed: ........................................
*中國驗船中心驗船師*
**Surveyor** to China Corporation Register of Shipping

地點 Place: ........................................

日期 Date: ........................................

Form No. GC4 / 05. 2013

## 依規則第 I/14(h)(iii) 條規定之定期檢驗
## Periodical survey in accordance with
## regulation I/14(h)(iii)

茲證明 本船依本公約規則第 I/14(h)(iii) 條之規定實施定期檢驗符合本公約之有關要求。

THIS IS TO CERTIFY   that, at a periodical survey in accordance with regulation I/14(h)(iii) of the Convention, the ship was found to comply with the relevant requirements of the Convention.

簽名 Signed: _____
中國驗船中心驗船師
**Surveyor** *to China Corporation Register of Shipping*

地點 Place: _____

日期 Date: _____

（圖章 Seal）

## 適用規則第 I/14(c) 條規定對有效期少於五年
## 證書之延期簽證
## Endorsement to extend the certificate if valid for less than 5 years
## where regulation I/14(c) applies

本船符合本公約相關要求，且依本公約規則第 I/14(c) 條之規定，本證書有效期延至

The ship complies with the relevant requirements of the Convention, and this certificate shall, in accordance with regulation I/14(c) of the Convention, be accepted as valid until _____

簽名 Signed: _____
中國驗船中心驗船師
**Surveyor** *to China Corporation Register of Shipping*

地點 Place: _____

日期 Date: _____

（圖章 Seal）

## 適用規則第 I/14(d) 條規定於換證檢驗完成後之延期簽證
## Endorsement where the renewal survey has been completed
## and regulation I/14(d) applies

本船符合本公約相關要求，且依本公約規則第 I/14(d) 條之規定，本證書有效期延至

The ship complies with the relevant requirements of the Convention, and this certificate shall, in accordance with regulation I/14(d) of the Convention, be accepted as valid until _____

簽名 Signed: _____
中國驗船中心驗船師
**Surveyor** *to China Corporation Register of Shipping*

地點 Place: _____

日期 Date: _____

（圖章 Seal）

Form No. GC4 / 05. 2013

船舶管理 Ship Management

證書號碼 Certificate No. ................................

## 適用規則第 I/14(e) 條或第 I/14(f) 條規定對有效期
## 延至檢驗港口或給予寬限期證書之延期簽證
### Endorsement to extend the validity of the certificate until
### reaching the port of survey or for a period of grace
### where regulation I/14(e) or I/14(f) applies

依本公約規則第 I/14(e) 條或第 I/14(f) 條* 之規定，本證書有效期延至
This certificate shall, in accordance with regulation I/14(e)/I/14(f)* of the Convention, be accepted as valid until ................................

簽名 Signed: ................................
*中國驗船中心驗船師*
**Surveyor** to China Corporation Register of Shipping

地點 Place: ................................

日期 Date: ................................

（圖章 Seal）

## 適用規則第 I/14(h) 條規定對提前週年日期之簽證
### Endorsement for advancement of anniversary date
### where regulation I/14(h) applies

依本公約規則第 I/14(h) 條之規定，新週年日期為
In accordance with regulation I/14(h) of the Convention, the new anniversary date is ................................

簽名 Signed: ................................
*中國驗船中心驗船師*
**Surveyor** to China Corporation Register of Shipping

地點 Place: ................................

日期 Date: ................................

（圖章 Seal）

依本公約規則第 I/14(h) 條之規定，新週年日期為
In accordance with regulation I/14(h) of the Convention, the new anniversary date is ................................

簽名 Signed: ................................
*中國驗船中心驗船師*
**Surveyor** to China Corporation Register of Shipping

地點 Place: ................................

日期 Date: ................................

（圖章 Seal）

Form No. GC4 / 05. 2013

# 貨船安全無線電證書之設備紀錄(格式R)
## Record of Equipment for the Cargo Ship Safety Radio Certificate
### (Form R)

本紀錄必須永久依附在貨船安全無線電證書
This Record shall be permanently attached to the Cargo Ship Safety Radio Certificate

符合一九八八年議定書修訂一九七四年海上人命安全國際公約之無線電設備紀錄
RECORD OF EQUIPMENT OF RADIO FACILITIES FOR COMPLIANCE WITH
THE INTERNATIONAL CONVENTION FOR THE SAFETY
OF LIFE AT SEA, 1974, AS MODIFIED BY THE
PROTOCOL OF 1988 RELATING THERETO

1. 船舶要目
   **Particulars of ship**

   船名
   Name of ship _____

   船舶號數或信號符字
   Distinctive number or letters _____

   操作無線電裝置所需合格人員之最低數
   Minimum number of persons with required
   qualifications to operate the radio installations _____

2. 無線電設備細目
   **Details of radio facilities**

| 項目<br>Item | 實際配置<br>Actual provision |
|---|---|
| 1　主要系統<br>　　Primary systems | |
| 1.1　特高頻無線電裝置：<br>　　　VHF radio installation: | |
| 1.1.1　數位選擇呼叫編碼器<br>　　　　DSC encoder | ............................................. |
| 1.1.2　數位選擇呼叫守聽接收機<br>　　　　DSC watch receiver | ............................................. |
| 1.1.3　無線電話<br>　　　　Radiotelephony | ............................................. |
| 1.2　中頻無線電裝置：<br>　　　MF radio installation: | |
| 1.2.1　數位選擇呼叫編碼器<br>　　　　DSC encoder | ............................................. |
| 1.2.2　數位選擇呼叫守聽接收機<br>　　　　DSC watch receiver | ............................................. |
| 1.2.3　無線電話<br>　　　　Radiotelephony | ............................................. |
| 1.3　中頻/高頻無線電裝置：<br>　　　MF/HF radio installation: | |
| 1.3.1　數位選擇呼叫編碼器<br>　　　　DSC encoder | ............................................. |
| 1.3.2　數位選擇呼叫守聽接收機<br>　　　　DSC watch receiver | ............................................. |
| 1.3.3　無線電話<br>　　　　Radiotelephony | ............................................. |
| 1.3.4　直接印字電報<br>　　　　Direct-printing telegraphy | ............................................. |

船舶管理 Ship Management

128

| 項目<br>Item | 實際配置<br>Actual provision |
|---|---|
| 1.4 國際海事衛星組織船舶地球電台<br>INMARSAT ship earth station | |
| 2. 第二種警報方法<br>Secondary means of alerting | |
| 3. 接收海事安全資訊之措施<br>Facilities for reception of maritime safety information | |
| 3.1 航行警告電傳接收機<br>NAVTEX receiver | |
| 3.2 群集呼叫接收機<br>EGC receiver | |
| 3.3 高頻直接印字無線電報接收機<br>HF direct-printing radiotelegraph receiver | |
| 4. 衛星應急指位無線電示標<br>Satellite EPIRB | |
| 4.1 衛星輔助搜救組織<br>COSPAS-SARSAT | |
| 4.2 國際海事衛星組織<br>INMARSAT | |
| 5. 特高頻應急指位無線電示標<br>VHF EPIRB | |
| 6. 船舶之搜救定位設施<br>Ship's search and rescue locating devices | |
| 6.1 雷達搜救詢答機<br>Radar search and rescue transponders (SART) | |
| 6.2 AIS 搜救發送器<br>AIS search and rescue transmitters (AIS-SART) | |

**3.** 確保無線電設施可用性所採用之方法(規則第IV/15.6條及第IV/15.7條)
***Methods used to ensure availability of radio facilities (regulations IV/15.6 and 15.7)***

3.1 雙套設備
Duplication of equipment .........................................................................

3.2 岸上基地維修
Shore-based maintenance .........................................................................

3.3 海上維修能力
At-sea maintenance capability ...................................................................

茲證明　本紀錄在所有各方面均屬正確
THIS IS TO CERTIFY　　that this Record is correct in all respects

發證地點
Issued at ..............................................................

發證日期
Date of issue ..............................................................

*中國驗船中心　總驗船師*
*Chief Surveyor*
*China Corporation Register of Shipping*

# 第五章 船舶營運

## 第一節 船舶經營型態

現代海運經營業務之型態分定期船經營與不定期船經營。船舶運送業者分定期航運業者與不定期航運業者。亦有兩種業務兼營者。此外業者經營的船舶，有下列各種型態：

一、經營本公司自有之船隻（Owner Vessel）

二、經營向其他船東空船租賃（Bareboat Charter）之船隻

三、經營向其他船東定期租傭（Time Charter）之船隻

一般說來，航行定期航線之船隻，以第一種型態即經營自有船舶者為多，向其他船公司或純船東（專以出租船舶為業者）租用或傭船者（Bareboat or Time Charter）比較少見。

以船舶的營運方式而言，可以分為下列幾類：

### （一）自行營運（Ship's Owner Self Operation）

規模較大之輪船公司，購買或建造性能優良的船舶，自行經營定期航線業務或長期合約的不定期大宗散裝業務。因定期業務之經營須參加航運同盟，訂定長期營運計劃，是以必須以自行營運為基礎。如欲以自有船舶自營不定期業務者，則多採將船舶以計程傭船予他人承攬貨載。

### （二）自用或專用（Private）

所謂自用或專用船舶，指公私企業，如中油、台電、台塑等機構，自行建造、購置或租賃船舶，從事本身企業自有物資之運輸。此種船舶的經營方式，或由企業本身投置船務部門負責管理營運，或另組公司獨立經營，或委託有經驗的海運公司代為經營。

### （三）委託營運（Owner's Management Agents）

部分小型輪船公司或專門事業機構為節省成本，或因本身不諳經營管理方法，或無法取得可靠資源，乃將船舶委託較大規模公司或深具經營管理經驗的公

司代為營運。甚或為逃避政府重稅及降低成本以權宜國籍船方式委託營運。

### （四）租傭船營運（Chartering Operations）

此分兩種型態，一是航線經營業者，為業務需要，而以光船或論時傭船方式，相對地，船舶出租業者，以自有船舶出租予以航線經營者，而收取租金，上述船舶之營運與管理歸屬依租傭船契約方式而有所不同。除了光船出租（Bareboat charter）外，船舶所有人應負擔船舶管理的所有業務。

### （五）投資控制（Capital Control）

海運經營投資業者為降低營運成本（如船員薪津、稅捐等），為適應地區經濟或政治環境（如取得貨源分配），而將所有船舶按不同航線，成立子公司，分別獨立經營（以分散投資風險），總公司僅退居投資控股地位。同時為配合各分子公司之需要，並節省開支，亦可設立碼頭倉棧、裝卸、燃油、物料、船員訓練、法律顧問、修理等共同利用之附屬事業。此種型態大都為集團公司，在集團之下擁有不同船隊（依業務需要），對於船隊管理的業務項目，具經濟規模效益者，則由總公司統一支援。

## 第二節　船舶購置及建造新船

船舶運送業應在核定籌備期間內，依法辦理公司登記，置其自有船舶（航業法第九條）。船舶運送業自國外購買現成船，其船齡不得超過允許輸入之年限（航業法第十五條）。無論購買現成船舶或建造新船，對於船舶營運者而言，均是一項巨額投資。本節即討論取得營運船舶方式，船舶投資的因素及其相關層面應有的考量。

### 一、投資船舶包括之因素

#### （一）基本條件因素

1. 貿易航線船貨供需要求，運量之預期水準。
2. 貿易航線港口的條件，決定船舶噸位大小。
3. 承載貨物的特性以決定船型、種類、噸位。

4. 船速之要求。

5. 船舶耗油狀況，以便核算成本。

6. 裝載能量之大小，配合市場之需求。

## （二）機器與設備條件因素

1. 裝置成本。

2. 機器本身動力大小。

3. 機器及設備所佔空間。

4. 操縱機器所需的特別技術。

5. 機器設備之可靠性。

6. 機器燃油的要求升級。

## （三）造船價格條件因素

1. 船舶噸位愈大，單位成本降低。

2. 噸位大小，影響貨載量，亦相對影響泊港條件。

3. 國際公約及國內法規之規定，影響船舶之規格，同時反應在造船成本。

4. 航運市場的景氣變動，影響造船市場的船價變更。

# 二、取得營運船舶方式

## （一）購置現成的船

　　一般海運公司在創業之初，因限於資金缺乏，多以購置現成船，待營運有相當盈餘或累積經驗成就後，再計畫訂造新船。

## （二）訂造新船

　　訂造新船為船公司有計劃汰舊更新，擴充船隊、發展業務之正常途徑。亦有船舶投資者，利用造船市場的船價邊際利潤，在低潮谷底時訂單，當航運市場景氣時賺取差價。建造新船投資成本較高，回收投資通常達十餘年之久。

## （三）租傭船舶

　　航商基於業務需要或時效性，不購建造船舶，而直接向海運市場租傭船舶，如此，則投資成本較低。

### 三、購置現成船應注意事項

（一）就所需船型、船齡、規格等條件，向世界各海運市場船舶經紀人探詢現成船買賣市況。

（二）透過經紀人瞭解海運市場船況及售價條件，選擇船東資金能力所及之需要船舶。

（三）經過往來議價過程，最後達成買賣協議。

（四）船東派代表或委託驗船協會對擬購船舶之水面以上狀況及過去營運記錄予以勘查，並提出報告。

（五）簽訂草約，必要時進塢檢驗船舶。

（六）雙方採購船草約分別呈報政府主管機關，請求核准購買或出售。

（七）待雙方奉准後，即簽訂正式買賣契約，預付訂金。

（八）買方向銀行辦理結匯及分期付款保證。

（九）賣方辦妥註銷國籍手續、抵押權手續、船舶檢驗等工作，買方須辦妥公司登記、船舶國籍登記，並參加船級協會，調派並安排船員等工作，準備交接船。

（十）賣方於準備交船完成後，發出交船準備完成通知書（Notice of Readiness for De-livery of Ship），此時，買方應付清船價之尾價，隨即正式驗收，以便接船。

### 四、購建新船應有之考量

（一）制定造船投資計劃，釐訂新船需求

　　一般投資計劃之可行性分析，依黃余得先生在「新船設計建造需求之探討」中所述可分為七個層面來考量

1. 市場行銷方面之分析

　　在進行投資計劃可行性評估過程中，市場行銷評估可列為首要事項之一，以審酌投資構想。市場分析主要在了解市場供需情況，並評估未來市場需求及計劃方案的市場佔有率等（如提昇競爭力、增闢新航線、汰舊換新等），以決定其行銷可行性。

2. 時效方面之分析

　　新船從訂購到接貨的空檔時間長短，視新船種類及大小、造船廠的技術及業務量等不同而有很大的差異。以訂購一艘3000TEU的全新貨櫃船為例，從訂約到

交船一般約需一年半至兩年時間。在講求時效的商場上，此一時間延遲為一不可輕忽的影響因素。此外亦應參考外在環境，如配合各國政府獎勵措施等有利因素，選擇在最有利的情況下進行投資。

3. 技術方面之分析

其目的在確認投資計劃在技術上是否可行，並以之進一步做為成本估計的依據。如有關技術層面的需要程度，研究新技術的使用性，可靠性及配合性，及有關人員的必要訓練等，均需考慮。

4. 經濟效益之分析

為投資計劃決策之重要關鍵，主要利用市場和技術方面分析的結果，以預估的財務報表和現金流量觀念來分析評估投資計劃的經濟效益，並推估其未來營運績效，以了解投資計劃的經濟性。換言之，即預估考慮時間因素及各種風險情況下之獲利性。

5. 財務方面之分析

再好的投資計劃，若無財力支持，則一切將成空談。因此事前應審慎分析評估財力負擔能力，如中長期資金供應情況、資金成本組合等，以免引發未來公司財務調度困難，甚或出現財務危機。

6. 社會方面之分析

檢討投資計劃對公司商譽、社會文化、社會成本效益、以及適法性等社會互動面的影響。尤其造船投資計劃金額龐大，更應慎重評估，以減少投資阻力。

7. 管理方面之分析

新船一旦投入生產行列，對公司內部管理方面影響的可能性，如員工職務的調整、適應、待遇、訓練、組織結構的變更，乃至企業文化的影響等，皆應於事前予以分析評估，以配合投資計劃的執行。

上述中尤以市場行銷、經濟效益、財務等三方面更應審慎評估，不可疏忽。

（二）新船設計建造之需求：（以貨櫃船為例）

1. 營運面

（1）船速

船速提高，航商船期安排的靈活度變大，相對地可提高船舶運送【準、快】的經營品質。但船速高，船舶所需馬力也大，使得新船造價變高、載貨空間變窄、燃油費用支出變多。其間的取捨，有賴前述【經濟效益】可行性分析的審慎評估。此外亦應考量下列因素：

### a. 船舶設計船速與船期安排的關係

船期的安排，除考量設計船速外，尚需顧及船舶進出港前減速及進出港所需時間，亦即船舶的設計船速僅能以船舶全速航行的里程數為範圍。此外亦應顧及航線的天候海況。以某大航運公司船期安排為例，新船的設計船速為24節，航行遠東、美西間，其船期安排為：東向平均約22.7節、西向平均約20.7節；其預留餘裕不少，甚少有延誤船期的記錄。

### b. 主機操作餘裕（Engine Margin）

船用主機的出力有最大連續出力（MCR）和常用出力（NSR）之分，其間的差異就是所謂的主機操作餘裕；其目的在考量主機設計和實際操作環境的不同。操作餘裕一般為10%－20%左右（即以MCR出力的90%－80%作為設計船速的基礎），目前大多以10%為度。

### c. 航海餘裕（Sea Margin）

訂定設計船速時，一般均留有航海餘裕（多年前亦有航商居於某種因素，其屬輪均未留有航海餘裕），以便在不良天候海況下、或船底變粗糙（Fouling等）時，仍能加大馬力，以維持設計船速航行。航海餘裕多寡，依航行路線、船舶大小型式、甚至航商習性而異（例如太平洋、北大西洋等西向航行，及船舶受風面大時，均需考慮較大的航海餘裕），同與設計者研討後決定之。一般以10－30%為度。

### d. 螺槳轉速餘裕（Propeller Margin）

柴油機主機（目前商船大多採用）有一特性：當出力一定而限於環境（如天候海況不佳、螺槳／船殼表面變粗、主機老舊等），其相對應的轉速變小，即產生所謂的過轉矩現象（Torque Rich）；若轉速持續變小至某一程度時，基於安全理由，必須降低主機馬力，使得船速隨之下降。因此在設計螺槳時，常將主機轉速加大一點（此即為螺槳轉速餘裕）做為設計參數，即螺槳設計得輕快一些，以緩和過轉矩現象過早發生。

但螺槳轉速餘裕有一定的限度，訂得太高，不僅影響螺槳效率（Propeller Efficiency）、使得所需馬力變大（轉速上昇4－6%，馬力約增加1%），而且會使主機受損（每個主機廠家皆訂有轉速餘裕的上限）。螺槳轉速餘裕多寡，除考慮航海餘裕之影響因素外，亦須顧及主機的特性；可參酌設計者意見後決定。一般在2%－5%之間。

### e. 航海性能（Sea Going Qualities）

造船廠設計船舶時，均以最小馬力達到預定設計船速為標的，以壓低船

價並標榜省油，來獲得航商的青睞，此種情況，尤以高速船為最；但當船舶遇到大風浪時，其船速下降的幅度是否也變大？則有賴航商和設計者之間的溝通，以求得最具經濟性的船型。依一般而言，在預定噸位下，瘦長型船舶航海性能較佳，但造價較高。

f. 考慮航行若干年後之船速

　　船舶船速隨船齡增加而下降，是眾所皆知的事，而貨櫃船使用壽命可長達20年以上，為善用此一生財工具，航商可整理該輪航行資料、依統計所得結論，逐年調整船期，以維持船期的準確性。對於新船，應在建造前考量，以決定是否預留適當馬力做為因應。

　　船速逐年下降的程度，視船舶性能、保養程度等而有很大的變動，航商可蒐集現成船航行資料，經統計分析後得到一個概貌，再和設計者就理論檢討，做出結論。依蒐集行駛遠東至美西的定期全貨櫃輪東向航行12年間資料（該輪載重量約31,000公噸、可裝約2,000 TEU貨櫃、總噸約30,000、船速以20.5節為基準）；再依British Ship Research Association所研究結果，以指數迴歸模式（Exponential Regression Model）來表示船齡為n年的船速Vn，以供參考：$Vn＝Vo/(1.006)n$（以離塢修同一時距為比較基準）。

（2）航線通路

　　航商應事先調查航線上和各停泊港口對船長、船寬、吃水、橋下淨空高度（Air Draft）、船深（與繫泊作業有關）等的限制，以便未來新船航行順利。如巴拿馬運河對船長、船寬、吃水、及其繫泊作業；各港口對吃水等；均有限制。

（3）船舶貨載空間和貨載重量均滿載（Full and Down）

　　此為最理想的狀況，可充分發揮船舶的經濟效益，惟其所涉及因素的變動性非常大，實際上很難每航次均達到理想。

　　航商訂購新船前，依所要裝載貨櫃的重量和裝載位置，整理出最常出現的裝載狀況，連同設計/滿載吃水、船速等資料，委請設計者考量設計出穩度、載重噸、方塊係數（$C_b$）、線型（Lines）等設計參數。最後再討論船深、船殼輪廓等細節，務必將新船使用效益發揮極致。

（4）裝卸速度

a. 甲板上貨櫃繫固方式的選擇

　　傳統全貨櫃輪甲板上貨櫃均以繫具（Lashing Gears）繫固，但裝卸所需時間甚長，往往影響船舶的有效營運時間。

為減少泊港裝卸時間，傳統全貨櫃輪甲板上貨櫃繫固方法陸續出現有所謂壓架方式（每層貨櫃分區以大型治具壓下固定），橋式繫具方式（Lashing Bridge），在各艙間建立橋式多層通道，簡化繫具繫固工作）、導軌方式（Cell Guide），類似艙內繫固方式，但開關艙蓋時，必須將艙蓋以上的導軌移開）等。這些方法固然可加快裝卸速度，但相對地會有船價增加、或配艙困難度增高、或甲板空間減少、或船舶隱度減低、或水呎要求嚴苛、或機件故障增加等缺失出現。應事先加以評估、選用。

b. 船型的選擇

無艙蓋（Hatch Coverless）型貨櫃輪確可大幅縮短裝卸時間。但須顧及船舶貨艙內積水的安全性及重櫃（指30噸／40呎，24噸／20呎）祇能疊置9個的問題，可能導致設計及配艙的困難。一般而言，航路海況較平靜的小型全貨櫃輪較適宜考慮採用無艙蓋貨艙設計。

c. 貨艙20呎／40呎艙位配置

全貨櫃輪貨艙內以導軌（Cell Guide）固定貨櫃，而一般裝在艙內貨櫃的種類有20呎及40呎兩種。以20呎及40呎專用艙分別裝載20呎及40呎櫃，裝卸速度較快，但缺乏彈性，且20呎專用艙會增加船舶的長度；因此而有20呎／40呎兼用艙、及活動式導軌的出現，但仍會影響裝卸速度。因此在設計前應慎蒦檢討貨艙內20呎專用艙佔有率的問題。

（5）相關法規的適用性

造船廠依造船合約規定承造新船，合約一般均涵蓋當時已生效的相關強制性法規，惟簽約距交船營運仍有一、兩年的時距，其間生效的法規是否規定在合約內，值得注意。尤其時下船舶相關法規，修訂或新增頻繁，航商訂購新船前，應注意若干年後即將生效的強制性法規，事先加以規劃，以減少未來的紛爭或困擾。

2. 成本面

（1）維修

全貨櫃輪維修費用佔全部營運成本的比重不大（一般約1%左右），若維修品質不佳而影響營收的損失卻可能不小。因此船舶應設計成「維修具經濟性」，使船舶維修頻率降低（即減少故障）、保養／修理方便，以減少營收損失的可能性。

所謂維修具經濟性，包含船舶無共振現象（避免船體、住艙區、大軸和海浪、主機、螺槳等產生共振，以減少結構、裝備故障率）、結構設計合理

（含主要結構強韌、細部結構細膩，以增加結構耐久性）、器材經久耐用（以減少維修機會）、保養／修理方便（以節省修期與修費）、廠家售後服務佳（以便輕易排除故障）等。

（2）保險：船價高、總噸位大，保險費用隨之增多。

（3）折舊：折舊費用亦隨船價而變動。

（4）港埠費用

    a. 應注意泊港的港埠收費標準，若以階段式標準收費時（如以船長／總噸位區分為若干階段來收費），則應注意儘可能使船長/總噸位數字落在低收費的階段上限，以減少港埠費用支出。

    b. 艏推進器（Bow Thruster）

        艏推進器可增加船舶操作靈活度，並減少泊／離港的拖船費用；但船舶配備艏推進器，使得船價變高（含該裝備費用、及發電機容量可能增大的費用）、船速降低等因素亦應考慮。此外，選擇適當的艏推進器容量時，亦須參考各停泊港口使用拖船艘數的標準，以便真正達到減少拖船費用支出的目的。

（5）運河費：運河通過費用的計價，一般以其淨噸位為準。

（6）燃料費

        如前所述，造船廠設計船舶時，均以最小馬力達到既定設計船速為標的，以壓低船價並標榜省油，來獲得航商的青睞；此包含引進省能源的船型設計、主機、及推進系統等，皆以節省主機所需燃用油為主。此外，亦應考慮使用省電及能源再利用的裝備，以進一步減少燃料費用支出。但設計超大型高速貨櫃船時，一般均採大型螺槳配合大馬力、低轉速主機，來達到省油目標；此時應特別注意可能引發的船舶振動問題，以避免產生船速不足、結構／裝備受損、甚或危及船舶安全的後果。

3. 船員作息面

船員以船為家，相對地對船舶設施的要求較多，主要綜合如下：

(1) 船舶安全可靠，以保障其生命財產。

(2) 工作環境安全合理化、裝備操作方便、且保養簡便，以提高工作情緒（最好船隊規格一致）。

(3) 住艙生活環境良好（船舶搖晃小、無噪音、空調性能佳、起居設備舒適等），尤其應避免住艙區有共振現象。

4. 船舶建造面

航商簽約訂購後，總希望造船廠能如期交出質優的新船，以便按計劃營運。為

達此目的，在建造過程中，航商會派出代表駐廠監工，並隨時掌控：

(1) 建造時程，避免工程大幅落後趕工，影響品質。

(2) 船廠品質保証能力，避免祇有航商代表單獨管制工程品質的現象，以確保船舶的品質。

(3) 現場安全/衛生管理，避免人員傷亡（含航商代表本身），並影響工程的進度及品質。

表5-1　航商對造船計劃之作業程序

| 程序 | 說明 |
|---|---|
| 1. 釐定新船需求 | 依經營市場情況、造船市場行情、公司財源等因素，來進行市場行銷、時銷、技術、經濟效益、財務、社會、管理等七個層面的可行性分析，以確定航線、艘數、載貨量、航次頻率等。 |
| 2. 確定主要規格 | 以航商的觀點來探討對新船設計/建造的規格需求，以符合公司經營特性，而獲得最大效益。如船速、船長、船寬、船深、設計/滿載吃水、Cb值、載重噸、艙位配置、貨櫃或貨物繫固方式、維修經濟、操作便利等。 |
| 3. 研析<br><br>簡要規範、參考船價、裝備廠家概要表 | 1. 選數家合格廠商，請提供簡要規範、參考船價及裝備廠家概要表。<br>2. 研析船價時應參考市場行情、船價明細分析等資料。<br>3. 分析比較擇優選用。 |
| 4. 研討<br><br>造船合約、造船規範、器材裝備廠家表，並邀廠家報價 | 1. 請中選船廠提供並擇期討論。<br>2. 合約、規範有關章節請相關單位確認。<br>3. 裝備廠家表應開會討論。<br>4. 就討論結果請廠家報價。 |
| 5. 議價及訂約 | 含有確定底價、正式議價、簽訂合約 |
| 6. 籌畫監造辦法 | 建造船舶資料：<br>1. 簡要規範<br>2. 建造規範<br>3. 送審圖說<br>4. 建造日程 |
| 7. 審圖及監造 | |
| 8. 驗收及交船 | |

資料來源：黃余得，「航商訂購新船應有的認識」／船舶與海運762期

## 五、船舶營運價值

由下列兩項基本資料，予以比較研析：

（一）船舶買賣市場成本資料

（二）造船市場造價資料：比較其船價

造船折舊法 $L = (X+Y)(A-B)/A + Y \rightarrow$（1）

特殊裝備安裝後的折舊價

L：船舶的基本造價
P：船舶營運價值
X：船舶造價
Y：廢船價格
A：堆放後的使用年限1或20年
B：建造完工算起的船齡

（1）式可簡化得

$$L = (X+Y)(1-B/A) + Y$$
$$= X - Y + Y - (X-Y)B/A$$
$$L = X - (X+Y)B/A$$

# 第三節　船舶營運成本

　　海運經營，攬載客貨以收取運費。影響運價的因素，包括成本因素、運輸價值因素、貨物條件因素、供需因素、船舶營運因素等。本節就船舶營運相關的成本，敘述如下：

## 一、一般普通分類

### （一）直接成本（變動成本/Variable Cost）

　　即營運時之營運費用，我國各海運公司大多稱之為航次費用（Voyage Expense），其最主要者包括：

1. 港埠費用（Port Charges）：凡在航期間，船舶進出港埠所發生的費用，亦即船舶在港內因其本身而發生之一切費用，如引水費、停泊費、浮筒費、碼頭費、繫船帶纜及解纜費、拖船費、噸稅、檢疫費、燻艙費、海關手續費、垃圾清潔費、丈量費、證書費、港埠規費等。
2. 裝卸費（Stevedores）：亦即為裝卸貨物所發生之裝卸工資、設備費、工具、管

理費、駁船費、逾時工作費、候工費等。

3. 貨物費用（Other Cargo Expense）：又稱理貨費，為貨物除上項裝卸費用以外之其他貨物有關費用，如理貨工作費、看守費、艙口開關費、隔艙費、墊艙費、貨物檢驗費、掃艙費、整理費用等。

4. 代理費（Agent Fee）：視船東委託代理人辦理船舶在港埠內各項委託事務而異。

5. 運河通過費（Cannel Charges or Cannel Tollage）：凡船舶航行通過運河如巴拿馬運河、蘇伊士運河等而所發生之各項費用。

6. 燃料（Fuel）：通稱Bunker：船舶燃料費用對航業成本而言，所佔比例相當大，是以，燃料之供應及價格要特別注意取得。

7. 淡水（Fresh Water）：船用淡水係指鍋爐用水而言，廚房用水與燃料均不在變動成本之內。

8. 貨損賠償（Cargo Claims）：凡因損失貨物行李，或發生海損修理賠償及因延期運輸所支付之損害賠償費用。但如應由保險公司或他人負擔賠償之費用，不在此內。

9. 旅客費用（Passenger Expenses）：凡供給船上旅客膳食及消耗用品、旅客保險費等支出均屬旅客費用。

10. 佣金（Commission）：指為攬載客貨或按租傭船合約出租營運船舶及其他經營業務，所發生之傭金或回扣等。

11. 航行業務費用（Miscellaneous）：凡在航行中，所發生之各項事務費用如文具印刷、郵電費、書報雜誌、辦公用品、船員差旅費、交際費、船員交通汽艇費、布彩洗滌費等雜項之支出屬之。

12. 其他航行費用（Other Sundry Expenses）：凡不屬以上各項成本之其他航行費用，概為計入作雜項成本支出。

（二）間接成本（Indirect Cost）

又稱不變動成本（Constant Cost）或固定成本（Fixed Cost），英國稱之為On Cost，為不能判明係為生產何項勞務產品而發生，亦不隨業務量大小變動而變，為整個事業而支出，如航業公司之業務管理費用等即屬之，包括：

1. 船員薪津及福利、伙食費等。

2. 物料。

3. 折舊費用。

4. 修理費用（船舶歲修、小修、維護、保養等修理費用）。

5. 保險費用（船舶保險、船東責任險等）。

6. 停泊港口燃料費。

7. 潤滑油費。

8. 淡水費。

9. 管理費用。

10. 分攤費用（Overhead）。

（三）半變動成本（Semi-Variable Cost）

　　雖隨業務量之變動而變動，但不與業務量成正比例變動，即不若業務量變動之大或速。

（四）聯合成本（Joint Cost）

　　例如客貨輪，對於客貨所提供之服務成本，的確無法分割為貨運成本與客運成本，此種客貨運成本即為一種聯合成本，又例如來程成本為回程成本之聯合成本，反之，回程成本為來程成本之聯合成本。

## 二、就其營運成本之內容分類

（一）營運成本

1. 運輸成本：為直接辦理客貨運送業務及維持運輸設備所發生之各項有關運輸費用，包括航行費用、待航費用及維持費在內。

2. 業務成本：為招攬與推廣各輪各項業務及辦理營業事務所發生之營業費用，如業務人員之薪津、福利、營業用品、推廣費用、交際費、稅捐等均屬之。

3. 管理成本：為綜理各輪運送業務所發生之管理及總務費用，如管理及總務人員薪給福利、事務費用、調查研究、教育訓練費、固定資產修繕、保險、折舊及其他管理費用均屬之。

（二）其他營運成本

　　為因辦理各客貨營運業務所發生支出之其他營業淨損及營業外淨支出。按一般航業成本會計計算慣例，不併入計算，故航業成本即為營運成本也。

## 第四節　海運公司之組織型態與功能

　　任何企業沒有優良的組織，即無高效率的營運。航運公司組織亦不例外。因公司業務重心與營業範圍大小的不同，其組織內容與架構亦有所別，並無一定模式可供遵循。然基本架構大致相同。以「船舶管理」業務相關的公司組織型態，依經營方式可分為傳統線式組織、不定期船及船舶經理人公司。（參閱表5-2、表5-3及表5-4）

### 一、傳統線式組織

　　線式組織為一般公司組織型態，採分權管理與層層負責。董事會為最高決策與權力機構。下設總經理，管轄公司各部門的工作，並執行董事會的決策。總經理下，由副總經理協同管理各部門的工作。美國、日本及我國航業公司的組織略有不同。以國內陽明海運公司為例（參閱表5-2），其組織部門架構及職掌簡述如

表5-2　陽明海運公司組織

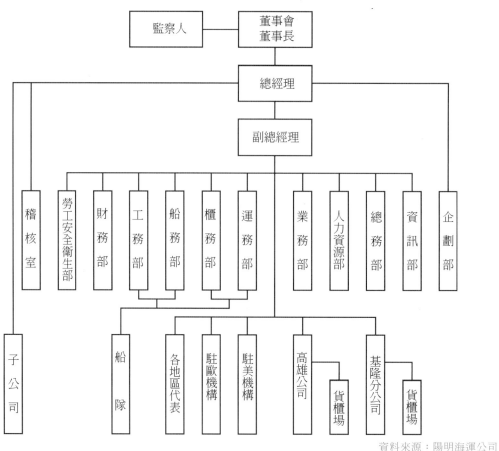

資料來源：陽明海運公司

下：

1. 企劃處：業務規劃，研究發展及船運資料的蒐集。

2. 資訊處：各類資訊科技，軟硬體的規劃與建立。

3. 業務處：運價、貨量配載及貨運文件之整理、保管。

4. 運務處：船期安排、積載作業、碼頭終端作業及貨損理賠。

5. 船務處：船舶管理督導與考核。船員任用事務、船用物料、配件的審核。

6. 工務處：船舶狀況維持與檢驗，機具保養及技術性的研究發展。

7. 會計處：有關會計制度、預算控制及統計事項。

8. 總務處：文書、檔案及船用燃料、物料配件之供應。

9. 財務處：預算編制，及其他有關財務事項。

10.人事室：公司人事制度及考核管理。

11.分公司及國外代表。


## 二、不定期船

　　不定期船的營運，目前仿似英國、挪威、希臘及日本為主。由於其經營航線與船期的不定，加以市場的變動常難以掌握，一般均以租傭方式營運居多。更由於不定期船大部分時間均遠離船籍港以外的區域航行，因此船東都傾向於簡化公司組織，除了在總公司運用一些與業務有關的人員，其餘的事務大部分都委由船長及代理行處理。傳統上的公司岸上人事編制大約是船舶艘數一比一的情況（即一艘船舶，相對岸上則有一位人員）。自擁船舶較少的公司，則傾向於將船舶管理的實際運作交由專業的船舶經理人公司。不定期公司的組織（參閱表5-3），依傭船經營及自擁船的經營而有所不同：

1. 傭船經營不定期船業務：無船舶管理相關的部門。除行政部門外，以和租傭的業務及市場分析為主要架構。

2. 自擁船舶經營：船隊規模較大的、公司的組織、較具規模、類似一般的線式組織運作，船對規模較小的則精簡合併，部門運作上較不完整堅實。

3. 擁船不自營公司：除財務、會計及業務外，船舶管理方面的運作，則委託專業「船舶經理人公司」營運。

表5-3　不定期航運公司的組織

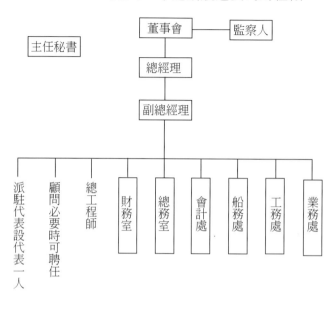

表5-4　船舶經理人公司組織

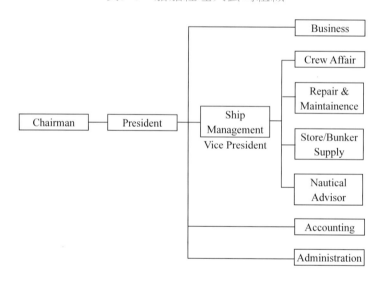

## 第五節　船舶管理之範疇

　　在前述一、二節中，吾人論及船舶運送業為從事海上運輸業務，必需擁有船舶以利營運。無論購買、新建或租傭船舶，從接觸船舶業務的開始，即涉及管理上的問題。船舶不論其類型、噸位及尺寸如何，所牽涉層面至為複雜，必需靠專

業的人員管理與運作才能維持正常有效率的營運。船舶管理的作業活動由於功能的不同一般可分為資產管理、船隊技術管理、船隊後勤支援管理、航線運務技術管理及船上管理等。因每個海運公司組織架構的不同，其管理業務亦分屬於不同部門。本節所討論的船舶管理範疇乃目前的海運公司一般實際上與船舶有關的管理作業項目。

## 一、船務部門之業務

1. 船舶管理的督導與查核事項。
2. 船岸電台的管理與考核事項。
3. 船員僱用、解雇、調動、獎懲、教育、訓練及退休之擬議事項。
4. 船員出入境、護照接送、體檢醫療及福利保險事項。
5. 船員工作督導與查核事項及船員資料管理。
6. 海事事件之調查研議及處理事項。
7. 陸上作業之聯絡。
8. 航船佈告及情況通報。
9. 公約法規之研究。
10. 船舶航行安全之督導。
11. 貨物裝卸督導及查核。
12. 監督及輔導執行安全管理系統。

## 二、工務部門的業務

1. 船舶的建造及監工事項。
2. 船舶之航修、歲修、特檢及維護事項。
3. 船舶買賣之勘估事項。
4. 船用工程配件之審核與存量之考查事項（配件管理）。
5. 船舶司多、物料之審核與存量之考查事項（物料管理）。
6. 船用燃油、滑油之申請審核與安排。
7. 船級檢驗，各項船舶檢查、及船舶保險有關事項。
8. 船舶各種證書的請領分發及船舶藍圖之保管事項。
9. 船舶各種工作報表、船況記錄之審核、登記與保管事項。
10. 船隊預算的編列、執行與控制事項。
11. 協助處理船上廢棄物。
12. 執行船隊安全管理事項。

### 三、運務部門之業務

1. 各輪船期之編排檢控事項。
2. 各船裝卸作業之督導事項。
3. 各輪配艙、積載之安排督導事項。
4. 各輪航行業務之安排及添加油水之連繫事項。
5. 船用貨櫃繫具之管理事項。
6. 貨櫃碼頭之安排與作業連繫事項。
7. 船舶離租、調整船期的控制事項。
8. 船舶航次報表之審查及保管事件。

### 四、船舶管理部門架構與功能

　　傳統線式組織中，與船舶管理有關的事務諸如船務、工務、物料供應及船舶保險等事宜，分立部門各別運作。然而船舶之管理運作屬整體性的，分立部門各別運作，難免在橫向連繫與環扣上不夠堅實嚴密，在作業流程上亦顯繁複。因此新的船隊（舶）管理架構，乃將此四個部門整合一體，成為組織架構上規模較大的部門，統稱為船舶管理部門。在此架構下，依支援功能上的需要，而區分為船員事務、工程維修、物料供應、海事諮詢與保險、研究與發展等組群。其運作功能如下：

（一）船員事務（Crew Affair）

1. 負責各級船員之招募、任用。
2. 人員上下船之交通安排。
3. 薪資核發、福利、考核。
4. 公司安全管理政策的教育、訓練。
5. 專業知識及技能之岸上訓練。

（二）工程維修（Fleet Engineering）

1. 船舶各項的保險維護（包括甲板、機器及設備），歲修進塢的安排、各項船級與法規上檢驗之執行。
2. 監控船舶的運作狀況，維持狀況的一定標準。
3. 船舶運作預算的審查與控制。

（三）物料供應（Supply）

1. 審核及供應船上經常性所需的司多、物件、及保險維護所需的配件與備品。
2. 緊急配件之安排與送達。
3. 與供應商之間的聯繫、合約作業。

4. 各類燃油、滑油及保養用油的安排與供應。

（四）海事諮詢與保險（Nautical Security & Insurance）

1. 船舶航行安全、貨物作業及技術方面的資訊提供。

2. 船上各種訓練的安排及審理考評。

3. 安全管理與環保政策的執行、督導。

4. 船舶保險及船員有關之保險事宜。

（五）研究與發展（Research & Development）

1. 有關船舶最新科技資料之蒐集與研究。

2. 品質管理應用於船舶管理之研究與改進。並提供高階管理資訊參考。

3. 船舶管理整體預算的追蹤、投資費用、油料費用的監核，以及船舶管理部門的內部審核。

4. 船隊（Fleet）營運費用、投資費用、油料費用的監核，以及船舶管理部門的內部審核。

5. 新船建造的規模與情報收集。

# 第二篇
# 岸上管理
# （Shore-base Management）

# 第六章 船舶管理經理人

## 第一節 船舶經理人

關於船舶營運與管理業務執行，在第四章中已經提及。現代企業的投資與經營已趨向追求效率與專業分工。海運事業屬鉅額資產投資與牽涉層面複雜的企業經營體，船舶所有人（資產擁有者）在海運方面的經營與管理並不一定能有效的掌理。海商事務牽涉範圍又廣，因此無論在法律層面或營運層面，必需透過或委託經理人的專業經營與管理，才能運作順暢，營利發展。我國海商法第十七條中規定「船舶共有人，應選任共有船舶經理人，經營其業務。……」。

同法第十八條中亦規定「共有船舶經理人，關於船舶之營運，在訴訟上或訴訟外代表其共有人」。其實海運公司所屬船舶，其任一船舶，即使非共有，亦得經董事會同意委任船舶經理人，此船舶經理人兼具法律地位。在船舶營運範疇中，所涉甚廣，船舶經理人之地位類同全權代表負責處理船舶營運事務之人，即一般所稱之總經理。

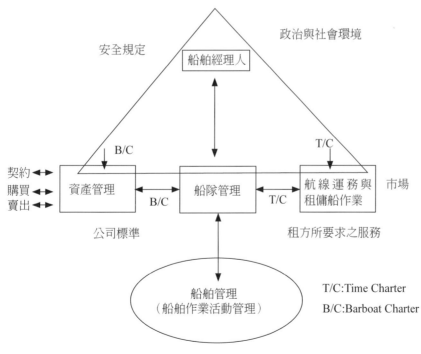

圖6-1 船舶經理人涉及之相關作業活動

　　狹義船舶經理人依其組織授權，業務範圍包括船舶資產方面管理作業，整體船隊的管理作業以及船舶經營，運務與租傭船作業等方面，實務上，船隊管理屬於代表純船東（Pure Owner），從事於技術管理的作業。航線營運與租傭船作業屬於契約中的租傭關係。廣義而言，船舶經理人亦可視為單純的船隊管理人。圖6-1，係船舶經營管理的作業活動中船舶經理人所擔任的角色與地位及互動關係。

## 第二節　船舶經理人公司

　　船舶經理人公司為一技術輸出服務的專業化營運公司。

　　由於航業的巨額投資，反應在低微的營收利潤，不少航業公司，基於投資分散的原則，常附帶經營一些相關的從屬企業，船舶經理人公司則為其中的一種延伸企業。這類公司基本乃從傳統的線式組織架構中，將船舶管理運作有關的部門，整合而成。船舶經理人公司，通常在母公司中擁有自己的船隊，船舶數量多寡不定。亦有純粹做船舶管理的服務。由於這些人員，具有相當的船隊管理經驗，因而可提供一些船舶所有人經驗、可靠性的技術以及整個管理層面的服務。對於缺乏船隊（舶）管理經驗及為了整體經營成本，對少數的船東而言，自是提供一項很好的選擇。站在經營者的立場，所管理的船隊，規模愈大，則其相關費用（如物料配件、保險等）的支出，可相對地降低，船東亦可免去組織管理上的煩惱，在互蒙其利的吸引下，自然予以「船舶經理人公司」生存及發展的空間。目前以這類型式營運的公司，在歐洲最為盛行（FEEDER較多）。比較有名的代表公司為著名約五大集團，分別為：

1. BARBER INTERNATIONAL A/S OSLO
2. COLUMBIA SHIP MANAGEMENT LTD, LIMASSOL
3. DENHOLM SHIP MANAGEMENT, GLASGOW
4. HANSEATIC SHIPPING COMPANY LTD, LIMASSOL
5. WESCOL INTERNATIONAL MARINE, LONDON

　　船舶經理人公司，主要業務在於以合約方式，替船舶所有人營運人管理船舶，一般主要重點在於「船舶管理」。另外兼有提供「租傭」及「貨源市場」的服務。

　　船舶經理人公司雖亦提供租傭船業務及貨源市場的服務，然其重點仍在於技術性的「船舶管理」服務。其組織類似傳統線式組織，唯整合與強化船舶營運有

關的部門。其組織架構功能大致分為一般行政、船舶管理、業務與財務會計部門。（參閱表6-1）

(1) 一般行政及資訊：總務、人事及資訊。

(2) 船舶管理：將與船舶管理有關的船員事務、工程維修、物料供應、海事技術等統合運作。

(3) 業務：租傭船業務及貨源市場的提供。

(4) 財務會計：財務管理、會計與預算、審核。

船舶經理人公司之組織架構功能如表6-1所示。

表6-1　Organization of Ship Management Company

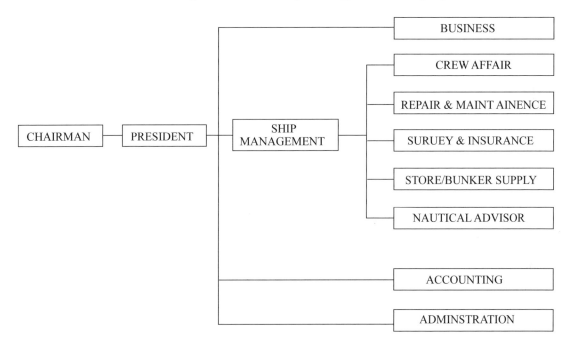

## 第三節　船舶經理人兼負諮詢及相關之服務

由於得助於船舶經營公司成員之經驗及知識，使船舶經理人得以提供其諮詢（Consultancy）服務工作。船舶經理人了解如何有效地經營船隊並可為以下之實務工作提供最佳之意見：

## 一、船舶設計及配置

　　船舶經理人經營船隊之經驗將可與造船技師之專業知識相輔相成。由於船舶經理人整日與船舶為伍，故能將船舶營運之資料提供予船舶設計者，作為造船之參考。

## 二、船舶之預防保養計畫（Preventive Maintenance Plans；PMP）

　　船舶經理人之實際經驗對於有效之PMP非常重要。

## 三、解決之預防保養計畫

　　由於船舶經理人親手營運許多不同型之船舶，並擁有各種不同運務之廣泛經驗，故當船舶生重大故障時，通常也是由船舶經理人協助找出船舶營運及技術上的問題。

## 四、船舶之船旗及國籍或船級之改變

　　由於船舶經理人習慣於經營不同船旗，不同國籍之船舶，故對船旗、國籍及船級之改變，船舶經理人當能作最佳處理。

## 五、新船之監造需要相關之經驗與知識，船舶經理人可以當作最佳處理

## 六、為可能的買主及金融機構提供調查服務

　　由於船舶經理人整日與船舶經營為伍，可以獲得最新船舶狀況之資料，因而，可以隨時修正他們對船舶之評價及判斷。

## 七、針對船舶之運務及國籍，配置適當之船員

## 八、船舶經理人通常也代表他的顧客從事市場研究，再由顧客在投資計畫之前，評估計畫之可行性

　　例如，該市場研究經常在顧客預定開闢新的定期航線或固定來回連回運航之運務前實施，船舶經理人將對於取得船舶之方法作一評估。例如，由論時租船、論程租船、空船租傭或購買新船或二手船舶之各種方式中作一比較選擇。

# 第七章　船隊管理

　　船舶為船公司營利的主要工具，船舶狀況的良好與否，船員操作運轉是否順暢，直接影響經營者的收益。因此每一船公司皆有船舶管理的相關部門，從事專業的管理工作。在第五章述及「船舶管理部門的架構與功能」中，所涉及的五大功能中，若將其區分為船舶本體（物）及操作者（人）的管理，則船隊管理即為船舶本體的管理，船隊（物）管理是船舶所有有關管理群中最基本且相當重要的一環。通常船隊管理人即扮演「準船舶所有人」的角色。船隊管理所涉及的主要作業活動包括工程維修，物料配件供應，船級檢驗，船舶保險，研究發展及新船監造等，其詳細作業內容分述如下。

　　除構建新船費用外，船舶管理各類費用支出所佔比率大致如附表7-1、7-2所示。

表7-1　我國船公司船舶（隊）管理各項費用百分比

| 項　目 | 船員費用 | 保養費用 | 保險費用 | 其他費用 | 船隊類別 |
|---|---|---|---|---|---|
| A公司 | 49.47 | 26.39 | 20.41 | 3.46 | 散裝船隊 |
| B公司 | 53.70 | 22.40 | 19.75 | 4.15 | 油輪船隊 |
| C公司 | 38.66 | 31.38 | 20.25 | 9.71 | 化學品船隊 |
| D公司 | 46.34 | 29.03 | 19.74 | 4.89 | 中型貨櫃船隊 |
| E公司 | 54.39 | 18.68 | 22.80 | 4.13 | 遠洋貨櫃船隊 |
| 備　註 | 各公司船員結構並不相同 | 進塢費用平均攤配於保養費用 | 各公司自負額條件並不相同 | | |

註：保養費用包括修理、檢驗、司多、配件及滑油；其他費用包括行政管理及雜支等。

表7-2　船舶營運各項費用之所需比例

| Items | Percentage of total costs |
|---|---|
| Fuel oil | 29.6 |
| Lubricating oil | 0.9 |
| Engine maintenance | 1.2 |
| Hull maintenance | 3.9 |
| Crew costs | 4.2 |
| General administration | 0.4 |
| Insurance | 7.6 |
| Capital cost （depreciation ,interest charges, etc） | 28.2 |

資料來源：Economics of Shipping Practice and Management.

基本資料：Expense of P″ max Bulk of British Company（1980）

## 第一節　工程維修與監控

### 一、船舶各項保養維護（包括甲板、機器及設備）

#### （一）損傷

　　船舶是航行的物體，在水面或水中移動，因此與陸地上的建築物有很多相異之處。因其特殊性能，而有許多複雜的因素足以使船舶受損。若以肇因來分類，大致上可區分為化學與物理等兩種原因：

1. 化學的損傷：

   因化學作用而引起的腐蝕或毀損的種類很多，例如熱作用，蒸汽，海水，雨水，廢水，煤，電氣作用等引起的腐蝕。

2. 物理的損傷：包括因

   (1) 構造而引起者
   (2) 摩擦而引起者
   (3) 振動而引起者
   (4) 接觸、觸礁所引起者

#### （二）修理

1. 航次修理（Voyage Repair）

   大部分定期航線船隻，由於船期安排上每半個月、一個月或是兩個月固定期間均會返回基地港，此時岸上管理部門可利用船隻泊港期間視停留時間的長短，安排重大修理工程。這些修理工程大部分是船上工作人員無法自力完成，或是船上人員僅作暫時性修護。有些具規模的公司為了人力的考量，一些定期保養上的工作，如主機的吊缸清潔，各類泵的更新等，亦安排航修進行。通常作業上，均事先由船上提出申請（輪機長負責修理審查，船長核准後呈報公司），或船上直接與責任工程師連繫，說明狀況，俟船抵基地港時，責任工程師安排修理人員，上船維修，緊急修理項目，亦可能安排國外適當港口進行。

2. 歲修（Annual Repair）

   為維持船舶的狀況的良好，有些修理工程在船舶停泊港內時可以順利完成，有些確實需要較長的工作時間，因此往往安排適當的時機，進行較大規模的修理工程。早期的歲修是為了配合船級檢驗的需要，一年一次進塢，進行吃水線以下部位各項檢驗，目前並無此必要性。因此年度大修，亦依船舶的運轉狀況，

視情況需要而予以安排。

3. 進塢大修（Dockyard Repair）

船舶需要進塢修理的時機與原因：

(1) 船舶依公約規定簽發的証書及船級証書需做中間檢驗，為詳細檢驗船體的結構狀況，必需進塢。

(2) 船舶發生重大海事事件（如碰撞、擱淺等）、船體機器等嚴重受損，必需進塢整修。

(3) 船舶停航一段時日或船體水線以下長滿海生物或附著物，影響船速，必需進塢清除（俗稱洗澡）。

一般進塢維修時，修船廠所提供的重要工作項目包括下列幾項：

(1) 進乾塢（Dry Dock）

(2) 碼頭作業（Wharf Services）

(3) 船體清潔及油漆（Hull Cleanings & Painting）

(4) 油艙、水艙清潔工作（Tank Work）

(5) 塢底工作，包括：

　　a.船艏錨（Bow Anchor）、錨鏈（Chain）及錨鏈艙（Chain Locker）

　　b.陰極防蝕板（Anodes）

　　c.舵（Rudder）

　　d.海底閥門（Sea Chest）

　　e.海水進水及排水閥（Sea Suction & Overboard Value）

　　f.艉軸（Tail shaft）及螺旋槳（Propeller）

(6) 各項管路工作（Pipe Work）

(7) 各類鋼板工作（Steel Work），包括切割、燒焊，補強等

(8) 機器方面的工作（Machinery Work）包括：

　　a.主機（Main Engine）

　　b.各類輔機（Auxiliary Boiler）

　　c.發電機（Generator）

　　d.輔助冷凝器（Aux. Condenser）

(9) 電器工作方面包括（Electrical Work）

　　a.交流電機轉換器（A.C. Alternator）

　　b.交流馬達（A.C. Motor）

　　c.接地測試（Merger Test）

## 二、船舶運轉狀況之監控與維持

### （一）保養策略與監控

　　船舶保養常涵蓋維護工作，一般皆由船上人員執行，然岸上管理人員有責任隨時明瞭船上的運轉情況。船上人員有關機器及其他設備運轉情形，通常都會定期做成報告或報表呈報公司。船隊管理人員對於各項報告，必需詳細查閱並予追蹤監控。責任工程師對於經營船舶在船舶保養方面亦需做成策略規劃。如下圖7-1所示，區分類別，層級分明逐步監控。

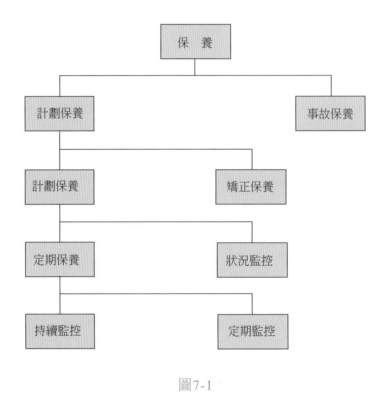

圖7-1

### （二）維修保養計劃之擬定

　　船隊中所屬船舶的類型建造年月，主機及甲板機具狀況及航線往來之不同等所需投入的保養時程亦有所不同，船舶管理人（或責任工程師）對船舶條件與狀況，必需擬定完善的維修與保養計劃，通常保養工作與機器的運轉工作時數有關，勤於保養則發生事故次數必然減少。然投入人工時數（Man Power）及費用相對提高。下圖7-2中，即說明3種保養間隔期間的安排對於失效次數與運轉時數之

關係。負責工程維修的工程師，必需謹密思慮依照保養維修手冊擬定，並與船上人員相互協調。

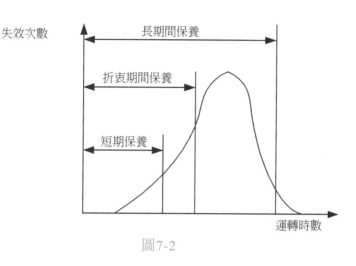

圖7-2

# 第二節　物料配件管理

## 一、物料配件管理之目的

　　物料管理，通常係以最低之費用及最迅速合理之程序，適量、適格、適地、適時地供應物料與配件，以滿足使用部分之需要為其主要目的。其重要性如下：

1. 物料配件管理之良窳關係整個船隊管理成本，如能管理盡善，使物料無虛耗，庫存無呆滯，供應適時，領發有序，除了能維持船舶的正常運作外，亦能減少無謂的浪費，增加資金運用的靈活性。

2. 透過預算的控制，避免過於節省，造成船舶狀況潛在性惡化的結果。

## 二、船用物料配件之申請方式

　　由於船舶航行區域及行駛航線停泊港口之安排不同，通常申請方式分為航次申請、半年申請、緊急申請等三種。一般消耗品則不考慮緊急申請。

1. 航次申請

　　航次申請屬非正規的申請、此種申請情況通常發生在半年度申請項目的遺漏或數量短少時，再由航次申請中補足。

2. 半年申請

目前管理較上軌道的公司，在物料管理方面，配合存貨需求及預算控制，以半年使用量為原則，整批申請，在作業上，可達到數量控制，亦減少岸上送達安排的作業次數。

3. 緊急申請

此項申請當屬情境急迫，對於船舶的正常安全運作有極大的影響。由於時間急迫，通常在返回基地港途，可以衛星電話傳真，直接報請公司返抵基地港安排送達。若在國外，則透過公司或經由船長透過當地代理安排洽購。

## 三、船用物料配件之申請及作業流程（如圖7-3）

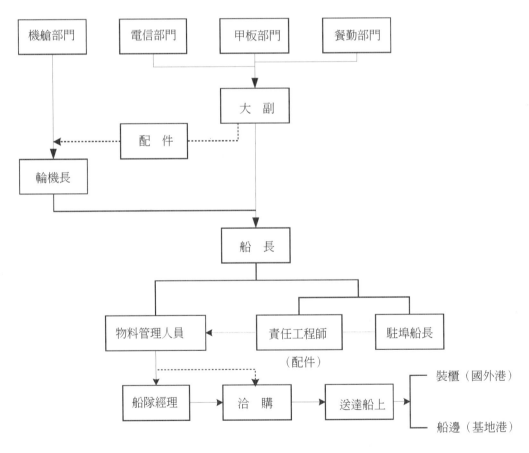

圖7-3　物料申請作業流程

1. 填寫公司規定格式之申請表格
2. 船上各部門所需，由部門主管作單申請，經船長覆核後，轉寄公司。（屬配件

部分，必需先經輪機長覆核，再呈交船長）。

3. 所有申請項目，先由責任工程師（或駐埠船長）審核。

4. 屬物料部分，必需由負責物料配件的管理人員再行審核。

5. 經船隊經理人批示或核可，即可安排洽購事宜。

6. 配合船期，當船返回基地港時安排送達船上。若船隻航行國外港口，則安排貨櫃在適宜港口送達船上。

## 四、燃油、滑油之申請作業

1. 燃油安排（Fuel Oil）

   嚴格區分，燃油之安排及費用支出，除空船出租外，餘皆屬於租方（Charterer）或營運者（Operator）之事由，然一般經營定期航線的公司，大都自擁船隊經營，航線營運者（租方）與船舶所有人（船東）之間的關係，只是文件上的形式作業。透過管理人及經理人的運作，實質上又回歸於同一辦公室作業。因此在這種經營情況下，關於燃油的安排依公司組織功能區別，有的由船隊管理中之後勤作業部門（專職燃油、滑油）安排，或由公司運務部門安排，組織規模較小的公司，亦有由專責工程師直接安排。

2. 滑油安排（Lubricate Oil）

   船舶主機及各類機器設備所用之滑油，屬於船舶保養用油，因此屬於船隊管理的業務，通常由油料單位（Bunker Section）統籌安排，若無油料單位，則由物料部門安排作業。

3. 申請作業流程

   (1) 船上依安全存量及考量加油港口之航程距離，決定需要量。

   (2) 由船上輪機長提出申請，經由船長覆核，發電報給公司。

   (3) 公司接獲申請電文，與供應商聯繫安排加油港口。

   (4) 定期航線船舶的加油港口，岸上管理人員，通常會與供應商（油公司或其經紀商）共同協商，選擇最適宜港口，做為加油港（Bunkering Port）。

燃油、滑油申請作業流程如圖7-4所示：

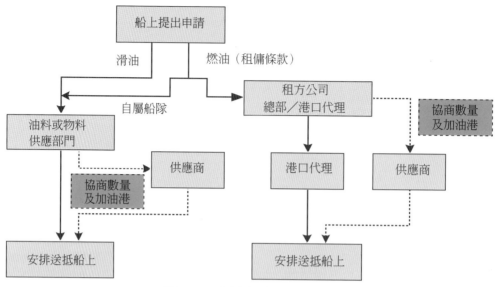

圖7-4　油料申請作業流程

## 五、物料配件管理原則

（一）最適採購訂單

　　在總體資金投注於設備改良或維修成本（以減少物料的花費）與採購成本間，在管理上有如下圖7-5之相互變化曲線。由圖中在總成本支出最低點即為初始資本支出，與後來需要採購之數量，這是基本的原理。應用於物料管理，其資產即原先配備。原始配備愈多，則成本愈大，但相對日後採購量即減低。反之日後

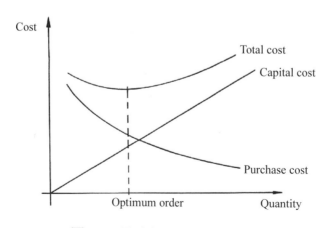

圖7-5　最適採購訂單曲線圖

的採購成本必然增加。

（二）庫存理論

　　庫存作業，最主要考慮的三大參考數值為安全存量、平均庫存量及消耗時間。從而考量訂貨到送達的時間延遲。圖7-6為一般在物料（尤其是船上重要配件）的存量時，所依循的作業模式。

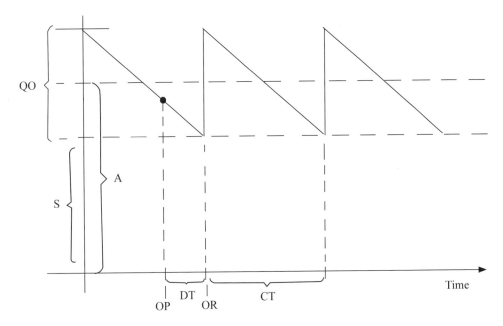

圖7-6　庫存理論（物料存量作業模式）

QO＝Quantity ordered　（訂購數量）
　S＝Safety stock　　　　　（安全庫存量）
　A＝Average stock　（平均庫存量）
OP＝Order is placed　（訂單發出）
DT＝Delivery time　（交貨時間）
OR＝Order is received　（訂單送達）
CT＝Consumption　（消耗時間）

（三）船上使用記錄及報表

　　由過去的經驗中查核抽檢，取得平衡點

1. 機艙物料，特別是備件（Spare Parts），應做成目錄，所有消耗應予以記錄。
2. 船上人員於每航次作成物料存量與消耗報表。

3. 抽檢船上物料。

4. 比較標準量與未能解釋的差異，由部門主管提出申請。

5. 船上備有物料分類檔案卷夾或輸入電腦。

　　電腦記錄船上物料與配件使用情況

1. 船隊中每一船舶的物料記錄清單。

2. 船上存留配件與岸上庫存配件之記錄。

3. 每一船舶，每一航次的配件使用報告。

4. 電腦操作自動採購訂單，以補充代替已被使用消耗的物料。

（四）配件之需要量與物料之容許量

1. 配件需要量

配件需要之最小存量應符合國家法令（例如接受美國政府補貼的船舶）及船級機構之規定。一般新船由船廠供給。在給船東的指導原則中，配件金額之限制是被訂好的。船上設備的每一項目，都編排在目錄清單上，每一目錄，都有此設備方面成本之固定比率，以用來購付配件。這些目錄在提升訂單「容許百分比」（Allowance Percentage）中，一般情況如下：

(1) 限制在1%，如（設備的成本）
　　　諸如：機艙工作間，冷凝器鍋爐。

(2) 限制在2%，如
　　　通風及加熱設備，甲板管路，貨油系統。

(3) 限制在3%，如
　　　空調機器，主機，熱回撥器（Feed Heaters）及他熱交換裝置。

(4) 限制在4%，如
　　　燃油供應管路，蒸氣管路，回撥、冷凝、循環及押取管理，滑油管路。

(5) 限制在5%，如
　　　電機及配電設備，電子儀器，甲板機械。

(6) 限制在6%，如
　　　軸承與螺旋槳。

(7) 限制在7%，如
　　　海水蒸發系統，各類之輔助器。

(8) 限制在13%，如
　　　各類幫浦。

(9) 限制在15%，如

　　各類工具及量測器。

2. 物料配件留置船上之容許量

此容許量，各公司並未齊一，下列各點為考量因素。其中前三項為主要因素：

(1) 工程方面的經驗。

(2) 對同一等級之船隊及船舶之經驗。

(3) 製造廠商及設備供應商之建議。

(4) 造船廠之「容許量表」（Allowance List）。

(5) 使用的數據，自然耗損及失效率。

(6) 法令及船級協會之規定。

(7) 由於失於供給配件之意外，所引致船舶時間之損失。

(8) 配件有效取得使用（例如採購之中間過程，等待時間）。

(9) 成本費用之限制（Cost Limitation）。

(10)船舶即將投入的貿易航線。

(11)船舶建造地點（國外或本國船廠）。

(12)所安裝設備之類型。

(13)船上設備製造廠商所提供記錄之可靠性。

# 第三節　船級及各項船舶檢驗、檢查

　　船公司或船舶所有人為使所屬船舶能順利營運及安全航行各國載運客貨，必需申請入級（船級）並依照國際公約之規定持有法定的各項有效證書。船舶經理人或船隊管理人首要的任務即維持船級與通過各項法定的檢驗與檢查。

## 一、船舶檢驗與檢查之範疇

　　船舶之檢驗與檢查，因其目的之不同可歸納為下列三方面：

（一）船級之檢驗：船級之檢驗原係應船舶保險之需，其檢驗之內容通常包括船體與輪機兩部分，具有冷藏貨設備之船舶則增加冷藏設備一項。

（二）國際公約之檢驗：國際間為確保海上人命之安全及避免海洋環境之污染暨使各國具有相同之造船與設備標準避免航運上不公平之競爭，曾先後制訂了許許多多的國際公約與章程，規定各國政府應據此檢驗發證，否則在接

受港口國管制時將無法順利通航，其重要者包括：

1. 海上人命安全國際公約（SOLAS）。
2. 防止船舶污染國際公約（MARPOL）。
3. 國際載重線公約（LL）。
4. 海上避碰國際公約（COLREG）。
5. 船舶噸位丈量國際公約（LL）。
6. 載運散裝危險化學品船舶構造與設備國際章程（IBC）。
7. 載運散裝危險化學品船舶構造與設備章程（BCH）。
8. 載運散裝液化氣體船舶構造與設備國際章程（IGC）。
9. 漁船安全國際公約。

（三）船舶法之檢查：係各國政府為確保其人民生命與財產之安全所施行之檢查，依我國船舶法第二十三條，其檢查應包括船舶之結構強度、穩度、推進機器或工具及設備，單就設備而言，船舶法第五十條即規定應包括下列十六項：

1. 救生設備。
2. 滅火設備。
3. 燈光音號及旗號設備。
4. 航行儀器設備。
5. 無線電設備。
6. 居住及康樂設備。
7. 衛生及醫藥設備。
8. 通風設備。
9. 冷藏設備。
10.貨物裝卸設備。
11.排水設備。
12.操舵、起錨及繫船設備。
13.帆裝、纜索設備。
14.危險品及大量散裝貨物之裝載儲藏設備。
15.海上運送之貨櫃及其固定設備。
16.依法令應配備之其他設備。

（四）船級、公約與船舶法檢查與檢驗之關係，可以圖7-7表示，船級與公約有部分重疊，而船舶法則無所不包。

圖7-7　船級、公約與船舶法檢驗與檢查之關係

船級及公約規定內容之詳細關係，如圖7-8所示。

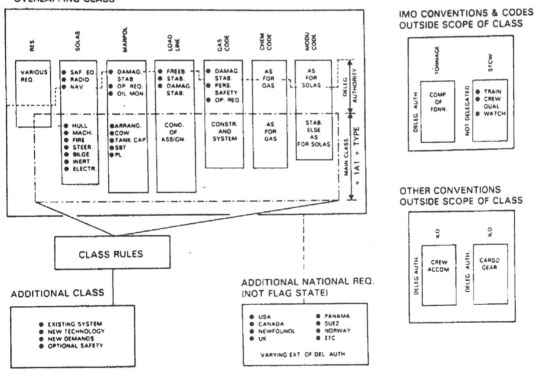

圖7-8　船級與公約規定檢驗內容之關係

## 二、船舶入級與檢查

商船和陸上不動產一樣，是買賣和借貸的對象，無法避免遭遇風險而有保險的必要。無論船體保險或貨物保險，保險公司均委由船級協會替代行使船舶檢查，如同人壽保險醫師，向被保險者做身體診察。船舶入級檢查通常在船舶建造期期間及竣工後定期行使，因應某時期之狀況而做等級之認定，其等級稱為船級（Class）。

（一）世界主要的船級協會，如下表所示：

| 國名 | 船級協會名稱 | 簡稱 | 創立時間 |
|---|---|---|---|
| 中華民國 | 中國驗船中心<br>China Corporation Register of Shipping | CR | 1951 |
| 英國 | Lloyd's Register of Shipping | LR | 1760 |
| 美國 | American Bureau of Shipping | ABS | 1896 |
| 法國 | Bureau Veritas | BV | 1828 |
| 西德 | Germanischer Lloyd | GL | 1867 |
| 挪威 | Det Norske Veritas As | DNV | 1964 |
| 義大利 | Registro Italiano | RI | 1861 |
| 日本 | Nippon Kaiji Kyokai | NK | 1899 |
| 中國大陸 | China Classification Society | CCS | 1956 |

（二）保險協會公認之船級及其符號

依倫敦保險協會於船級條款中所公認的船級及其代表符號如下所示：

| 船級協會 | 船級符號 |
|---|---|
| 英國驗船協會（LR） | 100A1 |
| 美國驗船協會（ABS） | +A1 |
| 法國驗船協會（BV） | +313L11 |
| 西德驗船協會（GL） | +100A4 |
| 挪威驗船協會（DNV） | +1A1 |
| 日本海事協會（NK） | NS* |
| 義大利驗船協會（RI） | +100A11 |

（三）船級檢驗

1. 新船入級檢驗

接受新船建造之造船廠，在著手建造前必須申請入級，其設計經認可後，始著手建造，並於建造期間，依船級檢驗規範，接受檢查到完成。檢查合格後，登錄於船級原簿上，將船級證書交給船東或新船監造工程師。

在船名登錄簿上，記載船級符號與要目，分發至有關機構。

2. 定期檢驗

新船入級後，取得原始入級證書，此後每隔五年即施行定期檢查船舶（Periodical Surrey）。這是逐項精密地檢查船體、輪機及設備，將這些船舶入塢或上架，詳密地檢查各部現狀，同時實施水密試驗、各項裝置之效力試驗等。

3. 中間檢驗

入級檢驗與定期檢驗，或定期檢驗相互之間，約12個月即實施的檢查，為中間檢驗（Intermediate Survey），簡單地檢查船體、輪機及設備等。不必入塢或上架，需要時間進行各項試驗。

4. 臨時檢驗

與上述定期檢驗不同，是臨時實施的臨時檢查（Occasional Inspection），原則上是在變更現狀時實施。

上述檢驗，船隊管理人員（責任工程師）應適時妥為聯絡安排，以維持船級。


## 三、公約及法令規定之安全檢查

國際海事組織及船籍國政府，為保障海上運輸船舶人命與財產之安全及保護海洋環境免受污染，強制要求凡符合規定要求者，皆應領有前述第一小節所述之相關的證書。船舶必需攜有相關證書（參閱第四章船舶文書）始得開航。在國外港口，尚需接受港口國管制（Port State Control；PSC）之檢查。茲以貨船安全設備證書（Cargo Ship Safety Equipment Cert／簡稱SE），貨船安全無線電證書（Cargo Ship Safety Radio／簡稱SR），及貨船安全結構證書（Cargo Ship Safety Construction Cert／簡稱SC）等三種證書之檢驗規定內容要點為：


（一）貨船安全設備及其他設備之檢驗

總噸位500以上貨船之救生設備及其他設備，應接受下列檢驗：

1. 船舶服務前之初次檢驗；

2. 換證檢驗之期限由主管官署訂定之，但不得超過5年；

3. 定期檢驗於貨船安全設備證書上所載第二個週年日之前或之後3個月內,或第三週年日之前或之後3個月內實施;以代替一次歲驗;

4. 歲驗於貨船安全設備證書上所載週年日之前或之後3個月內實施之;

5. 額外檢驗(Additional Survey)。

　　前述之檢驗,應依下列為之:

1. 初次檢驗應包括防火安全系統與設備、不包括無線電裝置在內之救生設備與佈置、船上之航儀、引水人員昇降設施及SOLAS第II-2章、第III章及第V章所規定其他設備之完全檢查,以確使符合之規定,並處於令人滿意之狀況,且適於其預定之航務。火災控制圖、航海圖書、號燈、號標、施放音響信號與遇難信號之設施亦均應予以檢驗,以確使能符合「國際海上避碰規則」之規定。

2. 換證及定期檢驗應包括前述設備之檢查,以確使符合SOLAS及「國際海上避碰規則」之相關規定,並處於令人滿意之狀況,且適於其預定之航程。

3. 歲檢應包括前段所述設備之一般性檢查,以確使已依規定予以保養;對該船所預定之航程,仍維持令人滿意。

定期檢驗及歲驗應於「貨船安全設備證書」上簽證之。


(二)貨船無線電裝置之檢驗

　　適用SOLAS第III章及第IV章規定之貨船,其無線電裝置包括救生設備所使用者,應接受下列檢驗:

1. 船舶服務前之初次檢驗;

2. 換證檢驗之期限由主管官署訂定之,但不得超過5年;

3. 定期檢驗於貨船安全無線證書上所載各週年日之前或之後3個月實施之;

4. 額外檢驗。

　　前述之檢驗,應依下列為之:

1. 初次檢驗包括貨船無線電裝置及救生設備所使用者之完全檢查,以確實符合之規定;

2. 換證及定期檢驗應包括貨船無線電裝置及救生設備所使用者之檢查,以確使符合規定。

定期檢驗應於「貨船安全無線電證書」上簽證之。


(三)貨船結構,機器與設備之檢驗

　　此項檢驗在檢驗與發證統一制度(Harmonized System of Survey and

Certification / HSSC）生效實施後（2000年2月3日），將改發貨船安全證書（Cargo Ship Safety Certificate／簡稱CS）其內容包括了原結構安全。茲將其檢驗規定內容述之如下：

　　有關貨船之結構、機器及設備（不包括簽發「貨船安全設備證書」及「貨船安全無線電證書」中之有關項目），應接受下列檢驗：

1. 船舶服務前之初次檢驗，該檢驗另包含船底外部檢查；
2. 換證檢驗之期限由主管官署訂定之，但不得超過5年；
3. 中期檢驗於貨船安全構造證書上所載第二個週年日之前或之後3個月內或第三週年日之前或之後3個月內實施之，以代替規定之一次歲驗；
4. 歲驗於貨船安全構造證書上所載各週年日之前或之後3個月內實施之；
5. 在任何5年期間內至少實施二次船底外部檢查。該5年期間得予延期以配合證書之有限期限之延期。但該檢查任何兩次之間隔不應超過36個月；
6. 額外檢驗。

　　前段所述之檢驗，應依下列為之：

1. 初次檢驗應包括結構、機器及設備之完全檢查。該檢驗確使其船體結構配置、材料、尺寸與工藝、鍋爐與其他壓力櫃及其附屬品、主機與輔機包含舵機及附屬之控制系統、電力裝置及其他設備符合現行規則之規定，處於令人滿意之狀況，並適於其預定之航務，且已備有所需之穩度資料。如屬液貨船，該檢驗亦應包括泵室、液貨、燃油及通風之管路系統與其附屬安全設施之檢查；
2. 換證檢驗應包括前述之結構、機器及設備之檢查，以確使符合規定，並處於令人滿意之狀況，適於其預定之航務；
3. 中期檢驗應包括結構、鍋爐與其他壓力櫃、機器與設備、舵機及附屬控制系統及電力裝置之檢查，以確使其仍維持令人滿意以適於其預定之航務。如屬液貨船該檢驗亦應包括泵室、液貨、燃油及通用之管路系統及其附屬安全設施之檢查，並應包括在危險區域內電力裝置之絕緣電阻試驗；
4. 歲驗應包括前述結構、並同時實施有關項目之檢驗，以確保該船預定以保養，對船所預定之航務，仍維人滿意；
5. 船底外部檢查，並同時實施有關項目之檢驗，以確保該船預定之航務，仍維持令人滿意。

　　中期檢驗、歲驗與船底外部檢查應於「貨船安全構造證書」上簽證之。

### 四、船舶檢驗與檢查之執行機構

船級：由各國驗船機構為之。雖然保險公司並未規定其投保之船舶必須由其船籍國負責檢驗入級，但各國船東基於民族之意識與愛國之情操多向其船旗國之驗船機構申請辦理。

公約：依公約之規定應由船籍國政府之官員為之。但各國政府得以此項檢查及檢驗委諸其特別指定之驗船師或其認可之機構為之。然在任何情況下，該有關政府應全部擔保檢查及檢驗之完整與有效。

船舶法：依船舶法第二十五條、第二十七條及第二十八條之規定的檢查應向船舶所在地之航政主管機關申請施行。但前述三條之情事發生於國外時，則依船舶法第三十一條應向船舶所在地經交通部認可之本國驗船機構申請施行；但該地未設有本國驗船機構者得由交通部認可之國際驗船機構檢查。至於依公約之檢查，船舶法第三十二條第二項規定由主管機關辦理，或由交通部委託之驗船機構為之。此外，船舶法第三十三條再規定，如船舶具備有效之國際公約證書，並經交通部認可之驗船機構入級者，視為已依本章（船舶法第三章）之規定檢查合格，免發船舶檢查證書。至於小船（未滿二十總噸之船舶）船舶法則於第六十二條規定，由船舶所在之航政主管機關辦理；未設航政機關之地區，由地方政府辦理。

### 五、各項證書檢驗時程之安排：

（一）目前檢驗發證制度

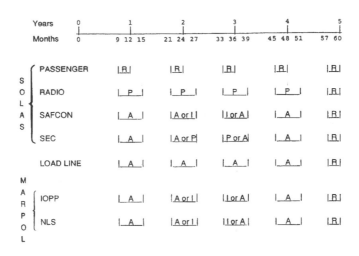

說明：

PASSENGER ：Passenger Ship Safety Certificate（客船安全證書）

RADIO ：Cargo Ship Safety Radio Certificate（貨船安全無線電證書）

| SAFCON | : Cargo Ship Safety Construction Certificate（貨船安全結構證書） |
| SEC | : Cargo Ship Safety Equipment Certificate（貨船安全設備證書） |
| LOAD LINE | : Internationai Load Line Certificate（國際載重線證書） |
| IOPP | : International Oil Pollution Prevention Certificate（國際防止油污染證書） |
| NLS | : International Pollution Prevention Certificate for the Carriage of Noxious Liquid Substances in Bulk（國際載運散裝有毒液體物質防止污染證書） |
| P | : Periodical Survey（定期檢驗） |
| R | : Renewal Survey（換證檢驗） |
| A | : Annual Survey（年度檢驗） |
| I | : Intermediate Survey（中期檢驗） |

（二）檢驗與發證統一制度實施後（2000年2月3日）

客船仍維持客船安全證書，且每年重新發證。

貨船方面，則將安全結構（SC），安全設備（SE）及安全無線電（SR）合而為一，統稱之貨船安全證書（Cargo Ship Safety Certificate／CS）其檢驗時程如下表7-1所示。

## 六、其他營運有關之檢驗，檢查及測試

船舶除上述各項船級及公約法令的檢驗工作外，對於航行及貨物裝卸有關的機器，機具，設備等亦必須維持安全有效，並持有證明文件，通常船上的重要機器，設備在出廠前，均經過測試，有的還需驗船機構簽發證書。一般常見的有下列幾項：

1. $CO_2$鋼瓶測試（參閱附件）
2. 救生筏檢驗（參閱附件）
3. 錨機及絞機定格測試、檢查
4. 救生艇架安裝及測試
5. 貨艙油壓系統測試、檢查
6. 吊貨機具之測試、檢查
7. 警報系統的測試檢查
8. 發電機組配件測試檢查

9. 貨泵之測試檢查

10.馬達之測試檢查

表7-1　一般貨船檢驗及證書時程

| 公約／章程 | | 檢驗之名稱、間隔與融通性 | | | | 證書最大<br>有效期限 | 延期 |
|---|---|---|---|---|---|---|---|
| | | 初次 | 歲驗 | 中期／定期 | 換證 | | |
| 1988 SOLAS<br>PROTOCOL (CS) | SC | InS | AS　每<br>年AD±<br>3個月 | IS<br>第2年或第3年<br>AD±3個月 | RS<br>第 5 年<br>AD-3個月 | 5年 | 3個月 |
| | SE | | | PS<br>第2年或第3年<br>AD±3個月 | | | |
| | SR | | — | PS　每年AD±3<br>個月 | | | |
| 1988　ILL PROTOCOL | | | | — | | | |
| MARPOL 73/78<br>ANNEX I 及II修正案 | | | AS　每<br>年AD±<br>3個月 | IS<br>第2年或第3年<br>AD±3個月 | | | |
| IBC,BCH修正案<br>IGC,GC修正案 | | | | | | | |

註：1.RS：Renewal Survey　　2.AD：Anniversary Date　　3.AS：Annual Survey

4.IS：Intermediate Survey　5.PS：Periodical Survey　　6.SC：Safety Construction

7.SE：Safety Equipment　　8.SR：Safety Radio　　　9.CS：Cargo Ship Safety Certificate

## 第四節　船舶保險

　　船舶營運航行海上，自有其不可預期的風險。加以投資於船舶的資金相當龐大，遇有危難，則損失不貲。故海運之經營非比尋常，風險之分擔與損失之補償，實為重要的考慮範圍。船舶營運必須面對不確定的海上風險，亦即損失風險及責任風險。

　　船舶管理成本佔船舶管運成本約六成比率。而保險經費在船舶管理的費用中亦佔相當比率。（參見附表）。近年來，各海運公司對保險費用之支出所佔比率均有略增之趨勢，在海運市場的激烈競爭下，各個公司都致力尋求降低管理成本。本節即在船隊管理的範疇內說明與船舶保險有關的問題。包括掌握保險費率的變動因素。

## 一、船舶營運風險之承擔

船舶價額少則百萬美元，較高者達上億美元，如發生海難事故，其災害無法估計，除了船舶受損停航而造成營運損失外，船舶損壞之修繕費用以及隨從發生的海水污染，人命損失，貨物的賠償責任等。此種無法預知的龐大費用，一瞬間將造成船東營運上嚴重之困境。為了預防此種不確定災難之來臨，必須有一種合理的制度確保公司營運的安定，而最有效可靠的就是船舶保險制度。

依保險基本原則中之補償原則，船舶營運人因保險事故發生所受的損失，應可充分的獲得補償（Full Indemnified）。補償並非絕對恢復至保險事故剛發生以前之狀況。此船舶營運人除了負擔「風險」之保費外，有時亦需同時負擔不足之補償以及可能衍生之責任負擔。在整個船舶保險制度中，因其承擔風險範圍不同，而有所區分。也唯有透過這些保險制度，船舶營運人方可將此不確定的鉅額損失風險，藉由保險得以保障，繼續營運。

## 二、船舶保險種類及選擇考量

（一）船舶保險之種類

船舶保險依其承保性質及風險範圍的不同而分為下列幾種：

1. 普通期間保險（協會定期條款）：
   包括一般商船、漁船及特殊船。此項保險即一般所謂船體險。保險理賠範圍係依據保險契約而記載於保單條款內，其主要條款包括全損、救助費、共同海損、修繕費、碰撞等。
2. 船舶建造保險。
3. 船舶修繕有關的保險。
4. 航次保險。
5. 船舶營運損失險。
6. 船舶戰爭保險。
7. 船東防護與補償保險（亦即P&I，見下述第六小節中之說明）
8. 其他特殊保險。（如港口保險、運費保險、抵押貸款保險）。

（二）投保種類之選擇考量

船舶營運，依其營運的範圍、性質及航行區域，考慮其可能遭遇的風險，評量其管理成本，必須做一適當的投保選擇。不適切的保險，可能增加整體保費的

負擔：反之若為節省保費的支出，則可能面對鉅額損失風險。

一般情況下，通常船舶所有人或其營運管理人均會選擇基本的船體險及P&I險，因為這兩種保險，足以補償船東的鉅額損失。至於其他保險，則視個別情況，選擇是否投保。（下表7-2所列為某海運公司投保，保險類別及其明細表）

表7-2　某海運公司投保，保險類別及其明細表

單位：美元

| 項目 | | | 壹號輪 | 貳號輪 | 參號輪 | 肆號輪 | 伍號輪 | 合計 |
|---|---|---|---|---|---|---|---|---|
| 船殼險 | 船體 | 投保額 | 10,000,000 | 12,000,000 | 17,600,000 | 30,000,000 | 30,000,000 | |
| | | 費率 | 2.88% | 2.46% | 1.62% | 0.97% | 0.89% | |
| | | 保險費 | 288,330 | 295,344 | 284,407 | 290,745 | 267,120 | 1,425,946 |
| | 船費 | 投保額 | 2,500,000 | 3,000,000 | 4,400,000 | 7,500,000 | 7,500,000 | |
| | | 費率 | 0.46% | 0.46% | 0.38% | 0.32% | 0.32% | |
| | | 保險費 | 11,498 | 13,797 | 16,632 | 23,625 | 23,625 | 89,177 |
| | 兵險 | 投保額 | 12,500,000 | 15,000,000 | 22,000,000 | 37,500,000 | 37,500,000 | |
| | | 費率 | 0.053% | 0.053% | 0.053% | 0.053% | 0.053% | |
| | | 保險費 | 6,563 | 7,875 | 11,550 | 19,688 | 19,688 | 65,364 |
| | 小　計 | | | 306,391 | 317,616 | 312,589 | 334,433 | 1,580,487 |
| 船東責任險 | 防護及補償 | 總噸位 | 13,741 | 15,329 | 20,989 | 19,081 | 119,08 | |
| | | 費率 | 8.73 | 7.85 | 6.36 | 6.36 | 6.36 | |
| | | 保險費 | 119,897 | 120,394 | 133,553 | 121,412 | 121,412 | 616,668 |
| | 運費延滯與防護 | | 5.132 | 5.132 | 5.132 | 5.132 | 5.132 | 25,662 |
| | 小　計 | | 125,029 | 125,526 | 138,685 | 126,544 | 126,544 | 642,330 |
| 船員平安險 | 保費（臺幣） | 船長輪機長 | 30,450 | 30,450 | 30,450 | 30,450 | 30,450 | |
| | | 其他甲級 | 40,950 | 40,950 | 40,950 | 40,950 | 40,950 | |
| | | 乙級船員 | 37,800 | 37,800 | 37,800 | 37,800 | 37,800 | |
| | | 合　計 | 109,200 | 109,200 | 109,200 | 109,200 | 109,200 | 546,000 |
| | 匯　率 | | 26.30 | 26.30 | 26.30 | 26.30 | 26.30 | |
| | 小　計 | | 4.512 | 4.512 | 4.512 | 4.512 | 4.512 | 20,760 |
| 全年合計 | | | 435,572 | 446,694 | 455,426 | 464,754 | 441,129 | 2,243,577 |
| 每日費用 | | | 1,193.35 | 1,223.82 | 1,247.74 | 1,273.30 | 1,208.57 | 6,146.78 |
| 〔INSUR〕 | | | 851.09 | 880.60 | 868.30 | 927.94 | 862.31 | |
| | | | 347.30 | 348.68 | 385.24 | 351.51 | 351.51 | |
| | | | 11.53 | 11.53 | 11.53 | 11.53 | 11.53 | |
| | | | $1,210 | $1,241 | $1,265 | $1,291 | $1,225 | |

目前全球的保險市場仿似英國為主導，日本及美國亦相當活躍。船東在選擇保險公司時，應考慮該會員公司（Member）的財務結構及管理效能，各保險會員公司每年均有年度的統計報告。在實務的考量比較下，一般船東在相同條款下都傾向選擇保險費率較低的保險公司，而較不考慮服務的品質。

## 三、船舶保險理賠之回顧與分析

海上保險之存在，由來已久，隨著世界貿易量的持續擴大及船隊數量的劇增，保險市場更趨活絡，提供船東更多選擇的機會。由於市場的競爭，也影響費率的高低。然而海難事故的發生，常造成巨額的賠償支出，嚴重者因財務不能平衡而宣告倒閉，繼而影響到整體保險市場。1987年由於船舶失事率高，造成1988~1989兩年間，多家保險公司因財務不支而倒閉。結果引發1989年之保險費率大幅提高。因此了解保險理賠的統計資料，有助於海運保險趨勢的了解，同時亦提供船舶營運者在管理上的參考。

目前世界上各會員保險公司（HULL及P&I），每年都有一份統計報告，內容包括保費收入，經營投資，理賠及事故分析等，提供相關人員參考。IUMI（International Union of Marine Insure）為國際海上保險聯盟，每年都定期召開一次會議，並提供一套與保險有關且相當完備的統計分析資料。在最近一次（1994年）多倫多召開的會議報告中，提及在全損方面每年均以船齡20年以上的船舶發生率最高，而在海難事件方面，從1985年起，至1994年6月止，其件數並未減少，反有增加的趨勢，這是值得深思的問題。

關於船東責任險部分，各P&I CLUB亦有詳細的事故統計分析。根據UK P&I CLUB出版之「Analysis of Major Claims 1993」中，人員及船舶管理上的疏失仍為重大理賠事件的主要原因。

## 四、保險費率對船舶營運之影響

### （一）保險費用與營運管理成本之關係

船舶營運成本包含固定成本與變動成本。而固定營運成本又分為船舶管理成本及財務成本。通常船舶管理成本費用約佔固定成本的60%，其管理費用支出大致可歸納為四大類，亦即：
1. 船員費用：包括薪津、福利、伙食等。
2. 保養費用：包括修理費用、司多、配件、檢驗及船用滑油。

3. 保險費用：包括船體險、P&I險及其他特別保險。

4. 行政事務管理費用：岸上管理費用，通信交通等其他雜項費用。

　　保險費用的支出，在船舶管理費用結構中，依船隊類型，經營方式之不同大約佔管理費用的15%-25%。國內的船隊管理，由訪問調查及資料蒐集中（參見表7-1），發現雖然船隊類型不同，但各公司的保險費用支出，約佔總管理費用的20%左右。此即顯示，與船舶有關的保險費用佔相當部分。由表7-1中資料，即可了解保費及保險費率在管理費用結構及船隊結構中之互動關係。保險費率有否調降的空間？費率變動因素包含那些？如有充分的資訊，對於預算的編列及風險管理之掌握，方能達到積極的效果。

（二）保險費率之變動因素

　　保險費率依保險性質不同其結構上亦有所區別，由於船體保險屬商業的保險型態，其有營利的色彩，而P&I險則屬互助之性質。兩者對費率的訂定雖有差異，然其基本結構大致相同。

1. 保險費率的基本結構包括下列主要項目：

　　(1) 每總噸或保險金額之平均理賠分攤額／率（Average Cost）。

　　(2) 超過保留額情況下之理賠係數（Claim Factor）。

　　(3) 理賠增加係數（Claims Increase Factor）。

　　(4) 保險公司的理賠攤配額（Pool Claims）。

　　(5) 理賠事件，處理費用支出（Claims Handling Service）。

　　(6) 行政管理費用（Administration costs）。

　　(7) 再保費用（Reinsurance Costs）。

2. 保費或費率之參考因素

　　對個別會員而言，保險公司對其新加入或次一年的保費或費率之決定，包括下述之參考因素：

　　(1) 船齡及船舶類型（Ship Age and Type）。

　　(2) 船舶價值/噸位（Value/Tonnage）。

　　(3) 船舶航行區域（Intended Trade）。

　　(4) 船舶所有人擁有船隊數目之多寡（Numbers of Ship）。

　　(5) 船舶所有人之風評（Reputation of Owner）。

　　(6) 受雇船員之國籍與人數。

　　(7) 已投保船體險的責任保險範圍，及是否有其他保險，（適用於P&I）。

(8) 適用之自負額。

(9) 船舶所有人之損失記錄（Loss Experienced）及Loss Ratio。Loss Ratio通常以75%為基準。

(10)船舶所有人之發展潛力（Potential Development）。

(11)保險經紀人之能力（Ability of the broker）。

(12)保險市場之現況（Insurance Market）。

(13)所屬區域或國家在保險市場的評估指數（Appraisal Index）。

### 3. 整體性變動因素

保費費率除個別公司的因素外，保險公司及保險集團運作的影響因素亦應考慮。較具關鍵的因素，大致為下列幾項：

(1) 全球保險事故發生的多寡及理賠金額。

(2) 全球船舶建造/汰舊及噸位增減之情形。

(3) 保險基金投資報酬之情況。

(4) 國際匯率及通貨膨脹之變化。

(5) 全球經濟成長之週期變化。

### （三）保費降低之實質意義

由統計資料得知，近年來，平均保費呈增加之情勢。倘若保費或費率在降低的情況，則海運業包括海上保險市場，具有實質的意義。

1. 表示保險市場的穩定及其營運管理收支良好。

2. 海上危難事件之減少，海上安全性更加得到保障。

3. 船公司因保費之降低，可減少船舶管理費用支出，因而營運成本，相對降低。

4. 在固定預算的範圍內，因保險費用支出之減少，則船舶營運管理人，可加強於船舶保養之維護，使船舶的安全標準提高。

5. 間接影響貨物保險市場，對整體經濟活動有正面的意義。

## 五、船隊(舶)管理品質與保險之關係

### （一）船級與船況之維持

船舶加入保險之接受要件，必須船舶具有船級及保持良好的船況。由於船級的認可，需由專業之驗船機構施行各項檢驗，証明船舶符合法規及相關條件，始予簽發級位証書。因此船舶必須經常保持良好的適航狀態。這是國際公約對於船

舶安全的要求外，船舶保險對於船舶結構及安全所做第一線的安全保障。保險公司通常在接受公司投保或入會前，會主動自行安排做Condition survey，以確定船舶狀況之良否。

　　船舶之安全航行能力，船體結構固為主要條件，惟裝載不良亦影響船舶之安全，法律所要求的，除船舶堅固緊密足以抗拒海上通常之危險外，船舶所有人並應配置相當的海員，以及足夠之供應品，以達到航海之完整性，並使船舶具有適載能力，始能達到運輸之目的。

　　因此維持船舶適航能力亦為保險的要求條件。所謂適航能力之基本要件包括：

1. 船舶安全航行之能力

　　船體之設計，結構及設備，應具有安全航行於特定區域或範圍之能力，亦即船舶在構造上須堅固、水密、具有浮揚能力，在預定航程中，能抗拒通常可能遭遇之海上危險。

2. 安全操航船舶之能力

　(1) 足額之合格船員（Qualified mariner）。

　(2) 相當之裝備（Equipped），充足之備品（Parts）及補給品。

　(3) 熟練之操船能力，包括航路規劃，各項裝備及儀器的操作運轉。

　(4) 使船舶永保浮力（Always Afloat）。

　(5) 保有足夠的穩定度（Sufficient Stability）。

3. 安全適載能力（Cargo Worthiness）

　　海牙規則中規定，「應使貨艙，冷藏室及其他供載貨場所，適於貨物之裝載、運送及保存，互應維持良好狀態」。安全適載能力應包括對於特定貨物之適載能力。

（二）公司管理制度與文化

　　一般船公司與保險公司均透過保險經紀人的居中協調，訂立保險契約。其保險費率的高低，除參考前述之各項因素外，保險經紀人通常會經由多方面的調查與訪談，對於船公司的營運政策及船舶管理制度，適切地予以反應。雖然保費費率直接反應於失事記錄，但近年來，保險公司對於海上事故的頻繁發生，經分析調查，百分之八十屬人為的過失。因此對於經理人、船舶及船員之標準，提出多項的討論。最近更將重心置於品質保證與稽核的管理制度。要求公司必須要建立一套良好的管理制度，將安全管理的觀念落實於公司組織及船舶管理中。

　　企業經營之良否在於經營者理念、公司組織、管理目標與效率、及員工之共

識。海運公司亦然，經營管理者之理念倘若只在乎盈利，無長遠目標規畫，存著做一天算一天之心態，公司組織鬆散，不在乎員工素質、工作環境及提昇管道，甚且不在意客戶及外界之風評，則在整體效能及風險管理上自將無法有效掌握。

### （三）人員素質之提昇

在船舶運航仍需人員來操控的情況，減少人為因素的存在，即可降低海上之船舶失事率。因此在人員方面的加強，應是解決問題的首要考量。欲提高與加強人員素質，則必須從教育訓練著手。人員的教育非單指船上工作的人員，尚應包括岸上管理人員，其方式為：

1. 岸上管理人員，應有品質管理及安全管理的觀念。隨時充實在管理技術上的新知，能與船上人員充分溝通，更應建立解決問題的服務共識。
2. 船上人員，除了在船上做實務性的演練，一般操作程序及緊急情況之模擬虛置外，並應加強海上安全之共識。
3. 船上人員，應定期安排休假，在岸接受新知識及技術的教育及訓練，充實新知。對於船長及甲級船員，更應加強其風險管理的觀念。
4. 加強職業道德及海上情操教育。
5. 在校的海事商船科系學生，應注重船舶安全與保險實務的講授。建立「事故發生-保險-船舶營運管理」一體的觀念。

## 六、船東互保協會（P&I）概述

### （一）防護及補償協會之意義

防護及補償協會為船東相互保險協會之一，在所有的船東相互保險協會中規模最大而且最有名者，稱為「防護及補償協會」的組織。簡稱「P.&I. Club」。

防護及補償協會之興起，是在一八三六年以後，依據該年產生的一個判例，即被保險船舶在碰撞事件中所受的損害，雖可當作海難而列入普通船舶保險單的賠償範圍以內，但普通船舶保險單的賠償範圍，卻不包括被保險船東對他船所負的賠償責任。有了上述判例以後，保險業者紛紛舉辦「碰撞責任保險」，他們在船舶保險單上增加一條碰撞條款，承保被保險船東對他船所負碰撞責任的四分之三。保險業認為，留下四分之一的碰撞責任讓保險船東自己負責，可防止道德危險。由於普通船舶保險外，都紛紛加入防護及補償協會，以便利用此種協會所提供的「防護及補償保險」以資保障。此種保險所承保者，為入會船舶對第三人所

負賠償責任及費用，而與普通船舶保險並不重複。

### （二）船東防護及補償協會之保儉對象、責任、費用分擔之意義

　　船東防護及補償協會係一種營利性之互助性組織，船東依其船舶總噸位繳交入會費，即可成為會員，由於會費是協會唯一正常收入，因此，會員必須眾多，資金方能充裕，如此方能達到分散會員船東索賠費用之目的。其具有「被保險人」及「保險人」之雙重身份。

　　船東防護及補償協會的承保範圍有：船東依法或合約所需負擔，對於船員、旅客、碼頭工人和其他人員所造成之身體傷殘、疾病及死亡之責任；船東船舶殘骸之清除費用及油污清除費用；對於港埠、碼頭、岸肩、堤防、建物、浮筒或電線電纜等固定或移動性物體之毀損或滅失責任；因碰撞或其他原因造成他船之毀損；救助人命之報酬或費用；船員遣返費用與偷渡者驅逐費用；對於因發生傳染病所引起之檢疫及消毒費用；船東依法對所載運貨物之損害責任；對於違反法規之罰款；船東因違反運送契約致無法自貨主處取得其貨物應分攤之損失；訴訟費用、仲裁費用與損害防止費用；因船東之所有權或經營管理所連帶發生之責任或費用。協會會費收取方式計有：預付會費、追加會費、鉅災會費及解約會費。

### （三）向船東防護及補償協會求償之船長通知之義務

　　對於得向船東防護及補償協會求償之索賠案，會員應盡下列義務：任何可能對協會有關的索賠案，或任何針對入會船舶進行之事故調查，會員應盡早通知協會；例如因入會船舶之運航，會員收到任何來自第三人之索賠，會員應即刻通知協會。主要在於協會希望爭取時效採取必要措施，以保救會員及協會之權益，並避免事態或損失擴大；協會所要求的通知義務，是指會員知悉事故發生為前提。若會員對事故之發生並不知情，則應自知情後儘早通知協會；提供協會需要之任何文件資料，並讓協會便利對相關人員錄取口供；在會員及其受雇人或代理人之能力所及，應盡力自備費用收集情報、參與必要之會議或類似協助；未獲協會之書面同意前，會員不得私下和解索賠；對任何索賠案，會員應尊重協會對於處理賠償之建議。

### （四）船東防護及補償協會會員違反通知及配合之義務效果

　　船東防護及補償協會會員若違反通知及配合之義務時，協會雖不得拒絕理賠，但對於會員因未盡之義務所造成之擴大損失，或假如會員善盡義務必可減省

之費用，協會將在理賠金額中酌予扣減。

（五）參加國際Pooling Agreements 的15家P&I成員

1. Assuranceforeningen GARD（挪威）

2. Assuranceforeningen SKULD（挪威）

3. The Britannia Steamship Insurance Association Limited（英國）

4. The Japan Ship Owner's Mutual Protection and Indemnity Association（日本）

5. Liverpool and London Steamship Protection and Indemnity Association Limited
   （英國）

6. The London Steamship Owner's and Mutual Insurance Association Limited（英國）

7. Newcastle Protection and Indemnity Association（英國）

8. The North of England Protection and Indemnity Association Limited（英國）

9. The Shipowner's Mutual Protection and Insurance Association（盧森堡）

10. The Standard Steamship Owners' Protection and Indemnity Association Limited
    （英國）

11. The Standard Steamship Owners' Protection and Indemnity Association
    （Bermuda）Limited（百慕達）

12. The Steamship Mutual Underwriting Association（Bermuda）Limited（百慕達）

13. Sveriges Angfartygs Assurans Forening（瑞典）

14. The United Kingdom Mutual Steamship Assurance Association（Bermuda）
    Limited（百慕達）

15. The West of England Ship Owners Mutual Insurance Association（盧森堡）


另有獨立的P&I

1. 「TRAMPFAHRT」－Hamburg Germany Ocean P&I Service LTD

2. SEASIA P&I Service PTE LTD, Singapore（係採用固定保費之P&I）

3. China Ship's Owners' P&I Association（中國大陸P&I）

## 第五節　預算作業及研究發展

　　近代企業經營管理除了追求效率外，亦著重於流程的控制。在公司財務管理方面對於所有的營收與支出都會提出計劃表，以做為公司營運管理上依循的準則方針。海運經營與管理亦同，本節所要討論者，即在船舶管理的範疇中，對於整體費用的支出所應包含的項目及如何編列與追蹤管制。另外站在船舶營運管理技術層面的立場，如何研究改進，提升船舶管理的效能，充分掌握預算，減少變動支出，進而開創出船舶管理新的作業模式。

### 一、預算範圍與項目

（一）主體綱目

　　船舶管理的預算，若單純地屬於船舶所有人的部分，其主體綱目為：

1. 船員費用（Crew Expenditure）
2. 物料油料（Store & Lub Oil）
3. 保養與修理（Maintenance and Repair）
4. 各項備件（Spare parts）
5. 保險（Insurance）
6. 其他相關費用（Others）

　　若屬自擁船舶，且自行營運航線業務，有時亦將燃油支出及碼頭作業支出亦計劃在內。【註：此兩項支出，屬於租方或營運人（Operator）的業務，應計算在租方的費用（Charter's Account）】。附件7-1為某公司所管理之六艘貨櫃船，其預算編列項目及其費用分配情形；附件7-2為某公司所管理之五艘散裝船，其預算編列項目及其費用分配情形；附件7-3為某公司所管理之四艘特殊專用船舶，其預算編列項目及其費用分配情形。

　　由附件7-1及附件7-2中，可查看出所列預算的主體項目包括：

1. 船員費用（Crew Expenditure）
2. 物料（Store）
3. 機器備件（spare parts）
4. 滑油（Lub Oil）
5. 檢驗（Survey）
6. 航次保養（Voyage Maintenance）

7. 保險費用（Insurance Premium）

8. 電信費用（P/T/T/T）

9. 雜項（Miscellaneous）

10.旅費（Staff Travel）

11.進塢費用（Docking）

12.損害與資產成本（Damage Capital Cost）

13.行政管理費（Administration Overhead）

14.船東其他費用（Owner's Other）

在附件7-3中，自營專用船舶，在其預算編列中，尚包括了燃油及港埠作業費用。

（二）預算詳細項目內容

在主體綱目下之次要項目內容，包羅萬象，極為繁雜。其項目內容可依船舶運作有關所有作業，分別列出，例如：

1. 船員費用下細分：

　　－01 船員基本薪資

　　－02 船員加班費用

　　－03 船員保險費用

　　－04 船員服裝費用

　　－05 船員航行津貼

　　－06 船員績效獎金

　　－07 船員訓練費用

　　－08 船員上下船費用

　　－09 船員醫療費用

　　－10 船員文康福利費用

2. 物料方面，可分為甲板物料及機艙物料。再細分為：

　　－01 油漆

　　－02 油漆工具

　　－03 繫纜

　　－04 繫纜工具

　　－05 文具紙張

　　－06 保養工具

　　－07 餐勤用具

　　　－08 個人衛生用品

　　　－09 工作手套

　　　－10 木工材料

3. 保養與修理

　　　－01 航次修理

　　　－02 定期保養

　　　－03 損害修理

　　　－04 專案修理

　　　－05 船級檢驗

　　　－06 年度檢驗

　　　－07 中期檢驗

　　　－08 緊急修理

　　　－09 電機保養

　　　－10 泵保養

　一般船舶作業有關項目，可作為參考。


## 二、預算編列與掌控

### （一）預算考量要點

　　公司整體預算應考量的要點包括：

1. 競爭性：航線經營競爭性加強，則Tariff費用應降低

2. 國際經濟情勢

3. 全球政治情勢變化

4. 航行國家之財政政策

5. 運費同盟

6. 費率之浮動變化


### （二）船舶營運成本預算有關人員

1. 船上人員，包括：船長、大副、輪機長、大管輪及餐勤長。

2. 公司人員包括：船舶管理部門負責人、責任工程師、物料管理人員、人事部門顧問、保險部門經理、餐勤事務管理人員。

（三）預算作業之報告與掌控

　　船上預算作業，區分下年度整體預算及上、下年度預算編列，先行由船上提出，再呈報公司審閱，並做最後評估與決定。當公司做出預算科目計劃預算後，船上即依照此預算科目進行。在整體預算中，各項費用的支出，在期間內（分上半年、下半年、或每四個月一期）不得或儘量超出預算範圍。船上預算執行情形，所做成之報告其格式內容可參考附件7-4所示。

　　對於年度預算作業的掌控，追蹤與評估，附件7-5中，說明船上與公司均有責任與義務共同參與。做於各項費用的支出情形，公司應定期（每月或每兩個月）就預算使用情形，及在各主體綱目下之剩餘額度，列報提供給船上參考。

# 三、研究與發展

（一）流程管制與預算掌控

　　在所有船隊作業活動中，所依循的管理作業四項程序為計劃、評估、執行與稽核。依流程管理的模式及新近的品質保證制度觀點（第四篇將予敘述），在船舶管理作業中，必須針對問題的發生及不符合事件，予以矯正與改進，並對於目標的標準逐年提高。透過預算的編列追蹤，在年終時做成比較分析（參閱附件7-1至7-4），並對管理費用的各項支出中，作詳細的規類與研討。在公司所編列的船隊（船舶）管理總預算中，做適當的分配，以達到最大的效能。依Pareto's Rule（20/80法則，參閱附件7-6及7-7範例所示），掌握大項目的支出，也許可獲致最大節省效果。

（二）公約法規研析

　　船舶營運，受國際公約及國內相關法規的規範。公約的內容及生效日期（參閱本章第三節附錄），往往影響船舶營運上的限制。因此應確實明瞭公約的規範內容，提前予以因應。並徹底了解對船舶設備方面的正常運作及更新作業是否影響船舶的正常船期。

　　在管理成本的費用支出方面，是否因法規的要求，造成巨額的負擔，而思解決方案。

（三）科技資訊之吸取

　　科技的發展日新月異，無論在船舶保養及維修方面，或設備的更新，若能獲

取新的資訊，在技術上必能改進。在相關作業學理上，引用新的管理模式，亦能發揮更大的效益。

（四）不斷改進與創新

1. 船舶主機出力之提昇（Upgrading）。
2. 車葉的整飾（Modified），改變螺距。
3. 船艉線型之改良，以減少阻力。
4. 主機用油的調整。
5. 船舶結構的加強。
6. 物料配件供應之整合系統。
7. 最低安全存量與標準存量的縮小。

## 第六節　船舶監造

在第四章中提到海運公司購建新船的問題，規模較大的公司，對於新船建造的業務及後續作業，可交由專門設立的新船部門執行。然一般海運公司，其組織架構中並無新船部門的設立，因此，有關新船建造或船舶改裝的監工事務，統由船隊管理部門負責。負責船舶監造的工程師團隊，從審查設計圖，安放龍骨到下水試航等每一過程，幾乎都必需參與。船舶施工品質及工程材料是否合於規範，乃至於交船時間能否如期，都會影響日後的船舶營運。因此監造船舶在船隊管理作業中，亦屬重要的專業技術，不可輕忽。本節即對於船舶監造有關事務及注意要點，引用專業論點，分別予以列述。

### 一、籌畫監造辦法

施工過程中，船廠在省時、省工、省料原則下，立場往往無法和船東一致；而且無可避免地會出現始料未及的現象；再加上人為的疏失、偷閒等等…。凡此種種皆有賴現場監造人員的明察秋毫，及時發揮嚇阻價值（Threat Value），才能保住航商的最佳利益。若一味相信船廠，而不派駐具經驗專人在現場監驗，甚至以預算緊縮為藉口而不派員監造，則將來所接到的新船或可一時保有其應有的安全生和船速，但對新船未來的維修經濟性、操作便利性、起居舒適性、尤其是該輪壽命等絕對有影響。以上是業界公認的事實，若航商對承造船廠不熟悉而船廠

又是低價搶標時，上述現象將更為明顯。

　　因此船東在委建新船時，除慎選船廠外，亦應於簽定合約後，成立監造專責單位，來籌劃監造細則。其內容一般包含：監造小組工作範圍、組織、作業要點、成員遴選／訓練／費用等。實際運作時，應考量委派足夠的稱職監造人員（即背景相當、經驗豐富），避免將監造新船完全視為訓練機會。如此所建造出來的船舶，再加上未來完善的保養／維修計畫，則在其服役的歲月中，不僅可將相關的運成本壓至最低，而且可拉長該輪有效的營運時間，增加營運收入，創造公司最大的營運效益。

## 二、審圖與監造

　　合約簽訂後，船廠依合約要求進行合約設計而作成的圖說，應送請航商和相關機構（如驗船協會）審核後才能據以產生施工用的細部文件。送航商審核之圖說數量較多（以3000TEU級貨櫃船為例，約為460份，若包含多次審核在內，則可達955份次），而航商除了其他審核單位要注意的事項外（如驗船協會係以審核船舶安全事項為重點），亦需顧及操作的合理性及維修的經濟性等（詳如下述檢驗時應注意事項）；此外若能在審圖時即提出修正意見，因對船廠干擾較少，較易被接受。由此可知審圖工作繁重而且重要，不應忽視。又由於審圖者的背景要求和監造者相似，且審圖和監造工作關係密不可分，因此兩者最好皆由同一批監造人員負責，一氣呵成，可收事半功倍之效。

　　至於監造人員，係代表航商監督船廠施工過程，以確保新船品質和交期為其首要任務，他們應有以下的認識。

（一）監造人員之背景（即應具備之相當條件）

1. 相關之專門技術能力，如下述：必要時能與各類專家討論，以便解決相關問題。

（1）造船知識：

　　　　如船體結構、造船流程、鐵工標準、室內裝璜、造船原理、船舶相關法規（SOLAS等）等；以便檢驗船體、住艙區、船舶本身性能，以及船舶應配備之裝備（救生／消防等安全裝備、防止油污染裝備等）。

（2）電焊常識：

　　　　如電焊原理、電焊順序、焊道缺陷、電焊檢驗方法（含非破壞性檢驗）、焊條種類、焊機原理等；以便檢驗電焊焊道。

（3）防蝕原理（含油漆）：

　　　如銹蝕原理、油漆功能、油漆種類、除銹／塗油施工等；以便檢驗塗裝工程。

（4）材料特性（尤其鋼材）：

　　　如鋼材之特性／極類／缺陷、鋼管／銅合金／鋁合金／木料／纜繩／電線等之特性／種類；以便檢驗是否錯用材料材質及其加工特性。

（5）船用艤裝品：

　　　認識各種船用艤裝品（門窗、梯子、踏板、吊桿、繫泊艤品等）之種類及用途，以便檢驗艤裝品之裝配是否適當。

（6）船舶裝備：

　　　航海儀器、甲板機械（舵機等）、主機、電機、機艙輔機（淨油機等）之原理和操作；以便檢驗該等裝備之性能。

（7）電氣裝備：

　　　發電裝備、變壓器、控制盤、馬達、照明裝備及自動控制裝備等之原理和操作；以便檢驗電氣裝備之性能。

　　註：要求每一監造人員均俱備上述廣泛之專業背景，恐非易事；但監造群中，必須有人俱備上述專業，再加上一位合格綜理人員以便整合，亦可組成理想的監造組織。

2. 細密之思考能力：

若能事先評估、進而隨時掌握船廠在施工管理、品質保證方面之風險，並據此調整檢驗政策，則更可確保新船的品質和交期。船東評估船廠管理和品質保證的主要風險因素(即衡量風險的基準)有：

(1) 管理階層達成目標的壓力。

(2) 員工的素質和數量。

(3) 競爭情況。

(4) 檢驗對象的施工困難度、不穩定性。

(5) 管理系統電腦化的程度。

(6) 內部控制制度的妥當性和有效性。

(7) 組織、營運、經濟或技術的改變。

(8) 對檢驗缺失的接受和改善程度。

3. 檢驗之技巧：

即了解產品可能的缺陷、檢驗的重點、及檢驗工具的使用方法等，以利檢驗的遂行、達到預期的目的。

4. 溝通／談判之技巧：

可在不利的環境下，爭取航商的最大權益；並確保新船工程品質和交期。

5. 適格之體魄：

監造人員常赴現場。實地執行監造任務，需要充沛的體力才能勝任；尤其是施工困難的地方，通常也是隱藏瑕疵之處，更是需要。

6. 負責之態度：

此為事情成功的最基本原則，必須具備。

（二）監造人員之職責：

1. 確保船舶的完工時間和品質。

2. 隨時了解航商意圖，以便因應。

3. 讓航商了解建造進度、情況、問題、以及現場的能力與負荷。

4. 對外保持一致的立場。

5. 儘早檢驗出不合格項目，以免降低矯正的可能性。

6. 影響建造時間和品質的協議、認可、討論等都要有記錄。

7. 發生工程進度延誤或重大工程品質瑕疵時，立刻通知航商並給予適時的建議。

8. 對資淺監造人員施以必要之訓練，使其了解任務及施行的方法。

（三）相關參考資料：

1. 合約、詳細規範（Specification）、認可圖說（Approved Drawings）、現場工作藍圖或 施工圖說等。

2. 相關規範，如驗船協會規範（Class Rules）、SOLAS、MARPOL等。

3. 船廠檢驗標準（SPAIS QISSP）、相關機構之檢驗標準（JIS，JSQS）等。

4. 以前監驗新船經驗所彙整之檢驗資料。

（四）檢驗前之準備工作：

1. 事先與船廠商討檢驗事宜。訂出檢驗項目清單（應注意檢驗負荷平均化）。可參考前檢驗新船經驗所彙整之檢驗項目表。

   （註：有關檢驗項目，參閱本節後之附件）

2. 檢驗項目清單上應註明「船東認為有需要時可檢驗其他項目」。

3. 要求參與所有CLASS應檢驗之項目。

4. 整理檢驗項目清單，依檢驗順序排列，並列出各項目的檢查表（Check List）做

為檢驗的依據，以免遺漏重點。

5. 對船廠之施工日程掌控、品質保証、安全／衛生管制等內部管理做適度的了解。此可從船廠施工流程、相關調查資料中得知概況；必要時，可實施走穿測試（選擇少量主要控制點，檢查其控制程序），或有限度測試（抽取少量控制系統，檢查其運作情況），以便評估該廠的管理風險，作為未來實施檢驗的參考。

6. 實際檢驗前：

(1) 確認檢驗目的和範圍。

(2) 了解相關的規範和圖說等（必要時向船廠要求詳細施工圖說）。

(3) 採抽驗方式時，則先評估其風險，找出檢驗重點。

（五）檢驗時應注意事項：

1. 絕對要注意安全第一！如要求船廠人員陪同前導、避免單獨進入黑暗空間、上下梯子及搭架前要測試是否牢固等等，皆是安全應注意事項。

2. 詳細檢驗，特別注意船廠容易出現的毛病（可藉本身經驗、施工過程中之巡查發現、與船廠員工交談中得知等）。附件而為船體BLOCK等之檢驗內容，供參考。

3. 隨時抽查所使用材料（鋼板、管子等）之材質及規格。

4. 隨時巡查施工過程，將更容易發現工程的缺陷所在。

5. 對船廠的任何說詞，因彼此立場不同，應小心求證再下結論。

6. 換言之，檢驗時應注意：

(1) 新船材料和工藝的品質。

(2) 相關人員和船舶的安全性。

(3) 未來新船維修的經濟性。

(4) 未來新船操作的安全便利性（含應有的備用配件和維修工具）。

(5) 未來新船船員起居的舒適性。

（六）檢驗後應處理事項：

1. 填寫每日監工日誌，有數據的結果應填入；並注意覆檢項日記錄的勾稽，以免遺漏應覆檢之處。

2. 在檢驗項目清單中勾稽已通過檢驗者，以免遺漏應檢驗項目。

3. 填註進度（最好配合進度照片）。

4. 最好能將重要心得寫出。

5. 按時填送報告（含進度及進度照片、工作重點、對航商的建議等）。

（七）工程進度延誤時，應考慮對下列項目可能造成的不利影響，並衡量其相對風險的權重：

1. 品質。
2. 船期。
3. 施工進度。
4. 購建成本。
5. 不可抗力（Force Majeure）條款的可能引用。
6. CLASS等相關單位的意見。
7. 合約要求和航商意圖。

## 三、驗收與交船

　　新船建造過程中，經開工、安放龍骨、下水、船上試驗（On Board Test）、繫泊試俥、出海試俥後。即進入最後整理階段，此時大約可確定交船的正確日期，航商可準備接船（如確認船期、準備交款、安排驗收／接船手續等），及保固工程師上船等事宜。以確保順利接船營運。

　　由於船舶待驗收項目繁雜。需時甚長，因此進行檢驗時，亦可兼稱為驗收。尤其下水後、所有裝備皆已大致安裝就緒時。所進行的船上試驗。皆是船上裝備的性能試驗，此時應開始陸續派出接船船員，參與驗收工作，兼收訓練之效，則俥未來船舶的操作。頗有助益；若情況不允許·則最遲應派出接船重要幹部參與出海試俥。

## 四、艤裝作業與海上試航

（一）艤裝

　　新船下水後，其船體停泊方便按照內部的場所（艤裝碼頭），繼續安裝船內各種設備與機械，此等工程稱為艤裝。

　　機械工程祇限於下水後進行。船舶非在船台無法進行的工程，例如安裝於船體下的配件，雙重應內部的配管，與舵或螺漿有關的工程，又下水時所必需的錨機或繫船裝置等，必經於下水前完成。下水時，船體愈輕，操作愈容易，因此像

輪機等笨重機械留待下水後安裝。在此之前，輪機在工廠內組合並加試驗。下水後，加以分修再在船內組合。

　　艤裝之際，分為船體，機械，電器等各部門而同時進行，各項工程均在狹小的船內進行，故必須相互連絡，並按順序依次運入各項配件。

## （二）海上試航（Sea Trial）

　　海上試航，是實際航行於海上，試驗並調整使船舶之行動與設計相符，剛開始時行初步試俥，接著行使正式試航。

　　初步試俥（Preliminary Trial）是試航的準備，輪機自低速至高速慢慢地增加其運轉，調整其動作狀況，若無異狀再行正式試航。

　　正式試航（Official Trial），由船東、船級協會及其他關係者會同實行，行使種種試驗（包括速度、回旋力、後退及停止等試驗）。

　　速度試驗是試航中最重要的項目，以指定狀態輸出契約上所定的速度，與此試驗之同時測定輪機之輸出力、燃料的消費量等。此種試驗在距離造船廠不遠且無障物，深度夠的海面，所面向的海岸以一定距離（普通為1海里，1,852m）平行豎立二枝標桿（Mile Post）（如下圖7-9），在此間航行。即於此海面上取二條平行的直角航向，以全速航行，見到A與B重疊為一桿時，計數到C與D重疊之間所而的時間，以航行的時間與距離可求速度。設標桿距離為1海哩而航行時間為3分鐘，則此船之速度為20節。實際上，有潮流或風的影響，乃以相同的航線往復航行以求其平均值，新進之測速方法，則利用DGPS定位方法，直接求得船速。

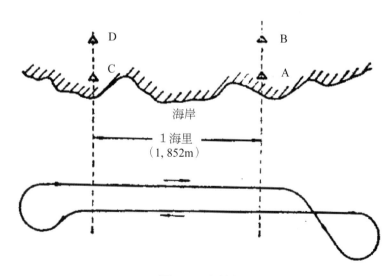

圖7-9　標桿

圖7-10　速度試航中的木屑船

　　迴旋力試航　以舵的作用可改變船舶的航向，若照樣行駛即可描出一個圓周航行。可是此種圓周運動因船的狀況而異，要詳細瞭解船的特徵必須加以操縱。（如圖7-11）

　　記錄該船所描出圓周的航跡，普通是以插有小旗的浮標浮在其位上，自船上以一定時間的間隔測定浮標之距離、速度、船艏方向之變化，在紙上圖示船行之軌跡之軌跡。新近之方法，則利用DGPS系統，在電腦上直接繪出軌跡。

圖7-11　迴旋力試航中的貨船

緊急倒俥　船在全速前進中，突然反轉輪機成為全速後退時，船舶即逐漸降低速度，終至停止，更向後退。又於後退狀態中，再反轉輪機使之全速前進時，與前面相反的順序向前移動。在後退中，就是把舵放在中央，一般也不會直前。調整此等特性即為後退試航，同時計算並記錄反轉輪機對於速度和方向的變化。

其他試航　除上述外，自全速到停止輪機而使船舶停止所須時間，其間所前進的距離之惰性試航，操舵裝置、錨機等之動作，測深儀、計程儀、測向儀、無線通信儀、其他航海用儀器等的性能，也利用此次海上試航的機會，予以試驗。

若欲供應船員完整之操船特性資料，船東可分別要求作下列較為完整試驗項目：

1. 經濟性能試俥
2. 耐航試俥
3. 倒車耐航試俥
4. 鍋爐過荷試驗
5. 中央主推進器控制系統試驗
6. 正車操舵試驗
7. 倒車操舵試驗
8. 輔操舵試驗
9. 轉圈試驗
10. 舵航操作試驗
11. 迴旋操作試驗
12. 橫向推力器試驗
13. 快速自正俥反向倒俥
14. 快速自倒俥反向正俥
15. 低速可控制性能試驗
16. 錨機試驗
17. 清洗系統試驗
18. 其他輔機系統
19. 緊急推進系統
20. 航海設備
21. 無人當值緊報系統

## 五、檢驗項目及建造流程

### （一）一般檢驗項目內容

檢驗項目

　　理論上而言，新船上所有材料、裝備皆要檢驗，但實務上，其項目繁雜，無法一一檢驗；為此一般船廠皆自備需船東檢驗的項目，然其內容並非所有船東皆能接受，因此需要雙方事前的協商。

　　檢驗項目一般分為三部分：(1)船體(2)甲板裝備及塗裝(3)機艙（含電裝備）；前兩項量多，第三項種類繁雜。以下所述檢驗項目係筆者執行新船監造任務多年經驗所留紀錄（以貨櫃船為例）提供參考。實際上監造人員可就新船實況、施工現況、監造負荷等客觀條件之風險機率，對檢驗項目酌量增減。另限於篇幅，除船體結構、主機等幾項詳列其檢驗細項外，其餘僅列出其主要項目。

1. 船體結構（Hull Structure Part）：

   (1) Block insp.*

   (2) Blocks' combined joint insp.

   (3) Hull structure tank & space 之Internal insp.*

   (4) Erection joint insp. & Side Shell之External insp.

   (5) Tank之Hydro test or Air leak test, 以及Weld joint at tight boundary之Vacuum test or Air leak test.*

   (6) BHD, Access hole，Superstructure (fillet welding part of outside boundary)之Hose test. *

   (7) Keel sight.*

   (8) Mold depth* & breadth at mid-ship之Measurement.

   (9) Ship length之Measurement.

   (10) Draft mark之check. *

   (11) Freeboard mark之check. *

   (12) Ship name之insp.

   (13) Bottom之insp.(before launch & final docking).*

   (14) Deadweight之measurement.*

   (15) Inclining experiment.

   (16) Upper deck之 insp.

   (17) Tanks之Structure test.

(18)Tanks之Final insp.

(19)General insp. (including during sea trial)*

註：*符號表示依一般船廠造船施工及檢驗標準規定，由船東檢驗之項目。

2. 舵系與舵架（Rudder System & Stern Frame）：

含部品檢查、對中、試驗、接觸面檢查、崁入檢查、間隙檢查等等。

3. 住艙區（Accommodation Part）：含

(1) 結構、除銹、管路、絕緣、封板前之各項檢驗。

(2) 空間之泛水試驗（Flooding Test）、門窗之沖水試驗。

(3) 住艙區整體、傢俱、廚廁用具、電器用品等等之操作或目視檢查。

註：住艙區檢驗時，應隨時檢討起居便利的細節。

4. 航儀裝備（Nautical Equip）：

含各裝備之操作、檢查、絕緣試驗等等。

5. 無線通訊裝備（Radio Equip）：

含各裝備之操作、檢查、絕緣試驗等等。

6. 內部通訊裝備（Internal Comm. Equip）：

含各裝備之操作、檢查等

7. 照明裝備（Lighting Equip）：

含航行燈、信號燈及其他及類燈的操作、檢查、絕緣試驗等。

8. 警報系統（Call Alarm System）：

含各種警號和呼叫訊號之操作試驗等。

9. 救生裝備（Life Saving Equip）：下列之裝備應予以試驗或/和檢驗等：

(1) Life boat

(2) Life raft

(3) Boat davit & Winch

(4) Safety equipment & Others。

10. 消防系統（Fire Fighting Arrangement）：含

(1) Fire Detecting System Test

(2) $CO_2$ Fire Extinguishing System Test

(3) 其他消防裝備/器材操作/檢查

(4) 機艙必要泵、閥、通風馬達及通風口的緊急關閉操作等。

以上應注意符合SOLAS法規的規定。

11. 空調系統（Air Conditional System）：

含(a)冷凍機之試驗和拆檢、(b)整個系統之各項試驗等。

12. 糧食間冷凍機（Provision Ref. Plant）：

含(a)冷凍機之試驗和拆檢、(b)整個系統之各項試驗等。

13. 舵機（Steering Gear）：

含配件檢查、管路試驗、電氣裝備及整體等之操作檢驗等。

14. 艏推進器（Bow Thruster）：

含管路試驗、電氣裝備及整體等之操作檢驗等。

15. 繫泊裝備（Mooring Equip.）：下列之裝備應予以試驗/檢查等

(1) Windlass

(2) Mooring winch

(3) Anchor

(4) Anchor chair

(5) Hawser

(6) Mooring fitting (chock、fair-leader、hawse pipe、etc.)

16. 貨物裝載裝備（Cargo Loading Gear）：下列之裝備應予以試驗/檢查等：

(1) Hatch cover & Covering gear

(2) Cell guide

(3) Lashing gear

(4) Loading computer

(5) Reefer container supervisory system

17. 其他甲板機械（Other Deck Machinery）：下列之機械設備應予以試驗/檢查等：

(1) 電梯（Elevator）

(2) 通風扇（Ventilation Fan）

(3) ICCP

18. 其他雜項艤裝品（Misc. Outfits）：下列之艤裝品應予以試驗/檢查等：

(1) W/T door & Hatch

(2) Main & Aux. ace. ladder：(Including Davit)

(3) Provision crane

(4) Fuel oil hose davit

(5) Davit for pilot

(6) Cargo hold & Misc. space

(7) Radar mast、Fore mast、Steel shelves、Tank、Void space。

19. 塗裝（Painting）：下列項目應予以除銹、塗漆檢驗：

(1) Block incl. Hatch cover（特別注意壓水艙、Bilge Well等處。）

(2) Container post ----------

(3) External shell(Before launching、Final docking)

(4) D/H outside and inside shell、Hatch coaming、Cell guide.

(5) Passage way、Cargo hold、W.B.T.、F.W.T.、Valve Comp. Space、Void space、misc. space等。

(6) Fore mast、Radar mast、Other misc. post and davit.

(7) Upper deck.

(8) E/R ： Tanks、Air vessel、Piping & Fitting、Equipment、Ceiling、Wall、Floor等。

20. 機器與電氣裝備

(1) 主機（M/E）

① Bed-plate、Column、Charge air receive等主件之焊前、焊後、及加工後檢查。

② Parts（組件）之Final inspect（完檢）*

③ Parts之Hyd. Test（水壓試驗）*

④ Turbo Charger之Performing test（性能試驗）、Overhaul insp.（拆檢）、Final insp.

⑤ Cyl. Jacket with Column之Centering insp.（對中檢查）

⑥ Tie Rod之Elongation insp.

⑦ Crankshaft之Deflection check.

⑧ Measuring（檢測）下列項目：

a. Main bearing height.

b. Clearance of main-bearing, Crank bearing & Thrust pad.

c. Driving gear backlash.

⑨ 廠試(Shop test)*

⑩ 廠試後拆檢*.(應注意拆檢管路艤如L.O. pipe, Compressed air pipe等)

⑪ Tie Rod之Elongation insp.*

⑫ 檢測項日如⑧項。

⑬ Reamer bolt & hole之Dimension check.

⑭Chock liner之fitting insp.(about before shafting alignment.)

⑮Holding down bolts之Chilling fitting inspection* (about before shafting alignment.)

⑯Holding down bolt之check(after tightening up)

⑰Holding down bolt之hose test.

⑱Chock liner之fitting insp.*(after tightening up, by feeler gauge)

⑲Main & control air piping之Air blow & Leakage test.

⑳L.O. piping之Flushing insp.

㉑Crank case & Sump tank之Cleaning insp.*

㉒Crankshaft之Deflection check.*

㉓Sensor alarm & Indicating lamp之test.

㉔下列項目之On board test：*

    a. safety device & alarm device test.

    b. turning gear之inter-lock test.

    c. starting confirm. test.

    d. M/E remote control device.(including aux. blower operation test.)

㉕Fuel injection pump之timing check.

㉖Remote control system之Simulation test.

㉗Mooring trial

㉘Sea trial*

㉙Overhauling insp.(after sea trial)*

註：*符號表示依一般船廠造船施工及檢驗標準規定，由船東檢驗之項目。

(2) 軸系與螺槳（Shafting & Propeller，含螺槳、大軸及其軸承、艉軸套、油封）：含各組件檢查、螺槳平衡試驗、接觸面檢查、油封緊度及測漏檢查、軸系看中、螺槳壓入、軸系調整及軸承負荷檢查、軸系振動檢驗等等各種檢查/試驗。

(3) 輔鍋爐（A/B）與節熱器（E.G.E.）：
含結構檢驗、水壓試驗、性能操作試驗、拆檢等等。

(4) 發電機（G/E）：
含各組件檢查、水壓試驗、廠試、性能操作試驗、拆檢等等。

(5) 緊急發電機（EMC'Y G/E）：含廠試、性能操作試驗等。

(6) 泵（Pump）：
含廠試、拆檢、安裝檢查、性能操作試驗等等。

(7) 空壓機（Air Compressor）：

含廠試、拆檢、安裝檢查、性能操作試驗等等。

(8) 淡水機（F.W. Generator）：

含完檢、容量測試、警號測試等。

(9) 淨油機（Oil Purifier）：

含廠試、拆檢、性能操作試驗等。

(10)熱交換器（Heat Exchanger）：

含水壓試驗、完檢等。

(11)油水分離器（Oily Water Separator）：

含水壓試驗、完檢、性能操作試驗等。

(12)強力通風扇（Forced Draft Fan）：

含廠試、安裝檢查、性能操作試驗等。

(13)高架吊車（Overhead Crane）：

含廠試、性能操作試驗等。

(14)工作間機械（Workshop Machine）：

含性能操作試驗等。

(15)空氣瓶（Air Reservoir）：

含結構試驗、水壓試驗、塗裝檢驗、安全裝置確認等等。

(16)機艙內獨立櫃（Engine Room Independent Tank）：

含完檢、水壓試驗、塗裝檢驗、安全裝置及性能操作確認等。

(17)閥（Valve）：含水壓試驗、性能操作確認等。

(18)其他項目：

如Strainer（含L.O. & F.O.）、A-C Oil change device、MGPS、Sewage treatment SYS.等之性能操作確認；通風管路、煙囪、起重工具、架子、梯子、地板、天花板、牆壁、絕緣等之檢查。

(19)管路系統（Piping System）：

含水壓試驗（依驗船協會規定）、安裝檢驗、測漏試驗、滑油管路清管檢查及性能操作確認等等。

(20)電氣裝備（Electric Equip）：

含Generator、各種Switchboard、Transformer(100KVA & over)、Motor(for essential service，over 37KW)、Starter(for essential service)、Control panel、Bow thruster motor & Control system、各類電器用品等裝備之溫

昇、絕緣、高壓試驗、以及各種性能操作確認等等。

(21) 自動/遙控裝備（Auto and/or Remote Control Equip）：含以下各系統之性能操作確認：

①M/E & Its essential aux.（含Remote control system & Emc'y stop device）：

含Monitoring & Data logger, DRT print, CRT hard copy, Alarm MIP, Torsion meter, SIPWA, Telegraph, Tachometer. (control equip. of M/E to be tested for insulation resistance test additionally)

②Elec. Generating plant.

③Steam generator.

④Bilge system.

⑤Ballasting system.

⑥F.O. system.

⑦Deck machinery(incl. Rudder anger indicator)

⑧Draft, Trim & Heel.

⑨F.O. tank shut down valves、Vent dampers、Vent fans、Pumps之Emc'y stop system.

資料來源：黃余得／船舶與海運，736期

（二）船體組合部分(Block)等之檢控內容

每種受驗物品皆有其特殊的檢驗技巧，有關船體BLOCK等數項檢驗內容或應注意事項列述如下：

1. 船體Block之檢驗內容：

| 檢驗內容 | 缺陷可能影響範圍 |
|---|---|
| 焊道之平順（如Spatter、Crater、Ripple等） | 外觀、塗裝、阻力（外板） |
| *焊道之品質（如焊條品質、施工條件、焊工資格、焊接順序、#焊道缺陷等） | 外觀、塗裝、強度 |
| 缺口之滑順 | 外觀、塗裝。通行安全、阻力（外板） |
| *鋼板之缺陷（如Quality、Thickness、Pitting、Flaking、Lamination、Hair cracking、Over heating等。） | 外觀、塗裝、強度 |
| *結構之合理性（含鐵工的處理） | 強度 |
| 流水孔之順暢 | 以免艙內抽水後仍有積水 |
| 通氣孔之順暢 | 以免發生空氣堵塞 |
| 通路之順暢、安全 | 人員通行便捷及安全 |
| 已完成之艤裝品（如安排、貫穿、固定、支撐、便利性等） | 減輕將來安裝階段大量艤裝品檢驗之負荷 |

註：*者係驗船師之檢驗重點

#焊道缺陷，如Crack、Undercut、Overlap、Pinhole、Insufficient Welds、Missed Welds、Insufficient Penetration、Slag-in、Blow hole、Fisheye等。

2. 壓水艙內完檢時應注意事項：

(1) 測深管（Sounding pipe）和通氣管（Air Vent）外端應暫行封口，以免雜物丟入內。

(2) 壓水管路之所有固定螺絲應上緊，且無遺漏。

(3) 壓水管路之吸水口（Bell Mouth）應鎖緊，並注意其距離地板之高度；且應無雜物阻塞。

(4) 測深管底端應無雜物、並注意其距底板距離，不可觸及底板；且其固定螺絲應上緊。

(5) 遙控測深管底端應無雜物、並注意距底板距離；且其固定螺絲應上緊。

(6) 鋅板應固定，且其表面應維持清潔，無油漆等異物。

(7) 檢查塗裝工作，是否有遺漏補漆。

(8) 艙內無積水可能性；通氣管應暢通。

(9) 艙內保持清潔，不可遺留工具或垃圾。

(10) 艙內檢查完畢後，應確認其人孔蓋（Man Hole）關閉鎖緊。

資料來源：黃余得／同上偈

（三）新船建造流程

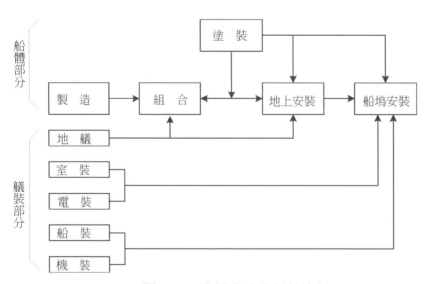

圖7-12　造船廠建造新船流程

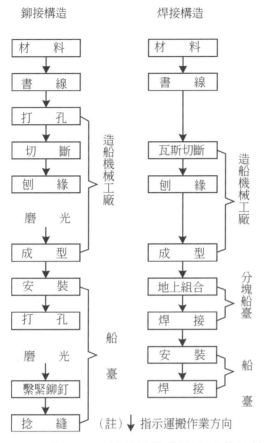

鉚接構造　　　　　焊接構造

| 鉚接構造 | | 焊接構造 | |
|---|---|---|---|
| 材　料 | | 材　料 | |
| 書　線 | | 書　線 | |
| 打　孔 | 造船機械工廠 | 瓦斯切斷 | 造船機械工廠 |
| 切　斷 | | 刨　緣 | |
| 刨　緣 | | 成　型 | |
| 磨　光 | | 地上組合 | 分塊船臺 |
| 成　型 | | 焊　接 | |
| 安　裝 | 船臺 | 安　裝 | 船臺 |
| 打　孔 | | 焊　接 | |
| 磨　光 | | | |
| 繫緊鉚釘 | | | |
| 捻　縫 | | | |

（註）↓指示運搬作業方向

圖7-13　新舊船體建造方式的比較

1. 分段式法：

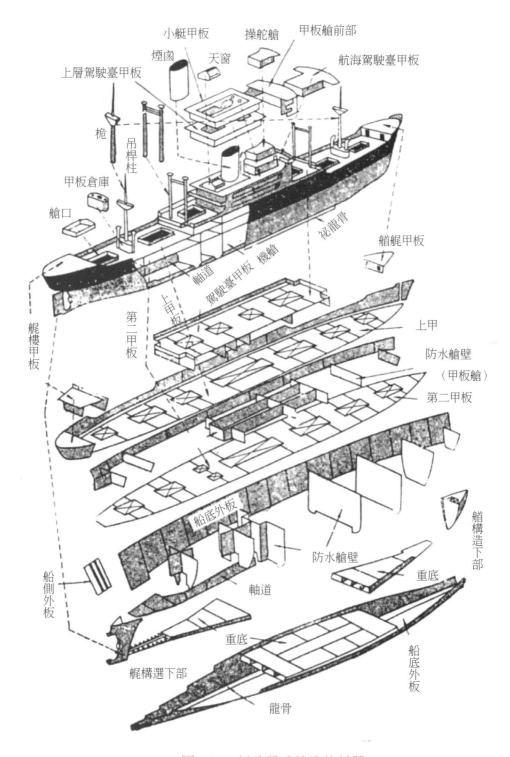

圖7-14　以分段式建造的船體

## 2. Block法：

**附件7-1**

Unit : usd

| Ship's Name | (1) Crew Expenditure | (2) Stores | (3) Spare Parts | (4) Lub Oil | (5) Survey | (6) Voyage M'Tenace Permium | (7) Insurance Permium | (8) P/T/T'T | (9) Misc. | (10) Staff Travel | (11) Total | (12) Docking | (13) Tonnage Tax | (14) Damage & Capital Cost / etc. | (15) Grand Total | (16) Admin. Overhead | (17) Owner's Others | (18) Grand Total | Remarks |
|---|---|---|---|---|---|---|---|---|---|---|---|---|---|---|---|---|---|---|---|
| AA | 620,000 | 55,500 | 120,000 | 200,000 | 26,500 | 35,000 | 246,400 | 12,000 | 25,000 | 7,500 | 1,347,900 | 337,000 | | 45,000 | 1,769,900 | 81,200 | 1,000 | 1,852,100 | |
| BB | 660,500 | 57,000 | 105,000 | 93,000 | 21,500 | 27,500 | 123,200 | 12,000 | 30,000 | 5,000 | 1,134,700 | 224,500 | | 45,000 | 1,404,200 | 81,200 | 1,000 | 1,486,400 | |
| CC | 620,0000 | 56,000 | 120,000 | 196,000 | 21,700 | 45,000 | 325,600 | 12,000 | 20,000 | 5,000 | 1,421,300 | 395,000 | | 126,000 | 1,942,300 | 81,200 | 1,000 | 2,024,500 | |
| DD | 732,500 | 72,500 | 356,000 | 250,000 | 23,900 | 65,000 | 231,000 | 12,000 | 15,000 | 8,000 | 1,774,900 | 375,000 | | 45,000 | 2,194,900 | 81,200 | 1,000 | 2,277,100 | |
| EE | 620,000 | 60,500 | 135,000 | 200,000 | 20,800 | 40,000 | 290,400 | 12,000 | 30,000 | 4,500 | 1,413,200 | 278,000 | | | 1,691,200 | 81,200 | 1,000 | 1,17773,400 | |
| FF | 680,000 | 54,500 | 120,000 | 155,000 | 21,500 | 42,500 | 143,000 | 10,000 | 12,000 | 4,200 | 1,242,700 | 247,000 | | 45,000 | 1,534,700 | 81,200 | 1,000 | 1,616,900 | |
| Total | 3,933,000 | 356,000 | 965,000 | 1,094,000 | 135,900 | 255,000 | 1,359,600 | 70,000 | 132,000 | 34,200 | 8,334,700 | 1,896,500 | | 306,000 | 10,537,200 | 487,200 | 6,000 | 11,030,400 | |

## 附件7-2

Unit : usd

| Vessels' Name | (1) Crew Expenditure | (2) Stores | (3) Spare Parts | (4) Lub Oil | (5) Survey | (6) Voyage | (7) Drydocking D/D | (7) Drydocking Paints | (8) Insurance | (9) P/T/T | (10) Misc. | (11) Staff Travel | (12) Total | (13) Management Fee | (14) Others | (15) Grand Total | Remarks |
|---|---|---|---|---|---|---|---|---|---|---|---|---|---|---|---|---|---|
| A | 1,113,458 | 110,000 | 150,000 | 140,000 | 40,000 | 50,000 | | | 317,000 | 8,000 | 50,000 | 20,000 | 1,998,458 | | | 1,998,458 | (Next D/D Schedule NOV. '96) |
| B | 1,056,013 | 120,000 | 150,000 | 240,000 | 50,000 | 80,000 | | | 470,000 | 8,000 | 50,000 | 15,000 | 2,239,013 | | | 2,239,013 | (Next D/D Schedule NOV. '96) |
| C | 1,056,013 | 120,000 | 100,000 | 220,000 | 25,000 | 30,000 | 300,000 | 100,000 | 487,000 | 8,000 | 50,000 | 10,000 | 2,506,013 | | | 2,506,013 | INCL. Renewal of "COFR" |
| D | | 120,000 | | 70,000 | | | | | | | | 30,000 | 220,000 | 250,000 | 21,000 (G/ENGR) | 491,000 | (Delivery : Feb. 10, 1995) |
| D | 995,429 | 100,000 | 100,000 | 130,000 | 15,000 | 10,000 | | | 460,000 | 8,000 | 50,000 | 10,000 | 1,878,429 | 92,000 | | 1,970,429 | INCL. Renewal of "COFR" INCL USDOC & Other Attend |
| E | | 120,000 | | 70,000 | | | | | | | | 30,000 | 220,000 | 250,000 | 21,000 (G/ENGR) | 491,000 | (Delivery : Mar 21, 1995) |
| E | 906,247 | 100,000 | 100,000 | 115,000 | 15,000 | 10,000 | | | 370,000 | 8,000 | 50,000 | 10,000 | 1,684,247 | 92,000 | | 1,776,427 | INCL. Renewal of "COFR" INCL USDOC & Other Attend |
| (Initial) | 0 | 240,000 | 0 | 140,000 | 0 | 0 | 0 | 0 | 0 | 0 | 0 | 60,000 | 440,000 | 500,000 | 42,000 | 982,000 | |
| Total | 5,127,160 | 550,000 | 600,000 | 845,000 | 145,000 | 180,000 | 300,000 | 300,000 | 2,104,000 | 40,000 | 250,000 | 65,000 | 10,306,160 | 184,000 | 0 | 10,490,160 | |

**附件7-3**

年度營運成本預算彙總表

單位：美金

| 項 目 | 壹號船組 金額 | % | 壹號船組 金額 | %（2） | 貳號船組 金額 | % | 貳號船組 金額 | %（3.1） | 參號船組 金額 | % | 參號船組 金額 | %（3.6） | 肆號船組 金額 | % | 肆號船組 金額 | %（3.1） |
|---|---|---|---|---|---|---|---|---|---|---|---|---|---|---|---|---|
| 油料費用 燃料油 | 186,455 | 18.4 | 372,910 | 18.4 | 186,455 | 17.9 | 578,011 | 17.9 | 199,151 | 13.8 | 716,944 | 13.8 | 193,129 | 10.6 | 538,700 | 10.6 |
| 柴油 | 33,339 | 3.3 | 66,678 | 3.3 | 33,339 | 3.2 | 103,351 | 3.2 | 33,991 | 2.4 | 122,368 | 2.4 | 26,653 | 1.5 | 82,624 | 1.5 |
| 潤滑油 | 19,444 | 1.9 | 38,888 | 1.9 | 19,444 | 1.9 | 60,276 | 1.9 | 26,871 | 1.9 | 96,736 | 1.9 | 28,667 | 1.6 | 88,858 | 1.6 |
| 小 計 | 239,238 | 23.6 | 478,476 | 23.6 | 239,238 | 23.0 | 741,638 | 23.0 | 260,013 | 18.1 | 936,047 | 18.1 | 248,449 | 13.7 | 770,192 | 13.7 |
| 港埠費用 | 263,000 | 25.9 | 526,000 | 25.9 | 272,000 | 26.1 | 843,200 | 26.1 | 283,000 | 19.6 | 1,018,800 | 19.6 | 278,000 | 15.2 | 861,800 | 15.2 |
| 其他營物成本 | 11,150 | 1.1 | 22,300 | 1.1 | 11,450 | 1.1 | 35,495 | 1.1 | 12,250 | 0.8 | 44,100 | 0.8 | 12,250 | 0.7 | 37,975 | 0.7 |
| 變動運送的成本 | 513,388 | 50.6 | 1,026,776 | 50.6 | 522,688 | 50.2 | 1,620,333 | 50.2 | 555,263 | 38.5 | 1,998,947 | 38.5 | 538,639 | 29.6 | 1,609,967 | 29.6 |
| 固定成本 用人費用 | 186,161 | 18.3 | 372,322 | 18.3 | 186,161 | 17.9 | 577,099 | 17.9 | 186,161 | 12.9 | 670,180 | 12.9 | 186,161 | 10.2 | 577,099 | 10.2 |
| 折舊費用 | | | | | | | | | 304,122 | 21.1 | 1,094,839 | 21.1 | 455,555 | 24.9 | 1,412,221 | 24.9 |
| 修建費用 | 125,281 | 12.3 | 250,563 | 12.3 | 119,632 | 11.5 | 370,361 | 11.5 | 154,529 | 10.7 | 556,306 | 10.7 | 67,378 | 3.7 | 208,872 | 3.7 |
| 保險費用 | 111,918 | 11.0 | 223,836 | 11.0 | 114,776 | 11.0 | 355,806 | 11.0 | 117,020 | 8.1 | 421,272 | 8.1 | 119,410 | 6.5 | 370,190 | 6.5 |
| 稅 捐 | 1,519 | 0.1 | 3,038 | 0.1 | 1,703 | 0.2 | 5,279 | 0.2 | 1,665 | 0.1 | 5,994 | 0.1 | 1,781 | 0.1 | 5,521 | 0.1 |
| 消耗品 | 17,500 | 1.7 | 35,000 | 1.7 | 17,500 | 1.7 | 54,250 | 1.7 | 17,500 | 1.2 | 63,000 | 1.2 | 17,500 | 1.0 | 54,250 | 1.0 |
| 各項規費 | | | | | 19,240 | 1.8 | 59,614 | 1.8 | 48,100 | 3.3 | 173,160 | 3.3 | 55,715 | 3.0 | 172,717 | 3.0 |
| 船務費用 | 9,000 | 0.9 | 18,000 | 0.9 | 9,000 | 0.9 | 27,900 | 0.9 | 9,000 | 0.6 | 32,400 | 0.6 | 9,000 | 0.5 | 27,900 | 0.5 |
| 其 他 | | | | | | | | | | | | | | | | |
| 小 計 | 451,379 | 44.3 | 902,759 | 44.3 | 468,012 | 45.0 | 1,450,839 | 45.0 | 838,097 | 58.0 | 3,017,151 | 58.0 | 912,506 | 49.9 | 2,828,769 | 49.9 |
| 運航成本合計 | 961,767 | 94.9 | 1,929,535 | 94.9 | 990,700 | 95.2 | 3,071,171 | 95.2 | 1,393,360 | 96.5 | 5,016,098 | 96.5 | 1,451,205 | 79.5 | 4,438,736 | 79.5 |
| 營業費用 | 11,436 | 1.1 | 22,872 | 1.1 | 11,436 | 1.1 | 35,452 | 1.1 | 11,435 | 0.8 | 41,170 | 0.8 | 11,436 | 0.6 | 35,452 | 0.6 |
| 管理費用 | 38,671 | 3.8 | 77,342 | 3.8 | 38,671 | 3.7 | 119,380 | 3.7 | 38,671 | 2.7 | 139,216 | 2.7 | 38,671 | 2.1 | 119,880 | 2.1 |
| 財務費用 | | | | | | | | | | | | | 326,704 | 17.9 | 1,012,782 | 17.9 |
| 營業外收支 | | | | | | | | | | | | | | | | |
| 決算成本合計 | 1,011,874 | 100.0 | 2,020,719 | 100.0 | 1,040,807 | 100.0 | 3,226,503 | 100.0 | 1,443,457 | 100.0 | 5,196,483 | 100.0 | 1,823,016 | 100.0 | 5,666,850 | 100.0 |

附件7-4

## ROUTINES
## Presentation Form – Main Groups
## Ship's Report

Vessel: .............     Date: .............     US$ 1000

### Account/Budget: Summary of Running Costs and Operating Result

| Result per: | Account | Budget | Variation | Variation 1st 4-monthly period | Variation 2nd 4-monthly period | Variation 3rd 4-monthly period | Annual Budget | Annual Budget Revised | Variation Annual Budget |
|---|---|---|---|---|---|---|---|---|---|
| CREW COST | | | | | | | | | |
| SUPPLIES | | | | | | | | | |
| MAINTENANCE & REPAIRS | | | | | | | | | |
| DRY-DOCKING | | | | | | | | | |
| INSURANCE | | | | | | | | | |
| MANAGEMENT FEE | | | | | | | | | |
| OTHER RUNNING COSTS | | | | | | | | | |
| TOTAL RUNNING COSTS | | | | | | | | | |
| Daily running costs excluding dry-docking   US$ | | | | | | | | | |
| Net freight T/C basis – Running costs – New installations | | | | | | | | | |
| OPERATING RESULT | | | | | | | | | |

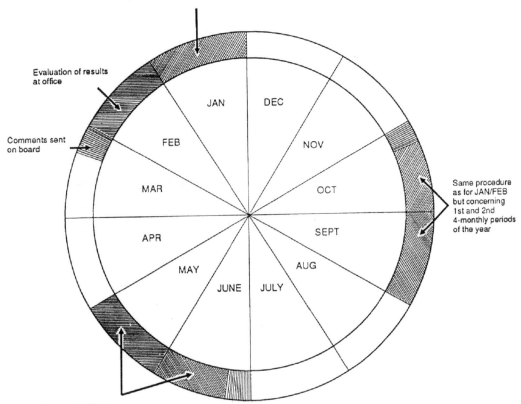

# ACTIVITY PLAN

## Budget – Follow Up

Evaluation by shipboard management of last 4-monthly period and yearly total
Office figures sent to vessel
Ship's comments sent to office

Evaluation of results
at office

Comments sent
on board

JAN DEC

FEB NOV

MAR OCT

APR SEPT

MAY AUG

JUNE JULY

Same procedure
as for JAN/FEB
but concerning
1st and 2nd
4-monthly periods
of the year

Same procedure as
for JAN/FEB but concerning
1st 4-monthly period
of the year

213

船舶管理 Ship Management

## 附件7-6 工時範例

# PARETO'S RULE

| Jobs | Hours Worked | |
|---|---|---|
| Sea watch | 6434 | |
| Painting | 1205 | |
| Assembling/Dismantling | 701 | |
| Cleaning | 651 | |
| General repairs | 642 | |
| Assist, supervision | 408 | |
| Supervise | 463 | 24% of all subjects |
| Electrical repairs | 395 | 75% of total time used |
| Replacing turbine | 371 | |
| Valve grinding | 358 | |
| Cleaning paint | 344 | |
| Cleaning equipment | 324 | |
| Tank cleaning | 321 | |
| Cargo handling | 317 | |
| Stand-by | 299 | |
| Assist Electrician | 253 | |
| Mooring | 247 | |
| Preparing seaway | 240 | |
| Watchman | 222 | |
| Piston job | 217 | |
| Lubricating | 205 | |
| General maintenance | 202 | |
| Storing | 194 | |
| Manoeuvring | 186 | |
| Inspecting electrical equipment | 183 | |
| Light watch | 175 | |
| Work after yard | 139 | |
| Grinding/turning | 127 | |
| Ballasting | 127 | |
| Sounding | 121 | |
| Packing | 112 | |
| Welding | 101 | |
| General electrical work | 77 | |
| Prepare cargo handling | 75 | |
| Overhauling | 61 | |
| Sundry work | 51 | |
| Safety drills | 43 | |
| Pipe assembling | 40 | |
| Boiler cleaning | 34 | |
| Sounding cargo | 34 | |
| Carpenter work | 30 | |
| Cleaning paint indoors | 29 | |
| Sundry cargo handling | 29 | |
| Sailmaker work | 19 | |
| Cabin cleaning | 14 | |
| Washing deck | 12 | |
| Training | 11 | |
| Rust removing | 9 | |
| Management | 8 | |
| Anchoring | 8 | |
| Office work | 7 | |
| Miscellaneous watch | 6 | |
| New electrical installations | 5 | |
| Bunkering | 4 | |

# PARETO'S RULE

| Account No. | Description | US$ 1000 | This year | Last year | Previous year |
|---|---|---|---|---|---|
| 101 | Wages | 317 | 1 | 1 | 1 |
| 501 | Hull insurance | 118 | 2 | 3 | 4 |
| 600 | Management fee | 80 | 3 | 2 | 3 |
| 213 | Lubricants | 57 | 4 | 4 | 6 |
| 505 | P & I | 56 | 5 | 6 | 5 |
| 106 | Overtime | 54 | 6 | 5 | 2 |
| 107 | Travel | 50 | 7 | 10 | 14 |
| 108 | Social expenses | 45 | 8 | 7 | 8 |
| 322 | Maintenance group | 40 | 9 | 11 | 7 |
| 701 | Communication | 39 | 10 | 8 | 9 |
| 222 | Provisions | 37 | 11 | 16 | 12 |
| 320 | Fees, salaries | 22 | 12 | 12 | 10 |
| 105 | Holidays, vacation | 21 | 13 | 15 | – |
| 502 | Hull interest | 16 | 14 | 13 | 16 |
| 416 | Forwarding expenses | 14 | 15 | 9 | 11 |
| 703 | Owner pool expenses | 12 | 16 | 14 | 15 |

(20% of all items)                     978 (82% of all costs)

# 第八章　船員管理

　　船舶為海運經營的主要工具，船員則為船舶營運的尖兵。有龐大堅強的船隊，而欠缺優秀的船員，自然無法發揮整體的經營實力。因此有關船員事務的管理作業至為重要。船員管理乃包括在整體船隊管理的運作層面，然一般船公司，因考量其業務繁多，且涉及法令規章之不確定性，因此大部分在組織架構中均另立船員部門，即一般所稱的船務部，負責掌理所有與船員有關的事務。在前章中我們曾提到在整個船舶管理費用中，屬船員事務的費用平均幾乎佔了百分之四十五以上。其主要費用在於船員薪津、伙食及保險（參見表8-1）。船員事務管理之優良與否，關係船隊的營運績效，間接影響公司的收益。我國航政管理機關交通部航政司下設有船員科，專司船員事務，由此更彰顯出船員事務管理的重要性。本章就船員有關之作業，如資格晉用、訓練、保險、勞動條件與福利及有關海事技術諮詢方面，分別在下述各節中予以討論。

表8-1　船舶管理費用比例

| 項目 | 所佔比例 |
|---|---|
| 船員費用 | 63.30％ |
| 保養費用 | 15.71％ |
| 保險費用 | 19.91％ |
| 其他（包括行政管理） | 1.08％ |

## 第一節　人員招募與進用

　　商船船員指船長及海員，依船員法第二條之定義，船長指受雇用人僱用，主管船舶一切事務之人，海員指受雇用人僱用，由船長指揮，服務於船舶上之人員。在船舶的適航條件中，其中一項為運送人或船舶所有人於發航前及發航時，應配置船舶相當船員，（海商法第六十二條二項）所謂相當的船員，即適職、適格的船員。因此船員的招募與進用必需符合船隊營運的需要及相關的法令規定。

## 一、僱用條件

船員中經國家考試，取得交通部航海人員執業證書者，稱為高級船員。符合航海基本規定取得船員服務手冊者稱普通船員。無論高級或普通船員都應具有一定資格、能力與經驗。此為航行所必須，亦為國際之規定。

### （一）公約

一九二六年關於海員僱傭契約條件公約（Seamen's Article of Agreement Conven-tion, 1926）對僱傭內容、條件均有詳細規定。

一九三六年商船船長及駕駛輪機人員資格公約（Professional Capacity of Merchant Marine Masters and Officers Convention, 1936）。

一九四六年船員體格檢查公約（Medical Examination （Seafarers） Convention, 1946）。

一九四六年幹練海員資格證明書公約（Certification of Able Seamen Convention, 1946）。其第一條規定：無論任何人非經國家法規認為確能勝任艙船員必須擔任之一切工作（船上官員、管理人員或有專門技術船員所任工作除外），並持有根據下列各條規定發給之幹練海員資格證明者，不得僱為船上幹練海員。

一九七八年航海人員訓練、發證及當值標準國際公約（International Convention on Standards of Training, Certification and Watch-Keeping for Seafarers, 1978）。對各級船員（船長、高級船員及普通船員）資格均有最低要求之規定。

### （二）國內相關規定

1. 特種考試航海人員考試規則。規定應考資格、考試成績計算及考試科目特種考試及航海人員考試體格標準。
2. 船員僱傭契約。包括契約簽定之手續、含勞動內容之載明事項、契約終止等。
3. 船員法。

從一九七八年航海人員訓練、發證及當值標準國際公約之一九九五／二○一○年修正案及附錄之規定，我們可以知道在2012年1月1日以後要成為船上服務之航海人員，就必須符合一九七八年航海人員訓練、發證及當值標準國際公約之二○一○年修正案及附錄之各項規定。

航海人員適任標準中所述之能力歸類為下列七種專長：

1. 航海。

2. 貨物作業與儲存。

3. 船舶操作及船上人員管理。

4. 輪機工程。

5. 電機、電子及控制工程。

6. 保養及維修。

7. 無線電通信。

　　並分成下列責任層級：

1. 管理級。

2. 操作級。

3. 助理級。

　　其各層級所需專長與適任能力（最低知識要求）說明如下

## 二、航海人員發證之資格

（一）船長及艙面部門

1. 船副

　　(1) 總噸位未滿500，且屬近岸航程（操作級）

　　　　依附錄規則II/3第4項之規定，欲取得該種級航行員證書者，在年齡及資歷
　　　　上應符合下列條件：

　　　　a. 年齡滿十八歲。

　　　　b. 已完成特別訓練，包括主管機關所要求足夠期間適當之海勤資歷；或至
　　　　　　少三年經認可在艙面部門之海勤資歷。

　　　　c. 完成認可之教育及訓練，並且符合STCW章程A-III/3節所述之適任標
　　　　　　準。

　　(2) 總噸位未滿500，且屬非近岸航程（操作級）

　　　　依附錄規則III/3第1項之規定，且在總噸位未滿500，從事近岸航程之航行
　　　　員，應持有總噸位500以上船舶航行員之適當證書。

　　(3) 總噸位500以上（操作級）

　　　　依附錄規則II/1第2項之規定，欲取得該種級航行員證書者，在年齡及資歷
　　　　上應符合下列條件：

　　　　a. 年齡滿十八歲。

b. 具有至少一年經認可之海勤資歷，作為符合STCW章程第A-II/Ⅰ節之要求，包含在船訓練在內經認可訓練計畫之一部分，並在認可的訓練記錄簿中載明；或具有至少三年經認可之海勤資歷。

c. 在所要求之海勤期間，在船長或合格甲級船員監督下，執行駕駛台當值職責至少六個月。

d. 完成認可之教育與訓練，並且符合STCW章程A-II/1節所述之適任標準。

2. 大副

(1) 總噸位在500至3000（管理級）

依附錄規則II/2第4項之規定，欲取得該種級大副證書，應具備下列之資歷：

a. 符合總噸位500以上船舶負責航行當值航行員之要求。

b. 完成認可之教育與訓練，並且符合依STCW章程A-II/2節，所述之適任標準。

(2) 總噸位在3000以上（管理級）

依附錄規則II/2第2項之規定，欲取得該種級大副證書，應具備下列之資歷：

a. 符合在總噸位50C以上船舶，負責航行當值航行員之發證要求。

b. 具有上述職務至少十二個月之海勤資歷。

c. 完成認可之教育與訓練，並且符合STCW章程A-II/2節所述之適任標準。

3. 船長

(1) 總噸位未滿500，且屬近岸航程（操作級）

依附錄規則II/3第6項之規定，欲取得該種級船長證書者，在年齡及資歷上應符合下列條件：

a. 年齡滿二十歲。

b. 具有至少十二個月負責航行當值航行員之認可海勤資歷。

c. 完成認可之教育與訓練，並且符合STCW章程A-II/3節所述之適任標準。

(2) 總噸位未滿500，且屬非近岸航程（管理級）

依附錄規則II/3第2項之規定，且在總噸位未滿500從事近岸航程之船長，應持有總噸位500至3000船舶船長之適當證書。

(3) 總噸位500至3000（管理級）

依附錄規則II/2第4項之規定，欲取得該種級船長證書，應具備下列之資歷：

a. 符合在總噸位500以上船舶，負責航行當值航行員之發證要求。

　　b. 具有上述職務至少三十六個月之海勤資歷；或至少二十四個月海勤資歷，但其中包含至少十二個月之大副海勤資歷。

　　c. 完成認可之教育與訓練，並且符合STCW章程A-II/2節所述之適任標準。

(4) 總噸位在3000以上（管理級）

　　依附錄規則II/2第2項之規定，欲取得該種級船長證書，應具備下列之資歷：

　　a. 符合在總噸位500以上船舶，負責航行當值航行員之發證要求。

　　b. 具有上述職務至少三十六個月之海勤資歷；或至少二十四個月海勤資歷，但其中包含至少十二個月之大副海勤資歷。

　　c. 完成認可之教育與訓練，並且符合STCW章程A-II/2節所述之適任標準。

4. 航行當值普通船員

依附錄規則II/4第2項之規定，欲取得該項證書者，在年齡及資歷上應符合下列條件：

(1) 年齡滿十六歲。

(2) 成認可的海勤資歷，包括至少六個月之訓練及經歷；或完成上船前或在船上之特別訓練，包括至少二個月認可之海勤資歷。

(3) 符合STCW章程A-II/4節所述之適任標準。


（二）輪機部門

1. 管輪

主機推進動力在750千瓦以上（操作級）依附錄規則III/1第2項之規定，欲取得該種級證書，在年齡及資歷上應符合下列條件：

(1) 年鈴滿十八歲。

(2) 已依STCW章程第A-III/1節完成不少於十二個月的組合工廠技能培訓及認可的海勤資歷。

(3) 完成至少三十個月認可之教育及訓練，其中包括在認可之訓練記錄簿上載明之船上訓練，並且符合STCW章程A-III/1節所述之適任標準。

2. 大管輪

(1) 主機推進動力在750至3000千瓦（管理級）

　　依附錄規則III/3第2項之規定欲取得該種級大管輪證書，應具備下列之資歷：

　　a. 符合負責輪機當值輪機員之發證要求。

　　b. 具有至少十二個月之助理輪機員或輪機員認可之海勤資歷。

　　c. 完成認可之教育與訓練，並且符合STCW章程A-III/3節所述之適任標準。

(2) 主機推進動力在3000千瓦以上（管理級）

依附錄規則III/2第2項之之規定，欲取得該種級大管輪證書，應具備下列之資歷：

　　a. 符合負責輪機當值輪機員之發證要求。

　　b. 具有至少十二個月之助理輪機員或輪機員認可之海勤資歷。

　　c. 完成認可之教育與訓練，並且符合STCW章程A-III/2節所述之適任標準。

3. 輪機長

(1) 主機推進動力在750至3000千瓦（管理級）

依附錄規則III/3第2項之規定，欲取得該種級輪機長證書，應具備下列之資歷：

　　a. 符合負責輪機當值輪機員之發證要求。

　　b. 具有至少二十四個月認可之海勤資歷，其中至少有十二個月以大管輪資格服務。

　　c. 完成認可之教育與訓練，並且符合STCW章程A-III/3節所述之適任標準。

(2) 主機推進動力在3000千瓦以上（管理級）

依附錄規則III/2第2項之規定，欲取得該種級輪機長證書，應具備下列之資歷：

　　a. 符合負責輪機當值輪機員發證之要求。

　　b. 具有至少三十六個月認可之海勤資歷，其中至少有十二個月係以合格之身分擔任大管輪之職位。

　　c. 完成認可之教育與訓練，並且符合STCW章程A-III/2節所述之適任標準。

4. 電子員及電子技工

其資格需符合附錄A-Ⅲ/6節規定之適任標準。

5. 輪機當值普通船員

(1) 主機推進動力在750千瓦以上（助理級）

依附錄規則III/4之規定，欲取得該項證書，在年齡及資歷上應符合下列之

條件：

    a. 年齡滿十六歲。

    b. 完成認可的海勤資歷，包括至少六個月之訓練及經歷；或完成上船前或在船上特別訓練，包括至少二個月認可之海勤資歷。

    c. 符合STCW章程AIII/4節所述之適任標準。

（三）無線電通信及無線電操作員

1. 無線電報／無線電話值機員（操作級）

    依附錄規則IV/1中所述，仍依無線電規則第六章第二十三條及1978 STCW公約附錄中有關之規定

    (1) 年齡滿十八歲。

    (2) 健康情況，特別是視力、聽力、說話能力，符合主管機關之規定。

2. 全球海上遇險及安全系統值機員（GMDSS）／（操作級）

    依附錄規則IV/2中之規定，應符合下列條件：

    (1) 年齡滿十八歲。

    (2) 完成認可之教育與訓練，並且符合STCW章程A-IV/2節所述之內容要求。

    因此進用船員基本的要求為船員需符合上述資格，並領有主管機關（交通部）所核發的適任証書。及體格合格証書，並依規定領有船員服務手冊，始得派用上船服務。

## 三、各項專業訓練証書

（一）基本專業訓練（每一位船員均需具備）

1. 求生
2. 滅火
3. 救生艇筏訓練
4. 醫療急救

（二）當職人員証書

1. 雷達觀測証書
2. 雷達自動觀測証書
3. 機艙無人當值証書

4. 航行當值証書

5. 機艙當值証書

（三）特種船舶作業証書

　　依營運船舶的作業需要，另外接受的專業訓練

1. 油輪安全作業証書

2. 化學品船安全作業証書

3. RO/RO船安全作業証書

4. 散裝液態有毒物品安全作業証書

## 四、僱傭契約與勞動條件

（一）僱傭契約

　　雇用人僱用船員，應簽定書面僱傭契約（範本參關附件）；在國內應送請主管機關核可，在國外應送請中華民國駐外使領館，代表處，辦事處或其他外交部授權機構認証或驗證後，受僱船員始得在船上服務。國內無航政機關或國外無駐外使領館、代表處、辦事處或外交部授權機構之地區，雇用人應於到達船籍港三日內補辦僱傭契約驗証手續（船員法第十二條）。

1. 僱傭契約之內容

　　僱傭契約應明白記載雙方之權利義務。

　　其記載之項目包括：

　　(1) 船員之姓名、生日或年齡及籍貫。

　　(2) 契約訂立之地點及日期。

　　(3) 海員擔任工作之船舶名稱。

　　(4) 船員之數目以按照國家法律需登載者為限。

　　(5) 擬定之航行以訂定契約時所確定者為限。

　　(6) 海員應盡之職務。

　　(7) 海員應登船聽候服務之日期及地點以可能者為限。

　　(8) 海員給付之標準，如國家法律另有規定者不在此限。

　　(9) 工資數目。

　　(10)契約之終止及其條件：

　　　　①如契約係有定期者，滿期之日期。

②如契約為一次航行使用者，從航行目的之港口及海員於到達之後可以離職之日期。

③如契約係無定期者，雙方取消契約應具之條件及預告時期，惟船舶所有人之預告時期不得較海員者為短促。

(11)在同一船舶公司服務滿一年之後，海員每年應享帶薪之假期，但以國家法律有此種假期規定者為限。

(12)其他項目國家法律裡為必需者。

2. 終止雇傭契約之情形（船員法第二十條）

船員有下列情事之一者，雇用人得終止僱傭契約：

(1) 訂立僱傭契約時，為虛偽意思表示，使雇用人誤信而有損害之虞者。

(2) 對於雇用人、雇用人之代理人、其他共同工作人或以上人員之家屬實施暴行或有重大侮辱、恐嚇行為者。

(3) 受有期徒刑以上刑之宣告確定，而未諭知緩刑或易科罰金者。

(4) 違反僱傭契約或船員工作規則，情節重大者。

(5) 故意損毀或竊取船舶設備、屬具或貨物者。

(6) 無正當理由不遵守雇用人或船長之指示上船者。

雇用人依前項規定終止僱傭契約時，須以書面通知船員。

雇用人依第一項第一款、第二款及第四款至第六款規定終止雇傭契約者，應自知悉其情形之日起，三十日內為之。

3. 終止傭僱契約之法定原因（船員法第二十一條）

有下列情事之一者，船員得終止僱傭契約：

(1) 船舶喪失國籍者。

(2) 訂定僱傭契約時，雇用人為虛偽意思表示，使船員誤信而有受損害之虞。

(3) 船員因傷病經醫師證明不能繼續工作者。

(4) 雇用人，雇用人之代理人或以上人員之家屬對船員實施暴行或有重大侮辱、恐嚇行為者。

(5) 工作環境對船員健康有危害之虞，經通知改善而無效果者。

(6) 雇用人或其代理人違反契約或法令，致有損害船員權益之虞者。

(7) 雇用人不依契約給付薪津者。

(8) 船上其他共同工作人患有法定傳染病，有傳染之虞者。

4. 終止傭僱契約之原因及預告（船員法第二十二條）

(1) 歇業或轉讓時。

(2) 虧損或業務緊縮時。

(3) 不可抗力暫停工作在一個月以上時。

(4) 業務性質變更，有減少船員之必要，又無適當工作可供安置時。

(5) 對於所擔任之工作確不能勝任時。

雇用人依前項規定終止僱傭契約，其預告期間依下列各款之規定：

　a. 繼續工作三個月以上一年未滿者，於十日前預告之。

　b. 繼續工作一年以上三年未滿者，於二十日前預告之。

　c. 繼續工作三年以上者，於三十日前預告之。

船員在產假期間或執行職務致傷病之醫療期間，雇用人不得終止僱傭契約但雇用人因天災、事變、不可抗力至事業不能繼續或船舶沈沒、失蹤或已完全失去安全航行之能力時，不在此限。

雇用人未依第二項規定期間預告而終止契約者，應給付預告期間之薪資。

不定期僱傭契約之船員終止僱傭契約時，應準用第二項規定預告雇用人或船長。定期僱約之船員終止僱傭契約時，應在一個月前預告雇用人或船長。

雇用人經徵得船員同意，於雇用人所屬船舶間調動，另立新約前，原備僱契約仍繼續有效。

5. 僱期屆滿之終止（船員法第二十三條）

定期僱傭契約，其期限於航行中屆滿者，以船舶到達第一港後經過四十八小時為終止。

（二）勞動條件

1. 國際公約之規定

有關海員工作和起居環境檢查公約ILO No.178號公約已於一九九六年十月二十二日採納，公約規定檢查員之檢查原則、罰則和報告。所謂海員工作和起居環境係有關於船舶之保養與清潔標準、最低年齡、雇傭協定、餐飲、住艙、約僱、人員資格、工時、體檢、意外防止、醫療照顧、疾病和受傷福利、社會福利、遣返、職業災害防止、雇用國家條約規定及自由等。另有關該海員工作和起居環境檢查之建議ILO No.185內容確保檢查員與船東、船員及其組織代表之間的合作，已提昇或改善海員工作和起居環境之品質。相關參考公約如下：

(1) 一九四七年勞工檢查公約【Labour Inspection Convention, 1947】

(2) 一九七六年商船最低標準公約【Merchant Shipping Minimum Standards Convention，1976】

(3) 一九二六年勞工（海員）檢查之建議【Labour Inspection（Seamen）Recom-mendation, 1926】

(4) 一九四七年勞工檢查之建議【Labour Inspection Recommendation, 1947】

(5) 一九四七年礦工及運輸勞工之建議【Labour Inspection（Mining and Transport） Recommendation,1947】

(6) 一九九六年海員工作和起居環境檢查公約【Labour Inspection Convention. 1996】

(7) 一九九六年海員工作和起居環境檢查公約之建議【Labour Inspection Recom-mendation, 1996】

(8) 二〇〇六年海事勞工公約（Maritine Labour Convention, 2006）

2. 我國船員法中之規定

（1）夜間工作之禁止及例外（船員法二十八條）

　　　　未滿十八歲及女性之船員不得在午後八時至翌晨六時之時間內工作。但有下列情形之一者，不在此限：

　　①年滿十六歲以上‧經連續九小時休息後。

　　②防火操演、救生艇筏操演或其他類似之作業。

　　③因意外事故而致船上人手不足有必要擔任職務代工作者。

　　④因航行需要參加航行當值輪班者。

　　⑤因船舶進出港必需工作者。

　　⑥因處理海難之必要者。

　　⑦因其他突發事件之必要者。

（2）懷孕女性船員之僱用及工作（船員法第二十九條）

　　　　雇用人不得僱用孕婦在船上工作。但若經醫師檢查認可者不在此限。在航行中判明女性船員懷孕者仍可從事輕便工作，以及對航行安全有必要之工作。

（3）雇用產後船員之禁止（船員法第三十條）

　　　　雇用人不得僱用生產未滿八週之女性在船工作。

（4）從事危險性工作之禁止（船員法第三十一條）

　　　　雇用人不得令未滿十八歲之船員或懷孕中或生產後一年以內或在生理期之女性船員從事有危險性或有害性之工作。前項危險性或有害性工作之認定標準由交通部定之。

（5）每週工作總時數及例外（船員法第三十二條）

　　船員正常工作時間，以每週工作總時數四十四小時為準。但因航行需要參加航行當值輪班者船員每週工作總時數超過四十四小時者視為加班，雇用人應給予加班費。

（6）船員之例假及其例外（船員法第三十三條）

　　船員每七日中至少應有一日之休息，作為例假。但因航行需要仍應參加航行當值輪班者前項但書情形，雇用人應另行安排輪休。

（7）國定假日及航海節工作之加班費（船員法第三十四條）

　　國定假日及航海節因航行需要，船長得安排船員參加航行當值輪班、進出港、餐勤等必要工作。但雇用人應按平日薪資發給假日加班費。

（8）延長工作時間（船員法第三十五條）

　　基於航行需要延長工作時間，船員應於加班前先填寫加班申請單，經船長或部門主管簽認後施行。

（9）加班費數額之計算（船員法第三十六條）

　　僱傭契約得約定船員之加班費數額按照船員之平日每小時薪資標準計，列為固定加班費發給船員。但計算時數，每月至少應等於八十五工作小時。

（10）有給年休（船員法第三十七條）

　　船員在船上服務滿一年，雇用人應給予有給年休三十天。未滿一年者，按其服務月數比例計之。雇用人經徵得船員同意於有給年休日工作者，應加發一日薪津。有給年休因年度終結或終止契約而未休者，其應休未休之日數，雇用人應發給薪津。

（11）在岸候船、受訓、考試時支給薪資（船員法第三十八條）

　　船員於簽訂僱傭契約後，在岸上等候派船期間，雇用人應發給相當於薪資之報酬。雇用人選派船員參加訓練或考試期間，應支給相當於薪資之報酬。

（12）資遣費發給之條件、例外及標準（船員法三十九條）

　　雇用人依第二十二條第一項、第三項但書或非可歸責於船員之事由終止僱傭契約時，應依下列規定發給資遣費。但經船員同意在原雇用人所屬船舶間調動時，不在此限：

a. 按月給付報酬者，加給平均薪資三個月。

b. 按航次給付報酬全額。

c. 船員在同一雇用人所屬船舶繼續工作滿三年者，除依第一款規定給付外，

自第四年起每逾一年另給平均薪資一個月，不足一年部分，比例計給之，未滿一個月者，以一個月計。

## 五、召募管道及進用方式與考量

（一）召募管道

1. 國外船員仲介公司

   目前國內權宜籍船舶、基於營運考量，大部分僱用外籍船員（尤其是乙級船員）此類船員通常是透過國外船員仲介經理公司。為了維持穩定性，一般皆簽訂合約。

2. 海員工會之介紹

   工會原本即為船東與船員僱傭的橋樑，對於在岸船員休假及待職的情報較為詳密。因此一般船隊規模較小,儲備船員不易公司,透過工會的介紹為一方便之途徑。

3. 同業介紹

   船公司之間就本身現有的人力資源與他公司相互支援，有時由於公司船隊的擴展或縮編，在商船船員的市場需求上，均有借助於他公司之幫忙。

4. 登報招募

   直接在報紙或海運相關刊物上，刊登廣告。

5. 船員自行應徵

   欲上船就業的船員或由聽聞或由朋友介紹自行到船公司應徵。

（二）晉用方式及考量

1. 必需符合僱用的條件，即具備船員手冊基本專業訓練證書或適任証書且體格檢查合格。
2. 定期僱傭或簽訂合約。
3. 新進人員或專業船舶轉換服務之見習及薪資條件。
4. 有關教育訓練背景的限制。
5. 對公司將來調差（遣）或海陸輪調的意願及配合度。
6. 進用前是否需經過考試（筆試或面試）。
7. 進用船員的考量因素包括用人費率，工作素質，敬業精神，文化背景等，欲進用優秀的船員就必需具有較好的薪資待遇。

8. 混合船員編制，應考量文化背景的差異性，並善盡告知的義務。


## 第二節　船員之權利與義務


### 一、船員應有的權利

（一）薪津之請求權

　　船員與船舶所有人間之關係。本於僱傭契約而發生，船員有依約受領報酬之權利，船舶所有人亦有依約給付報酬之義務。此項報酬，船員法中明文規定為薪津。其給付方法有按航次給薪與按月給薪之別，前者每一航次給付一次，後者每月給付一次。但仍有特殊情況：

1. 船員之報酬：

　　船員法第二十六條：

　　船員在船上服務，其報酬如下：

　　(1) 薪津：包括薪資及津貼，薪資應占薪津總數額百分之五十以上。

　　(2) 特別獎金：包括特別工作而獲得之報酬、非固定加班費、年終獎金及因雇用人營運上獲利而發給之獎金。

　　船員法第二十七條：

　　有關船員薪資、岸薪、加班費之最低標準如下：

　　船員之薪資、岸薪及加班費之最低標準，由交通部定之。前項最低薪資不得低於勞動基準法基本工作標準所定之工資。

2. 傷病支薪：

　　海員受傷或患病，不但應由船舶所有人負擔治療費用，並且依船員法四十三條之規定「雇用人負擔醫療費用之期間內，仍應支給原薪津。」

3. 在岸候船、受訓、考試時支給薪資：

　　船員法第三十八條：

　　船員於簽訂僱傭契約後，在岸上等候派船期間，雇用人應發給相當於薪資之報酬。

　　雇用人選派船員參加訓練或考試期間，應支給相當於薪資之報酬。

4. 資遣費發給之條件、例外及標準：

船員法第三十九條：

雇用人依第二十二條第一項、第三項但書或非可歸責於船員之事由終止僱傭契約時，應依下列規定發給資遣費。但經船員同意在原雇用人所屬船舶間調動時，不在此限：

(1) 按月給付報酬者，加給平均薪資三個月。

(2) 按航次給付報酬者，發給報酬全額。

(3) 船員在同一雇用人所屬船舶繼續工作滿三年者，除依第一款規定給付外，自第四年起每逾一年另加給平均薪資一個月，不足一年部分，比例計給之，未滿一個月者，以一個月計。

（二）治療請求權

1. 船員法第四十一條規定：

「船員於服務期內受傷或患病者，由雇用人負擔醫療費用。但因酗酒、重大過失或不守紀律所致之非職業傷病者，不在此限。」

國際勞工組織大會於一九三六年，在日內瓦通過「一九三六年海員疾病保險公約」（Sickness Insurance For Seamen Convention, 1936）規定船員，應依強制疾病保險制度而受保險。其第三條規定被保險人，自疾病開始時起，至少給付至疾病津貼之規定時期終了時止，應免費享受充分合格醫師之醫治，以及適當而充足之藥品與治療器具之供給。如環境需要得供給病人住醫院之治療；在此種情形，應給予病人以充分之給養及必要之醫療。

另「一九三六年船舶所有人對於海員之患病受傷或死亡之責任公約」（Sickness, Injury or Death Of Seamen Convention，1936）第二條規定「本公約所規定船舶所有人應負擔的醫療及給養，包括（一）醫藥上之治療及適當且充分之藥品與療治器具之供給即（二）膳宿。」

2. 船員法第四十二條規定：

「船員非因執行職務而受傷或患病已逾三個月者，雇用人得停止醫療費用之負擔。」

而「一九三六年船舶所有人對於海員之患病受傷或死亡之責任公約」第四條（一）「醫療及給養之費用應由船舶所有人負擔，直至患病或受傷者已康復，或其疾病或殘廢已被確認為終身性質時為止。（二）國家法律或條例得將船舶所有人負擔醫療及給養之費用之責任在時期上加以限制，但不得少於十六個星

期，自受傷日或疾病開始時起算。」

「一九三六年海員疾病保險公約」第二條（一）項「被保險人因患病而喪失工作能力以致不能領取工資時，至少於不能工作之最初二十六個星期或一百八十日內，應享有津貼之權利：此項時期，自應付津貼之第一日起計算，並包括此日在內。」

3. 船員法第四十條規定「海員因受傷或患病上岸，應由船舶所有人支給必要之費用。」

此與「一九三六年船舶所有人對於海員之患疾病受傷或死亡之責任公約」之規定相似。另「一九四六年海員社會安全公約」第二條規定「凡海員應享受醫藥給付，至少應不比工業工人所享受者為差；如遇工業工人無權享受醫療給付時，則海員應有權享受適當而充分的醫護」。

（三）送還原港請求權

船員法第四十條規定：「船員於受僱地以外，其僱傭契約終止時，不論任何原因，雇用人及船長有護送回雇用地之義務，其因受傷或患疾而上岸者亦同。前項送回雇用地之義務，包括運送、居住、食物及其他必要費用之負擔。船員因個人事由被護送回僱傭地時，雇用人得要求其負擔前項之費用。」

「一九二六年關於遣送海員回國公約」（Convention Concerning Repatriation of Seamen Discharged from Service,1926）第五條規定「遣送海員回國之費用，應包括途中運輸費，飲食及居住費，並應包括海員啟程前之維持費。海員被遣送回國時，如充任船員之一，則在航程中所作之工作應得報酬。」

（四）殘廢補助金

船員法第四十四條規定：「船員因執行職務而受傷或患病，雖已痊癒而成殘廢或逾二年仍未痊癒者。經符合規定條件之醫療機構診斷，審定其身體遺存殘廢者，雇用人應按其平均薪資及殘廢程度，一次給予殘廢補償；殘廢補償給付標準，依勞工保險條例有關之規定。

船員之遺存殘廢等級，經指定醫師評定為百分之五十或以上，且同時適合依勞保條例殘廢等級第七級以上或第十一級以上，並證明永久不適任船上任何職位者，應按最高等級給予殘廢補助金。」

### （五）死亡補償

船員法第四十五條規定：「船員在服務期間死亡時，雇用人應一次給與其遺屬平均薪資二十個月之死亡補償。」

船員法第四十六條規定：「船員因執行職務死亡或因執行職務受傷、患病死亡時，雇用人應一次給與其遺屬平均薪資四十個月之死亡補償。船舶沈沒或失蹤致船員失蹤時，雇用人應按前項規定給與其遺屬死亡補償。」

### （六）喪葬費

船員法第四十八條規定：「船員在服務期間死亡者，雇用人應給予平均薪資六個月之喪葬費。」

### （七）申請退休金之情形

#### 1. 退休之要件

船員法第五十一條規定：「船員有下列情形之一者，得申請退休：

(1) 在船服務年資十年以上，年滿五十五歲者。

(2) 在船服務年資二十年以上者。

船員年滿六十五歲、受禁治產之宣告或身體殘廢不堪勝任者，應強迫退休。但年滿六十五歲退休船員，領有有效之外國船員執業證書或資格文件，合於船員體格檢查標準，受外國雇用人僱用者，得受僱之。

本法施行前之船員工作年資，其退休金給予標準，依本法施行前之海商法規定計算。」

#### 2. 退休儲金

船員法第五十三條規定：「為保障船員退休權益，應由僱用及船員按月提撥退休儲金，專戶存儲；其辦法及提撥率，由交通部擬定，報行政院核定後實施。

船員受僱於同一雇用人符合第五十一條退休規定，得依前項辦法或勞動基準法規定擇一領取退休金。但選擇依勞動基準法辦理時，雇用人及船員依前項辦法所提存之金額，應一次退還之。

船員未符合退休規定而有下列情形之一者，應將雇用人及船員原提撥之退休儲金及其孳息退還船員：

(1) 死亡。

(2) 失蹤。

(3) 因傷病無法繼續擔任船員。

(4) 自願放棄船員身分。」

勞保條例第五十八條規定「被保險人年滿六十歲或女性被保險人年滿五十五歲，參加保險之年資合計滿一年者，於退職時得請領老年給付。被保險人年滿五十五歲，或女性被保險人年滿五十歲，參加保險之年資合計滿十年者，於退職時得請領減額之老年給付。」

勞保條例第五十九條規定「被保險人依前條第一項規定請領老年給付者，其保險年資合計每滿一年按其平均月投保薪資，發給一個月老年給付，其保險年資合計超過十五年者，每滿一年發給兩個月老年給付。但最高以四十五個月為限。被保險人依前條第二項規定請領減額之老年給付者，除依前項規定計算給付額外，並應以六十歲為基準，女性以五十五歲為基準，每少一歲遞減百分之四。」

### （八）參加勞工保險之權（或稱保險金請求權）

依「一九三六年海員疾病保險公約」第一條規定，在實施本公約之地域內登記而從事於海洋航行或海上漁業之任何船舶上，所僱用之船長或海員，應依強制疾病保險制度而受保險。「一九四六年海員養老金公約」及「一九四六年海員之社會安全公約」亦均承認保險制度。

依勞工保險條例第六條規定，凡年滿十四歲以上，六十歲以下，受僱為交通公用事業之勞工，或專業漁撈勞動者……，應全部加入勞工保險為被保險人。故船員應加入勞工保險為被保險人。依海商法第七十七條之規定：「海員依本法之規定應得之權利，如船舶所有人為其保險而負擔全部保險費者，所領賠償金額，有不足時，應予補足。前項保險費，如由海員負擔一部分者，其所領賠償金額，應全部歸海員所有。」

### （九）救助撈救報酬請求權

海員於其所服務之船舶遭難時，對於船舶或其上財物人員施救，原為海員應盡責任，自無請求報酬可言。但對於他船舶或該船舶上所有財物，施以救助或撈救，而有效果者，得按其效果，請求相當報酬。（海商法第一○三條）。屬於同一所有人之船舶救助或撈救，仍得請求報酬。（海商法第一○四條）。報酬金額，由當事人協議定之，協議不成時，得提付仲裁或由法院裁判之。（海商法第一○五條）。前條規定於施救人與船舶間，及施救人分配報酬之比例準用之。（海商法第一○六條）。於實行施救中人者，對於船舶及財物之救助報酬金，有

參加分配之權（海商法第一〇七條）。

## 二、船員的義務及責任

　　船員服務船舶，不僅負有公法上之義務，並負有私法公法上之責任。所謂私法上之義務與責任係本於僱傭契約及侵權行為之債務原因而發生；所謂公法上之責任與義務，有屬於行政法，有屬於刑法者。我國海商法無特別刑責規定，除犯普通刑事，適用普通刑法外，大抵以行政法上所規定之行政責任為限。茲將其公私法上各種義務分述如下，並藉以明瞭其責任：

1. 依僱傭契約工作之義務

　　海員本於法令及僱傭契約之規定，忠實按法令與契約規定之工作期間、方法，適當的提供勞務，忠實地履行契約，處理船上應盡之勞務與應注意之義務。

2. 服從命令與在船之義務

　　船員法第十八條規定：「上級船員就其監督範圍內所發命令，下級船員有服從之義務。但有意見時，得陳述之。船員非經許可，不得擅自離船。」

　　另就公法關係言，船長指揮船舶，維持治安，實有公法上之權限，故若海員不服從命令，船長得強令其服從，並有加以懲戒之緊急處分權。

　　船員法第五十九條「船長在航行中，為維持船上治安及保障國家法益，得為緊急處分。」海員不遵守船長指定時間內上船者，船舶所有人得終止其僱傭契約。（船員法第二十條第六款）

　　服從上級指揮，不得有違抗命令或強暴脅迫之行為（船員服務規則第十一條第五款）遵照船上規定，不得有擅自離船或逾限回船之行為（船員服務規則第十一條第七款）不服從上級之命令及指揮，其情節較輕者記過，較重者降級或收回船員服務手冊或執業證書。（船員服務規則第八十六條、八十七條）

　　未經准假擅離職守或經准假而回船逾限者，記過。未經許可擅離職守或假期屆滿，延不回船者處以降級或收回船員服務手冊或執業證書。（船員服務規則第八十六條、八十七條）

3. 謹守職守之義務

　　船上海員各有所專司，自須謹守，擅離職守，則有違船舶安全。

　　依我國船員服務規則規定：「海員請假應報告主管轉請船長批准或派員接替後，才得離船，因患急病必需離船留院醫治者，可由船長核准後報告所屬公司。」（第十二條）。「船舶在航行時各部船員均應依規定按時輪值，各當值船員，非經主管許可，不得擅離職守。交值時，在接替者未接替前，仍應繼續

235

工作，並即報告主管處理，如情形嚴重者，則報請船長議處。」（船員服務規則第十三條）

「船舶遇海難時，各級船員應服從船長之指揮，協力搶救，不得擅離職守。」（船員服務規則第十九條）

4. 終止契約後緊急救助撈救之義務

船舶遇海難時，各級船員應服從船長之指揮，協力搶救，不得擅離職守。因此，海員雖僱傭契約終止，但因施救船舶人命或貨物之緊急措施必須工作者，仍認為契約繼續有效。（船員法第十九條）

5. 航行中定期僱傭契約屆滿後繼續服務船舶之責任

船員法第二十三條規定「定期僱傭契約，其期限於航行中屆滿者，以船舶到達第一港後經過四十八小時為終止。」

6. 不得私載貨物之義務

船員法第六十九條規定「船員不得利用船舶私載貨物，如私載之貨物為違禁品或有致船舶，人員或貨載受損害之虞者，船長或雇用人得將該貨物投棄。」船員不僅有不得私載之義務，如經發現，可依其性質究為普通貨物或為違禁物與危險物分別處置之。如為普通貨物，則依海商法第六十五條之規定「運送人或船長發現未經報明之貨物，得在裝載港將其起岸，或使支付同一航程同種貨物應付最高額之運費。如有損害，並得請求賠償。

前項貨物在航行中發現時，如係違禁品，或其性質足以發生損害者，船長得投棄之。」

所謂貨物，係指私運牟利而言，若海員隨身所帶之衣物日用品等，則縱超過其通常所需用之量，亦不得遽以貨物視之。

船員服務規則第十六條亦有類似之規定。

## 第三節　船員訓練

人力資源乃企業永續經營之基本條件，企業欲維持標準進而研究發展，則必須有精實的人力資源。欲擁有豐沛的人力資源除初始進用時選取的標準提高外，不斷的對於在職員工予以教育訓練，方能提昇素質。人才之獲得係計劃性之培植而非撿拾他人的成果。船員乃屬國際性的職業，必需具備各項作業標準。國際海事組織，對於船員的適任及適職性，訂定有一定的標準。一九七八年航海人員訓

練，發證及當值標準公約，二〇一〇年修正案中（STCW 78/95/10），對於船員的訓練亦多所規範，船舶營運，需靠船員操作，培植適職的船員達成損害的防止，才能完成任務之需求。

## 一、國際公約及船員法中之規定：

（一）STCW 78/95/10附錄中有關航海人員訓練之規定

IMO典型課程（Model Course）

在航海人員訓練、發證及當值章程A篇（STCW Code A）中有關航海人員訓練之規定方面，STCW公約附錄規定了若干強制標準，該等規定詳細列出締約國為全面徹底實施該公約所需維持之最低標準。至於有關此訓練規定之詳細規範上，在STCW 2010修正案並無法明顯的由航海人員的專長類別與責任層級上來區分何者屬教育之範疇，何者屬訓練之領域。但是在公約中卻也明示了下列有關之「發證之強制性最低要求」供締約國參考：

1. 第II章　船長及艙面部門之標準
   (1) II/1總噸位500以上船舶負責當值之航行員發證之強制性最低要求
   (2) II/2總噸位500以上船舶之船長及大副發證之強制性最低要求
   (3) II/3總噸位未滿500船舶之負責當值之航行員及船長發證之強制性最低之要求
   (4) II/4構成航行當值一部分之乙級船員發證之強制性最低要求
2. 第III章　輪機長及輪機部門之標準
   (1) III/1在有人值守機艙負責當值之輪機員或指派在定期無人值守機艙為值勤輪機員發證之強制性最低要求
   (2) III/2主機推進動力3,000千瓦以上船舶之輪機長及大管輪發證之強制性最低要求
   (3) III/3主機推進動力介於750千瓦與3,000千瓦間船舶之輪機長及大管輪發證之強制性最低要求
   (4) III/4構成有人值守機艙當值一部分或指派在定期無人值守機艙執行執責之乙級船員發證之強制性最低要求
3. 第IV章　無線電通信及無線電操作員
   IV/2全球海上遇險及安全系統無線電人員發證之強制性最低要求
4. 第V章　對特定型式船舶人員之特殊訓練要求

(1) V/1液貨船船長、甲級船員及乙級船員訓練及資格之強制性最低要求

(2) V/2駛上駛下客船船長、甲級船員、乙級船員及其他人員訓練及資格之強制性最低要求

5. 第VI章　應急、職業安全、醫療及求生專長

(1) VI/1所有航海人員應熟悉基本安全訓練與指導之強制性最低要求

(2) VI/2簽發熟練救生艇筏、救難艇及快速救難艇證書之強制性最低要求

(3) VI/3進修級滅火訓練之強制性最低要求

(4) VI/4急救及醫療之強制性最低要求

　　除了在航海人員訓練、發證及當值章程A篇（STCW Code A）中有關航海人員訓練之規定有具體的列出「發證之強制性最低要求」外，在公約臧事文件附件三之決議案方面也列出下列的相關訓練項目：

1. 決議案四　全球海上遇險及安全系統無線電操作員訓練
2. 決議案五　服務於滾裝船上人員之危機處理及行為訓練
3. 決議案六　客船上人員之訓練
4. 決議案八　航海人員之技術知識、技能及專業素養之提昇
5. 決議案十　引水人、船舶交通服務人員及受僱於可移動離岸平台之海上人員訓練

　　由於在STCW公約中並未區隔出上列之所需訓練之項目於教育、訓練之課程差異，但是對於課程項目在受訓學員之適合度上係屬於職前訓練、在職訓練、晉升訓練、在岸訓練、在船訓練等則有較為明顯的區別。具體而言，為期便利各締約國政府達成上述所謂「強制性最低要求」及公約在決議案所規定之訓練項目，聯合國國際海事組織在STCW章程A篇註腳詳述了相關的典型課程（IMO Model Course），以期助於該類課程及計畫之準備，並確保其所建議的學習目標已適當予以包括。這些IMO典型課程至少包括：

表8-2　IMO建議採行之訓練課程

| 課程編號 | 訓練課程名稱 | 訓練時數 |
|---|---|---|
| 1.01 | 熟悉油輪<br>Oil Tanker Familiarization | 30 |
| 1.02 | 有關油輪操作之進修級訓練計畫<br>Advanced Training Programme on Oil Tanker Operations<br>基礎課程Basic Course<br>惰氣系統及原油洗艙IGS and COW | 49.5<br>16.5 |
| 1.03 | 熟悉化學液體船<br>Chemical Tanker Familiarization | 30 |

| 課程編號 | 訓練課程名稱 | 訓練時數 |
|---|---|---|
| 1.04 | 化學液體船操作之進修訓練計畫<br>Advanced Training Programme on Chemical Tanker Operations | 72 |
| 1.05 | 熟悉液化氣體船<br>Liquefied Gas Tanker Familiarization | 30 |
| 1.06 | 液化氣體船操作之進修級訓練計畫<br>Advanced Training Programme on Liquefied Gas Tanker Operation | 60 |
| 1.07 | 雷達觀測及測繪<br>Radar Observation and Plotting | 45.5 |
| 1.08 | 自動雷達測繪設施之操作使用<br>The Operational Use of Automatic Radar Plotting Aids （ARPA） | 33 |
| 1.09 | 雷達模擬<br>Radar Simulator | 30 |
| 1.11 | 海上防止船舶海水汙染國際公約-附錄I<br>MARPOL73/78-Annex I | 27 |
| 1.12 | 海上防止船舶海水汙染國際公約-附錄II<br>MARPOL73/78-Annex II | 16.5 |
| 1.13 | 急救－基本訓練<br>Medical Emergency-Basic Training | 12 |
| 1.14 | 緊急醫療－急救<br>Medical Emergency-First Aid | 21 |
| 1.15 | 醫療照料<br>Medica1 Care | 40 |
| 1.17 | 船舶穩度<br>Basic Stabi1ity | 19.5 |
| 1.18 | 貨物作業<br>Basic Handling and Care of Cargo | 39 |
| 1.19 | 人員求生<br>Personal Survival | 15 |
| 1.20 | 基本滅火<br>Basic Fire Fighting | 18 |
| 1.21 | 人際關係<br>Human Relationships | 30 |
| 1.22 | 船舶模擬設施及駕駛台團隊工作<br>Ship Simulator and Bridge Teamwork | 30 |
| 1.23 | 熟練救難艇<br>Proficiency in Survival Craft | 30 |
| 1.24 | 海事英文<br>Maritime English | |

239

| 課程編號 | 訓練課程名稱 | 訓練時數 |
|---|---|---|
| 2.01 | 保養計畫與執行<br>Maintenance Planning and Maintenance Execution Part 1 | 42 |
| 2.01 | 保養計畫與執行<br>Maintenance Planning and Maintenance Execution Part 2 | 84 |
| 2.02 | 海上搜索與救助<br>Maritime Search and Rescue Coordinator Surface Search | 27 |
| 2.03 | 進修級滅火訓練<br>Advanced Training in Fire Fighting | 36 |
| 2.04 | 高級船員海事法規<br>Maritime Law for Ship's Officers | 42 |
| 2.05 | 船務行政　On-board Ship Administration | 63 |
| 2.06 | 貨物及壓載操作模擬設施<br>Cargo and Ballast Handling Simulator | 30 |
| 2.07 | 機艙模擬設施<br>Engine Room Simulator | 30 |
| 2.08 | 燃油燃燒效率<br>Fuel Combustion Efficiency | 30 |
| 2.09 | 工程電子學<br>Elcctronics for Engineers | 36 |
| 3.02 | 小船檢驗<br>Survey for Small Craft | 52 |
| 3.03 | 機器妥裝檢驗<br>Survey of Machinery Installations | 42 |
| 3.04 | 電子安裝檢驗<br>Survey of Electronic Installations | 42 |
| 3.05 | 滅火裝置設備檢驗<br>Survey of Fire Appliances and Provisions | 42 |
| 3.06 | 救生設備及部署檢驗<br>Survey of Life-Saving Appliances and Arrangements | 36 |
| 3.07 | 船體結構檢驗<br>Hull and Structural Surveys | 42 |
| 3.08 | 助航設備檢驗<br>Survey of Navigational Aids and Equipment | 24 |
| 3.09 | 港口國管制<br>Port State Control | 52.5 |
| 3.11 | 海上事故調查<br>Marine Accident and Incident Investigations | 88.5 |
| 3.12 | 航海人員考試及發證<br>Examination and Certification of Seafarers | 71 |

| 課程編號 | 訓練課程名稱 | 訓練時數 |
|---|---|---|
| 3.13 | 海上搜索與救助<br>Maritime Search and Rescue | 40 |
| 3.14 | 海上搜索與救助協調<br>Maritime Search and Rescue Mission Coordinator | 92 |
| 3.16 | 油污責任與賠償<br>Oil Pollution Liability and Compensation | 30 |
| 5.02 | 港口儲運<br>Port Logistics | 40 |
| 5.03 | 船舶保養與船體維護<br>Planned Fleet Maintenance and Hull Protection, Model 1 | 42 |
| 5.03 | 船舶保養與船體維護<br>Planned Fleet Maintenance and Hull Protection, Model 2 | 18 |
| 5.04 | 人力資源管理<br>Human Resources Management | 30 |
| 6.03 | 公司辦公室職員及船舶行政管理<br>Aspects of Ship Administration for Company Office Staff | |
| 6.08 | 海事法規<br>Maritime Law | 84 |
| 6.09 | 講師訓練課程<br>Training Course for Instructors | 90 |
| 7.01 | 船長及大副<br>Master and Chief Mate | 991 |
| 7.02 | 輪機長及大管輪（內燃機船）<br>Chief and Second Engineer Officer（Motor Ships） | 1022 |
| 7.03 | 負責當值之航行員<br>Officer in Charge of a Navigational Watch<br>（1606 hours + mandatory supervised seagoing service） | 1606 |
| 7.04 | 負責當值之輪機員<br>Engineer Officer in Charge of a Watch<br>（1986 hours + supervised seagoing service） | 1986 |
| | 壹級無線電電子員証書（研定中）<br>First Class Radio electronic Certificate | |
| | 貳級無線電電子員証書（研定中）<br>Second Class Radio electronic Certificate | |
| | 普通值機員証書（研定中）<br>General Operator's Certificate | |
| | 限用值機員証書（研定中）<br>Restricted Operator's Certificate | |
| | 全球海上遇險及安全系統船上設備維修訓練（研定中）<br>Training in Maintenance of Ship's GMDSS Installations | |

（二）船員法中之規定

1. 培育教育及學生實習（船員法第九條）

交通部為培育船員，應商請教育部設置或調整海事院校及其有關系科。

交通應協助安排海事院校學生上船實習，船舶所有權人及其他有權僱用船員之人無正當理由不得拒絕。

前項學生上船實習辦法，由交通部會商教育部定之。

2. 職業訓練（船員法第十條）

交通部為培養海運技術人才，提高船員工作技能，促進國民就業，應設立或輔導設立船員職訓中心，或委託相關專業機構，實施船員之職前與在職進修之訓練。船員職業訓練所需之經費由交通部編列預算支應。

3. 船員參加訓練、僱用人之配合（船員法第十二條）

船員依規定參加交通部辦理之訓練或船員執業資格考試時，僱用人應作適當之配合。

4. 受訓期間支給薪資（船員法第三十八條第二項）

僱用人選派船員參加訓練或考試期間，應支給相當於薪資之報酬。

## 二、培植訓練之方式

（一）海運公司自行辦理事項

1. 養成訓練

   (1) 積極提供相關資訊供各級海事院校之在校學生，作成生涯規劃。

   (2) 熱心幫助海事院校的相關科系學生修讀海上專業學科。

   (3) 專業輔導海事院校航輪科系畢業生參加航海人員特考。

   (4) 選取已考取航海人員特考之船副／管輪加入公司行列。

2. 職前訓練

   (1) 介紹公司沿革，組織文化，管理制度及法令規章等。

   (2) 講解人際關係，領導統御，概念研討及團隊合作等。

   (3) 詳述標準運作流程及各種檢查表單（Check-List）。

   (4) 說明工作職掌。

3. 航路訓練

   (1) 航道特性：包括各地港口之導航設施，礙航區域，洋流潮汐及天候概況等。

   (2) 航行計劃。

(3) 港灣常識及離靠理論：包括無線電通訊，領港拖船，進出港帶纜及各類檢查表。

(4) 貨物裝卸作業。

4. 轉換訓練

(1) 船舶特性的介紹與分折。

(2) 貨物裝卸作業之異同。

(3) 船舶一般配置情況。

(4) 各項安全裝備。

（二）交通部主辦之訓練

1. 安全訓練：包括

(1) STCW規定之四種基本訓練。

(2) 防止海水污染訓練。

(3) 航行及輪機當值訓練。

(4) 危險貨品裝卸訓練。

(5) 操船模擬訓練。

(6) 雷達觀測及自動測繪訓練。

(7) GMDSS訓練。

(8) 人員安全與社會責任之訓練。

2. 進階訓練

(1) 操作級（船副／管輪）晉升管理級（大副／大管輪）之訓練。

(2) 大副／大管輪，晉升船長／輪機長之訓練。

3. 複習訓練

(1) 安全年度複訓（各類小證書）。

(2) 適任（執業）證書過期之複訓。

（三）學術訓練機構協辦之訓練

包括下列各類專科訓練：

1. 受交通部委託之各項訓練。

2. 受海運公司委託之各項訓練。

3. 新知推廣訓練：BRM, GMDSS, ISO 9000及ISO 14000系列及ISM Code之訓練。

### 三、訓練之安排

#### （一）公司舉辦之訓練

1. 講師之安排：由公司資深專業人員，船長或輪機長，以及聘請學術界或航業界專家講授。
2. 船員之安排：依訓練的需要性，調遣船員上岸，參加受訓講習。在岸休假人員，亦視需要安排受訓。

#### （二）交通部及學術訓練機構協辦之訓練

1. 強制性之訓練：在上船前必需先安排受訓，以便取得適職證書。
2. 新知訓練：配合船隊運作的需要及人員調遣之方便性、選擇性安排在岸船員受訓。

## 第四節　船員保險

　　船員受僱於船舶所有人，在船上提供勞務，隨船航行於世界各港之間，長期持續地處於海上不確定風險之中。受僱期間生病、受傷或死亡事件自當無可避免。因此船舶所有人之責任於是發生。船舶所有人對船員之責任是建立在僱用契約規定上。僱用契約分為團體契約及個別契約兩種，不論何種型式其內容必須符合船員國籍或船舶登記國籍之法律規定。

### 一、船舶所有人之保險責任

　　船舶所有人為擔負及分散對船員之責任倡議投保商業保險，最早見於十九世紀初在歐洲船東互助主組織，亦所謂P&I之出現，演至今日，世界主要十六家P&I聯合組成之集團。P&I集團成員間透過攤配協定，分攤各成員之責任，集團業務包括大部分國際海運業經營之船舶，我國船舶所有人或代理外國船東管轄之國輪及非國輪上工作船員絕大多數均因投保P&I集團而受其保障。

　　船員為勞工之一類，陸上有關勞工之保險規定，往往也因法規之規定強制加諸於船，如我國之勞工保險條例及勞動基準法，船舶所有人在僱用船員時應為其投保勞工保險。船員保障亦得以增加一項。

　　國際海洋運輸為跨國性事業，航行國際間港口之船舶懸掛不同國家或地區之旗幟，僱用船員亦為多國性，因各國生活水準不同，薪津制度及金額往往有很大

差異，然而所提供海上勞務之本質則屬一致。國際運輸工人聯盟（ITF）為國際性組織，會員遍及全球各地，各地海員工會組織多為其會員。ITF總部為保障其所屬會員之勞動條件及待遇亦訂定其團體協約及團體保險，以供其會員團體服務個別會員之依據，船舶所有人常於港口受ITF之代表檢查或杯葛，故船舶所有人於船員管理上也得考慮ITF的問題。

## 二、船員法及相關契約協定之規定

### （一）船員法中之規定

民國五十一年修正之海商法第四章海員篇對於海員（船長適用之）在受僱期間之傷殘、死亡，以及對船舶所有人之責任義務均有所規範。民國八十八年六月海商法修正，將船員有關部分刪除，另制定「船員法」，於民國八十八年六月二十三日公佈實施。自此有關船員的保險事宜均在船員法中予以規範。有關船員（包括船長及海員）保險上的關規定，列述於下：

1. 醫療費之負擔

   船員於服務期間內受傷或患病者，由雇用人負擔醫療費用。但因酗酒、重大過失或不守紀律所致之非職業傷病者，不在此限。（第41條）

2. 醫療費之停止負擔

   船員非因執行職務而受傷或患病已逾三個月者，雇用人得停止醫療費用之負擔。（第42條）

3. 傷病支薪

   雇用人負擔醫療費用之期間內，仍應支給原薪津。（第43條）

4. 殘廢補助金

   船員因執行職務而受傷或患病，雖已痊癒而成殘廢或逾二年仍未痊癒者，經符合規定條件之醫療機構診斷，審定其身體遺存殘廢者，雇用人應按其平均薪資及殘廢程度，一次給予殘廢補償；殘廢補償標準，依勞工保險條例有關之規定。（第44條）

5. 死亡補償

   船員在服務期間死亡時，雇用人應一次給與其遺屬平均薪資二十個月之死亡補償。（第45條）

6. 加給死亡補償

   船員因執行職務死亡或因執行職務受傷、患病死亡時，雇用人應一次給與其遺

屬平均薪資四十個月之死亡補償。

船舶沉沒或失蹤致船員失蹤時，雇用人應按前項規定給予其遺屬死亡補償。（第46條）

7. 喪葬費

船員在服務期間死亡者，雇用人應給予平均薪資六個月之喪葬費。（第48條）

8. 投保義務

為保障船員生活之安定與安全，雇用人應所雇用之船員及儲備船員投保勞工保險及全民健康保險。（第52條）

9. 投保責任保險

雇用人依本法應支付之醫療費用，殘廢補償，死亡補償及喪葬費，應投保責任保險。（第55條）

10. 航往戰區船員之各項保障

船員隨船前往戰區，應依船員之意願，並簽同意書；其危險津貼，保險及傷殘死亡給付，由勞雇有關組織協議，報經交通部核定後施行。（第87條）

（二）定期僱用契約中之規定

　　交通部依據海商法第五十四條（註：民國八十八年修正前之海商法）之規定於八十年修訂船員定期僱用契約範本，其中有關傷殘、死亡賠償之規定有引用海商法條文者、有依民間習俗者，如年終獎金、遺屬生活補助費，有按國際海員休假公約者，如不休假獎金：甲級船員十八天、乙級船員十二天之原薪津，有按交通部同仁公賻金數額者，對海員死亡時之撫卹較諸海商法之規定為優。第三十二條規定乙方（船員）在受僱期間因執行職務（因公）受傷或患病，雖已痊癒而成殘廢者，甲方（船舶所有人）應於乙方傷病痊癒後，除比照中華民國勞工保險條例所定殘廢標準賠償，並因殘廢等級不同（勞保局鑑定）給予原薪津六個月至二十個月之殘廢補助金。第十八條規定乙方（船員）因執行職務而受傷或患病，甲方（船舶所有人）應送醫治療至痊癒為止。此內容旨在保護船員，但未設期限，常被有心船員利用而永無痊癒之日，永遠需治療，而甲方在治療期間仍應支給原薪津，造成船舶所有人一直負擔十餘年原薪津仍不得結案者，如投P&I保險，亦得由P&I永遠付款此條應考慮予以修訂，比照勞動基準法，有二年治療期之限制，較為合理。

　　有關死亡之撫卹金給付，船員定期僱用契約之規定有第二十三條，第二十四條，第二十七條，第二十八條，第二十九條，第三十一條及第三十三條，如某大

廚月薪津為NT$60,640,服務某公司年資22.25年可獲撫卹金等2,740,656（如表8-3所示），船員若非因公死亡，僅在職死亡則無法獲得第二十四條原薪津十二個月之撫卹金，其可享金額應為NT$2,012,976船東如將此責任投P&I保險，則P&I依據船長報告及公司依契約條文所列之計算表等資料予以理賠。

## 三、勞動基準法與勞工保險條例

勞動基準法公布於民國七十三年八月，第三條規定適用於運輸業。船舶運送業為運輸業之一，故運輸從業員工適用之。船員為船舶運輸業所僱用之勞工自應屬勞基法所管轄，且依後法優於前法之原則，勞基法應優於民國五十一年修定之海商法。但海商法為海商事件之特別法，又有優於普通法，即民法或勞基法之說。法律競合問題於是生焉。勞委會或海員總工會每以勞基法規定為出發點，為船員爭取權益，而海商法所延伸之船員定期僱用契約沿用多年，交通部、船舶運送業及保險公司（P&I）皆習以為常，然陸上律師在受理船員投訴時與各級法院之檢查官多以陸上適用法律條文判決，故勞基法中之勞工權益亦應探討之。

表8-3　公司船員因公死亡撫恤金計算表

| 船名： | | | |
|---|---|---|---|
| 姓名：（中文） | （英文） | 職務：大廚 | 年齡：57 |
| 死亡原因：工作撞傷引致死亡 | 地點：ABBOT，澳洲 | 時間：1935/02/05 | |
| 每月薪津：NT$50,640.00 | 任職日期：1972/11/10 | | |
| 親屬姓名： | 關係：夫一妻 | 地址：新竹縣湖口鄉 | |
| 服務年資合計：22.25年 | | | |

| 摘　　　要 | 美　金 | 台　幣 | 折率 | 備註 |
|---|---|---|---|---|
| （1）撫卹金：依船員僱傭契約第23條規定原薪津6個月之撫卹金。 | | 363,840 | | |
| （2）撫卹金加給：依船員僱傭契約第23條規定服務3年以上者，每增加1年加給1個月。 | | 1,167,320 | | |
| （3）因公死亡：依船員僱傭契約第24條規定原薪津12個月之撫卹金。 | | 727,680 | | |
| （4）喪葬費：依船員僱傭契約第31條規定原薪津3月之喪葬費。 | | 181,920 | | |
| （5）比照勞保：勞保法第64條規定應給付5個月喪葬費及 月遺屬津貼。 | | ------ | | |
| （6）比照公膊金：NT＄85,000.00第二十七條 | | 85,000 | | |

| 摘　　要 | 美　金 | 台　　幣 | 折率 | 備註 |
|---|---|---|---|---|
| （7）慰問金：NT＄10,000.00　　第二十八條 | | 10,000 | | |
| （9）依船員僱傭契約第29條規定：給付不休假獎金12天。 | | 24,250 | | |
| （10）依船員僱傭契約第33條規定：4人×30,000.00 | | 120,000 | | |
| 合計 | | 2,740,656 | | |

　　勞基法第五十九條第三款規定勞工因職業災害（因公）受傷或患病經終止治療依勞保條例規定予以傷殘等級判定，雇主一次給予不同等級之原平均工資殘廢補助金，其標準依勞工保險條例有關之規定。如喪失原有工作能力則應一次付給四十個月平均工資之補償，如某大廚平均工資為NT$60,640則可獲NT$2,425,600之補償。

　　勞基法第五十九條第四款規定勞工遭遇職業傷害或罹患職業病（因公）而死亡時，雇主應一次給予遺囑四十個月平均工資之死亡補償金及五個月平均工資之喪葬費。如某大廚之平均工資為NT$60,640，則其補償金為NT$60,640x45個月NT$2,728,800。

　　雇主為履行其責任，大都為員工投保商業人壽保險。船舶所有人尚未聞有投保勞基法規定之責任者，他日若經法院判定時，雇主（船舶所有人）恐難推卸其責。

　　勞工之死亡若非因「職業傷害或職業病（因公）」則勞基法並未規定雇主需負賠償責任。

## 四、國際運輸工人聯盟（ITF）團體協約與團體保險計劃

　　國際運輸工人聯盟於1994年1月1日修訂其團體協約，對服務於權宜船之任何國際船員之權利與義務，予以規範約定。船舶所有人與ITF約訂特別約定（SPECIAC AGREEMENT）除繳交規定費用外，尚需接受其檢查員在不定港口時船舶，船員做檢查，如有不合國際公約或ITF規定者，予以杯葛。船舶所有人經營權宜船者大多與ITF簽定團體協約（ITF Standard Collective Agrement）。

　　有關船員傷殘、死亡理賠之條文有：第十九條服務其間喪失生命，不問理由，依附錄2賠償，即最近親屬US$60,000，約合NT$1,530,000，（@25.5）及21歲以下子女每人US$15,000，約合NT$382,500但以四人為限。第二十一條殘廢，乙級船員US$8,000～US$80,000，（10%～100%）約合NT$204,000

～NT$2,040,000甲級船員US$12,000，UD$120,000（10%～100%）約合NT$306,000～NT$3,060,000。

　　國際運輸工人聯盟於1994年1月1日推出其團體保險計劃（ITF Group Insurance）其目地在落實ITF團體協約對船員理賠部分，且與船東與ITF簽訂ITF團體協約時強制船東參加ITFGI，除非船東為船員所投保險被ITF認可者可免除，如條件較ITFGI優厚或經荷蘭、日本、義大利、韓國等其國內之保險制度下投保者。

　　ITFGI與P&I保險功能應屬相同，但其基礎不同，前者為向船東收取費用，保障船員，後者為船東自己匯總保費為自己的船員投保。ITFGI之參與船員保險市場除分食船員保險大餅外，對多年來船東互保的制度產生鉅大之挑戰，故P&I集團正密切注意ITFGI之發展並研擬對策。

　　ITFGI之內容包含三大部分，其一為團體生命保險保單（Group Life Insurance Policy）係ITF與瑞典之FOLKSAM集團所簽訂，保險人（The Company, Insurer）為FOLKSAM，保險單持有者（The Policy Holder）為國際運輸工人聯盟，被保險人（Insured Person）為個別船員，投保人（Enrollee）為船舶所有人，而各加盟工會（Affilate）為代理商（Agency）。其二為團體意外傷害保險單（Group Accident In-suance Policy）係ITF與歐洲CHUBB保險公司簽訂由丹麥之PFA SKADE-AGNTUR限為總代理，其餘關係人等與生命保單相同。

　　ITF生命險規定被保險人在契約有效期間死亡時，保險人應付US$60,000予受益人，附加未滿21歲之子女每人US$15,000，最多以四人為限。意外傷害險規定給付予A類被保險人（乙級船員），最高US$80,000，B類被保險人（甲級船員），最高US$120,000。殘廢等級比照最高理賠之3%～100%不等之計算。

　　甫推出之ITFGI能否被國際海運界認同接受，有待觀察，其有別於P&I及其他商業保險主要有：①統一標準，不論在船職務死亡每人US$60,000，子女未滿21歲，每人US$15,000，殘廢最高A類為US$80,000，B類為US$120,000。②殘廢理賠高於死亡理賠。③採無過失原則，不論死亡或傷病原因。④殘廢等級50%以上且失去原有工作之體能條件時可獲100%之理賠。

## 五、我國法令與ITF規定在船員理賠上之異同

　　我國之船員定期僱雇契約與ITF團體協約均針對船員受傷、患病、殘廢及死亡等情況予以條文化規定船舶所有人應負的責任，對在船上工作的船員遭遇意外時，不論本人或家屬皆有所保障，目的相同。

　　P&I集團為船東互保組織，針對各國生活水準不一，法令規章各異之特點，尊

重各船員國籍或船籍國之法令規章予以理賠，可謂基本上之平等。

　　ITF團體保險為ITF團體協約而設，較具國際觀，全世界工人應一律平等，但各國生活水準差距甚大，即或是權宜船上之船員來源地亦有所差異。

　　茲就我國之船員定期僱傭契約與ITF團體協約中主要理賠條文列表比較：

| | 我國船員定期僱用契約 | ITF團體協約 |
|---|---|---|
| 1. 投保依據 | 海商法 | ITF總部制定 |
| 2. 保險人 | P&I集團 | ITF團體保險 |
| 3. 被保險人 | 船員個人，但因船隻、公司而異 | 船員個人 |
| 4. 代理人 | 輪船公司 | 海員工會 |
| 5. 傷病治療期間 | 非因公：三個月<br>因　公：無限期 | 無限制，醫療　費用理賠 |
| 6. 殘廢等級 | 依勞保標準分十五級 | 投　保　額3%~100% |
| 7. 殘廢給付 | 原薪津六個月至二十個月，若月薪津<br>船長：NT\$160,000<br>水手：NT\$50,000<br>則船長可獲：<br>NT\$960,000至NT\$3,200,000<br>水手可獲：<br>NT\$300,000至NT\$1,000,000 | 甲級船員最高<br>US\$120,000<br>乙級船員最高<br>US\$80,000<br>3%～100%不等 |
| 8. 死亡給付 | 撫卹金原薪津六個月因公另加十二個月，喪葬費三個月，年終獎金一個月，不休假獎金12天/18天，<br>慰問金NT\$10,000，<br>公賻金NT\$82,000，<br>受扶養人NT\$30,000。<br>如船長原薪津每月NTS160,000，<br>則可領NT\$3,831,000。<br>水手原薪津每月NT\$50,000，<br>則可領NT\$1，335,000。<br>有年資，三年以上每年增加一個月。 | 撫卹金不論甲級，乙級US\$60,00021歲以下子女每人US\$15,000，最多4人，約合NT\$3,210,000。 |
| 9. 勞工保險 | NT\$33,300*45個月<br>=NT\$1,498,500（因公） | 無 |
| 10. 限制條件 | 因公，非因公。<br>自殺等除外。 | 意外不問原因。戰區，自殺，放射線傷害除外。 |
| 11. 薪資補償 | 醫療期間發原薪津 | 無薪資補償 |

## 第五節　海事諮詢

　　海事諮詢部門屬於技術資訊支援性質，同時亦兼負追蹤考核的功能。一般較具規模的海運公司，非常重視此一部門的作業。它往往是介於岸上船隊管理與船上管理之間的橋樑，對於船舶營運的實際運作擔負重要的角色與任務。其作業活動事項與內容，敘述如下：

### 一、資訊之蒐集與整理

1. 國際海事組織有關公約的修訂與生效日。
2. 各類專業船舶之組織所制定的相關規定。如油輪，化學品船等之作業規定。
3. 港口最新資訊及相關作業規定。
4. 航行安全有關的信文。
5. 船舶科技新知。
6. 海事事件及案例之報導。
7. 國內航改法令及海運學術刊物。

### 二、船上作業之技術諮詢與查核

1. 救生艇操演。
2. 滅火與損害管制操演。
3. 加油程序以防止油污染。
4. 船舶各方面備便開航。
5. 依法令規定的航行當值。
6. 航海記錄簿及夜令簿適當保存。
7. 羅經定期修正。
8. 測試裝貨之機具與設備。
9. 航行儀器設備保持在良好狀態。
10.貨物作業之技術諮詢。
11.船上訓練與行政管理之溝通聯繫。
12.船上意外事件報告之研析處理。

### 三、船舶安全管理之聯繫作業與稽核

1. 推動船舶安全管理制度之建立。

251

2. 制定安全管理的各類程序書及表格。

3. 執行安全管理的政策與達成既定目標。

4. 船岸間之溝通聯繫。

5. 參與認證機構（船級協會）之檢討，並予改進。

6. 陸上管理的內部稽核。

7. 船上作業的缺點改正追蹤及稽核。

8. 對於船舶安全管理系統之研究改進。

## 第六節　我國商船人力資源與船員政策

　　我國商船船員就業情況，隨著經濟發展產生急劇之變化。海運經營需靠堅強船隊及優秀船員之操作，方能順利營運。船員素質與結構，對於船隊營運深具影響，我國海運發展迅速，商船人力之積極投入確實功不可沒。由於社會情境變遷，海上人力資源結構亦相對改變，供給與需求的失衡，造成船隊管理運作上之困頓。為疏解當前困境及配合未來海運發展需要。航海技藝得以傳承，並符合國際公約之標準要求，政府主管機關亟需制定與落實切合時宜且具前瞻性之船員政策。航商與教育訓練機構亦能相互配合，則我國海運在整體經營上將更形堅實。

### 一、前言

　　船舶為海運經營的主要工具，船員則為船舶營運的尖兵。有龐大堅強的的船隊，而欠缺優秀的船員，自然無法發揮整體的經營實力。近年來由於國際貿易的自由化，海運市場持續的成長。經濟的繁榮進步，然卻造成海上人力市場供需的不平衡。先進國家如日本，早已面臨此一問題而思解決之道。我國近年來，由於經濟成長快速，社會資源結構及價值觀念的改變，船員上船意願低落，在船公司營運上造成莫大的衝擊。八十五年五月底發生之「福明輪」事件，即為一明顯例證。由於海洋工業的發展，船舶日新月異，傳統式的船舶已漸漸為自動化，近代化船舶所取代。對於船舶運作的海上工作人員素質之要求，也日益提昇。國際海事組織（IMO），為配合時勢所需，加強船舶安全運作的要求，於一九九四年五月通過採用「國際安全管理章程」（ISM Code），對於船上工作人員之遴選派任，必須符合一定的程序標準。此外，一九九五年修正之一九七八航海人員訓練、發証及當值標準國際公約中，對於船員之專業訓練、適任標準評估及多重專

長之持証均有前瞻性的規定。因此如何培養與提供優秀的海上人力資源，達到船舶營運上，船員供需的平衡，是當前急需重視的課題。本文即針對我國商船船員就業市場對船舶營運的關係，探討如何規劃完善的船員政策，以配合時勢的需求。使我國船隊更能改善營運品質，商船人力與技術得以傳承；競爭力獲致提昇，在國際海運市場上，立於不敗之地。

## 二、我國船員就業之時代背景

### （一）勞務取向，賺取外匯（民國39-72年）

我國船員的結構、在民初已有雛型，當時由於外商幾乎壟斷我國的航業，船員零散分佈於外洋航船，及國內內河水道。外航船員亦祇侷限於乙級船員。至抗戰時期，由於海事學堂的召訓，甲級船員才陸續服務於船上。政府遷台初期，因隨政府撤退來台之船隻數量不多，致岸上儲備船員甚多，無法一一安排工作，影響船員生活，為解決過剩船員之就業問題，決定由民營航業公司負責介紹我國船員至香港及僑商經營之外國輪船服務，由於我國船員之優良素質及刻苦耐勞的敬業精神，深得外國航商之讚賞，遂使我國外僱船員之業務逐年擴展，至民國六十七年，外僱船員人數達於顛峰，合計24,656人（其中甲級船員8,724人，乙船員15,932人），佔我國船員約四分之三，（當時上船人數總計約三萬人/參閱表8-4，表8-5）這段期間我國經濟正由困頓走向萌芽，船員賺取的外匯、確實對國家社會貢獻不少。

### （二）技術取向，爭取工作（民國73-78年）

民國七十年代，國內由於十大建設的陸續完成，國內經濟成長，國民所得增加，岸上及海上的收人差距拉近。當時的海上待遇，不足以吸引船員上船服務，而航商在考慮營運成本的情況，船員市場漸漸由韓國及東南亞其他國家取代，這種突然的轉變。使船員的就業機會減少一半。此一循環，造成船員就業市場的壓力，供需不能平衡，更造成海事養成教育的一大震撼。當時過剩的外僱船員，在優勝劣敗的自然淘汰下，祇得靠優良的專業技術及敬業精神，贏得外僱航商的肯定，勉強支撐到民國七十八年。計當時船員總數為27,706人，在船人數為5,759人，其中服務於國輪船員3,192人。外僱為2,567人。較七十二年底之12,249人，減少79.04%。

### （三）市場取向，意願低落（民國79年～迄今）

由於民國73年至78年間，船員外僱市場緊縮的衝擊，造成市場供需的惡性循環。加以國內經濟持續快速成長。國人追求生活品質的條件提高。以往壯志蓬勃。遨遊四海的船上生活。已經不具吸引力，在福利待遇方面，與岸上待遇相較，也不具足夠的優勢。年紀稍長者，已厭倦於飄泊的日子，年輕的一輩，價值觀念及生活情境已經改變，岸上的就業市場仍有他們選擇的機會。這是社會結構的改變，而且有逐年降低的趨勢。由於船副、管輪之供給面不敷需求及乙級船員之流失，因此在民國七十九年間，海運界即建議開放國輪僱用部分外籍船員，經多方研議後，交通部於民國八十三年七月七日公佈了「外國籍船員僱用許可及管理辦法」，暫時舒解船員缺乏之困境，亦為我國船員僱用史添上新頁。乙級船員因考量管理成本及人力自然流失因素而漸次萎縮。至民國85年底，我國在船船員總計5,377人，外僱船員計甲級船員997人，乙級船員34人。而國輪雇用外籍船員依僱外會之統計，截至85年11月累計有甲級船員157人（船副／71；管輪／86），乙級船員285人。

## 三、船員與船舶營運之關係

### （一）船舶管理之績效

船舶載運貨物、旅客航行於海上，或在港口裝卸作業，均需透過船上的組織功能運作以達成。因此維持船舶正常運作乃基本之要求，組織成員素質之高低與否，直接影響船舶管理標準。一九七八年STCW公約中規定，船上需配置適格，適職的人員，這祇是強制性的最低標準。對於船員的文化背景及敬業精神，亦應予以考量。船員素質高，則對船舶的運作。當能確切的掌握，其安全性亦相對提高。在組織群體中，由於素質的齊一及優秀，在船上人群關係及生活品質上，亦能相對提昇。船長在指揮與管理船舶上，更能朝制度化，單純化的管理模式，維持船舶的正常運作，也可降低意外事故及不符合事件之發生。反之船員素質低落，或文化背景差異太大，則在船舶管理上即難達到應有的使命與目標。在整體性「安全」與「效能」上，勢將受到影響。船長在指揮與管理上，將可能發生溝通障礙難以全然掌握的局面。在安全及生活品質的保障上，相對地即無法達成既定目標而降低水準。

## （二）營運成本之考量

　　船舶營運中，在成本方面可分為船舶管理成本與財務成本兩大類。其中船舶管理成本依船舶營運型態方式之不同。一般而言約佔總成本的的55-65%。在船舶管理費用當中，有關船員事務的費用約佔45～50%。由此可知，船員的費用支出在公司船舶營運成本中約佔30%。船員待遇及福利的提高，直接影響公司的營運規劃。因此在考量船舶營運之船員結構時，對於船員的素質標準及待遇福利均會等量考慮。並在船員文化背景、素質、待遇，及「輸出效能」上作一分析比較以求得營運效益上可接受的方式。

## （三）公司形象之建立

　　船隊的國際形象，影響公司整體之營運與績效。有關國際形象之評定，一般皆以船隊的安全管理及服務品質為首要考量。船舶在完成旅客、貨物運送的期間，安全、迅速，意外事件發生率低，及船上的紀律在各國港口廣獲好評，將建立公司的聲譽。因此船員的素質優良與否，直接影響船舶運作外，亦間接影響公司之整體形象。睽諸全球及國內較具聲望之海運公司，由於在船員素質與結構方面能夠維持一定標準，因而在國際海運界之企業形象亦獲得較佳評價。

## 四、規劃與落實船員政策

### （一）船員政策與船舶營運之關係

#### 1. 管制保護性政策

　　政府的船員政策，若傾向於保護國內的船員就業，即訂定相關規定，以維持其國輪船隊的標準。一方面是國家基於保障人民就業的機會，另一方面，也藉由技術性的管制，維護人命、財產與船舶的安全，以及保障利害關係人的權益。如船員配置、資格、考証及教育訓練的層級限制等。

#### 2. 經濟配合性政策

　　由於國家的經濟發展需要，配合貿易的輸出。當船舶營運之需求與商船人力資源的供需，未能調合一致時，則政府的船員政策，可能彈性開放，或縮小限制，以便利於航商的營運。此時的船員政策，常透過專案實施，以別於經常性的法規。如船員資格放寬，及配置上的權宜措施。

#### 3. 強勢引導性政策

　　政府為了配合整體航業的發展需要，做前瞻性的政策評估，以解決航業當前面

臨及預測未來可能面臨的問題，而事先予以規劃，並列入政策性的實驗。相關單位與機構並且配合前導性的實施。如日本為了解決船員短缺及用人費用偏高，造成競爭力的降低。為保持日本的海運實力（尤其在航海專技上），在1977年開始施行的近代化船方案，即為一引導性的政策，由於此一政策的推行，勢必影響日本的海運經營結構。從船舶的設計、建造，到船員的如何配置，進而影響到船員的培育制度。

（二）規劃制定完善之船員政策

我國目前船舶營運所面臨的最大問題，即是船員供需及適用上之失衡。影響本國船員供需失衡的重要因素在於考取證照人數不如以往，降低甚多，且考取證照者並未全然投注於商船工作。加上市場競爭力的減弱及國內勞動力市場供需及條件優於船上工作，而原來從事於海上工作的人力，亦不再重回船上。上述情況，分析其原因大致可歸納為以下幾點：

1. 待遇因素：由於近年來國內經濟快速成長，國民所得大幅提高，致陸上待遇與船上待遇之差距縮小，因此船上待遇對船員的吸引力減小。但此項待遇，猶數倍於東南亞若干國家，造成船東與船員之間，對於船員待遇合理性觀點之落差。

2. 社會情勢的變遷：由於生活壓力的減低，社會結構的改變，對生活價值的追求，異於以往；漂泊生涯，不再為人嚮往；長期遠離家庭及社會，加上船上工作之固定性，因而產生排斥心理。

3. 工作保障不足：我國現行的船員僱用制度仍採定期合約制度，類似於「打零工」的方式，船員無法獲得長期安定的保障。

4. 船員福利不夠建全：海上生活辛勞，理應享有較佳福利，然現行法令不足以保障船員之在岸福利、退休給付及輔導轉業，造成船員對於未來存在不確定感之惶恐，因而排斥上船或不願在船上久任現象。

綜觀上述現象、欲解決相關問題，當從規劃完善之船員政策著手，茲將重點列述如下：

1. 肯定商船船員對國家社會的貢獻，並重視其對國家海運發展之重要性。

2. 尊重商船船員職業及海上專業，提昇其社會地位。

3. 最低薪資標準應配合陸上待遇及工時條件，予以合理相對調高。

4. 加強海事教育及船員訓練，提昇專業技術與工作品質。

   (1) 鼓勵單獨成立商船學院，公費且單獨招生有志於商船工作者，培養航輪通

用的未來型甲級船員（操作級及管理級），並兼具船舶管理知能，以因應未來海運管理船岸一體之趨勢。

(2) 擴大整合海事職校航海、輪機之教學內容，培養未來型通用員（助理級）及操作級甲級船員。

(3) 儘速加強辦理各項船員專業訓練及在岸進修，學員一律免繳費用。

5. 因應GMDSS之施行，航行員之適任及報務員之未來適用方式，應及早規劃、制定與訓練。

6. 發展現代化的船舶，藉由自動化的操縱控制，方可減少船上人員的配置。

7. 考試資格的放寬，擴大甲級船員的應試範圍，但及格標準不宜降低。

8. 簡化考選作業，相同類級考試科目，不應重疊，造成考生的負擔。

9. 規範航商建立良好的福利措施，如有給休假、進修、旅遊津貼等。

10.船員保險體系的建立，由政府建立基金統籌辦理。

11.制定船員法，將船員有關的僱傭關係，退休給付及權利保障予以明定。

12.建立輔導上船就業制度，並提供誘因；對服務於海上達相當資歷者（如五年或十年），提供與船舶有關之岸上就業機會及管道，如港口船舶交通服務人員（VTS）及港口國管制（PSC）中之船舶檢查人員等。

### （三）落實彈性合宜的船員政策

我國船員政策，向來欠缺明確的方向與規範，先進國家如英國、日本對於船員方面的活動，均有專門法律予以規範，以彰顯彰其重要性。我國關於船員權利保障及勞動條件，僅包含於海商法中。政策需靠立法來執行，有了法源，即可擬定施行細則及辦法。我國目前航業所面臨的船員問題，已到轉型期且亟需政策化解決的地步，而政府並未積極推行前瞻性與適應性之方案，雖然「船員法草案」已於83年8月擬定，然至今尚未積極立法通過。有了適切的政策，即應採用並落實執行。有些容易做到，讓船員感到實惠的措施，如英國的有給休假進修、考試、訓練，丹麥的船員免稅制度，政府都可即時考慮實施。如此才能吸引船員願意回到船上工作，年輕一輩才有興緻加入航海的行列。商船人力之培育與訓練需要長期性規劃及龐大經費之支持，政府主管機關應編列預算，辦理及補助各項專業訓練，教育訓練機構亦應確實做到以培育商船人力為宗旨之目標。

### 五、結論與建議

　　海運事業的經營，船舶為主要運輸工具，船舶之運作，則有賴船員之良好操作，兩者相輔相成，方能使海運事業推動發展。船員操作技術之優劣，紀律良窳，足以影響船舶之管理及業務之盈虧，影響海運公司的營運。當前我國經濟成長快速，岸上就業容易，社會風氣傾向於好逸惡勞，對於海上生涯不再嚮往。而我國船員之實質供給，無法隨海運發展同步配合，將造成未來技術斷層，為我國海運事業發展及商船人力與技術之傳承抹上一層陰影。船員市場如同一般經濟連鎖循環，船員實質供需不平衡卻不謀改善解決，將導致未來船舶營運管理上之困難。由於乙級船員之工作偏屬勞力性質，已不符高度經濟發展之現實需求，未來將逐漸以通用員替代，因此乙級船員勢必自然地消退於我國海上人力市場。

　　目前國內海運業，確實已面臨甲級船員實質供給不足現象，造成船隊營運管理上的困難。此外，為因應GMDSS之施行（1999年2月1日），船舶電信人員是否全面由艙面甲級船員替代，及電信人員未來之適用性與出處，均應予以事先制定與規劃。因此政府應儘速擬定完善的船員政策，無論是配合性或強制引導性，總得讓航商及教育培訓機構有因應的準備。海運經營與船隊的發展，關係到國家的經濟。本文針對國內的船員就業及海運公司現況。所提出之實務性政策建議，是否可行，有待政府對國家海運發展需要作整體評估。然重視船員問題，制定長遠的船員政策是當今不容置緩的課題。

　　【本文發表於船舶與海運第735期，民國86年9月1日刊載】

表8-4 歷年國輪艘數與船員人數統計及估算表

| 年度 | 艘數 | 甲級船員 | 乙級船員 | 合計 | 每艘平均人數 |
|---|---|---|---|---|---|
| 65 | 163 | 1,850 | 3,394 | 5,244 | 32.2 |
| 66 | 163 | 1,928 | 3,471 | 5,399 | 33.1 |
| 67 | 169 | 1,976 | 3,490 | 5,466 | 32.3 |
| 68 | 176 | 1,966 | 3,421 | 5,387 | 30.6 |
| 69 | 178 | 1,976 | 3,249 | 5,225 | 29.4 |
| 70 | 167 | 1,953 | 3,025 | 4,978 | 29.8 |
| 71 | 176 | 1,962 | 2,997 | 4,959 | 28.2 |
| 72 | 200 | 1,928 | 2,814 | 4,742 | 23.7 |
| 73 | 217 | 1,711 | 2,407 | 4,118 | 19.0 |
| 74 | 227 | 1,305 | 1,847 | 3,152 | 13.9 |
| 75 | 233 | 1,770 | 2,421 | 4,191 | 18.0 |
| 76 | 235 | 1,528 | 2,005 | 3,533 | 15.0 |
| 77 | 254 | 1,506 | 2,039 | 3,545 | 15.0 |
| 78 | 264 | 1,730 | 1,462 | 3,192 | 12.09 |
| 79 | 254 | 1,720 | 2,520 | 4,240 | 16.69 |
| 80 | 252 | 1,706 | 2,500 | 4,206 | 16.69 |
| 81 | 254 | 1,720 | 2,520 | 4,240 | 16.69 |
| 82 | 260 | 1,760 | 2,579 | 4,339 | 16.69 |
| 83 | 254 | 1,778 | 2,266 | 4,044 | 15.92 |
| 84 | 253 | 1,804 | 2,304 | 4,108 | 16.23 |
| 85 | 251 | 1,812 | 2,258 | 4,070 | 16.21 |

資料來源：交通部航政司（65-82年）/80-82年為推估資料

海員工會（83-85年）/甲級船員未包括實習生

表8-5　歷年僱用我國船員之外籍船艘數及船員人數統計、推估表

| 年度 | 艘數 | 甲級船員 | 乙級船員 | 合計 | 每艘平均人數 |
|------|------|----------|----------|------|--------------|
| 65 | 704 | 7,641 | 15343 | 22,984 | 32.55 |
| 66 | 865 | 8,270 | 15,590 | 23,850 | 27.57 |
| 67 | 914 | 8,724 | 15,932 | 24,656 | 26.98 |
| 68 | 928 | 8,461 | 14,873 | 23,334 | 25.14 |
| 69 | 839 | 8,121 | 13,290 | 21,411 | 25.52 |
| 70 | 822 | 8,189 | 12,817 | 21,006 | 25.56 |
| 71 | 815 | 7,877 | 11,836 | 19,713 | 24.19 |
| 72 | 722 | 7,154 | 9,955 | 17,109 | 23.70 |
| 73 | 616 | 4,513 | 6,597 | 11,110 | 18.04 |
| 74 | 523 | 3,549 | 4,709 | 8,258 | 15.79 |
| 75 | 415 | 3,882 | 6,968 | 10,850 | 16.14 |
| 76 | 367 | 2,905 | 5,253 | 8,158 | 22.23 |
| 77 | 304 | 2,019 | 1,854 | 3,873 | 12.74 |
| 78 | 267 | 1,433 | 1,124 | 2,657 | 9.61 |
| 79 | 271 | 1,226 | 741 | 1,967 | 9.00 |
| 80 | 280 | 1,282 | 791 | 2,073 | 7.40 |
| 81 | 290 | 1,392 | 870 | 2,262 | 7.80 |
| 82 | 300 | 1,500 | 960 | 2,460 | 8.20 |
| 83 | 256 | 1,076 | 321 | 1,397 | 5.46 |
| 84 | 256 | 1,110 | 457 | 1,567 | 6.12 |
| 85 | 260 | 996 | 338 | 1,334 | 5.13 |

資料來源：交通部航政司（65-82年）/80-82年為推估資料

海員工會（83-85年）/甲級船員未包括實習生

## 附件8-1　船員索賠（規則20.2）（英國標準船東互保協會）

### A、承保

為本規則之目的，「海員」包括「任何從事及受雇在任何入會船舶上服務之人，為船上足額配員之部分……及包括船舶所有人同意在任何入會船上給予生活供給並搭載之任何海員親屬……以及包括在任何合約條件下支付微薄薪金受僱之任何人……」。（無論如何，英國商船法規定：任一船上之人均應視為船員或旅客，以防止船舶所有人逃避旅客安全法規。因此於現時英國，並無所謂附屬額外人員。）本規則承保會員責任如下：

- 醫藥費用。幾乎所有海員均有權要求賠付從雇傭契約簽立之日至離船之日（有時超過這段期間）所發生的醫藥治療費用。而不論船舶所有人是否對造成事件或生病之原因有無過失責任。協會不支付僱傭契約簽立前所生之醫藥費用，而這些對美國非工會船員之賠案預防上非常重要（參考下述）。

- 由於航行或船舶管理過失、或基於法定義務、或基於任何業經協會書面認諾僱傭契約約定，不論是否在入會船舶上，之船員死亡、受傷或疾病所生之損害或賠償。於決定是否承保契約責任時，協會經理人會檢視該僱傭契約是否規定船員或其受扶養親屬放棄某些損害賠償請求，以交換某些契約上之利益。很多規範這些僱傭契約之法律均禁止這類條款，但該條款至少可減少會員基於該契約利益而對船員傷害之損害賠償請求。於英國，甚或在其他國家，於小心地制定時，這類約定仍可為有效。

- 在某些情況下，如船舶所有人於雇傭契約中約明：其將會為受雇人購買意外或人身保險時，則這受雇人將有權享有該保險利益且不留影響任何其他損害賠償請求。因此，會員不在雇傭契約內約定提供這類意外或人身保險是十分重要的。協會並不承保這類雇傭契約。雇傭契約應清楚載明受雇人有權享有契約利益而非保險利益。如雇傭契約業經明確載明，則船員依雇傭契約所能請求之金額將減低到船員或其受扶養人之可得求償之金額。有關此點，會員應注意詳加檢視船員條款，一旦有所疑問，可尋求協會經理人之意見。

於其他規則，協會尚承保：

- 受傷或生病船員之遣返以及派送替代船員之費用（規則20.5及20.6）。協會亦承保任何船員於國外棄船之遣返費用。協會並不承保因船員雇傭契約期滿、或船舶出售、或船員違反雇傭契約遭解僱時之正常性遣返，除非協會之委員會認為該遣返對於船舶或船員之安全是必要的。

## 附件8-2　國際運輸工人聯盟有關船員傷殘福利之協議摘錄

# ITF

## ITF STANDARD
## COLLECTIVE
## AGREEMENT

### For Crews on Flag Of
### Convenience Ships

### 1 January 1998

## Paid Leave
### §18

Every Seafarer to whom this Agreement applies shall, on the termination of employment for whatever reason, be entitled to 6 days' paid leave for each completed month of service; broken periods of 15 days or less shall qualify for 3 days' leave and broken periods of over 15 days but less than 30 days for 6 days' leave. Qualifying service shall count from the time a Seafarer is originally engaged, whether s/he has signed Articles or not, and shall continue until her/his employment is finally terminated. Payment for leave shall be at the rate of pay applicable at the time of termination in accordance with the attached wage scale plus a subsistence allowance as laid down in Article 25.

## Loss of Life
## Death in Service
### §19

If a Seafarer dies through any cause, whilst in the employment of the Company, or arising from her/his employment with the Company, including death from natural causes or death occurring whilst travelling to or from the vessel, or as a result of marine or other similar peril, the Company shall pay the sums specified in the attached schedule (Annex 2) to the widow or children or parents and to each dependent child up to a maximum of 4 (four) under the age of 21. If the Seafarer shall leave no widow the aforementioned sum shall be paid to the person or body empowered by law or otherwise to administer the estate of the Seafarer.

263

Any payment effected under this clause shall be without prejudice to any claim for compensation made in law.

### Service in Warlike Operations Areas
### §20

a)      During the assignment a Seafarer shall be given full information of the war zone's inclusion in the Ship's trading pattern and shall have the right not to proceed to a warlike operations area, in which event s/he shall be repatriated at Company's cost with benefits accrued until the date of return to the port of engagement.

b)      Where a Ship enters into an area where warlike operations take place, the Seafarer will be paid a bonus equal to 100% of the basic wage for the duration of the Ship's stay in such area subject to a minimum of five days' pay. Similarly the compensation for disability and death shall be doubled.

c)      A warlike operations area will be as indicated by Lloyd's.

d)      A Seafarer shall have the right to accept or decline the assignment without risking losing her/his employment or suffering any other detrimental effects.

### Disability
### §21

a)      A Seafarer who suffers injury as a result of an accident from any cause whatsoever whilst in the

**ITF standard collective agreement 1998**                                    **13**

employment of the Company or arising from her/his employment with the Company, regardless of fault including accidents occurring while travelling to or from the Ship, and whose ability to work as a Seafarer is reduced as a result thereof shall, in addition to sick pay, be entitled to compensation according to the provisions of the Agreement.

b)      The disability suffered by the Seafarer shall be determined by a Doctor appointed by the ITF, and the Company shall provide disability compensation to the Seafarer in accordance with the percentage specified in the table below which is appropriate to this disability.

## DEGREE OF DISABILITY

### RATE OF COMPENSATION

| | RATINGS | OFFICERS & ratings |
|---|---|---|
| | AB & below | above AB |
| % | US$ | US$ |
| 50-100 | 80,000 | 120,000 |
| 49 | 40,000 | 60,000 |
| 40 | 32,000 | 48,000 |
| 30 | 24,000 | 36,000 |
| 20 | 16,000 | 24,000 |
| 10 | 8,000 | 12,000 |

with any differences, including less than 10% disability, to be pro rata.

**ITF standard collective agreement 1998**                    **14**

The compensation provided under this paragraph for 100% disability shall not exceed
US$ 120,000 for Officers and US$ 80,000 for Ratings, with lesser degrees of disability compensated for pro rata.

c)　　Permanent Medical Unfitness - A Seafarer whose disability, in accordance with paragraph (a) is assessed at 50% or more under the attached Annex 4 shall, for the purpose of this paragraph, be regarded as permanently unfit for further sea service in any capacity and be entitled to 100% compensation, i.e. US$ 120,000 for Officers and US$ 80,000 for Ratings. Furthermore, any Seafarer assessed at less than 50% disability under the attached Annex 4 but certified as permanently unfit for further sea service in any capacity by the Union's Doctor, shall also be entitled to 100% compensation.

d)　　Loss of Rank - A Seafarer whose disability, in accordance with paragraph (a) does not fall within the terms of paragraph (c) but who is determined by the ITF's Doctor to be able to continue to serve at sea only in a lower category of employment than that in which s/he was serving at the time of the accident should be entitled to the degree of disability compensation awarded in accordance with paragraph (b) enhanced by 50%.

For the purpose of this paragraph there should be three categories of employment as follows:

- Senior Officer - Master, Chief Engineer, Chief Officer, Second Engineer.

**ITF standard collective agreement 1998**　　　　**15**

- Junior Officer - All Officer ranks other than Senior Officer as above.

- Ratings - All Seafarers other than Officers as above.

e)      Any payment effected under paragraphs (a) to (d) shall be without prejudice to any claim for compensation made in law.

## Insurance cover
## §22

The Company shall conclude appropriate insurance to cover themselves fully against the possible contingencies and liabilities arising from the Articles of this Agreement.

## Repatriation
## §23

Repatriation shall take place in such a manner that it meets the needs and reasonable requirements for comfort of the Seafarer. The Company shall be liable for the cost of maintaining the Seafarer ashore until repatriation takes place.

A Seafarer shall be entitled to repatriation at the Company's expense (including basic wages and subsistence allowance) either to her/his home or to the place of her/his original engagement (at the Seafarer's option):

a)      after 6 months' continuous service on board, always subject to the provisions of Article 3;

# ANNEX 2

## Schedule of Cash Benefits

**CASH BENEFITS**

**Article 19**
**Compensation for Loss of Life:**

(i)        to immediate next of kin – US$ 60,000
(ii)       to each dependent child under the age of 21 –
US$ 15,000 – subject to a maximum of 4

**Article 25**
**Subsistence Allowance:**

Daily subsistence allowance whilst on paid leave – US$
18

**Article 26**
**Crew's Effects, Loss or Damage:**

Maximum – US$ 3,000

**Article 28**
**Membership Fees and Representation:**

ITF Entrance/Membership Fees – US$ 69.00 per
position/seafarer per year

**ITF Seafarers' International Assistance, Welfare
and Protection Fund:**
Company's Contribution – US$ 230.00 per position per
year

**ITF standard collective agreement 1998**                    **30**

# 第九章 航線規劃及運務作業管理

船舶投入於定期航線的營運，所涉及的運務作業（Operation）事項，乃屬專業的技術管理。嚴格而言，航線的營運屬於運送人的事宜，此運送人可能為船舶所有人自營或租船營運。在海運事務中屬於航線部門（Liner或Operator），然在實務運作中，通常多為海運公司自行統籌規劃，其作業管理亦在同一辦公室。由於航線的規劃及作業與船舶的規格及貨物作業有關，一般亦由船舶管理相關的人員參與。本章即討論定期航線在航線規劃及作業管理上應考慮的重點及相關事項。早期的定期航線以雜貨、客貨船為主，七十年代後，漸次由貨櫃船替代。因此本章節討論的內容、亦以貨櫃船舶的營運為例，說明航線規劃及各項作業管理之要點。

定期航線之經營在於提供客戶長期且穩定之服務，藉由服務讓品質提昇，爭取貨源達到市場佔有，減少營運成本以增加利潤。一般規劃與經營定期航線考慮因素包括市場調查，可使用之適當硬體安排，可行性評估，航線人力規劃及編組，分公司及代理行之設立，行銷規劃，策略聯盟及執行。綜言之，可概分為市場調查，組織規劃，行銷策略及技術管理。定期航線經營方式改變，肇端於美商海陸公司（Sea Land Service）及美新公司（Matson Navigation）於1957-1960年將貨櫃引用於海上運送。隨著貨櫃的標準化（1970年）及運輸過程的便利性、安全性，傳統散裝雜貨之定期營運已漸被貨櫃船取代。由於貨櫃船逐步大型化、高速化，及全球各重要港埠貨櫃裝卸設施及作業之改進，1985年後，定期航線之營運已全然轉換為貨櫃運輸型態。

由於運輸工具類型之改變，在定期航線的經營管理上亦因情境之不同，需做適當的調整。本節即對於貨櫃船定期航線在技術管理層面中之船期安排、靠港選擇、配船考量及排艙作業等諸元予以探討，對於海運公司在開闢貨櫃定期航線方面之規劃與經營上有所助益。

## 第一節　船期之安排

　　船期為定期航線經營上不可或缺之要件。託運人依船期上之日期而決定交託貨物予運送人，送達目的地以完成貿易過程。一般託運人對於船期之可靠度相當重視，一但船期確定並刊登廣告，託運人依出貨或者交貨期限選擇適當的航次。在同一航線中或有多家公司經營，如何掌握市場競爭之優勢，船期的安排至為重要，諸如船隊結構情況（內部因素）及貨源市場結構（外在環境）等，均應予以考慮。規劃船期的影響因素，一般而言大致有下列幾項：

一、船舶總艘數及其適用性（Availability）。

二、貨運量（Traffic Volume）之大小、種類及其特性。

三、貨運量高低之起伏、季節性變化。

四、船舶維修期間或緊急意外之替代方案。

五、船員之適用情況、工作能力配合度。

六、正常情況下航程所需時間。

七、氣候條件，沿線水域之整體安全度。

八、經過運河或特殊河道與否。

九、船舶規格及其作業限制。

十、確實之航次預估費用與預期之貨量。

十一、船舶國籍之政治因素考量。

十二、進出港口之潮汐限制情況；裝卸設備及碼頭工人運用情形。

十三、終站作業所需時間。

十四、運費同盟對會員之限制。

十五、內陸運輸銜接，時間上之限制。

十六、立營運抑或聯合營運。


　　實務運作上，規劃貨櫃定期航線在船期安排方面，應著重並確切掌握者有下列幾項，列述如下：

（一）市場現況之調查

1. 航線端點區域與沿線各重要港口貨運量現況之調查統計。

2. 未來市場發展潛力。

3. 航線營運之公司及其市場佔有率、競爭力優劣分析。

4. 沿線要主要港貨運量進出（Inward/Outward）之穩定性。

5. 貨運通路轉移之可能性及其比率。

6. 市場之需求與期望。

（二）航程距離與泊港時間之考慮

1. 航程距離遠近直接反應在海上運送時間。

2. 船速之適用範圍，決定航程時數（Sea Time）。

3. 港口進出限制、船席擁擠情況及裝卸作業所需時間。

4. 從到達港口（RSE算起）至離開港口（RFA）之時間總數即為泊港時數（Port Time），航程期間即航程時數與泊港時數總合。

（三）船期間隔（Frequency）

1. 依貨運量，託運人之需求及船舶之裝載量、船速，而決定航次間隔。

2. 區域航線（Inter Port）兼接駁運送（Feeder SVC）以2-3天較具競爭能力；主要貿易航線如遠東／北美，遠東／歐洲，目前以5-7天一航次（Weekly SVC）為原則；次要貿易航線則有十天、十五天及一個月之間隔安排。

3. 船期之穩定對市場之佔有與開發深具影響，對於新闢航線者尤其重要。

4. 固定船期間隔（Fix Day SVC）之要求為目前營運之趨勢。

（四）企業之綜效

1. 原有航線之延伸，資源之共用性。

2. 不同航線交錯船期之安排，使區域性船期更為頻密。

3. 船舶、貨櫃之替代支援與調度。

# 第二節　靠港之選擇

世界各國之國際商港除政治因素外，均屬開放性質而無航權限制。定期航線選擇彎靠港口，主要考量因素有下列幾項：

（一）貨源市場因素

1. 貨運量之多寡及其運費收入是否大於或等於泊港各項費用支出

2. 貨源進出之平衡情況，未來市場前景

3. 空櫃之回送

### （二）港口環境因素
1. 港區天然環境如航道、船席之水深
2. 硬體與軟體設備
3. 作業效率及費用／費率
4. 碼頭工人之罷工狀況

### （三）主航線偏離程度
1. 兩端點航程最經濟之航路規劃為主航線
2. 各裝貨港與卸貨港之地理位置，偏離主航線（Deviation）所增加之航程距離及時間損失
3. 偏離度造成之損失與整體營運效益之比較

### （四）政經因素
1. 當地國內政治社會局勢之穩定與否
2. 經貿、海運方面之限制
3. 船舶國籍之限制

## 第三節　配船之考量

　　在船期及靠港規劃完成之同時，即需考慮航駛船舶之類型及噸位大小。隨著貨櫃運輸之發展（複合運送、陸橋聯運），船舶類型及裝載噸位已由早期的半貨櫃輪（Semi Container），演進至全貨櫃輪（Full Container）。裝載量亦由早期的500TEU發展至目前之5000TEU超巴拿馬型（Post Panamax）。配置船舶之大小有其成本因素之考量，在定期航線經營上，因各航線情況不同，船舶配置上亦有差異。一般考慮之重點如下：

### （一）貨運量與船期間隔
1. 單位船舶裝載量（Capacity／In TEU & Weight）與貨運量（Traffic Volume）、

船期頻密（Frequency）之相對關係：（$C \propto \dfrac{V}{F}$）。

2. 滿載率成數及貨源調整空間。

### （二）船舶規格

1. 貨物之種類、特性，如危險櫃、特殊櫃、冷凍櫃。
2. 船舶裝載量。
3. 裝載特性，包括裝載層數、重量及作業限制。
4. 自備船上吊杆與否。
5. 航速與燃油消耗。

### （三）自有船舶與租船之搭配

1. 公司自有船隊適用情況及調配上之可行性。
2. 自有船舶與租船之搭配比率。
3. 船舶管理成本（自有）與租船費用之比較。
4. 建造新船之投資報酬率及時效性。
5. 租船市場現況。

### （四）船舶國籍與船員素質

1. 託運人對營運船舶所屬國籍之觀感。
2. 泊靠港口之限制。
3. 船員素質及其作業配合度。
4. 政府海運政策上之考慮。

## 第四節　配艙及終端作業

### 一、艙位分配

　　當航線規劃完成，彎靠的港口確定之後，則依船舶艙位的大小，依各地的市場貨源多寡（此項資料在市場調查時，即可確定，或由當地代理行依攬貨能力分別提報），予以艙位分配（Slot Distribution），如附件所示，參與營運的船舶，其艙位

若為900TEU則在南向航次，依地區市場的需要，依比例予以分配艙位，各港口代理，則依此數據安排貨櫃數量及重量。此項配艙乃原則性配艙，在航次開始前的15/7/3天，各港均會告知貨物預載重量，此對負責配艙的管理人員，則可對實際狀況彈性調配。以滿足各港的需求，並達到滿載的目標。

## 二、積載（配載）計劃應有之考量

（一）貨物分配之重要性

在裝載貨物時，除不得超過甲板所能負荷之最大承受力外、並應配合航行時之應力效應，作適當之配艙。

1. 重量之縱向分配（Longitudinal Distribution of Weight）

縱向重量的分配影響船舶之俯仰差（Trim）及舯拱（Hogging）舯垂（Sagging）之彎曲應力（Bending Moment）。船之裝載最好能縱平浮（Even Keel）或艉俯（By the Stern）少許（20cm至50cm依船舶長度及性能而定）。船貨集中在兩頭時產生舯拱在海浪中易使甲板或船殼破裂、甚者斷裂為二。小者延誤船期，大者構成全損。

2. 重量之橫向分配（Transverse Distribution of Weight）

貨物應均勻的分配在船中線（Ship's Centerline）之兩邊。且應將重貨（Heavy Lift）儘可能裝在中線上，若不能放在中線上，則應小心計劃應有相同的重量裝於另一舷。實際上，船之橫搖（Rolling）受橫向重量集中之影響，重量愈靠近中線集中其橫搖愈速，週期愈短，反之重量向兩邊集中，橫搖愈緩，週期愈長。理論上在一高穩度船（Stiff Ship）要使其搖擺週期增長。使人員舒適，可將重量分配在兩舷側，使搖擺減緩。

3. 重量的垂直分配（Vertical Distribution Weight）

重量的垂直分配影響了船舶的穩度（Stability）若太多的重量分配於上甲板（Upper Deck）則其穩度小，反之若重量太集中於下大艙（Lower Hold）則其穩度過大。過小之穩度，船之復原力小容易翻覆，過大之穩度於天氣惡劣時橫搖巨烈，易使船體損傷，因此過小或過大之穩度均非所宜。

不適當的裝貨產生了不當的重量分配，使船公司增加了很多的費用及時間的浪費。貨物的移動或壓載的不良均能產生海事，運務人員及船上負責人員對於貨載之重量分配應詳加注意。

（二）船舶應力與貨重分配之關係

1. 剪力及彎矩

圖9-1表示一船分隔成五個水密艙區時，在靜水中的受力情形，由於其重等於浮力，圖中其差以箭頭表示之，負號表示重量大於浮力，正號表示浮力大於重量，因此在艙區間造成垂直方向的不平衡力。圖9-2表示把船自四個隔艙分成五塊後，每塊浮於不同的水線情形，事實上完整船舶在全長每一段均受垂直方向的應力而促使改變其縱向形狀，該等力謂之垂直剪力，其最大值位於距艉舭1/4船長處。

圖9-3若以水平樑表示，當浮力與重力不平衡時，該樑在中性軸上部受張力，下部受壓力，稱為樑承受彎矩其最大彎矩約在舯附近。

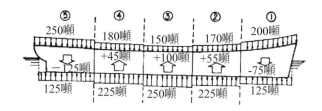

圖9-1　作用靜水中船各力

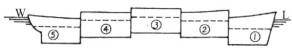

圖9-2　靜水中船分割五塊之相對吃水

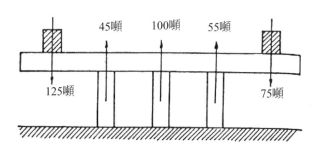

圖9-3　船的負荷類似樑的負荷面

2. 舯拱和舯垂狀況

由於重量與浮力分佈之不均勻，在靜水中船舶產生應力及彎矩，當船在海浪之波峰（Crest）及波谷（Hollow），將使重量與浮力間的差更大，造成船舶更大

的彎矩及應力。圖9-4表示一船於波峰狀況時甲板產生張力船底產生壓力,圖
9-5表示船於波谷狀況時,甲板產生壓力船底產生張力的情形。

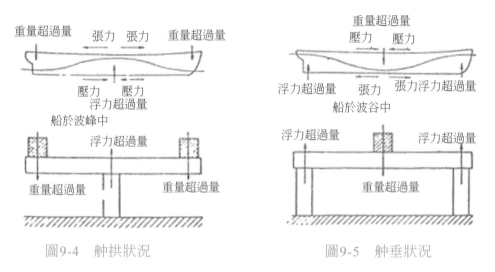

圖9-4 舯拱狀況                    圖9-5 舯垂狀況

圖9-6係表示船在靜水中及波浪中所產生之舯垂及船舯拱情形,圖9-7即表示圖
9-6中三種情形的浮力曲線不同圖。所有船隻,不論其輕載或重載,在航行中
皆會發生舯拱或舯垂之應力。

雖然,把重貨集中裝載於船隻舯部,將有利於抵消船體的應力,但在裝
卸計劃作業時,除針對船體原有彎曲之趨向施以改進外,對貨物之配載
(Distribution)尚應作通盤之安排,仔細考慮。

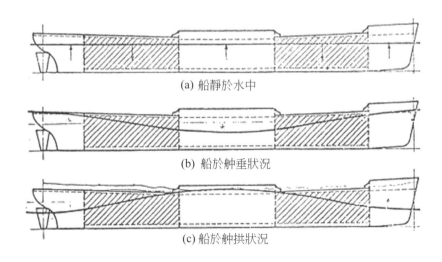

(a) 船靜於水中

(b) 船於舯垂狀況

(c) 船於舯拱狀況

圖9-6

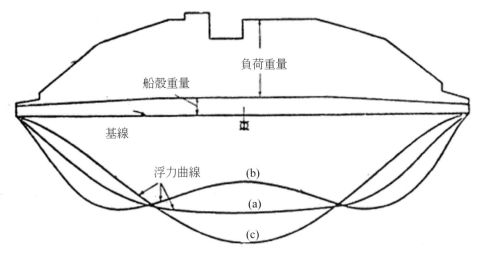

圖9-7　重量及浮力曲線

如全部接受重貨裝載中央，兩端留載輕貨之原則，即在風平浪靜水面上，亦將使船拱曲而舯垂之現象更為增加；而船體在設計上所生之應力狀況亦無從抵消，故一般船隻之設計與個別性能，將成為決定配載（Distribution）比例之因素。大副或負責裝載之運務人員，在其決定本船配載之前通常需要二或三個航次之經驗，分別施以不同方式之配載，以考驗其最適應之方式。據統計而得之經驗一般形式的雜貨船隻配載原則以60%貨重裝載於舯部，餘下40%分裝船之兩端，將可得到相當滿意的效果。

（三）船舶的穩度(Stability)

　　任何物體因受地心引力關係，皆有重力，俗謂重量，該物體各質點受引力之總和，相等於該物體之中心所受之引力，稱該中心為重力中心（Center of Gravity），簡稱重心。船隻內各部分材料之重量、貨物旅客之重量、油水之重量等等，分別對某一軸之運動量，相等於船隻整體重量對該轉軸之運動量，由該運動量即可算出船體之重心，以G表示之。

　　船隻浮於水面，在水面下之體積受有水壓力，而水壓力之作用集中點，恰為水面下體積之幾何中心，該中心稱為浮力中心（Center of Buoyancy）簡稱浮心以B代表。

　　任何面積均有其幾何中心，例如方形之中心為其對角線相交點，圓為圓心。船浮於水面，在水面被船殼所圍繞之面稱為水切面，該水切面之中心稱為浮面中心（Center of Flotation）以F表之。

　　船舶傾斜後有恢復平正之力量，或不能恢復，此性能稱為穩度（Stability），

能恢復者謂之穩度情況優良，否則謂穩度情況惡劣。船航行於海洋上，無法經常保持平正，常因風力、波浪或其他外力而使船體傾側，在設計時，必須預知船之穩度，目的在得知船體受有外力而傾側至某一角度時，船隻仍然安全。船體多長而狹，傾側極易，故橫向穩度（Transverse Stability）為決定船舶穩度之首要條件。

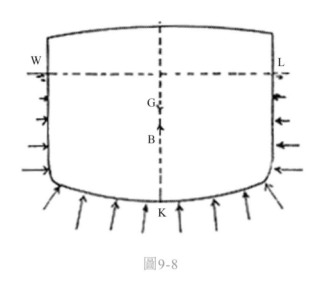

圖9-8

船靜止於正浮位置（Upright Position）時其重心G與浮心B應在同一垂直線上，成平衡狀態。當船傾側一角度後其排水形體改變，浮心移動至一新位置B，而重心未變動，因此浮心B'與重心G不在同一垂直線上，通過B，作一垂直線與BG直線相交於M，此M點之位置或在重心G之上，或在G之下，此與船傾側後能否再平正，有極密切之關係，該M點稱為定傾中心（Metacenter），稱GM為定傾高（Metacentric Height）。

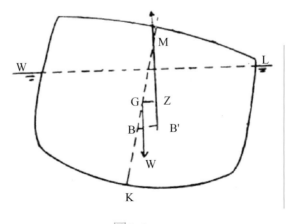

圖9-9

船傾斜後，浮力與重力之作用線已不在一直線上而形成一力矩（Moment）：

$$M = \Delta \cdot GZ$$

M：力矩（Moment）
Δ：排水量（Displacement Weight）
GZ：力臂（Arm）

若GM為正值，則當該船傾斜一小角度時，具有扶正之力矩，且有GM的值愈大時，扶正力矩愈大，故吾人以GM值之大小，作為船體初穩定之衡量標準，而謂之定傾高。

1. 船體之平衡狀況

船舶自由浮於靜水中常承受兩種合力之作用，一為通過其浮力中心向上作用之浮力，另一為通過其重心向下作用之重力，如該船係在平衡狀態，則兩者必大小相等，方向相反且同作用在一垂直線上。其平衡狀態可分為下列三種：

（1）穩定平衡（Stable Equilibrium）

當船舶受外力傾側，船體之浮力與重力所形成之一種力矩具有使船體回復至其原來位置之趨勢。該力矩稱為復原力矩（Righting Moment），此時GM＞0。

（2）不穩定平衡（Unstable Equilibrium）

當船舶受外力傾側，船體之浮力與重力所形成之一種力矩具有使船體繼續傾斜之趨勢以致翻覆。該力矩稱為傾側力矩（Heeling Moment），此時GM＜0。

（3）隨遇平衡（Neutral Equilibrium）

當船體受外力傾側，船體之浮力與重力之作用線乃在同一垂直線上而無力矩產生，故當外力消失後船體仍在該傾斜角下保持平衡狀態。此時GM=0。

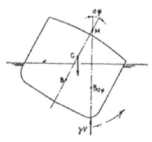
(a) 船因扶正力矩
作用之轉移方向

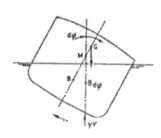
(b) 船因扶正力矩
作用之轉移方向

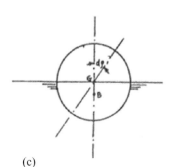
(c)

圖9-10　船體之平衡狀態

2. 求取定傾高之方法

船體定傾高（GM）之計算求法：

由圖9-9知　　GM＝KM－KG

　　　　　　　　＝KB＋B－KG

$$BM = \frac{I}{V}$$

I：為水線面積以其縱中線為軸之慣性力矩。
V：為該水線下之排水體積。

KM之求法：

由於KM＝KB＋BM，前述KB與BM求法所得值之和部為KM之值。

在實務作業中，上述之數據（值），均可從穩度書冊（Stability Booklet）中查得。

3. 縱向穩度與俯仰差（Longitudinal Stability and Trim）

（1）縱向穩度

船之縱向穩度（Longitudinal Stability）興橫向穩度情形相似，唯縱向傾側角較橫向小，一般情形，最多僅五度左右，且縱向定傾高（Longitudinal Metacenter Height）遠較橫向者為大，大致高度如未經計算，可假設等於船的長度，蓋經常約為船長之1.2倍，故從未有聞過船隻縱向傾覆者。故在縱向穩度方面僅考慮其俯仰差（Trim）以為船隻營運之參考。

（2）俯仰差（Trim）

俯仰差係船隻縱向之傾斜所發生之艏艉吃水差。俯仰差之成因為船體內部重且分佈或移動之結果，或為貨物裝卸之不平均，而非外力所致，發生俯仰差後船舶仍保持平衡狀態。如艏部吃水大於艉部吃水稱為艏俯（Trim by Stem or Trim by the head），反之則稱為艉俯（Trim by the stern）。若俯仰差為零則稱為縱浮平（Even Keel）。前後兩次俯仰差之代數和稱為俯仰差變化量（Change of Trim）。

（四）貨載與穩定性（Cargo and Stability）

在前面我們提過初重心（Initial Center of Gravity）及船在輕載情形下，定傾中心的高度由造船者供給，此資料提供一個起點，可以算出在其他載重狀態上的GM，其過程乃是查閱載貨圖（Cargo Plan）並確定重心高出龍骨的高度（KG）包括裝載之貨物及其本身重量，在均勻裝載情形下，重心（VCG）位置近於船中線上。下例中可以看出此種原理：

例1：一船輕載排水量1200噸，初重心高出龍骨10呎，底艙裝載3000噸煤估計

其重心位置高出龍骨14呎，且於二層艙之間再裝1000噸，重心高出龍骨
24呎處如其滿載吃水時之定傾中心在龍骨上17呎（KM），求裝載後的
GM。

|  | Tons | V.C.G. | Moment |
|---|---|---|---|
| Coal | 3000 | 14 | 42000 |
| Coal | 1000 | 24 | 24000 |
| Ship | 1200 | 10 | 12000 |
|  | 5200 |  | 78000 呎噸（Foot-Tons） |

$$新重心高出龍骨 = \frac{力矩(Moment)}{重量(Weight)} = \frac{78000}{5200} = 15\ 呎$$

（NewC. of G. Above Keel）

| 裝載重心高出龍骨（KG） | 15呎 |
|---|---|
| 滿載時定傾中心高出龍骨（KG） | 17呎 |
| 滿載時定傾高（GM） | 2呎 |

圖9-11中表示出G及M對於龍骨之相關位置。欲使貨重之系統觀念與前述之木
棒上簡單力矩系統相連貫，我們把船轉了一個方向使KL代表水平棒，其貨重掛於
相等之距離（由K至其重心），新重心可由同法求知。

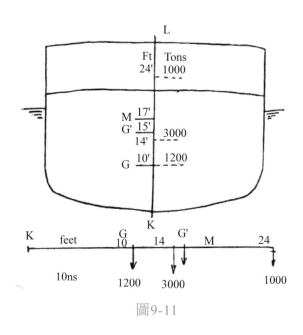

圖9-11

例2：某貨櫃船，Prestow如下：

| Tier<br>Bay | 02 | 06 | 10 | 14 | 18 | 22 | VCG (M) | |
|---|---|---|---|---|---|---|---|---|
| 86 | 40 | 40 | 50 | 60 | 60 | 50 | 21.0 | |
| 84 | 40 | 50 | 70 | 70 | 70 | 70 | 18.5 | On Deck |
| 82 | 50 | 70 | 90 | 90 | 90 | 90 | 16.0 | |
| | | | | | | | | 艙蓋 |
| 10 | 60 | 80 | 90 | 90 | 90 | 90 | 12.5 | |
| 08 | 70 | 85 | 110 | 100 | 110 | 100 | 10.0 | |
| 06 | 70 | 90 | 120 | 115 | 120 | 100 | 7.5 | In Hold |
| 04 | 90 | 90 | 140 | 130 | 135 | 120 | 5.0 | |
| 02 | 100 | 120 | 150 | 145 | 150 | 130 | 2.5 | |

該輪平均水呎6M時，各Bay每增加100M/T之吃水變化量（CM）如下：

| FORE | +25 | +15 | +5 | -5 | -10 | -15 |
|---|---|---|---|---|---|---|
| AFT | -10 | -5 | +5 | +15 | +20 | +25 |

經初步計算結果如下：

Draft：艏吃水6M，艉吃水7M

GM：0.5M

KG：7M

Displacement：12500 M/T

在該輪之壓載水艙及燃油艙均未能再調整之情況：

(1) 因GM之關係，欲將Tier 86之貨櫃全數卸退，GM可增加多少？

(2) 若GM要求為0.65M，則應卸退Tier 86之貨櫃共計多少公噸？

(3) 若吃水限制為6.5M，查知Bay 22之甲板貨為同一提單，則將此Bay之甲板貨櫃全數退關（Shut out）則GM及吃水變化如何？

【解答】

在貨物量變化不大之情況下，可以簡速估算方式為之。

(1) Tier 86之貨櫃總重＝40＋40＋50＋60＋60＋50＝300 M/T

KG虛減值＝21－7=14M，則GM增加量為

$$\frac{300 \times 14}{12500-300} = \frac{4200}{12200} = 0.344M \text{ ------（GM增加量）}$$

(2) 0.65M－0.5M＝0.15M（GM增加量）

$$\frac{w \times 14}{12500-w} = 0.15$$

282

14w＝0.15（12500－w）

14.15w＝1875　　　w＝132.5 M/T------（卸退量）

若w值不大時，則

可以直接以14w＝0.15×12500　　　w＝133.9 M/T------（計算所得差值不大）

船上人員寧可採取較大值，因此以估算法較快、較佳。

(3) Bay 22甲板貨櫃之總重量為210 M/T

　　a. 垂直慣量（Vertical Moment）虛減值為

　　　$50 \times 13.58 + 70 (18.8-7) + 90 (16-7) = 2315 (M \cdot Ton)$

　　　$\dfrac{2315}{12500-210} = \dfrac{2315}{12290} = 0.188M$ ------（GM增量）

　　　若直接以 $\dfrac{2315}{12500} = 0.185M$ ------（差值不大）

　　　GM＝0.5＋0.185＝0.685 M

　　b. 艏吃水增加量　　0.15×2.1＝0.32 M

　　　艉吃水減少量　　0.25×2.1＝0.52 M

　　　6 M＋0.32 M＝6.32M（艏吃水）

　　　7 M－0.52 M＝6.48M（艉吃水）

（五）初定傾高對船之影響及其選控

　　船舶初定傾高GM值之大小與船型有關，亦與其本身結構型式、裝載及重量分佈情況有關，該值之大小對船舶具有如下之影響：

1. GM值大之優點：【GM值大稱高穩度船（Stiff Ship）】

　(1) 復原力大，不易傾斜，在船體浸水或貨物移動情況下，較易保持之安定。

　(2) 對波浪之作用船體反應靈活，船體之橫搖（Rolling）幾乎與波浪一致。故波浪不易捲上甲板。

2. GM值大之缺點：

　(1) 由於橫搖角速度大，週期短，人員不舒服。

　(2) 由於回復力大，船體受橫向變形應力大，船體易受扭傷。

　(3) 船體橫搖易與波浪同步，致使波浪橫搖愈演愈烈。

　(4) 貨物興壓載易移動位置。

3. GM值小的優點：【GM值小的船稱低穩度船（Tender Ship）】

　(1) 船體橫搖角速度慢，週期較長，人員較舒服。

　(2) 船體受橫向變形應力較小，船體較不易受損傷。

(3) 船體不易與波浪同步。

(4) 貨物與壓載因船體橫搖而移動之危險性較少。

4. GM的值小的缺點：

(1) 船體受浸水或貨物移動後復原性較差。

(2) 波浪較易捲上甲板。

(3) 船體一旦與波浪同步危險極大。

(4) 易於造成過大之傾角。

綜上觀之，貨載於選擇適當之GM應慎重考慮。下列幾點應加以考慮：

(1) 應有足夠的GM值，以防止當船體受損浸水時，穩度損失太多而可能招致的傾角。

(2) 應有足夠之GM值，以免當旅客趨於一舷或上層甲板上而發生過大之傾角。

(3) 應有足夠之GM值，以防止在強勁側風時可能造成之過大傾角。

(4) 應有足夠之GM值，以適應貨船各種不同之裝載情況。

(5) 應有足夠之GM值，以防止船隻在高速轉向時傾斜之過劇。

(6) GM值應使勿過大以免船隻在波浪中之橫搖過劇。

茲將各類船隻GM值常用之範圍列表如下以茲比較：

| 船之種類 | GM（公尺） | 船之種類 | GM（公尺） |
|---|---|---|---|
| 內河快輪 | 3.0～5.0 | 戰鬥艦 | 2.0~2.7 |
| 遠洋快速客輪 | 0.3～1.5 | 航空母艦 | 2.2～2.8 |
| 海洋中小型客輪 | 0.6～0.8 | 巡洋艦 | 1.0～1.7 |
| 大型客貨輪 | 0.6～1.2 | 驅逐艦 | 0.65～1.0 |
| 中行客貨輪 | 0.6～0.8 | 破冰船 | 1.0～4.0 |
| 大型貨輪 | 0.3～1.0 | 拖船 | 0.5～0.7 |
| 中行貨輪 | 0.3～1.0 | 漁船 | 0.35～0.8 |
| 大型油輪 | 1.5～2.5 | 帆船 | 1.8～1.2 |
| 木材船 | 0.1～0.4 | | |

一般GM值係由在在靜水平衡狀態中計算而得，但事實上船舶航行時，往往是在或大或小的波浪上，依據實驗證明，船舶之GM值是隨船與其所處波浪位置而變，當船位於波峰時，GM之值降低，位於波谷時GM值略增，而航速愈快，與波就愈大，波峰也就愈高，因此船隻之GM值降低也就愈多，此時船舶若再遇到橫傾力矩之作用，則安全就更足慮了。

船舶若是順浪（Following Sea）前進，船速又近於波速，則由船體艉部較肥與波浪接觸的時間較多或船舶位於波峰的機會也就會增多，因此船舶穩定性之基準若能

建立在波峰的基礎上，則更能保證船舶的安全，惟波浪為一極不規則之自然現象，目前尚不能完全掌握期間因素，故至今一般均還是以淨水作為計算初穩定性能之標準。

（六）避免翻艙（Restow）及長作業艙（Long Hatch Cargo）：

1. 配載卸貨港貨物，應考慮其卸載先後次序，以其卸貨後有無空餘艙位，填裝該港之出口貨。

2. 卸貨港之貨物（櫃），應前後平均分配，且左右貨櫃平衡，一方面獲致應力之平衡，另一方面亦可避免集中一艙，造成作業時間的浪費（Long Hatch Cargo Work）。

3. 除非進出口貨源比例落差甚大，在作積載分配時，應避免翻艙之事發生，此不但增加作業成本，亦增加滯港時間。

## 三、貨櫃船終站運務

出口貨物經訂載（Booking）後，船公司據以作成託運單（Booking Note）及訂載清單（Booking List）分送CFS。船公司為供貨物裝船而開出裝貨（Shipping Order；S/O）給貨櫃終端管理人員，終端人員於收到貨物時發給收貨單（Dock Receipt），託運人憑此向公司領取提單（Bill of Lading；B/L），運務人員並應備好貨櫃裝櫃計劃圖（Container Stuffing Plan）供終站基地理貨人員據以裝櫃之用。貨櫃終端基地人員依配載計劃圖裝櫃後將實際裝櫃各種情況做成貨櫃裝櫃圖（Container Load plan），經簽證此圖後備作提交輪船公司之正式交件。運務人員依貨櫃船到達港口之先後及貨櫃之性質輕重等考慮GM之大小及航行安全做成預擬積載圖（Pre-Stowage Plan）並將全部出口貨櫃填裝完成後連同廠商自裝貨櫃依裝船次序做成出口貨櫃順序表（Export Sequence Sheet），做為貨櫃出場作業之用。實際裝船後再作成積載圖（Stowage Plan）並同時計算出裝載後之定傾高度（GM）值，若GM值適當安全無慮即算裝載運務之完成。

通常貨櫃船裝載之運務均由公司之駐埠船長負責，對於船位之使用及積載，均與總公司或區域負責人聯繫。由於貨櫃之大小一定，且每個貨櫃重量均有限制，再加上貨櫃船彎靠的港口較少，因此駐埠船長之意見船上幾可全部接受，鮮有意見不一。

由於貨櫃裝在甲板上有高達五層，甚至六層者，其風帆面積增大，故橫傾角隨之增大，對於貨櫃輪穩定性之計算應特別考慮。關於貨櫃重量之分配，對於穩

定性是一個重要的因素，而這種分配依據傳統是由船上工作人員來決定的，是故船上負責人應特別注意貨櫃之裝卸工作。近年來由於貨櫃船的大型化，終站運物作業之電腦化，此項任務已由終站人員（Terminal）負責。

為提高裝卸效率，船上貨櫃之裝卸，先由甲板上之貨櫃卸岸開始，待船艙內之貨櫃卸至一定個數以後，即可同時進行卸櫃與裝櫃作業，至於應至何種階段可以開始裝卸時間作業，應視卸岸貨櫃之數量，堆積之情形，裝船貨櫃之去處及本船之平衡程度而有不同。

船公司應準備好積載圖（Stowage Plan）備供全船裝卸貨櫃之用，開始預擬之積載圖稱為預擬積載圖（Pre-Stowage Plan），實際積載完成後之積載圖稱為實際積載圖（Stowage Plan）貨櫃船與雜貨船的積載圖不同，可參考附件9-1～2。

與其他種船舶一樣需要計算積載後船舶之穩度及應力計算，並作成穩度計算表（Stability Cal-culation Sheet）。請參附件9-5～7。

貨櫃之積載圖及其數字系統：貨櫃積載圖上每一櫃有一定的位置及號數，其排列方式係依三個座標軸而定。在船的縱向（Fore & Aft）由前向後之間隔稱為Bay No.。在橫向方面中線為0，其右分別為單數號即1、3、5……等，其左為2、4、6……等此稱為Row No.。在垂直方面係由船底向上算稱為Tier No.。由於係三度座標法其號數為三位數，其第一位數表Bay數，第二位數表Row數，第三位數表Tier數。但亦有四位數者，若四位數則前兩位表示Bay之號數，第三位為Row之號數，第四位為Tier之號數。

## 四、航行指示與作業準則

### （一）航行指示（Sailing Instruction）

對於航行特定航線之船舶在初始加入時，有關裝貨及船期、加油及各地港口代理的資料，總部皆應予以告知船方。並且得要求船舶作例行的報告，包括船位、貨櫃裝卸數量及船次摘要報告（Voyage Abstract Log）。

### （二）作業準則（Operation Guideline）

航線部門在總部（Head Office）乃全程掌控船舶的動態與裝卸作業，至於各港及區域均委託當地人員執行運務工作。區域裝卸貨負責人員（Area / Regional Planner或Coordinator）至為重要，因此總部管理人員，必須將各項作業準則，詳細的告知對方，以利相關作業活動，順暢無礙，其相關指示文件，請參閱附件9-10。

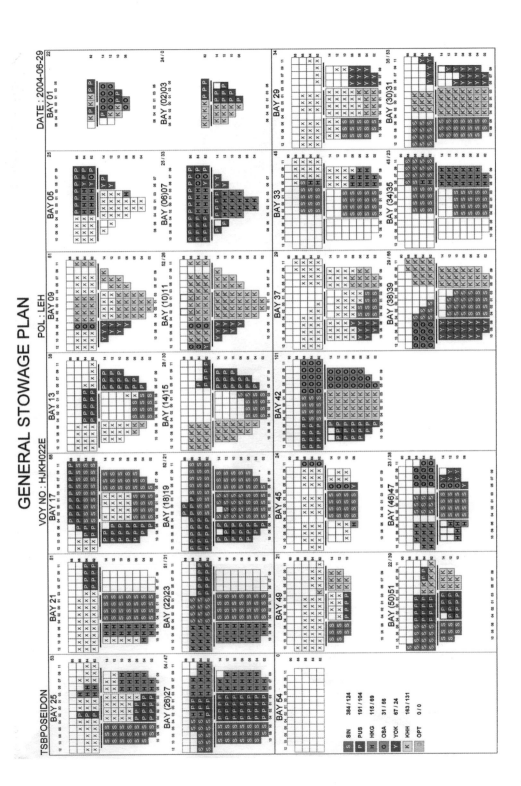

GENERAL STOWAGE PLAN

DATE : 2004-06-29

VOY NO : HJKH022E

POL : LEH

TSBPOSEIDON

| | |
|---|---|
| S | SIN | 384 / 124 |
| P | PUS | 191 / 104 |
| H | HKG | 115 / 69 |
| O | OSA | 31 / 56 |
| Y | YOK | 67 / 24 |
| K | KHH | 163 / 131 |
| | OPT | 0 / 0 |

# 附件9-2　Loading Summary Sheet

## LOADING SUMMARY SHEET

MING AAAA　　　　VOY NO : 02S　　　　POL : KEL　　　　DATE : 20xx-xx-xx

| POL | POD Size Status | | LCB | | | | | | HKG | | | | | | BKK | | | | | | KHH | | | | | | TOTAL | | | | | |
|---|---|---|---|---|---|---|---|---|---|---|---|---|---|---|---|---|---|---|---|---|---|---|---|---|---|---|---|---|---|---|---|---|---|
| | | | 20 | | 40 | | HC | | 45 | | 20 | | 40 | | HC | | 45 | | 20 | | 40 | | HC | | 45 | | 20 | | 40 | | HC | | 45 |
| | | | F | E | F | E | F | E | F | E | F | E | F | E | F | E | F | E | F | E | F | E | F | E | F | E | F | E | F | E | F | E | F | E |
| KEL | CNC Unit Wgt | | 29 351 | | 10 60 | | 3 29 | | | | 7 98 | | 2 41 | | 12 297 | | | | 17 301 | | 5 99 | | 14 169 | | | | | | | | 12 238 | | 1 15 | | | | 46 750 | | 17 200 | | 29 515 | | |
| | YML Unit Wgt | | 10 223 | 7 14 | 1 15 | | 1 16 | | | | | | | | | | | | 5 35 | | 2 19 | | 2 20 | | | | | | | | | | | | 27 496 | 7 14 | 4 49 | | 3 35 | | |
| OSA | CNC Unit Wgt | | 1 13 | | 1 16 | | | | | | 1 20 | | | | 20 482 | | | | 1 7 | | 4 100 | | | | | | 100 100 | | 1 25 | | | | 141 | | | | 6 145 | | | | |
| | YML Unit Wgt | | 1 23 | | | | 2 25 | | | | 4 43 | | 1 25 | | | | | | | | 1 13 | | 1 16 | | | | 86 86 | 4 11 | | | 24 91 | 2 45 | 9 34 | 10 151 | 4 11 | 3 38 | 2 61 | 25 551 | 9 34 | |
| TYO | CNC Unit Wgt | | 1 12 | | | | | | | | 7 128 | | 10 264 | | 11 234 | | | | 4 94 | 1 4 | | | | | | | 2 14 | | 1 11 | | | | 14 248 | 1 4 | 11 274 | | 11 234 | | |
| | YML Unit Wgt | | | | | | 15 72 | | | | 5 76 | | 1 23 | | 13 231 | | | | | | | | | | | | 3 24 | | 1 11 | | 2 55 | | 8 100 | | 2 17 | | 15 287 | 15 72 | |
| NGO | CNC Unit Wgt | | 2 12 | | 1 7 | | 1 26 | | | | 7 150 | | 3 56 | | 6 143 | | | | 6 86 | | 2 16 | 1 | 1 29 | | | | 3 52 | | | | 2 16 | | 18 301 | | 5 90 | | 12 216 | | |
| | YML Unit Wgt | | | | 1 11 | | | | | | 4 66 | | | | 6 299 | | | | 4 1 | | | | 3 61 | | | | 12 122 | | 2 10 | | 4 49 | | 19 192 | | 4 42 | | 18 399 | | |
| YOK | CNC Unit Wgt | | | | | | | | | | 13 166 | | 9 94 | | 6 163 | | | | 14 296 | 1 3 | 2 21 | | | | | | 1 14 | | | | 1 13 | | 28 478 | 1 3 | 11 116 | | 10 176 | | |
| | YML Unit Wgt | | 1 19 | | | | 7 154 | | | | 20 314 | | 6 169 | | 24 615 | | | | 6 101 | | | | 2 46 | | | | 15 199 | | 11 159 | | 6 107 | | 42 633 | | 19 325 | | 38 922 | | |
| UKB | CNC Unit Wgt | | | | | | | | | | 3 33 | | 1 25 | | 1 29 | | | | 1 6 | | | | 4 96 | | | | 3 52 | | | | | | 7 91 | | 2 25 | | 5 127 | | |
| | YML Unit Wgt | | | | | | 10 40 | | | | 1 23 | | 1 29 | | 5 111 | | | | 5 55 | | 1 21 | | | | | | 26 442 | 4 9 | | | | | 32 520 | 4 9 | 2 50 | | 5 111 | 10 40 | |
| OIT | CNC Unit Wgt | | | | | | | | | | | | | | | | | | | | | | | | | | | | | | | | | | | | | | |
| | YML Unit Wgt | | | | | | 3 65 | | | | | | 2 57 | | 1 22 | | | | | | | | | | | | 8 152 | | 1 18 | | 3 149 | | 8 152 | | 3 75 | | 16 235 | | |
| Total | CNC Unit Wgt | | 29 388 | | 12 84 | | 4 55 | | | | 38 596 | | 22 479 | | 41 867 | | | | 43 791 | 2 7 | 12 248 | | 19 316 | | | | 23 232 | | 30 | | 3 31 | | 123 2007 | 2 7 | 48 849 | | 67 1268 | | |
| | YML Unit Wgt | | 12 264 | 7 14 | 2 26 | | 13 263 | 25 112 | | | 33 520 | | 13 286 | | 74 1738 | | | | 17 196 | | 5 71 | | 8 143 | | | | 77 1293 | 20 | 16 218 | 24 91 | 26 398 | 9 34 | 139 2273 | 15 34 | 36 601 | 24 91 | 121 2540 | 34 148 | |

| Grand Total | Unit Wgt | 41 651 | 7 14 | 14 110 | | 17 318 | 26 112 | | | 71 1117 | | 35 766 | | 115 2605 | | | | 60 987 | 2 7 | 17 319 | | 27 459 | | | | 99 1525 | 8 20 | 16 257 | 24 91 | 29 428 | 9 34 | 262 4280 | 17 41 | 84 1451 | 24 91 | 188 3808 | 34 146 |

To be continue ( 1/2 )

## 附件9-3　Cargo Summary

# CARGO SUMMARY

M/V MING GREEN                                                Port : KHH
Voy No. 23W                                                  Date : 20040702

| BAY | WGHT(KT) | LCG(M) | VCG(M) | TCG(M) | QTY | WGHT(KT) | LCG(M) | VCG(M) | TCG(M) | QTY |
|-----|----------|--------|--------|--------|-----|----------|--------|--------|--------|-----|
| | | H O L D | | | | | D E C K | | | |
| 01 | 82.5 | 112.73 | 21.01 | 1.12 | 6 | 420.3 | 113.07 | 29.63 | -0.83 | 30 |
| 02 | 92.9 | 109.66 | 22.96 | -1.49 | 8 | 0.0 | 109.67 | 0.00 | 0.00 | 0 |
| 03 | 219.0 | 106.59 | 18.51 | 0.53 | 12 | 432.2 | 106.27 | 29.94 | -1.53 | 30 |
| 05 | 166.7 | 98.53 | 15.12 | -0.67 | 14 | 278.5 | 98.87 | 29.66 | 2.99 | 21 |
| 06 | 390.3 | 95.46 | 20.50 | -0.11 | 21 | 227.6 | 95.47 | 30.58 | -3.50 | 15 |
| 07 | 293.7 | 92.07 | 14.88 | 1.05 | 20 | 224.6 | 92.07 | 29.43 | 1.71 | 22 |
| 09 | 11.7 | 84.29 | 24.05 | -13.99 | 1 | 606.4 | 84.29 | 29.61 | -2.54 | 41 |
| 10 | 653.2 | 80.88 | 15.10 | 0.25 | 47 | 0.0 | 80.89 | 0.00 | 0.00 | 0 |
| 11 | 77.9 | 77.49 | 17.15 | 4.15 | 8 | 585.8 | 77.49 | 29.56 | -3.06 | 41 |
| 13 | 345.3 | 69.71 | 12.92 | -2.15 | 22 | 392.9 | 69.71 | 29.91 | -0.82 | 32 |
| 14 | 718.4 | 66.30 | 14.70 | 2.55 | 42 | 125.3 | 66.31 | 32.25 | -7.59 | 8 |
| 15 | 357.1 | 62.91 | 12.03 | -1.02 | 28 | 423.5 | 62.91 | 30.21 | -2.87 | 33 |
| 17 | 410.2 | 54.79 | 9.44 | -0.85 | 25 | 67.1 | 55.13 | 30.69 | 8.50 | 13 |
| 18 | 1206.7 | 51.72 | 16.73 | 0.97 | 72 | 561.4 | 51.73 | 30.55 | -4.06 | 30 |
| 19 | 428.7 | 48.65 | 9.61 | -0.27 | 29 | 124.6 | 48.33 | 30.49 | 8.95 | 15 |
| 21 | 677.7 | 40.21 | 8.29 | 0.44 | 49 | 109.7 | 40.55 | 29.62 | -14.48 | 10 |
| 22 | 606.8 | 37.14 | 19.21 | -5.54 | 43 | 260.4 | 37.15 | 30.92 | -0.32 | 16 |
| 23 | 915.9 | 34.07 | 8.40 | -0.63 | 51 | 116.9 | 33.75 | 29.55 | -14.52 | 10 |
| 25 | 936.9 | 25.63 | 7.55 | 1.75 | 53 | 117.3 | 25.97 | 29.80 | 8.53 | 8 |
| 26 | 860.2 | 22.56 | 18.65 | 0.85 | 57 | 457.8 | 22.57 | 30.41 | -0.08 | 29 |
| 27 | 947.7 | 19.49 | 7.52 | 1.94 | 53 | 106.7 | 19.17 | 29.69 | 8.47 | 8 |
| 29 | 912.4 | 11.05 | 8.32 | -1.24 | 69 | 0.0 | 11.39 | 0.00 | 0.00 | 0 |
| 30 | 763.2 | 7.98 | 19.73 | 0.93 | 51 | 358.8 | 7.99 | 31.16 | 1.05 | 33 |
| 31 | 757.4 | 4.91 | 8.14 | 0.04 | 69 | 0.0 | 4.59 | 0.00 | 0.00 | 0 |
| 33 | 461.5 | -3.53 | 6.59 | -5.70 | 28 | 0.0 | -3.19 | 0.00 | 0.00 | 0 |
| 34 | 351.7 | -6.60 | 15.13 | -1.10 | 86 | 948.6 | -6.59 | 31.38 | 0.67 | 59 |
| 35 | 424.4 | -9.67 | 6.64 | -8.12 | 28 | 0.0 | -9.99 | 0.00 | 0.00 | 0 |
| 37 | 726.5 | -18.11 | 7.82 | -4.98 | 39 | 270.3 | -17.77 | 31.40 | 12.74 | 24 |
| 38 | 954.5 | -21.18 | 16.42 | 0.00 | 61 | 572.3 | -21.17 | 30.67 | -6.14 | 33 |
| 39 | 590.8 | -24.25 | 7.47 | -5.34 | 39 | 271.9 | -24.57 | 31.29 | 13.07 | 24 |
| 41 | 0.0 | -32.69 | 0.00 | 0.00 | 0 | 0.0 | -32.35 | 0.00 | 0.00 | 0 |
| 42 | 1613.6 | -35.76 | 13.01 | 0.14 | 110 | 1073.9 | -35.75 | 31.42 | -1.12 | 63 |
| 43 | 0.0 | -38.83 | 0.00 | 0.00 | 0 | 0.0 | -39.15 | 0.00 | 0.00 | 0 |
| 45 | 218.9 | -67.19 | 15.31 | 8.35 | 16 | 0.0 | -66.87 | 0.00 | 0.00 | 0 |
| 46 | 432.6 | -70.26 | 18.07 | -2.73 | 33 | 1089.5 | -70.27 | 31.12 | 0.94 | 59 |
| 47 | 156.0 | -73.33 | 16.51 | 9.44 | 11 | 0.0 | -73.67 | 0.00 | 0.00 | 0 |
| 49 | 0.0 | -81.77 | 0.00 | 0.00 | 0 | 0.0 | -81.45 | 0.00 | 0.00 | 0 |
| 50 | 1049.4 | -84.84 | 16.29 | -1.66 | 69 | 833.9 | -84.85 | 31.03 | -1.00 | 60 |
| 51 | 0.0 | -87.91 | 0.00 | 0.00 | 0 | 0.0 | -88.25 | 0.00 | 0.00 | 0 |
| 53 | 472.1 | -96.35 | 13.98 | -1.27 | 29 | 0.0 | -96.03 | 0.00 | 0.00 | 0 |
| 54 | 585.0 | -99.42 | 19.96 | 6.24 | 29 | 408.6 | -99.43 | 29.21 | 4.35 | 23 |
| 55 | 326.8 | -102.49 | 14.26 | -1.76 | 26 | 0.0 | -102.83 | 0.00 | 0.00 | 0 |
| 57 | 75.0 | -110.93 | 15.30 | 0.63 | 6 | 0.0 | -110.61 | 0.00 | 0.00 | 0 |
| 58 | 864.8 | -114.00 | 20.23 | -0.49 | 54 | 1066.5 | -114.01 | 31.19 | 0.38 | 64 |
| 59 | 120.6 | -117.07 | 15.39 | 0.07 | 6 | 0.0 | -117.41 | 0.00 | 0.00 | 0 |
| 62 | 0.0 | 0.00 | 0.00 | 0.00 | 0 | 0.0 | -128.50 | 0.00 | 0.00 | 0 |

| | | | | | | | | | | |
|-----|----------|--------|--------|--------|------|----------|--------|--------|--------|-----|
| 20' | 11113.4 | | | | 737 | 4548.7 | | | | 362 |
| 40' | 12143.3 | | | | 783 | 7984.6 | | | | 492 |
| Total | 23256.7 | | | | 1520 | 12533.3 | | | | 854 |

Vertical Moment Total    696815.0        Longitudinal Moment Total    41879.2

船舶管理 Ship Management

附件9-4  Tank Summary

# TANK SUMMARY

M/V MING GREEN
Voy No. 23W

Port : KHH
Date : 20040702

| TANK NAME | WEIGHT(KT) | VOL(%) | CAP(KT) | S.G | LCG(M) | VCG(M) | TCG(M) | FSM |
|---|---|---|---|---|---|---|---|---|
| #1DEEP.WBT | 0.0 | 0.0 | 733.7 | 1.025 | 113.35 | 0.00 | 0.00 | 0 |
| #1WBT(C) | 10.0 | 1.1 | 905.3 | 1.025 | 82.74 | 0.07 | 0.00 | 102 |
| #2WBT(C) | 30.0 | 5.2 | 575.2 | 1.025 | 56.79 | 0.06 | -0.11 | 1990 |
| #3WBT(C) | 877.4 | 100.0 | 877.4 | 1.025 | 29.35 | 1.00 | -0.14 | 0 |
| #4WBT(C) | 20.0 | 2.3 | 877.5 | 1.025 | 0.19 | 0.23 | -0.14 | 4093 |
| #5WBT(C) | 60.0 | 6.6 | 906.5 | 1.025 | -29.42 | 0.07 | 0.00 | 9278 |
| #2WBT(P) | 800.0 | 44.5 | 1797.4 | 1.025 | 56.04 | 4.45 | 9.64 | 445 |
| #2WBT(S) | 800.0 | 44.5 | 1797.4 | 1.025 | 56.04 | 4.45 | -9.64 | 445 |
| #3FWBT(P) | 564.3 | 100.0 | 564.3 | 1.025 | 35.34 | 4.59 | 13.57 | 0 |
| #3FWBT(S) | 10.0 | 1.8 | 564.3 | 1.025 | 34.41 | 0.16 | -9.14 | 38 |
| #3AWBT(P) | 10.0 | 2.6 | 377.6 | 1.025 | 20.91 | 0.07 | 10.17 | 147 |
| #3AWBT(S) | 10.0 | 2.6 | 377.6 | 1.025 | 20.91 | 0.07 | -10.17 | 147 |
| #4FWBT(P) | 10.0 | 2.5 | 392.8 | 1.025 | 6.74 | 0.05 | 11.13 | 244 |
| #4FWBT(S) | 10.0 | 2.5 | 392.8 | 1.025 | 6.74 | 0.05 | -11.13 | 244 |
| #4AWBT(P) | 412.6 | 100.0 | 412.6 | 1.025 | -7.48 | 1.88 | 14.15 | 0 |
| #4AWBT(S) | 412.6 | 100.0 | 412.6 | 1.025 | -7.48 | 1.88 | -14.15 | 0 |
| #5FWBT(P) | 10.0 | 2.8 | 356.8 | 1.025 | -21.62 | 0.07 | 10.53 | 185 |
| #5FWBT(S) | 10.0 | 2.8 | 356.8 | 1.025 | -21.62 | 0.07 | -10.53 | 185 |
| #5AWBT(P) | 10.0 | 3.2 | 311.6 | 1.025 | -35.37 | 0.13 | 9.31 | 72 |
| #5AWBT(S) | 10.0 | 3.2 | 311.6 | 1.025 | -35.37 | 0.13 | -9.31 | 72 |
| #6WBT(P) | 6.0 | 0.9 | 701.1 | 1.025 | -69.34 | 2.57 | 7.58 | 16 |
| #6WBT(S) | 6.0 | 0.9 | 705.3 | 1.025 | -69.34 | 2.57 | -7.58 | 16 |
| #3FOT(P) | 0.0 | 0.0 | 758.3 | 0.980 | 26.99 | 0.00 | 0.00 | 0 |
| #3FOT(S) | 0.0 | 0.0 | 758.3 | 0.980 | 26.99 | 0.00 | 0.00 | 0 |
| #4FOT(P) | 0.0 | 0.0 | 846.9 | 0.980 | -0.35 | 0.00 | 0.00 | 0 |
| #4FOT(S) | 0.0 | 0.0 | 846.9 | 0.980 | -0.35 | 0.00 | 0.00 | 0 |
| #5FOT(P) | 425.0 | 46.4 | 915.3 | 0.980 | -30.58 | 7.65 | 18.46 | 18 |
| #5FOT(S) | 425.0 | 46.4 | 915.3 | 0.980 | -30.58 | 7.65 | -18.46 | 18 |
| #6FOT(P) | 250.0 | 34.2 | 731.0 | 0.980 | -83.24 | 7.88 | 9.88 | 828 |
| #6FOT(S) | 240.0 | 32.9 | 730.1 | 0.980 | -83.18 | 7.82 | -9.79 | 903 |
| ER.FOT(S) | 440.0 | 91.5 | 480.8 | 0.980 | -57.39 | 1.26 | -4.94 | 2009 |
| HFO.SERV(P) | 170.0 | 94.4 | 180.1 | 0.980 | -45.56 | 11.13 | 8.18 | 20 |
| HFO.SETT(P) | 279.9 | 85.6 | 327.0 | 0.980 | -45.56 | 10.57 | 14.15 | 122 |
| MDO.STOR(P) | 32.1 | 17.9 | 179.3 | 0.900 | -55.04 | 0.35 | 5.26 | 195 |
| MDO.SERV(S) | 56.0 | 65.4 | 85.6 | 0.900 | -53.56 | 14.93 | -19.02 | 4 |
| MDO.SETT(S) | 69.1 | 80.7 | 85.6 | 0.900 | -47.16 | 15.53 | -19.02 | 4 |
| M.LO.SUMP(C) | 29.9 | 41.9 | 71.3 | 0.900 | -68.73 | 0.84 | 0.00 | 45 |
| M.LO.STOR(P) | 60.1 | 64.0 | 93.9 | 0.900 | -57.29 | 14.58 | 19.02 | 4 |
| M.LO.SETT(P) | 60.1 | 51.3 | 117.1 | 0.900 | -55.16 | 8.53 | 16.72 | 14 |
| GE.LO.STO(P) | 24.3 | 96.1 | 25.3 | 0.900 | -61.16 | 17.03 | 19.02 | 2 |
| #1CYL.STO(S) | 64.7 | 97.3 | 66.5 | 0.900 | -46.35 | 8.91 | -17.65 | 35 |
| #2CYL.STO(S) | 62.0 | 95.9 | 64.6 | 0.900 | -51.15 | 8.91 | -17.59 | 35 |
| DRINK.WT(P) | 49.0 | 38.8 | 126.3 | 1.000 | -70.26 | 16.04 | 19.02 | 8 |
| DISTIL.W(P) | 93.0 | 69.5 | 133.8 | 1.000 | -69.66 | 11.30 | 18.91 | 8 |
| FWT(S) | 174.0 | 66.8 | 260.5 | 1.000 | -69.94 | 13.01 | -19.80 | 8 |
| CWT(C) | 37.6 | 100.0 | 37.6 | 1.000 | -119.00 | 4.12 | 0.00 | 0 |
| FO.OVERFL(P) | 150.0 | 86.5 | 173.5 | 1.000 | -46.37 | 1.84 | 8.42 | 293 |
| OILY.B(P) | 5.0 | 8.4 | 59.2 | 1.000 | -74.46 | 0.34 | 3.54 | 6 |
| BILGE.H(C) | 5.1 | 4.3 | 117.5 | 1.000 | -82.00 | 0.10 | 0.00 | 88 |
| PUR.SLU(P) | 5.0 | 4.9 | 102.9 | 1.000 | -56.36 | 5.51 | 10.30 | 110 |
| SLUDGE.CO(P) | 10.0 | 13.6 | 73.5 | 1.000 | -67.16 | 0.34 | 4.09 | 23 |
| ST.LO.SUM(P) | 4.8 | 88.9 | 5.4 | 1.000 | -100.94 | 2.05 | 1.13 | 3 |
| BILGE.T(P) | 5.0 | 24.8 | 20.2 | 1.000 | -63.15 | 0.51 | 4.68 | 14 |
| $CONSTANT | 700.0 | 0.0 | 421.9 | 1.000 | -6.94 | 25.40 | 0.00 | 0 |
| | | | | | | | | |
| Total | 8015.5 | | | | -6.12 | 6.88 | 1.19 | 22535 |
| LIGHT SHIP | 23110.0 | | | | -18.29 | 15.13 | 0.00 | 0 |
| DW CONSTANT | 0.0 | | | | 0.00 | 0.00 | 0.00 | 0 |

# STABILITY SUMMARY

TSBPOSEIDON                                    Port : LEH
Voy No. HJKH022E                               Date : 19930714

| | | | | | ACTUAL | IMO CRITERIA |
|---|---|---|---|---|---|---|
| DISPLACEMENT | 50310.4 KT | | | | ====================== | |
| LIGHT SHIP | 12990.0 KT | | | | | |
| CONSTANT | 1300.0 KT | DYNAMIC STABILITY AREA | | | | |
| CARGO | 25236.8 KT | 0 TO 30 DEGREE | | | 0.430 | 0.055 M-RAD |
| IN HOLD | 18195.2 KT | 0 TO 40 (OR AF) | | | 0.737 | 0.090 M-RAD |
| ON DECK | 7041.6 KT | 30 TO 40 (OR AF) | | | 0.308 | 0.030 M-RAD |
| TANK | 12083.6 KT | GZ AT 30 DEGREE | | | 1.750 | 0.200 M |
| B/WATER | 8170.6 KT | ANGLE OF MAX GZ | | | 41.00 | 25.00 deg |
| FUEL OIL | 2612.9 KT | COR. META. CENTER, GM | | | 2.997 | 0.150 M |
| DIESEL OIL | 0.0 KT | FLOODING ANGLE AF | | | 38.43 | deg |
| LUB OIL | 0.0 KT | | | | | |
| FR/WATER | 0.0 KT | | | | | |
| OTHER TANK | 0.0 KT | SEA SPECIFIC GRAVITY | | 1.025 | | |

| DRAFT | EQUIVALENT | 10.67 M | | TPC | 61.20 KT |
|---|---|---|---|---|---|
| | FWD | 11.89 M | | LCB | -3.88 M |
| | AFT | 9.70 M | | LCF | -13.72 K |
| | MEAN | 10.80 M | | MTC | 810.89 M-T |
| | | | | LCG | -0.36 M |
| TRIM | | -2.19 M | | KMT | 15.03 M |
| HEELING | | 5.70 deg S | | VCG | 11.97 M |
| PROPELLER IMM. RATIO | | 0.00 (%) | | GGo | 0.06 M |

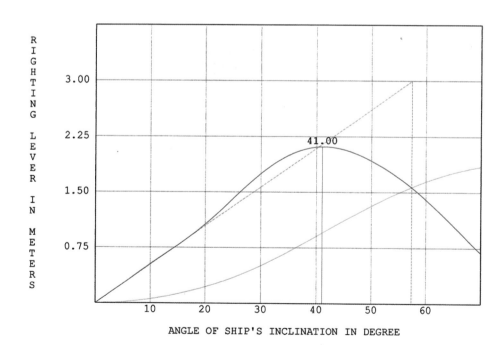

ANGLE OF SHIP'S INCLINATION IN DEGREE

2004-06-01

附件9-6　Longitudinal Stress Summary

## LONGITUDINAL STRESS SUMMARY

TSBPOSEIDON                                        Port : LEH
Voy No. HJKH022E                                   Date : 1993071

| FRAME | SF(KT) | ALLOW. | SEA | PORT | BM(T-M) | ALLOW. | SEA | PORT |
|---|---|---|---|---|---|---|---|---|
| 22 | 2,889 | 6,010 | 48% | 46% | 72,035 | 98,880 | 73% | 51% |
| 48 | 1,975 | 4,120 | 48% | 36% | 124,957 | 149,740 | 83% | 58% |
| 54 | 856 | 4,720 | 18% | 14% | 146,899 | 203,810 | 72% | 51% |
| 59 | -266 | 5,170 | -5% | -4% | 150,307 | 199,950 | 75% | 50% |
| 64 | -929 | 4,350 | -21% | -14% | 140,910 | 191,490 | 74% | 48% |
| 69 | -1,250 | 5,350 | -23% | -20% | 125,165 | 192,060 | 65% | 42% |
| 74 | -1,393 | 5,320 | -26% | -22% | 105,817 | 180,440 | 59% | 37% |
| 79 | -1,933 | 5,040 | -38% | -31% | 83,001 | 162,310 | 51% | 31% |
| 84 | -1,345 | 4,490 | -30% | -23% | 57,491 | 166,700 | 34% | 23% |
| 89 | -1,345 | 4,370 | -31% | -23% | 38,078 | 131,620 | 29% | 18% |
| 94 | -1,078 | 3,557 | -30% | -21% | 19,440 | 68,130 | 29% | 16% |
| 99 | -994 | 3,860 | -26% | -19% | 3,860 | 59,560 | 6% | 4% |

MAX　　　2,939 at Frame　18　　　　　150,792 -30.62 M from Midship

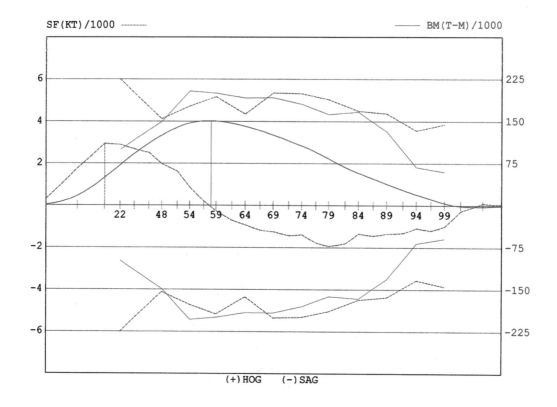

# TORSIONAL MOMENT SUMMARY

**TSBPOSEIDON**
**Voy No. HJKH022E**

Port : LEH
Date : 1993071·

| FRAME | HEELING MOMENT (KT-M) | TORSIONAL MOMENT (KT-M) ACTUAL | SEA(%) | PORT(%) |
|---|---|---|---|---|
| 99 | 450 | 2,317 | Not Available | |
| 94 | -2,331 | 455 | | |
| 89 | -495 | 3,259 | | |
| 84 | -1,148 | 3,524 | | |
| 79 | -6,352 | -711 | | |
| 74 | -307 | 6,213 | | |
| 69 | 574 | 8,023 | | |
| 64 | 1,272 | 9,639 | | |
| 59 | -10,867 | -1,531 | | |
| 54 | -12,066 | -1,852 | | |
| 48 | -13,876 | -2,723 | | |
| 22 | -13,875 | -1,347 | | |

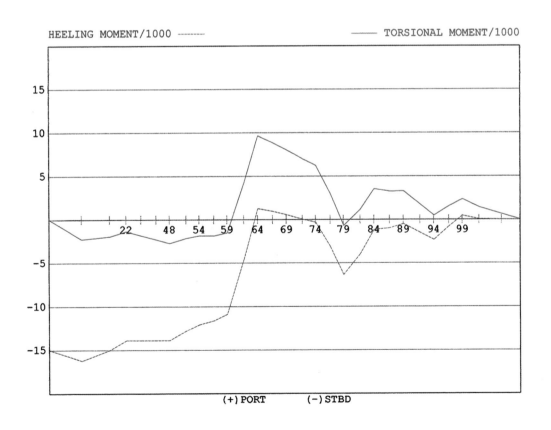

## 附件9-8　船期規劃及擬定（Long Tern Schedule Planning）

```
F A X
```

FM KHS TPE - OPS/SA+SAA

RE: K H L SAA SERVICE SCHEDULE NO 10/1994

DATE : JUN 01, 1994

| VOY | BSN | KEE | KAO | HKG | SGP | PLM | DBN | CPT | BUE |
|---|---|---|---|---|---|---|---|---|---|
| PL401S | - | - | - | - | - | - | 05/31-01 | 06/03-03 | 06/13-14 |
| HC402S | - | - | - | - | - | - | 06/07-09 | 06/11-11 | 06/21-22 |
| FC403S | - | - | - | 05/30-31 | 06/04-05 | - | 06/18-19 | 06/21-22 | 07/02-03 |
| AS403S | 06/08-09 | 06/10-10 | 06/11-12 | 06/16-16 | - | - | 06/30-01 | 07/03-03 | 07/13-14 |
| PT403S | 06/13-14 | 06/16-17 | 06/18-18 | 06/19-20(R1) | 06/24-28 | 06/25-26 | 07/07-08 | 07/12-13 | 07/15-15 / 07/24-25 |
| HS403S | 06/21-22 | 06/24-25 | 06/30-01 | 07/05-06 | 07/07-09 | - | 07/20-21 | 07/23-24 | 08/03-04 |
| EC402S | 07/07-08 | 07/09-09 | 07/10-11 | 07/15-16 | 07/15-15 | - | 07/28-29 | 07/31-31 | 08/09-10 |
| PC401S | (R3)7/20-21 | 07/22-22 | 07/23-24 | 07/28-28 | - | - | 08/05-06 | 08/13-13 | 08/22-23 |
| HC403S | 07/30-31 | 08/01-01 | 08/02-03 | 08/07-07 | - | - | 08/21-22 | 08/24-24 | 09/03-04 |
| FC404S | 08/10-11 | 08/12-12 | 08/13-14 | 08/18-18 | - | 08/27-28 | 09/01-02 | 09/04-04 | 09/14-15 |

| VOY | BUE | MVD | PNG | STS | CPT | DBN | SGP | HKG | KEE |
|---|---|---|---|---|---|---|---|---|---|
| AS402N | - | - | - | - | - | - | 06/02-02 | 06/06-07 | 06/08-09 |
| PT402N | - | - | - | - | - | - | - | 06/09-10 | 06/13-14(BSN) |
| HS402N | - | - | - | - | - | - | - | - | 06/24-25(KAO)(R2) |
| EC401N | 05/30-01 | 06/01-02 | 06/03-04 | 06/04-04 | 06/06-07 | 06/15-15 | 06/17-18 | 06/20-20 | 06/24-25 |
| PL401N | 06/13-14 | 06/15-15 | 06/17-18 | 06/15-15 | 06/17-18 | - | 07/01-01 | 07/05-06 | 07/07-08 |
| HC402N | 06/21-22 | 06/23-23 | 06/25-26 | 06/30-01 | 07/03-04 | - | 07/18-19 | 07/23-24 | 07/25-26(R4) |
| FC403N | 07/02-03 | 07/04-04 | 07/06-07 | 07/07-07 | 07/09-10 | - | 07/23-24 | 07/28-29 | 07/30-31 |
| AS403N | 07/13-14 | 07/15-15 | 07/17-18 | 07/19-19 | 07/21-22 | - | 08/02-03 | 08/08-09 | 08/10-11 |
| PT403N | 07/24-25 | 07/26-26 | 07/28-29 | 07/30-31 | 08/10-10 | - | 08/12-13 | 08/26-27 | 08/31-01 |

REMARKS: GENERAL　- HS=HANSA CORAL,FC=FREEDOM CONTAINER,HC=HARMONY CONTAINER,PT=PETRA 1,
　　　　　　　　　　　AS=ARNOLD SCHULTE,EC=EXCELLENCE CONTAINER,PL=IMPALA,PC=PROSPERITY CONTAINER.
　　　　　　　　　- INDICATED BEING PERFORMA ROTATION SUBJ TO CHANGE.
　　　　　　　　　- WHILE NBOUND & SUBJ TO EMP STOCK VSL MAY CALL PLM, BE ADVISED CASE BY CASE.

　　　　　　 R1　- PT403S VSL P/MAIN ENG REPAIRS REQUIRED BY OWNERS (EST 3-4 DAYS AT SGP).
　　　　　　 R2　- HS402N/O3S ROTATION F/E: SGP 6/20-20 KAO24-25 TCH26-26 KEE27-28 HKG30-01
　　　　　　 R3　- PC401S KHL NB IS SCHEDULED DEL JAPAN YARD JUL18 THEN DIRECT BOUND TO KEE
　　　　　　　　　- FOR PHASE-INTO KHL SAA SVC.
　　　　　　 R4　- PL401N UPON COMPL DISCH VSL BE SWITCHED INTO KHL SA SVC COMMENCING FM BSN.

## SPACE/WT ALLOCATION FOR SA & SAA SVC VSLS

### AA. SAF SVC

| .POL | FREEDOM/HARMONY CONTAINER | | HANSA CORAL | |
|---|---|---|---|---|
| | IN TEU | BY WT | IN TEU | BY WT |
| KOREA | 80 | 1000 | 80 | 1050 |
| TAIWAN | 150 | 2000 | 200 | 2400 |
| HONGKONG | 300 | 4200 | 390 | 4300 |
| SINGPORE | 150 | 2300 | 200 | 2250 |
| | 680 | 9500 | 870 | 10000 |

### BB. SAM SVC

| POL | DILIGENCE CONTAINER | NORDLIGHT | GENIUS |
|---|---|---|---|
| | TEU/WT | TEU/WT | TEU/WT |
| KOREA | 40/500 | 80/1000 | 40/500 |
| TAIWAN | 120/1500 | 200/2200 | 120/1500 |
| HONGKONG | 210/2800 | 350/3500 | 210/2600 |
| SINGPORE | 40/500 | 70/1000 | 40/550 |
| S.AFRICA | 120/2000 | 200/3200 | 100/1750 |
| | 530/7300 | 900/11000 | 510/6900 |

### NOTING:

1. THE UTILISING OF THE SPACE FM FE TO SAF (DBN+CPT) GENERALLY BEING RESERVED FOR HKG/TWN
2. FOR SAF TO SAM, IN GENERAL DEPEND ON AREAS CGO COMMITMT + SITUATION + SPACE UTILIZED IN FE PORTS
3. AREAS CONCERNED PLS SEND THE RESPECTIVE BKG PROPECT/STATUS TO KHS/TPE OFFICE BY 15/7/3/1 DAYS PRIOR SHIP'S ARRIVAL

## 附件9-10　航行指示及作業程序

REF NO. RF10110                                   DATE: OCT08/1992

TO    : MARITIMA HEINLEIN S.A. ATTN. OPS MR PEDRO KELLY

CC    : MANAGEMENT MARITIMA HEINLEIN S.A.

FROM : KIEN HUNG SHIPPING TAIPEI - OPS DEPT. CAPT CL WU/KY HSU

  RE : <u>CNTR OPN PROCEDURES FOR NEWLY OPENED KHL FE/SAA SVC</u>

THIS  IS THE OPN DEPT OF KIEN HUNG SHIPPING/TAIPEI & WE ARE  PLEASED
TO   LEARN  YRS  GOOD  NAME &  ACCEPTING  AS  LIAISON  CHIEF
COORDINATING/TAKE  CARE  THE CNTR OPN FUNCTIONS  IN  S/AMERICA  AREA
COMING FUTURE ON THIS KHS/TPE'S BEHALF TO WHICH, WE HEREBY NOT  ONLY
LIKE  TO  EXPRESS OURS MOST APPRECIATION BUT DEEPLY  BELIEVING  THAT
THROUGH THE BY AND BY CLOSE UNDERSTDG UNDER THE SPIRIT OF TEAM WORK,
WE  CERTAINLY WILL COOPERATE HAPPILY & SMOOTHEN ON ALLS FOR  SUCH  A
NEW CHALLENGE.

IN  ORDER PRELIMINARILY APPREHENSIVE TO YOU THE CNTR OPN  SYSTEM  OF
THIS  KIEN HUNG GROUP THEN DEEMING AS THE GENERAL GUIDANCE  ACCORDED
FOR FUTURE PRACTICING, A BRIEF INTRODUCTION FOR OURS ARE BEING  MADE
AS PER HEREBELOW MENTIONS:

A. <u>MEMBERS IN OPN TEAM OF THIS KHS/TPE HEAD OFFICE</u>

    HEADED BY VICE PRESIDENT CAPT. C.L. WU AND,

        MR CHARLES WU - MANAGER, IN  CHARGE  OF MARINE  CLAIMS  (CGO +
                        SHIP) & INSURANCE MATTERS ETC.

        CAPT K.Y. HSU - PORT  CAPTAIN OF S/AFRICA + AMERICA SVS  (SA +
                        SAA) FUNCTIONING IN CNTR OPS INCL. SCHE  WISE,
                        CNTR  STOWAGE,  PORT OPS &  THE  TECHNIQUES  RE
                        LOADING/DISCHARGINGS ETC.

        MR C.C. CHEN   - MARINE  SUPT  ENGR TAKING CARE  FOR  OWN  VSLS'
                        REPAIR/MAINTENANCE/CLASS  SURVEYS,  STORE/SPARE
                        PARTS SUPPLIES & ATTEND FOR <u>BUNKERING MATTER OF
                        THE SHIPS.</u>

        MS Y.Y. HUANG  - SECRETARY & LOOK AFTER FOR DOCTS  DISTRIBUTION/
                        CORRECTIONS IF DISCH PORT CHANGE ETC.

    <u>CNTR DEPT.</u>

        MS CANDICE LIN - MANAGER, IN CHARGE OF EQUIPMENT CONTROL  INCL.
                        CNTR  HIRING/LEASING/FLOW/R  + M  AS  WELL ,AS
                        MONITORING  FOR EMPTY STOCKS ALL  AREAS  UNDER
                        KHL GROUPINGS.

B. <u>REPORTING/COMMUNICATION SYSTEM & ABBREVIATIONS</u>

    B1      <u>REQUIRED FM REGIONAL/LOCAL AGENTS & KHS BRANCHES</u>
            WHILE VSL CALLING A PORT, THE FLWG THREE X MAIN GROUPS MSG
            REQUESTED BE SENT (PREFER ALL BY FAX) TO THIS <u>KHS TPE</u> -
            <u>OPS/SAA</u> & THE RESPECTIVE PORT AGT;

                  <u>BERTHING PROSPECT BEFORE ARR/ARRIVAL REPORT/DEP REPORT</u>

            OF WHICH THE DETAIL CONTENTS & PARTIES TO BE COMMUNICATED,
            PLS REFER THE FORMS & SAMPLES IN ATTACHMENT B1.

            IN BESIDE THAT, ORDER FOR ASST THIS OFFICE QUICKLY IN
            FAMILIARIZING THE PERFORMING CONDITIONS/LOCAL RESTRICTIONS
            ETC OF THE SAM PORTS, A <u>MAIDEN VISIT REPORT</u> DESCRIBING ON
            OPN GENERAL PLUS YRS VALUABLE COMMENTS TO THE FIRST
            CALLING OF THE PRESENTLY ASSIGNED 3 X VSLS, IE, "DILIGENCE
            CONTAINER" "NORDLIGHT" "GENIUS" ARE ALSO CARDINALLY
            REQUESTED FM ALL SAM PORT AGTS.

    B2      <u>FROM SHIP TO SHORE (ATTACHMENT B2)</u>

            THE SHIP REPORTING SYSTEM CURRENTLY APPLIED BY ALL KHL
            GROUPING VSLS ARE ALSO ATTACHED FOR YRS READY REFERENCE.

            WHILE VSL/S APPROACHING/ROUTEING SAM COAST, YOU CERTAINLY
            MAY COMMUNICATE/W MASTER FOR NECESSARY SLOW DOWN/SPEED UP
            AND/OR ECONOMICAL STEAM/STOWAGE WISE INSTRUCTIONS ETC.

C. <u>HANDLING OF CGO CNTR DAMAGES & POLICIES RE DG CGO CARRIAGE</u>

    PLS REFER THE ATTACHMENT "C" FOR DETAILINGS HEVER, YRS SUPERIOR
    OPINION/S IN RELEVANCE THUS MAKING THE SYSTEM MORE SUIT TO THE
    LOCAL REQUIREMTS, SUBSTANTIAL PRACTISING AS WELL AS BEING
    ADVANTAGEOUS TO THIS NEWLY EXPLORED LINER TRADE ON COMMERCIAL
    SIDE, ARE ALSO GREATLY WELCOMED.

D. <u>WORKING PROCEDURES/OPN PROCESSING FOR VSL N/S BOUND LEGGINGS</u>

    <u>NORTH BOUND</u>
    - ONCE THE NB BKG PROSPECT (EX ALL SAM PORTS) OBTAINABLE ENOUGH
      & ON/ABT <u>15 DAYS</u> PRIOR VSL ARR 1ST SAM PORT, PLS FEED TO
      KHS/TPE THE APPROX FIGURES IN <u>PORT TO PORT</u> & <u>20'/40' MODE</u>
      BASIS BY FLWG DRAFTED FORMS:

| P.O.L. | SAF PORT/S 20/40 | SGP 20/40 | HKG 20/40 | TWN 20/40 |
|--------|------------------|-----------|-----------|-----------|
| EX BUE | / | / | / | / |
| EX MTV | / | / | / | / |
| EX STS | / | / | / | / |
| EX --- | / | / | / | / |
| TOTAL EX SAM/ | | / | / | / = TEUS |

    AND IF AVAIL, THE ESTIMATED WT INF OF EACH DISCH PORT.

WHILST THE PRELIMINARY DATA IS REFERRED WE WILL SET UP AND PROMPTLY RESPONSE TO YOU THE THEN NB CALLING ROTATIONS FAR EAST PORTS. FYI THIS IS MAINLY DUE TO IN LINKAGE/W THE KHL OTHER LINER, CALLED FE INTRA SERVICE & IN CONSIDER THE EXPORT BKG CONDITION EX FE THE SUBSEQUENT VOYAGE. THEN,

- ACCDGLY TGW THE VSL'S SAM COAST ROTATIONS, YOU ARE REQUESTED TO PROVIDE YRS NB STOWAGE IDEA BY FAX A PROPOSE GENERAL BAY PLAN EX SAM.

- UPON THE G. BAY PLAN APPROVED THIS END THEN DEEMING THE SAME AS BASIC TO ISSUE/CLOSE DELIBERATING/MONITOR WITH ALL LDG PARTIES CONCERNED SAM PORTS FOR SUBSEQUENT DETAIL PLANNING & PRACTICABLE EXECUTING AGAINST THE FINAL BKGS.

SOUTH BOUND

- BASE ON THE ACTUAL LDG PLAN FURNISHED TO YOU FM LAST PORT (CPT OR DBN) & ESTIMED IN/OUT CGO LIFTINGS, YOU ARE REQUESTED TO MAKE A PROPOSAL FOR PORTS VSL NECESSARILY TO BE CALLED IN SAM FOR OURS APPROVAL THEN,

- ACCDG TO VSL LATEST REPORT & IN CONSIDERING THE TIME TO TIMES LOCAL ENVIRONMENT (SUCH AS HOLIDAY/S, CONGESTIONS & STRIKES ETC) PLUS YRS BEST JUDGEMENT TO SET UP/PROVIDE (BY FAX) A VSL COASTAL SCHE FOR OURS REFERENCE & GUIDING TO MASTER AS WELL AS INTERSEA/BRAZIL + LOCAL AGTS FOR FOLLOW UP & MONITORING.

FYI THE AFOREMENTIONS BEING SIMILAR AS PRACTISED IN CURRENT KHL FE/SAF LINER SERVICE & KHS MR FRANK CHEN BY READING COPY, PLS MAKE A FURTHER BRIEFINGS TO MR PEDRO KELLY AND/OR OTHER GENTLEMEN IN CONCERNING WHENEVER ON REQUEST.

E. OPN FUNCTIONS ASSIGNED TO REGIONAL COORDINATOR HLN/BUE

AS CONCLUDED FROM ABOVES, HENCE THE RENDERANCE REQUESTED FM YRS GOOD END ARE;

- AS CHIEF PLANNER COLLECTING/FEED BACK THE (MORE) FIRM NB BKG INF THEN, TAKE CARE SPACE ALLOCATION/ADJUSTMENTS FOR ALL KHL ITINERARY PORTS IN S/AMERICA ON THIS OPS KHS/TPE'S BEHALF,

- VSL'S COASTAL SCHE IN SAM,

- BEING A KEY COODINATOR WHO COMMUNICATE WITH KHS/TPE & OTHER AREAS CONCERNED IN/OFF SAM FOR ANY FUNCTION RE CNTR OPN WISE. MTIME MAY TREAT/SOLVE THE MINOR PROBLEMS IN CORPRATING WITH LCL KHS REP BY OWN JUDGEMENT/EXPERIENCE DIRECTLY HEVER, FOR MAJORS OR THOSE INVOLVED POLICY OR CONSIDERABLE EXTRA COST, YRS FEED BACK FOR JOINTLY SEEKING SOLUTIONS ARE REQUESTED,

- CLOSELY TO MONITOR WITH LCL AGT FOR PORT OPERATIONS DURING THE PERIOD VSL IN SAM REGION,

- OTHER FUNCTIONS LIKELY IN RELATING CNTR OPERATIONS.

F. HIGHTLIGHTS IN PLANNING SHIP'S STOWAGE/SAM COAST SCHE ETC

### F1 PRINCIPLE IN GENERAL

PRESUME THE FLWGS ARE WELL AWARED BY YOU HEVER LIKE TO EMPHA-
SIZE AGAIN THE BASIC PRACTISINGS THAT;

1/ SUBJECT TO MASTER'S ULTIMATE SAFE JUDGEMENT, THE PARAMOUNT
SHIP SAFETY IS ALWAYS IMPORTANT THAN ALLS,

2/ BEING A RULE OF MARINE PRACTISING THAT FAR AS POSSIBLE/
STOWAGE PERMISSIBLE, THE ONBOARD CNTRS VERTICAL WT
DISTRIBUTN TO BE ALWAYS HEAVIER DOWN & LIGHT UP (PYRAMID
WT) MTIME, IN MOST UNBALANCE WEIGHT CASES THE BLOCK STOWAGE
ARE APPLICABLE,

3/ IN CASE SOME OVERSTOW UNAVOIDABLE (DUE FM UNBALANCE IN/OUT
BOUND CGOS AND/OR 20'/40' DISTRIBUTIONS ETC), SUCH NUMBERS
OF OVERSTOW SHUD DO BEST MINIMIZING TO THE MINIMUM & IF FE
PURTS ARE THE DISCHARGINGS, THE THEN SHIFTINGS SO RESULTED
PREFER ALL CONCENTRATE (IF POSSIBLE) TO PERFORM AT HKG AS
AWARED, BEING THE PLACE OF MOST ECONOMICAL TO EFFECT
SHIFTINGS IN OURS K H L TRADE.

### F2 CONCEPT FOR PORT CALLING

REFER TO ITS NO.03/92 WE PREVIOUSLY ISSUED TO YOU AND THEREIN,
IT MAY CONSIDER TO SKIP OR ADD THE FLWG PORT/S CALLING SUBJECT
TO CGO COMMITMENT CASE BY CASE;

FOR CAPETOWN (CPT)

WE WILL SKIP THE PORT CALL IF CNTR FLOWS (IN + OUT) LESS THAN
30 UNITS AND BY INSTEAD, TO DISCH/TRANSHIP/FEEDER TO/FM VIA
DURBAN (DBN).

FOR SAO FRANCISCO DO SUL/BRAZIL (SFD) & MONTEVIDIEO (MTV)

TO ADD'L CALL IF TOTAL IN + OUT UP TO 60 UNITS WHICH SUBJECT
TO THE FIRMED BKGS THRU YRS TIME TO TIMES MONITOR, TO MAKE THE
PROPOSAL FM YR END FOR PRINCIPALS' APPROVAL.

### F3 ARRANGEMENT FOR REPO EMPTIES

WHENEVER IT BECOMES NECESSARY AND UNLESS OTHERWISE RECEIVED
RESPECTIVE INSTRUCTIONS FM CNTR DEPT KHS/TPE, WE WILL KEEP YOU
ADVISED FOR ANY REPOSITIONING ACTIVITY BY SEPARATE ISSUE/S.

### F4 OPN RESTRICTION OF ITINERARY PORT/S & VSL/S

AS FROM YEARS EXPERIENCE, THE FLWG OPN HINDRANCES ARE EXISTED
AND NEED TO BE AVOIDED FAR AS POSSIBLE/PRACTICABLE:

HONG KONG (HKG)

IN VIEW MID STREAM OPS (SHACKLED TO MOORING BUOY) ARE
CURRENTLY ALWAYS TAKEN PLACE IN HKG, PLS TFORE REFRAIN TO LOAD
HKG INWARD CNTRS ON SHIP'S POOP DECK BAY THUS FOR MINIMIZE THE
POSSIBLE HIT DMG (FM ALONGSIDE BARGE/S) TO THE SHIP.

DURBAN (DBN)

BEING AN INTERMEDIATE PORT IN THIS NEW FE/SAA TRADE & DUE TO
THEIR OUTBOUND CNTRS ALWAYS HEAVY (@ UP TO 20MT/20'), HENCE
UNDER THE CONDITION CONSIDERABLE QTY OF EXPORT CGO FM SAF IS
EXPECTED, YOU MAY NEED TO LEAVE SOME DEEP HOLD/S SPACE FOR SAF
TO LOAD THUS FOR BETTER STABILITY TO VSL IN FOLLOWED DBN-SGP
PASSAGE, IN OTHER WORDS THAT, WHILST SHIP'S LONG'L STRENGTH
WITHIN SAFE MARGIN, YOU MAY STOW THE SAF INBOUND CGO (EX SAM
PORTS) INTO LOWER POSITIONS IN HOLD/S.

FOR DILIGENCE CONTAINER (DC)

1/   DUE TO LIMITED TOP CLEARANCE, NO "HQ" IS ALLOWED IN CGO
     HOLD.

2/   ON DECK 4TH TIER HIGH IN THE WAY FORWARD OF BAY15 ARE NOT
     ALLOW TO STOW AS RESTRICTED BY PORT AUTH DBN DUE TO BRIDGE
     VIEW PROBLEM.

3/   ON DECK 40 FTRS ARE UNABLE TO LAPPING OVER ANY 2 X 20'.

4/   IN CASE SHIP'S FWD/AFT CRANE/S INOPERABLE, PLS REFRAIN FM
     LOAD DBN INBOUND CNTRS AT BAY 07/17 ON DECK RESPECTIVELY
     DUE TO RESTRICTION OF GANTRIES DBN.

FOR CHARTER-IN VSLS "NORDLIGHT" & "GENIUS"

PLS REFER THE BRIEF PARTICULARS PREVIOUSLY FURNISHED HEVER, AS
BOTH VSLS NOT ON-HIRE YET & WE SURELY WILL KEEP YOUR END
FURTHER ADVISED IF ANY OPN HINDRANCE OR SPECIAL ATTENTIONS
NEED TO BE DRAWN ON OPERATIONAL SIDE.

FYI PRESENTLY "NORDLIGHT" BEING SCHEDULED ON-HIRE OCT19/KEE
WITH T/C PERIOD 12M +/- 30D & "GENIUS" NOV05/KEE, 6M + 6M +/-
30D, IE, CHTRRS HAVE THE RIGHT FOR ADVANCE TERMINATION WHILST
ON COMPLETION OF 6M CHARTER, IF VSL CONFIGURATION FOUND NOT
SUIT.

G. FORWARDING/DISTRIBUTIONS OF OPN MATERIALS

UPON VSL COMPLETING CARGO OPERATIONS, EACH SAM PORT ARE
REQUESTED THAT, OTHER THAN THOSE OF DOCTS REQUIRED AS PER OURS
PREVIOUS FAX RF09059 DATED SEPT16, PLS ADD'L PROVIDE BY FAX THE
FLWG LOADING MATERIALS TO KHS TPE ATTN OPS DEPT & THE NEXT PORT
AGENT AS WELL:

5

1 X COMPLETED SET BAY PLAN, INCL RECAP SUMMARY AND/OR TABLES.

1 X COMPLETE SET LOADING RESULT.

AND, WE WILL NOT FAIL TO INFORM YOU IF ANY OTHERS ARE REQUIRED.

HOPING ALL OF AFOREMENTIONS WUD MEET TO YRS APPREHENSIVE VIEW HEVER, AS YOU KNOW WELL THE WHAT INTRODUCED PRACTISINGS ARE MAINLY EXTRACTED FROM THE CURRENT FE/SA SERVICE, HENCE YRS VALUABLE COMMENTS AND THE NECESSARY SUPPLEMENTARIES TO THE SAME THUS MAKING THE SYSTEM MORE & REALISTICALLY TO SUIT THE ENVIRONMENT OF SAM REGIONS, WILL BE GREATLY WELCOMED/APPRECIATED.

MR FRANK CHEN THAT BY READING COPY, PLS KINDLY ON OURS BEHALF TO EXTEND THE MOST WARM COMPLIMENT TO ALL OURS NEW FRIENDS IN ARGENTINA, BRAZIL & URUGUAY AS WELL, LOT THANKS.

                                          YOURS FAITHFULLY

DISTRIBUTIONS
INTERSEA/SANTOS (HLN/BUE PLS RELAY)          -----------------
               (WITH FULL ENCL    )
ALL AGENTS/SAM PORTS (HLN/BUE RELAY)
KHS JHB & DBN
MR FRANK CHEN C/O HLN/BUE
FILE

# 第十章 經濟效益管理

　　本篇中所述及之船舶管理經理人即代表船舶所有人（或董事會）執行船舶（隊）管理之人。無論是契約上委託或公司內部的組織建制、其管理上的作業活動、皆應達成海運公司所交付的任務與目標。船隊管理（包括船員事務）主要任務即為有效掌控船舶，使船舶達到最有效的運用，從而獲致營運上的最大收益。在整體船舶管理中，公司依其財務及經營策略，通常皆編列船隊管理（包括船員事務）的年度預算。如何在編列的預算內、發揮最大的效益，做到成本控制，保險費用降低（失事率降低），船舶維持良好狀況及離租率（Off-hire）降至最低等，即是目前船舶管理所應重視的課題與追求的目標。

## 第一節　船隊管理的目標與任務

　　本章節所謂旳船隊管理，乃指廣泛的船舶管理、包括船員事務管理部分。在討論船隊管理的作業活動中，吾人需先了解其管理上目標為何。一般而言，大致包括下列幾項：

一、提供及時、正確與有關的資訊，俾便高階管理參考引用。

二、確保船舶隨時可用、以及在各方面均備便完成，可以開航與運送貨物。

三、有關適航性，船舶人員，貨物之安全及第三者之利益（如防止污染）方面、替代船舶所有人，做到「盡即時注意之責」。

四、支援船舶在既定的計劃與政策內，維持船舶高度的服勤性及作業性。

五、確保充分與合理的船舶人力配置，並安排參與訓練及選取甲級船員。

六、建立良好的預防保養制度，以及例行與其他法定目標、並在編制上予以支援。

七、當船上自身能力不足時，提供技術協助與其他支援。

八、協助船上購置供應品、配件、物料及伙食（如船上處理未必較佳時）。

九、制定績效指數，並評量船舶的績效。

十、蒐集、評估及發布有關貨物適當的作業指示，並告知船上有關營運航線上的特別注意事項。

十一、評估船舶的工藝情況，在長程及短程方面的展望。

十二、有關船舶的營收及營運成本，預作及發佈預算指導。

十三、作成每月預算執行結果報告，並對任何顯明偏離預算者、予以分析。

十四、為較高的管理階層，作成年度績效報告。

十五、持續尋求改進服務之方法，並針對此項改進措施、預作成本估算。

十六、參與公司整體目標中、鄰近作業中心的結構性對話，以取得同步與多方協調。

## 第二節　資訊處理與控制參數

### 一、管理資訊處理之順序性

　　船舶管理涉及多方面的資訊來源，包括安全規定、規格手冊、保養計劃、船舶本身的營運歷史以及總部的計劃政策等。然而維持船舶正常運作，解決船上的事務，必須依序而行，方不致錯亂，而事倍功半。下圖10-1所示即為資訊管理之順序性：

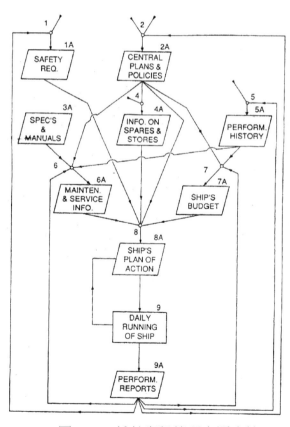

圖10-1　船舶資訊管理之順序性

（資料來源：“The Function of Fleet Management”, IMO Model Course 2.05）

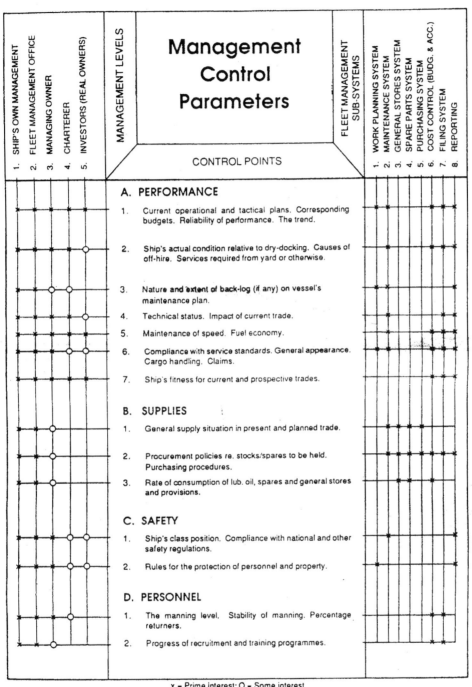

圖10-2　不同管理層級之管理控制相關參數。

（資料來源：“The Function of Fleet Management”, IMO Model Course 2.05）

## 第三節　管理團隊之分工與協調

　　企業經營講求團隊合作，海運公司經營船隊亦同。船隊規模愈大，其管理團隊之分工與協調愈形重要。如何維持船隊中的每一船舶都能有效的控制與維持正常運作，乃船隊管理的組織運作中，必須先予建立的責任與協調關係。本節即討論在船隊管理中有關人員、事務的分配與整合，俾能達到最佳的管理成效。

### 一、船隊工程師的建立

#### （一）責任工程師

　　責任工程師（Superintendent）為直接參與船舶運作事務之岸上人員。一般為具備海上經驗之輪機工程師。因為從事於船舶工作多年，累積相當經驗，對於船上的運作以及工藝事項多所了解，因此易於了解船上的實際狀況與需要而予以支援協助。

　　通常每一船舶都編制有一位責任工程師。（較複雜的船舶、專業船舶客輪則不只一位）、負責船岸之間連繫工作。而每一位責任工程師，可能負責監督二至四艘船舶（依船舶規格、行駛航線而定）。除了直接參與責任船舶的經常事務（一般以適航性的維修與管理為重）外，更需與公司其他相關部門配合，（如下圖10-3所示）：

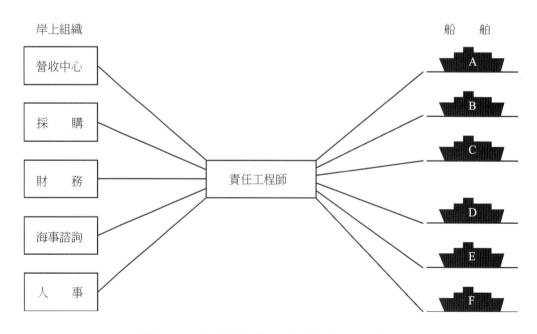

圖10-3　岸上船舶管理人員之責任與協調

（二）專業船舶工程師

公司船隊規模龐大、且擁有各類型船舶，由於每一型船舶其營運與作業方式不同，因此其相關作業要求並不同。在此情況下，一般皆將相同類型的船舶，如同屬貨櫃船、油輪或油品船、散裝雜貨船、化學品船、客船等，各自分組成立貨櫃船隊，油輪船隊，散裝船隊…等，各個船隊皆有總負責管理之人，達到專業分工的目的。

每一專業船舶各自形成專業船隊工程群（Fleet Superintendent Group）、並負責所編組的船舶運作事宜。至於相關的後勤支援事務，則統籌由總船隊架構下之相關部門（如採購、人事等）配合。相關作業方式如下圖10-4所示。

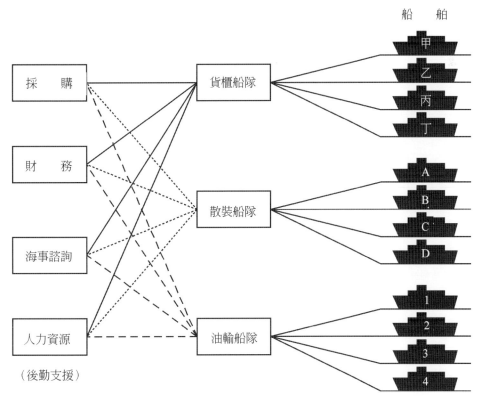

圖10-4　多種類型船隊之管理運作

## 二、後勤支援之配合

（一）物料配件之採購

依船隊每月、每半年之消耗情形予以整理分析、依最適當庫存理論，保持

船上所需的安全存量。同一類型、同一主機型式的船舶，其所需的配件（Spare parts）依保養維修的需要，除保持最低安全存量外，儘量避免購置額外的備品放置船上，重要備品應與原製造廠商簽訂供應合約，當情況需要時，能及時的由供應廠商，直接送達船上。至於一般用品的供應，亦可透過供應商，以船隊統包契約方式，採半年供應方式，編定船舶的供應月份，達到大量採購，降低成本，縮短作業流程，並間接達到預算管制的目標。

（二）維修廠商的有效作業

能配合船期的考量，在泊港期間，或最短工作時間內，完作船舶必要的修護作業，避免離租情事發生。

（三）海事資訊之提供：包括

1. 公約的有關規定及生效日期。
2. 航線彎靠港口的特殊規定及管制。
3. 租方或船舶營運人的臨時要求。
4. 貨載或其他方面之特殊規定。

## 第四節　策略性維護保養、提高船舶性能

為提高船舶營運效率，節約能源，船舶本身性能的維護保養非常重要，凡逾齡不堪使用之船舶一律汰舊換新，對於服勤中的船舶，為了達到最佳經濟效益，引用策略性計劃保養乃近代維修保養之管理方式。

### 一、策略性維修保養

整體維修保養計劃分為計劃保養（Planned maintenance）及意外事故保養（Incidental maintenance）。意外事故發生後之維修保養，乃不被預期但可能發生，且有些非人為疏忽之因素造成。計劃性維修保養中之預防維修乃屬可以掌握的，且可施行以可靠性為中心的維修保養。圖10-5為其相關作業流程圖。

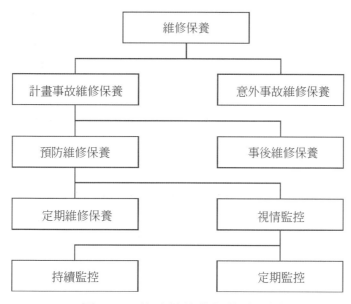

圖10-5 策略性維修保養流程圖

　　維修保養計劃應依船舶性能狀況，妥善規劃，過多的計劃保養，造成維修保養成本提高，一如庫存投資，在保養計劃與保養成本曲線圖中，取其成本最低落點。如上圖10-6所示。

## 二、預防維修與視情維修

### （一）預防維修保養（Preventive maintenance）

　　預防維修是為防止船舶系統或裝備性能退化，抑或降低船舶系統或裝備失效的概率，按事前的規定計劃或相應技術條件的規定進行的維修。對於一旦發生故障就會造成重大的經濟損失，甚至人身事故的場面，以及安全性要求很高的設備或系統，預防維修尤其必要。

　　對相同類形的元件，按一定的工作要求進行作動試驗，根據試驗的時間統計數據和故障率的定義，可以得到這些元件的故障率隨時間的變化規律，如圖10-7所示，這條曲線形狀與浴盆相似，因而取名為浴盆曲線（Bath-tub Curve），從浴盆曲線可知，預防維修可以改善船舶系統或裝備耗損失效期內的失效率，因而可提高設備的可靠性。這樣一來，設備的可靠性由提供的預防維修來決定。

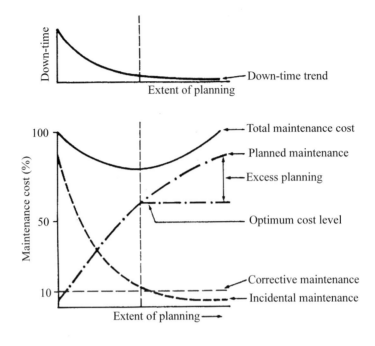

圖10-6　最適維修保養計畫曲線

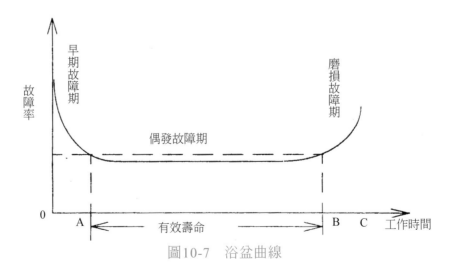

圖10-7　浴盆曲線

預防維修有好幾種方式，它們的出現各有其特定的條件和原因，在六十年代以前由於當時缺乏有效的故障檢測手段，對故障原理的研究的也很不夠，所以當時的預防維修方式，主要是定期（時）預防維修。

定期（時）預防維修根據使用經驗及統計資料，規定出相應的維修程序，每隔一定時間就進行一次維修，對設備中某些零件進行更換或修復，以防止其發生功能故障。它立足於概率理論，根據系統內主要零配件發生故障時間的統計分佈來確定維修周期，這樣能使維修工作可以在有準備工作情況下進行，但此種方式由於必須對零配件進行離位式拆卸分解的檢查及維修，不僅增加修理時間，也影響設備原有的可靠性。另外，所規定的維修周期，往往受多種因素，特別是偶然性故障的影響，不能符合實際，不是造成設備失修就是維修次數過多，增加維修費用，但由於維修可以事先儘量安排在非生產時間內進行，能使停機所造成損失降到最小，所以，到目前為止，岸上及船舶對機械設備系統中仍廣泛採用定期（時）預防維修方式。

（二）視情維修保養（Condition Monitoring & Maintenance）

七十年代以來，由於測試技術、儀器、信號分析和電腦技術的進步，設備的狀態監控技術和故障診斷技術發展很快，產生以設備的狀態監控和故障診斷為基礎的視情維修。

視情維修的含義是：對一個具體項目不預先確定固有的檢修期，而是按照項目的技術狀態的檢查和預測潛在故障等視情資料來確定最佳的檢修期（即決定何時進行維修最為適合）。視情維修制度是建立在對機械設備技術狀態實行監控診斷基礎上的預防維修制度。實現視情維修的先決條件是必須進行視情設計，如各種標準圖譜、臨界參數、檢查孔等；採用先進可靠的工藝監控和故障診斷技術。

視情維修的主要特徵是發現並防止故障，以保證機器最大限度的安全運轉，對機械設備實行動態管理。維修理論為：有些耗損故障在臨近發生功能性故障前，其潛在故障狀態是可以測定的。視情維修方式就是藉由對故障發展狀態不斷監控，在出現潛在故障前予以換新，以防止功能性故障的發生。視情維修方式只適用於具有進展緩慢的耗損故障的項目。採用視情維修的優點，主要為：

1. 可以發現潛在的缺陷，防止機械設備功能性故障。
2. 即使無法避免設備自身發生的故障，而於事先作出對策，可以使它的損害減少到最小程度。由於及早發現異常，可使設備的停機維修時間與所需要生產和保養時間結合在一起考慮，從而避免由於非預期停機而導致各種損失。

3. 改善維修條件，減少維修時間。可使設備避免諸如修理時間很長的破壞性或損傷性停機；同時可使維修人員事先作好準備工作，祗待停機即可進行搶修。

4. 依據監控所提供的信息和數據，能知道異常和故障發生的全部過程。這樣，可作為探索故障原因，研究今後預防對策和檢測方法，以及改進可靠性和維修性設計方面提供基礎性的資料。

### 三、定期進塢大修

1. 清潔船底，將海蠣等附著物及生鏽部分清除。
2. 拆除並更換銹蝕鉚釘，研磨海底閥。
3. 漏洩節縫，及漏水鉚釘應重新扣鑿斂縫，或焊接裂縫。
4. 更換艉軸迫緊（Packing），測量艉軸間隙，校正螺槳葉片之螺距與清潔。
5. 船底油上防銹防污油漆，保持船底光滑，以利航速。

### 四、主輔機及其他裝備維護

（一）主輔機保養

　　這些機器必須靠船上人員隨時注意檢查，遇有損壞、腐蝕、洩漏或各種性能減低時，設法予以修護，確保最佳效用。

（二）船上管路系統之維持

　　管路系統發生毛病，應及早偵查出來，速以修竣。船舶航行能力，要靠所有的管路系統的正常作用，而管路系統之損壞，可能遭遇意外災難或日久欠缺保養所致。船上輸送高溫氣體及液體等管路，都包覆有保溫材料，這些保溫管路，往往由於管架，接頭，彎曲或閥部損壞而致洩漏，有時因施工困難，不易徹底修護，而引起大量熱能之損耗。船舶在航運中如能對管路系統作適當維護，時時提高警覺，一有疏忽之處，馬上加強改善，對樽節能源之措施，易於收效。

（三）船用電器裝備之管理維護

1. 船上電器裝備凡損壞或效率太差而耗電者，設法更新，或採用省電設備，提高用電效能，減少電力消耗，自是根本之道。事實上，節約用電，不論任何情形，只要大家通力合作，共同努力推行，其效果必可立竿見影。
2. 注意維護保養：所有電器裝備均要專人管理，採分層負責，經常檢查，發現損

壞或漏電等情形，馬上予以修復，保持良好功能。凡電器用畢應隨時關掉。有許多設備，不用時仍有電流流動，如變壓器就是其中一種，防止這種無負荷損耗的方法，即在夜間或停止操作時，應把電源開關拔掉。

## 第五節　提高船員素質，減少失事率

### 一、船員素質與管理績效

　　船舶載運貨物，旅客航行於海上、或在港口裝卸作業，均需透過船上的組織功能運作以達成。因此維持船舶正常運作乃基本之要求，組織成員素質之高低與否，直接影響船舶管理標準。一九七八年STCW公約中規定，船上需配置適格、稱職的人員，這只是強制性的最低標準。對於船員的文化背景及敬業精神，亦應予以考量。船員素質高，則對船舶的運作，當能確切的掌握，其安全性亦相對提高。在組織群體中，由於素質的齊一及優秀，在船上人群關係及生活品質上，亦能相對提高。船長在指揮與船舶管理上，方能朝制度化、單純化的學理模式，維持船舶的正常運作，也可降低意外事故及不符合事件之發生，反之船員素質低落或文化背景差異太大，則在船舶管理上即難達到應有的使命與目標。在整體性「安全」與「效能」上，勢將受到影響。

### 二、船員費用與營運成本

　　船舶營運中，在成本方面可分為船舶的管理成本與財務成本兩大類。其中船舶管理成本依船舶營運型態方式之不同，一般而言約佔總成本的55~65％。船員的待遇及福利的提高，直接影響公司的營運規劃，及船隊管理預算的支出。因此在考慮船員結構時，對於船員的素質標準及待遇福利均應考量考慮。並在船員文化背景、素質、待遇及「輸出效能」上作一分析比較，以求得營運效益及管理上可接受的方式。

### 三、高待遇高素質政策

　　船舶人員職業環境與一般陸上工作者不同，非有優渥吸引人的待遇，不易留住人才。在有限的商船人力資源中，欲召募素質較高人員，則需要以較高的薪資以及較好的福利措施方足以吸引。所謂高薪高素質（High Pay High Quality），自

有其道理，高薪不但易於召募人員，亦便於船上管理，且能確實遵守並執行公司的管理政策。船員素質提高，操作技術及生活紀律維持良好標準，失事率自然可以降低。

## 第六節　船舶績效與預算管制

### 一、船舶績效（Ship Performance）之查核

針對下列主要重點項目作為評比標準：

1. 船舶主機的運作情況、輸出馬力的維持。
2. 達到要求的航行速度。
3. 船舶主機及各類機器、設備，其失效率或故障率之多寡。
4. 貨物作業的順暢，並無任何疏失。
5. 船舶離租率為零。
6. 航行安全的維持，無意外事故發生。
7. 符合港口各項作業規定，無違規情事。
8. 嚴密謹守防止海水污染。
9. 船舶維持良好的保養狀況。
10. 通過港口國管制檢查，無延誤船期情事。
11. 船上部門之間的溝通協調良好。
12. 船舶衛生及船上紀律達到要求目標。

### 二、預算管制

在既定的預算目標範圍內，每月的預算目標，必須予以控制。在半年預算金額中，作有效的運用。勿超過預算，亦無必要想辦法去節省配件的更換與申請。唯有精確的執行計劃保養，定期（時）更換配件，方能保持船舶的安全狀態。然過於浮濫的消耗，而導致預算超過，亦不符合船舶管理的預算管制作業。因此按月提報預算使用情形及剩餘額度，俾便做最適當最有效的應用。

## 第七節　電腦化作業

海運是具有國際性特色的企業，提供海上客貨運輸的服務。就客貨的要求而言。需達到安全、迅速、低廉、便利與舒適穩妥。就海運經營者而言：則不外乎減低成本、加強服務及擴展營收。船舶經營者要在「安全管理要求」、「減低成本」與「追求營運績效」之間，提昇競爭力，則船舶的管理方式與作業流程當為重要課題。本節即對於船隊（舶）管理中，船舶後勤支援作業的運作，提出可行的模式，以適應當前海運人力資源結構的變化。利用資訊科技與管理，強化流程管制，既能符合國際公約中對於管理上的要求，同時也提昇公司的「營運績效」，在海運的經營上能確保競爭優勢。

### 一、船舶管理支援體系電腦化及流程

企業經營講求績效，自從電腦廣泛地被引入企業界，造成企業界相當的震撼。整個企業的組織結構，作業流程與經營模式，因而產生巨大的變革。資訊化管理，給企業帶來了「迅速」及「依賴度高」的情報。在企業追求績效的目標下，誰先掌握了資訊，利用電腦來管理繁雜的事務，則能掌握了先機。海運屬國際性的，在講求績效管理中，電腦化的作業及資訊管理，更是不可或缺的管理方式。以往船舶管理所涉及的事務、有關文件作業、流程繁複費時，且在文件資料的傳遞與記錄保存上，難免有疏漏之處。資訊化管理（Management Information System），電腦化作業，正可提供資料的快速獲取及相關部門連線上的資料交通，以及資料的完整保存。因此目前較具規模與制度的海運公司，除了施行辦公室自動化（Office Automation）外，在船舶管理方面亦採取資訊化作業，但範疇不夠全面。

為適應將來「近代化船舶」（日本於1977年研究實驗的制度）的可能趨勢，建立一套完整的支援體系電腦化的架構實屬需要。其建構與作業流程簡述如下：

### （一）岸上（Shore Base）內部組織之建立

1. 公司組織在岸上本身需有資訊系統部門（Information System / Computer Center）的建立，功能應包括：
   (1) 系統中連線網路的建立與應用程式之設計。
   (2) 所有資訊無論岸上及船上，都能通過資訊中心的資料庫系統儲存。
   (3) 能直接傳送至各授權部門的終端機上。

2. 船舶管理部門：個人電腦的置備，與資訊中心連線，透過特別資訊的選取，能自動擷取由船上及有關部門傳送的資訊。緊急或重要的資訊，並能自動列印。各權責單位除認知外，對於回應與處理結果，必須予以加註。

（二）船上作業的建立

1. 船上硬體設施的配置：

   船舶建立系統作業，為達到完整的功效，必須建立兩個架構：

   (1) 專屬公司系統化的個人電腦（涉及資料的儲存、程式的設計，及安全與機密性的維護）。

   (2) 通過海事衛星系統或E-Mail傳送。

2. 船舶管理支援系統

   依其性質不同而區分為船員管理系統（Crew System）、物料及配件管理系統（Inventory System）、保養與檢驗系統，（Maintenance System）及証書文件系統（Essential Document System），這些軟體之設計，均屬公司資訊部門依船舶型態，統籌設計。船上作業系統，各船均設定一密碼（Password），由船長負責，依船上部門負責人員之需要而授權特定專用密碼，以達到資料管理的目的，並防止資料被其他人員任意更改。

3. 船上四個作業系統，其內容分述如下：

   (1) 船員系統（Crew System）如附表，處理船員的個人資料及帳目。內容包括：

   －船員薪資個人資料

   －每月在船支付總額

   －加班費的核對與支付

   －薪資預支情形

   －煙酒及應扣項目

   －船員升遷資料（包括職級與年資）

   －薪資結止

   －最新的薪資結構資料

   －船員離船相關報告

   －預覽每月支付總數

   (2) 物料與配件系統（Inventory System）

   －司多：依標準編號或公司制度的代碼，依船舶類型及行駛航線而制定標

準存量、安全存量，現有存量及申請存量。

－配件：公司及廠商制定的代碼，依船舶類型、狀況及行駛航線制定標準存量、安全存量，現有存量及申請存量。

司多與配件，系統中皆列有標準格式，負責人員則依需要或定期予以資料中的消耗與補充情形予以更新（Update）。

(3) 保養與檢驗系統（Maintenance System）

依船舶、機器、裝備的保養手冊制定保養計劃表，船上或岸上定期施行情形，以及配件、備品使用情形，輸入電腦，作成記錄。執行保養、維修所消耗的備品及配件。在Inventory System中會自動予以資料更新（Update）。

(4) 証書文件系統（Essential Document System）

各項必備的船舶文書及重要文件，列有發証日期、有效日期、中間檢查、歲檢等資料。各類船上的重要報告，包括與安全管理有關的資訊。

4. 船上人員，依職責及船長的授權，使用船上資訊作業系統，除隨時Update外，另用公司提供的磁碟，予以Back-Up存檔。


（三）資訊網路的建立及作業流程

1. 公司的資訊部門必須擔負此技術支援的任務。船岸的管理支援系統、資料的傳送與更新，可由下面兩種方式達成：

(1) 緊急及航程較遠的船舶：

可透過船上衛星系統或以E-Mail將資料傳至公司船舶管理部門。

(2) 可將Update的備份磁碟，交由公司人員，或在國外以快捷郵件方式送回公司。

2. 作業流程

船舶管理支援系統的各項資料，均將透過公司的資訊網路系統，傳至各相關部門及單位，並予以處理。並將處理後的資料予以Update，再送回船上。

船岸之系統作業建構及流程：

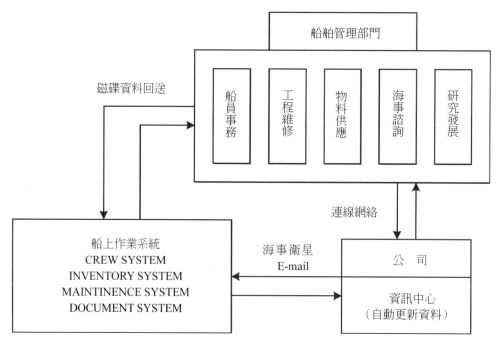

圖10-8　船舶管理支援體系電腦化作業流程圖

## 二、船舶管理電腦化作業的效益評估

（一）條件

1. 管理階層能有接受資訊管理的認知。
2. 各階層人員，對於電腦的應用，並不存在排斥心理。
3. 對於系統的投資，公司或船舶管理部門能訂定目標及編列預算。
4. 船上負責人員，需有基本的電腦操作概念。

（二）效益評估

　　隨著科技的進步及社會形勢的變遷，船舶趨向於大型化、專業化與快速化。船上人員的編制，有愈趨減少的趨勢。船上的人力需應付額外的工作量。以往文件的製作耗時費事，自然不符合現代化船上作業。1994年國際海事組織（IMO）通過了國際安全管理章程（ISM Code）對於各類文件，均需予以記錄、保存。此一強制性的規定，勢必造成在文件管理上的負擔。而電腦化的作業，正可解決此

一問題，除此之外，實施電腦化的後勤支援作業，可獲致下述的益處：

1. 岸上船舶管理部門各組群之間，對於船上資料，可詳細、及時的掌握，而無遺漏之處。
2. 流程的簡化，增進效率，岸上人員面對公司的精簡政策，不致有工作量過大的壓力。
3. 由於電腦化，一切資料的存檔都隨時可以由資訊管理系統中獲取，辦公室不用擠滿過多的公文簿及檔案櫃。空間可充分利用。
4. 透過電腦化的自動記錄功能，能保存完整的資料，在保險上，能符合「對船舶適時注意」的文件舉証。
5. 利用電腦特性，方便於資料分析，數據統計及分類。
6. 加強船長在船上管理（Shipboard Management）的授權與責任，亦符合公約中條文的趨勢。
7. 建立公司良好企業形象。使客戶對公司產生信心，提高公司的營運績效。

（三）國內外施行情形

　　電腦的運用在岸上機構幾乎都已施行，至於應用於船上作業，大都僅止於個人資料及文件的繕打。對於船岸間支援體系電腦化的作業，尚未普及。國內的長榮公司，其實施僅止於物料配件的系統。其層面僅及於資料的管理，其他方面尚未涉及。另東方海外航業公司，在1988年，即嘗試實施此系統。目前各船均已建立，雖由於衛星通信成本目前仍屬偏高，故資料傳送，將以E-Mail來替代。無論如何，能朝向電腦系統化的目標，推展實行，必能接受將來船舶營運型態的改變。

# 第十一章 港口船務代理

　　船舶自建造完成開始營運至拆船解體，在整個營運期間，除了航行海上外，其餘時間大部分皆在港口停泊、補給、修理及裝卸貨物。船舶在港期間需要保持正常的運作，有些事務非船舶所有人及船上人員所能顧及，必須由當地港口的海運從業相關人員予以協助，方得以順利完成船舶在港期間的作業。港口船務代理即擔任此一重要的角色。

　　輪船公司所屬船舶當往來各港口，從事旅客、貨物之運送時，必須辦理船舶進出港口申請手續，安排貨物裝卸作業，船上人員異動調遣及補給品的添加等等。這些事務均需要預先準備與安排，以期順利停泊與裝卸作業。因此，除極少數營運規模較大的船公司在其貨物繁忙的港口設有分支機構外，一般都將其船舶在國外港口的事務，委託當地的船務代理公司（Shipping Agency）代為處理。一般船務代理業可分為兩種情形，一種為兼營，另一種為專業；前者為船公司除本身經營輪船業務外，尚兼辦國內外同業委託其代理的船舶港口業務。至於專業代理行指本身無營運之船舶，而專門代理輪船公司，替其辦理船務工作而言。船務代理之範圍及作業甚為廣泛，本章節僅就與船舶運作有關之作業，予以分別列述。

## 第一節　港口代理業務類別

　　船舶在港口之船務代理公司分為：

1. 船方代理（Owner's Agent）

　　負責船東方面之業務，如船舶、機器等之維修、保養，船用品之供應，船員就醫、遣送、上船等。一般較小的輪船公司，在港口沒有船東代理之設置，僅由船長代表船東，或臨時委派代理。

2. 租方代理（Charterer's Agent）

　　一般租船無論長期租船（Long-Tern T/C）或論程租船（Voyage Charter），其目的在於裝載貨物。經營定期航線之輪船公司，在所彎靠之港口一般都有指定代理，亦有臨時指定的。

　　租方代理承辦之業務較廣，舉凡進出口貨物之承攬，貨物裝卸作業之安排以及

進出港手續等等。

通常規模較大及經營定期航線之輪船公司，為節省開支，在其靠泊之國家均指定同一家代理行，代理船方及租方之業務。

因代理業務項目所產生之費用，區分為船東費用與租方費用。與租方營運有關所產生的費用有下列幾項：

(1) 港埠費用包括碼頭使用費（Wharfage）、停泊費（Dockage）、浮筒費（Buoy Hire）、引水費（Pilotage）、拖船費用（Tug Hire）、進出口結關費（Entry and Clearance Dues）、港灣稅（Harbor Dues）、帶纜解纜費（Handling Line Charges）、檢疫費（Quarantine Charges）、交通船費（Lunch Charges）、噸稅（Tonnage Dues）等。

(2) 貨物作業費用：

一般包括裝卸費用（Stevedorage of Straigt time）、誤裝費（Meal Charges）、等候工資（Detention Charges）、翻艙費（Shifting Cargo Charges）、貨戴檢驗丈量費（Survey Inspection, Measurement Charges），理貨費（Tallymen Charges），貨櫃搬運費（Container Handling Charges），機具租金（Equipment Rental）、墊材（Dunnage）、及清艙費（Hold Sweeping Charges）等。屬船東方面的費用包括安排船員醫療、調遣、船舶維修、船員交通費、加水等。

前述港埠費用，若與租方裝卸貨物無關，進出港純粹為船東業務，如船員醫療、調遣，或船舶修理等，則此項港埠費用應屬船東之費用（Debt to Owner）。

港口船物代理對於其所代理的船舶所產生的費用，即使是同一家代理（租方兼代理船方），其費用產生對象亦應分開，屬船東業務者，列Owner's Account，屬於租方項目者，列入Charterer's Account。

## 第二節　船舶進出港手續

船舶進出口手續，各國國際港口之規定大同小異，一般手續均由船公司或其代理行代為辦理。對於該地區沒有本公司之代理時，應指定臨時代理，代為辦理進出港口之各項手續，對於小港口沒有代理行之處所，則應由船上人員辦理手續。唯無論有無代理行辦理，船方人員均應熟悉該項手續。一般進出港口之手續所涉及者包括移民事務、檢疫，海關及引領繫泊。以台灣地區國際商港船舶為

例，其進出港口手續，敘述如下：

## 一、進口手續

（一）船舶進口前四十八小時，應先電報通知船公司或代理行到港時間，客貨數量，旅客姓名，入境證號碼，或護照號碼，貨物噸數，各艙所載數量，重要貨物名稱、件數、各貨船尚餘載貨容量，有否特殊貨物，是否需要特種裝卸工具及其他必要事項。

（二）船舶入港，應於到達廿四小時，由船舶所有人或其代理人，依商港主管機關之規定，具實填具「船舶入港預報表」，載明預定到達時間、吃水、船長、貨運種類、數量及有無旅客與來自何處，該項入港預報表，並得由船長先以傳真或電報為之。「船舶入港預報表」通常一式二份，送港務局預報進口，經其核准後一份送存備查。船舶所有人或其代理之電腦設備與商港管理機關連線者，船舶入、出港須報備得以電子資料傳送。

（三）船公司真檢疫申請書送海港檢疫所，請其屆時派員檢疫。船舶非來自疫區，船上亦無疫情，則船長可以無線電檢疫代替之。

（四）船舶到達時間延誤更改應隨時電報船公司，另填改期報告分送上述機關。

（五）船舶到達港口在進港前，應掛起船名旗，識別信號，領港旗，檢疫旗並以信號與港口信號台聯繫，准予進口後，駛進外港拋錨，等候檢查，或在外海等候領港。

（六）船公司邀請檢疫所，首先登輪檢查船舶、船員、旅客、貨物之衛生及健康狀況（即檢查有無關航港健康證書，預防接種證書，燻艙證書，特種貨物檢疫證書等），合格後方能進行其他檢查。

（七）安檢及（或）外事人員於船舶繫泊船席後，登輪檢查，合格即簽發入境許可登岸證。

（八）船上應填具「輪船進口報告單」三份，經查核准後一份留存，二份交輪船公司辦進口手續，「進口艙單」一份，「船員名單」一份，「包裹單」一份，「旅客名單」三份，交港口檢查人員。

（九）海關關員（Baggage officer）登輪檢查旅客行李，旅客應呈報行李報單，填明所攜行李件數，名稱及金銀外幣數量，凡須納稅者由海關扣留，送行李房完稅，無須納稅者，可由旅客自行攜帶登岸，金銀外幣進口數量不受限制。

（十）海關駐船關員（Boarding officer）上船調查貨物旅客數量，存油存水，預定停泊日數，並將船上預定停泊日數（最多七天）所需用之船用物料食品

（煙酒，食品等）以外者，予以封存登記，二十四小時駐船監視船員行動及裝卸貨物，以防走私行為。船上應填具「進口艙單」、「旅客名單」、「過境旅客名單」、「包裹單」、「毒品清單」、「郵件單」、「自衛武器單」、「外幣清單」、「船用品清冊」、「船員名單」等呈請檢查。

（十一）海關抄班（Search officer）上船搜查，凡未登記未列艙單屬應稅或違禁物品，不屬船員自用品範圍之物品一律沒收，並予以罰款處分，例須開列清單由大副簽字證明係由何處抄出，物品名稱及數量等，並註明未損壞船上設備等（如有損壞海關應賠償）即為（Custom clear）。

（十二）船舶進口後二十四小時內船公司應將經港口檢查時，簽蓋發還之「輪船進口報告單」二份、連同進口艙單一份、「旅客名單」一份、「船員名單」一份及各種船舶證件，送港務局申報進口，輪船進口報告單經檢蓋後發還一份。

（十三）再將簽蓋之「輪船進口報告單」一份，連同「進口艙單」四份（如有包裹及船員日用品報關單亦須四份）及「中國輪船行程簿」、國籍證書、登記證書、噸位證書、檢查證書、航線證書、船鈔證書送海關申報進口，並發還艙單一份。

## 二、出口手續

（一）船舶出港前二十四小時船公司應填具「出口預報單」，分送港務局檢疫所、海關、安檢、證照查驗等機關報告開航時間。

（二）於船舶出口前十二小時填具「輪船出口報告單」一式三份，「出口艙單」一份，「旅客名單」一份，「船員名單」一份，及船舶證件、船員手冊（國輪並須辦回航切結）送港務局結關核准簽蓋「准予查驗出港」之章，發還兩份，並發還各種證書。

（三）將港務局簽蓋之「輪船出口報告單」二份，附「輪船出口報告」一份，「旅客名單」三份，「出口艙單」一份，「船員名單」一份，送港口檢查處申報出口，經簽蓋後發還一份並申請識別信號。

（四）將經港務局及檢查處簽蓋之「輪船出口報告單」一份，「出口艙單」四份，「結關呈請書」一份，及船舶有關證件，送海關辦理結關，並應繳納噸鈔稅及代理領事費（外輪），於船舶開航前，憑出口退關單、裝貨單向海關領回「出口艙單」一份、「行程簿」、「結關關封」、（國內航線）、「結關證書」（外輪）、「船用品清冊」、「船鈔執照」、「結關

總單」等送交船上，始得開航，如有旅客並應申請檢查行李關員檢查旅客行李。

（五）同時填具「出口檢疫准單申請書」一份、「船員名冊」一份、「旅客名單」一份、「出口艙單」一份、及「除鼠或免予除鼠證明書」向檢疫所繳納費用，請領「出口檢疫准單」。

（六）在開航前二小時，呈報聯檢中心派員登輪檢查。

（七）船上填具「出口艙單」一份、「旅客名單」一份、「船員名單」一份及「出口健康申明書」一份送檢疫所醫官檢查船舶、船員、旅客、動植貨物等衛生健康狀況合格後，發給出港健康證明書，並另填「船員日用品報關清單」等交海關關員。

（八）船上填具「旅客名單」一份、「出口艙單」一份、「船員名單」一份、「旅客登記簿」三份、送港口檢查人員，經查驗「船員卡片名簿」與船員證相符，並清查各艙有無偷渡人，清點船員，檢查旅客身分後發給「出港許可證」准許出港。

（九）旅客未登輪前應填報行李單，交海關關員檢查行李件數，金銀外幣數目，經海關關員檢查無違禁物品時准予出口。

（十）船舶進口無裝卸及加油加水等情形（如避風修理等），而在二十四小時離去者，准免辦報結關手續，船舶結關後停留港內四十八小時內，不裝卸袋者免辦再進口手續，超過四十八小時者，應重新報進口結關，船舶未進口前因特殊原因（如假日）可以預行報關結關，以便裝卸開航，事後補辦手續。

（十一）中外船舶未經政府特別核准不得由外洋逕駛未經開放口岸，外國船不得在本國口岸間載運客貨，如擅自闖入，海關得扣留船舶，予以沒收或罰款。

（十二）船舶出口應取得經港務局、海關檢查處簽證之出口報告單、行程簿、出口艙單、船員名單、船員名簿、健康證、出港許可證及全部船舶證書始可開航。船舶進出港手續與具備事項，參閱表11-1所示。

## 三、檢疫作業程序

（一）檢疫准單申請程序

1. 輪船公司代理行號，應於船隻檢疫完畢後廿四小時內，將檢疫二聯通知單所列應辦事項辦妥後，檢具檢疫准單申請書及檢疫二聯通知單辦理申請。

2. 審查、合格後應繳納進出口鼠跡檢查費及登記。

3. 核發准單。

4. 如遇船隻於星期例假進港，而又預定當天出港，或預定停靠快速碼頭之船隻及全（半）貨櫃輪等必須提前結關，經覆核確實者，得在船隻未抵港前事先檢具切結書辦理申請，但船隻抵達檢疫完畢後，十二小時內將檢疫二聯單通知單送所，並將所列應辦事項辦妥。

5. 上午申請於下午取單，下午申請於次日上午取單。

6. 軍援船隻或美海軍海上運輸處所屬艦艇，免予辦理。

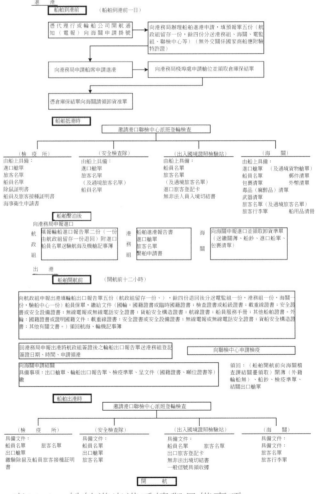

表11-1　船舶進出港手續與具備事項

（二）出口完成書及通知書申請程序

1. 輪船公司代理行號應於船隻出港前四小時內檢具出口健康申明書、檢疫准單，船員旅客名單及出口艙單辦理申請，必要時，應檢具燻艙證書及預防接種證件，經審查合格後當給出口完成書或通知書。

2. 如遇船隻於辦公時間外開航者，得於下午辦公時間內，提前辦理。

## 四、船席及繫泊安排

　　一般船舶於抵達港口前應72/48/24小時均會向當地港口代理預報抵港時間（ETA picot station或Anchorage），代理行即依船長預報事先安排船席及申請引水作業。以高雄港為例，有關船席調配作業之規定，「高雄港務局船席調配手冊」中，均有詳細說明。船舶抵達港外錨時，向信號台報到的時間與下錨時間僅可能一致，其間隔以不超過三分鐘為限，且需待下錨後再向港埠無線電話台報到，依此為準，並附報錨位之方位、距離，否則該港不予承認作為到達港口之依據。

　　有些船舶，在到達港口之前，船席即已安排妥當，船舶到達與引水站聯絡後，隨即由引水人引領進港停泊。船舶進出港停泊作業，涉及多方面，必須充分協調配合，始能順利完成。圖11-1及圖11-2分別為臺灣地區以及高雄港船舶進出港作業之流程。附表11-2為引水申請單，該申請單為電腦連線故障時，臨時申請所用。一般均以電腦預報資料作業為之如圖11-3所示。

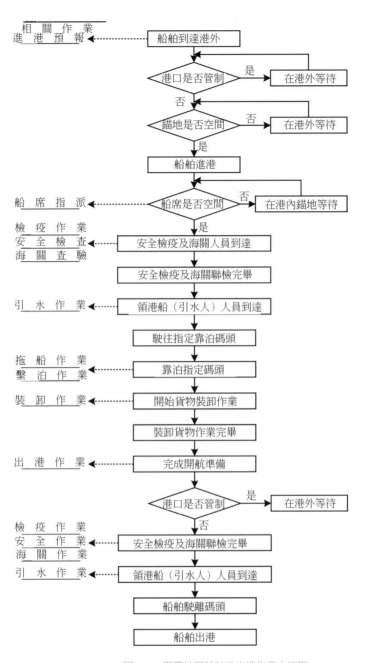

圖11-3　臺灣地區船舶進出港作業之流程

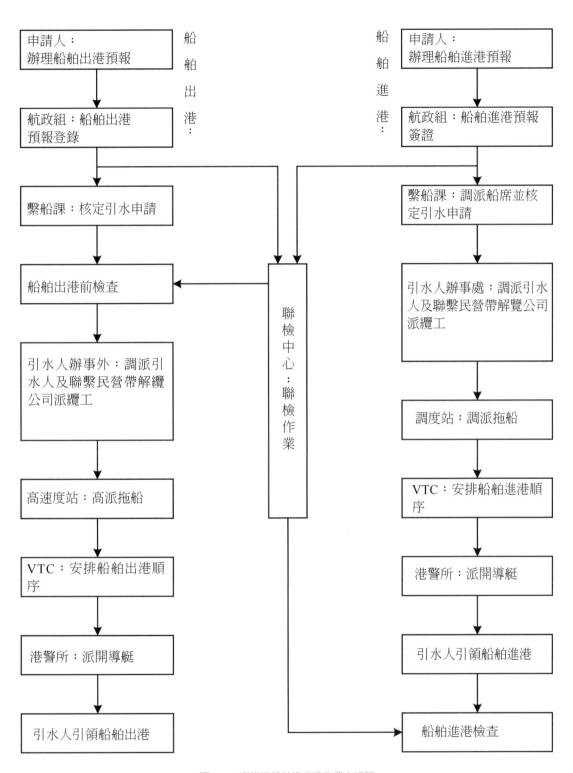

圖11-4　高雄港船舶進出港作業之流程

表11-2　臨時申請之引水申請單

引　水　申　請　單

APPLICATION FOR PIL9OT　　申請單編號

高雄引水人辦事處　　APPLY NO.

KAOHSHIUNG HARBOUR PILOT OFFICE

| 船名 Ship's Name | | 船　種 | |
| --- | --- | --- | --- |
| | | 國　籍 | |
| 統一編號 SHIP-ID-CODE | | 呼　號 CALL SIGN | |
| 日期及時間 DATE AND TIME | 年　　　月　　　日 | | |
| □進港 INWARD □1 □2 港上 | □出港 OUTWARD □1 □2 港出 | □ 移泊及目的 | |
| 指定船席 BERTH ASSIGNED | | 原船席 ORIGNAL BERTH | |
| 拖船艘數 NO. OF TUG REQUIRD | | 纜工 WHARFINGER NEED | |
| 較大總噸位 LARGER GROSS TONNAGE | | 艏橫向器 BOW THRUSTER | □有　　□無 |
| 碼頭靠泊狀況 BERTHING STATUS | □不指定　□指定　□左靠　□右靠 | | |
| 前後吃水 F & A DRAFT | 前　　　公尺 FWD　　　M | 後　　　公尺 AFT　　　M | |
| 乾貨船全長 DRY CARGO SHIP L.O.A. | 艏至船橋 M | 船橋至艉 M | 全　　長 M |
| 液貨船全長 LIQUID CARGO SHIP L.O.A. | 艏至船橋 M | 船橋至艉 M | 接管至船橋 M | 全　長 M |
| 機舵狀況 CON. OF ENG & STEERING | □良好　　□不良　　□無動力 | | |
| 危險品 DAMGEROUS CARGO | □有　　　　□無 | | |
| 附　　　註 | | | |

代理行編號　　　　　　　　　　　船長或代理行簽章

CUSTOMER'S NO.　　　　　　　　CAPTAIN OR AGENT SIGNATURE

表11-3　電腦預報資料作業之引水申請單

| 列印時間　89/05/24　　12：25 | 引　水　申　請　單 | 報表編號：OHS22R |
|---|---|---|
| | 高雄港引人辦事處 | 申請單號　932516 |

| 項目名稱 | 項　目　內　容 | 項目名稱 | 項　目　內　容 |
|---|---|---|---|
| 英文名稱 | GOLDEN GATE BRIDGE | 船　種 | A　全貨櫃 |
| 中文名稱 | 金門橋 | 國　籍 | G21 巴拿馬 PANAMA |
| 船舶編號 | 007390 | 呼　號 | 3FWM4 |
| 日期時間 | 89年 5 月 23 日 20 時　分 | 進　港 | (1) 2 港上 |
| 出　港 | ( )　港出 | 移錨目的 | ( ) |
| 指定船席 | 1075 | 原船席 | |
| 拖船艘數 | 1 | 纜　工 | 需要 |
| 總噸位 | 34846 | 船橫向器 | 有 |
| 靠泊狀況 | 不指定 | 船　長 | 227 |
| 前吃水 | 7.10 | 後吃水 | 7.30 |
| 機舵狀況 | 良好 | 危險品 | 無 |
| 快速碼頭 | | 引水人數 | 1 |
| 附　注 | | | |
| 代理行 | 1685　啟洋船務代理股份有限公司 | | |

331

## 五、船上應備之證書及文件

為配合進出口手續及結關作業，船上人員事先應備妥下列證書、文件以備查驗。

（一）有效之國際公約證書：包括

1. 國籍證書（Registry Cert.）。

2. 噸位證書（Int'l Tonnage Cert.）。

3. 載重線證書（Int'l Lond line Cert.）。

4. 貨船或客船委會證書（Cargo Ship/Passenger Ship Safety Cert.）。

5. 安全設備證書（Safety Equipment Cert.）。

6. 安全構造證書（Safety Construction Cert.）。

7. 防止污染證書（IOPP）。

8. 甲級船員適任證書（Officers License）。

（二）級位證書

1. 船級證書（船體及機器級位）。

2. 貨物操作安全機具證書。

（三）相關文件

1. 充氣機檢查證書（Life Rote Inspection Cert.）。
2. 船鈔/噸稅證書（Tonnage Due）。
3. 前一港口之結關證明（Last Port Cleannce）。
4. 船員旅行證件（Crew Seaman Book, Passport）。

（四）各項清單

1. 船員名單（Crew List）。
2. 旅客名單（Passenger List）。
3. 貨物船單（Cage Manifest）。
4. 煙酒清單（Bonded Store List）。
5. 船員個人物品清單（Crew Personnel Effects）。
6. 麻醉品清單（Narcotic List）。
7. 武器清單（Arm List）。
8. 屬具物料清單（Inventory Store List）。
9. 彎靠港口清單（Last Port Call List）。

## 第三節　貨物裝卸作業

　　港口船務代理公司依其經營業務範圍大小之不同（我國船業法第42條、第43條之規定內容），其組織架構與規模亦有所差異。一般代理行內部之設置依功能大致分為業務（Sales）、作業（Operations）、關務（Customs Affairs）、進出港業務（Husbanding）、文件（Documentation）及會計行政（Accounting Administration）等。

　　船舶彎靠港口，除緊急情況（如避颱風、修理）外，主要是裝卸客貨，因此在港口代理業務中，屬運務作業部門（Operations，簡稱OP）的人員，即扮演重要角色。

　　港口運務作業的良窳，直接影響船舶的營運成本。依統計，港口運務費用約達航次營運成本的三分之一。因此如果終站運務作業效率高，則減低了營運成本，對定期船而言，可以保持準確的船期，對不定期船而言，可以免除延滯費（Demurrage），甚而效率高或許還可取得快速費（Despatch Money）。除此之外，於貨物裝卸時，良好的港口運務作業可以減少貨損，縮短滯港時間，停港時

間愈長則增加營運成本。

本節即對於港口船務代理負責，運務作業的人員所擔負的職責與作業流程予以說明，俾船方與岸上人員能相互了解彼此間之相互關係與作業立場。

## 一、船期的掌握

港口運務作業（OP）人員，對於所代理船舶的動態必需全程掌握。通常定期航線船隻，總公司運務部門皆會定期發佈各航線船期表（請參閱第九章航線規劃及運務作業管理）。臨近灣靠港口時，再發佈最新區域間航期表（Regional / Coast Schedule）。

### （一）到港安排

運務作業人員通常在船隻泊靠前一港口時，即可收到前一港口代理行所發出的預定到達本港時間。此時OP人員即可依此預定船期，事先安排預定船席，待船隻由前一港口開出，收到船長所發的預定到港時間（ETA），即開始與船方建立聯繫。舉凡船席安排，進港安排或有關貨物的裝卸情況，都應儘可能事先告知船長，以便船方配合調整船速，通常船長在到港前24小時，會發出幾近確定的到港時間，（除非天候惡劣或船隻發生異常狀況），此時OP人員即應協調公司帶船人員，依第二節所述之程序，安排辦理進港手續。

### （二）停泊時間

船隻在港或在船席停泊時間愈短，則可減少船方的滯港成本。因此，站在港口運務作業的立場，將竭盡所能，依照其所安排裝卸作業的最大工作能量予以進行。

港口運務作業人員，事先都已知曉卸貨數量及裝載情況，因此亦能估算出作業時間。一般港口之碼頭皆允許完工後1~2小時之整備時間，而開航預報為12小時前，因此船隻的預計開航時間，即可以總裝卸量（Total Cargo Volume or Movement）除以每小時總作業量（Gross Productive Per Hour）。

註：總作業量不同於淨作業量（Net Productive），總作業量應考量候延時間，用餐及休息時間等。

### （三）離港安排

當裝卸作業完工時間確定後，即應通知公司帶船人員，安排出港查船手續。

俟引水人員上船,般隻安全離開碼頭／港口,方能解除職責,並通知下一港口,船隻預計到達時間。設若船隻航行灣靠沿岸多個港口,航程繁密,開航至抵達時間在24小時以內者,為掌握時效,港口代理間通常皆以電話直接聯繫。

## 二、裝卸作業安排

### (一)裝船文件

託運人訂載貨物後,船公司應交付裝貨單(Shipping Order, S/O),此單為船公司通知船上准予裝船之正式通知。接受承運之貨物,有時可按S/O別,作成裝貨總單(Shipping Order List)代替前述訂運裝貨單以供船長作成裝貨計劃或港口運務作業人員準備裝貨之用。

輸出貨物之託運人於貨物裝船前憑裝貨單(S/O)向海關提示出口報關(Export Declaration),並領取輸出許可證,此項輸出許可證應於貨物裝船之際提示駐船海關複核裝船。

### (二)理貨及車機安排

貨物裝卸之實際作業,通常皆由委託之裝卸公司負責,包括碼頭工人及裝卸機具都應事先安排妥當。各類專用碼頭如貨櫃碼頭,油品碼頭等,則由場站(Terminal)或專屬碼頭場站運務人員負責作業安排。港口代理運務作業人員,則負責聯繫與協調工作。

### (三)預擬積載圖

依卸貨後之船舶積載情況,及業務部門所提供的出口裝船資料,事先配艙並預擬積載圖。船到之前,應先與碼頭主任及裝卸公司之理貨領班討論作業計劃。

### (四)貨物進倉作業

台灣地區由於碼頭業務由港務局棧埠處管轄屬公營機構,碼頭收貨倉工作均由港務局倉儲人員受理,貨物進倉手續依下列規定辦理:

1. 進口或轉口貨物之進倉,應由船方於船舶到埠二十四小時前向棧埠處申請倉位,並於船舶到埠時檢送艙單及積載圖,辦理進倉手續。

2. 出口貨物之進艙,應由貨主填具進倉申請書向棧埠處辦理進倉手續。

3. 其他非進出口貨物,須經棧埠處處長特別核准方得存儲港區倉庫,其進倉手續

依前款規定辦理。

　　港務局倉庫規定進出倉貨物如有破損情事（包括破爛腐壞滲漏短缺或包裝破損等），依下列規定辦理：

1. 貨物進倉時已發現破損者，倉庫管理人員應即會同船方或貨主當場查明破損程度及責任所在，詳註於貨物授受單證內。
2. 出口貨物如包裝破損，應於進倉前請貨主修補完善，或由棧埠處接受貨主委託於進倉後代為修補，所有費用向貨主計收。
3. 進口貨物如包裝破損，應於進倉前由船棧雙方理貨人員會同驗明其缺損狀況，必要時得過磅或拆驗，分別就貨物標記箱別包裝破損程度與磅碼與貨件內容等，詳註於授受單證內，檢驗搬移過磅等費用由船方負擔。
4. 包裝破損之貨物進口時，如因情況特殊不克當場及時檢驗，得由船棧雙方會同封存於破損貨件倉間，留待事後檢驗，並於貨物授受單證內註明「內破損貨件若干件待驗」字樣，此項封存之貨物在啟封檢驗時，仍應會同船方人員辦理，其費用之負擔準用前款之規定。
5. 進口貨物破損責任屬於船方者，棧埠處於受貨人提貨時，得應其請求出具證明，以憑交涉賠償。
　　貨物進艙後由棧處照收情形出具簽收單證。

（五）裝卸完成及退關
　　貨物卸船及裝船完畢，並完成繫縛作業，則理貨領班將製作裝卸清單（Disch / Load List），完成積載圖（Final Stowage Plan）及各項表單如危險貨品清單（Dangerous Cage List），特殊貨物清單等，交由船上大副簽字與簽收。
　　若在預定完工前，貨物未及到船，或船方因素未能裝載船上，即提前通知有關人員，辦理退關手續，以免耽誤開航。

## 三、運務作業實務

（一）貨櫃船
　　貨櫃船之裝卸作業，目前大多由貨櫃場站（Container Terminal）負責。若是專屬碼頭，則貨櫃可在船隻到達前進場。若船隻停泊公用碼頭，船公司本身無使用場地，則貨櫃需等船隻靠好碼頭後，方從外站由拖車拖進場。卸櫃時亦同。

1. 配艙作業

   出口貨物經訂載（Booking）後，船公司據以作成託運單（Booking Note）
   及訂載清單（Booking List）分送CFS。船公司為供貨物裝船而開出裝貨單
   （Shipping Order S/O）給貨櫃終端管理人員，終端人員於收到貨物時發給收
   貨單（Dock Receipt），託運人憑此向公司領取提單（Bill of Lading B/L），
   運務人員並應備好貨櫃裝櫃計劃圖（Container Stuffing Plan）供終站基地理

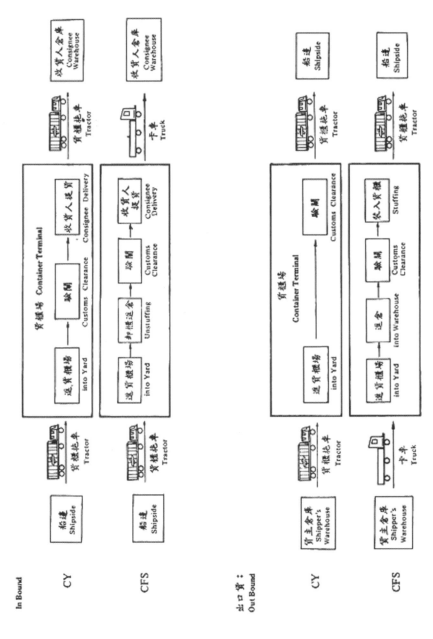

圖11-5　貨櫃場站作業程序圖

貨人員據以裝櫃之用。貨櫃終端基地人員依配載計劃圖裝櫃後將實際裝櫃各種情況做成貨櫃裝櫃圖（Container Load plan），經簽證此圖後備作提交輪船公司之正式交件。運務人員依貨櫃船到達港口之先後及貨櫃之性質輕重等，考慮GM之大小及航行安全做成預擬積載圖（Pre-Stowage Plan），並將全部出口貨櫃填裝完成後，連同廠商自裝貨櫃依裝船次序做成出口貨櫃順序表（Export Sequence Sheet），做為貨櫃出場作業之用。實際裝船後再作成積載圖（Stowage Plan）並同時計算出裝載後之定傾高度（GM）值，若GM值適當安全無慮即算裝載運務之完成。

通常貨櫃船裝載之運務均由公司之駐埠船長負責，由於貨櫃之大小一定，且每

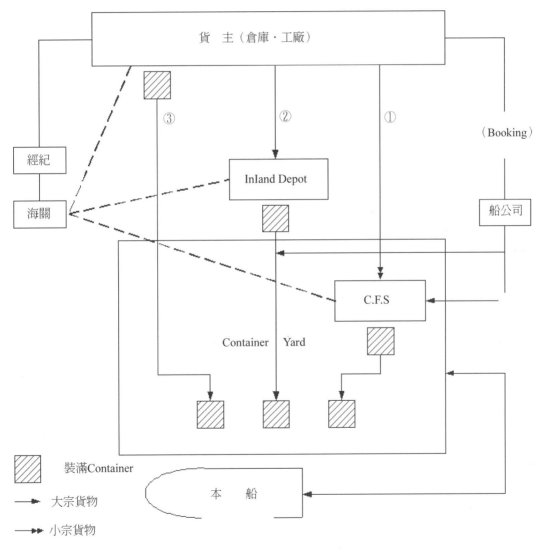

圖11-6　貨櫃場站運務流程圖

個貨櫃重量均有限制,再加上貨櫃船彎靠的港口較少,因此駐埠船長之意見上幾可全部接受,鮮有意見不一。

2. 主要應用文件

內陸運輸者運用之文件

(1) 貨櫃驗收單(Container Interchage Report)

(2) 進出口貨櫃檢定報告(Import / Export Container Survey Report)

(3) 貨櫃場存放現況(Container Yard Laid-out)

(4) 出口貨櫃出場裝船順序表

(5) 進口貨櫃場櫃簽證附單

(6) 危險品標籤

(7) 出口貨櫃順序表(Export Sequence Sheet)

(8) 貨櫃破損報告(Container Damage Report)

輪船公司運用之文件

(1) 訂載表(Booking List)

(2) 裝貨單(Shipping Order)

(3) 艙單(Manifest)

分出口艙單、進出艙單、過境艙單、轉口艙單等,為辦理通關之必要文件。

(1) 載貨證券(Bill of Lading)

(2) 棧埠收貨單(Dock Receipt)

(3) 船公司備供收到託運貨物時,由貨櫃場站管理人員簽發,本單可代替雜貨船由大副簽發之收貨單(Mate's Receipt)

(4) 小提單(Delivery / Order)

3. 作業重點

(1) 配合到港時間,協調安排船席。

(2) 卸載與裝載資料應備妥,前一日送交貨櫃場站負責裝卸作業之人員。以方便站場電腦作業及安排作業順序(Working Sequence)。

(3) 裝卸過程中,港口代理之運務人員,應與船方及場站人員保持聯繫,確切掌握所有流程。

(4) 注意冷凍櫃及特殊貨櫃之裝卸狀況。

(5) 完工後,備妥積載圖(Stowage Plan)及有關裝貨文件(Relevant Document / List)送交船上。

(6) 準時開航，並向總公司及下一港口發送場站作業開航報告（Terminal Departure Report, TDR）。

（二）散裝船／雜貨船

1. 散裝船

散裝船一般均在專用碼頭裝卸。一般都屬事業專用碼頭，船席之使用與安排，必須配合事業單位的運作。若船到港尚無船席，則必須在港外等候。散裝船依裝載貨物之不同，而分散裝粗貨與散裝細貨兩種。

（1）散裝粗貨

如煤炭、礦砂、沙石等不因雨水而有損貨質，而無須裝入倉庫儲存，僅放置於可防竊之堆貨場即可。因其本身價低，對於此種散裝貨僅需有廣闊之堆貨場及散裝貨物起卸運送設備即可。

以高雄港為例：中鋼（#97～#101）與台電（#111～#112）所屬碼頭即為此類碼頭。

（2）散裝細貨

如穀類、肥料、細糖、水泥等，因不可遭受雨水，必須進倉儲存，此類貨物，往昔皆用袋裝，存入倉庫，近為減低成本及增加裝卸效率，縮短船舶停港時間，多取消袋裝而改為散裝。故世界各大港口均有散裝貨專用碼頭之設置，現台灣基、高兩港亦都穀類專用碼頭，設有穀倉（Silo）及真空吸穀機（Pneumatic Unloaders）。

以高雄港為例：遠倉（#71~72）及#47台糖碼頭，皆屬此類碼頭。下圖17-7為散裝穀類專用碼頭。

圖17-7　高雄港及穀機

（3）作業重點

    a. 港口航道、船席水深的限制。

    b. 裝載完成及卸載前安排水呎檢定（Oraft Survey）。

    c. 裝卸時間記錄表及艙口作業記錄（Time Sheet & Hatch Record）。

    d. 每日向船方或租方公司報告作業情況。

    e. 若涉租傭事宜，作成起租（On-Hire）及離租（Off-Hire）有關資料報告。

    f. 天候不良（雨天），對於作業及船期的影響。

2. 雜貨船

（1）積載計劃

    目前遠洋定期航線之經營，大部分已被貨櫃船取代。因此雜貨船的營運大都屬於港對港，或順道多彎靠一或兩個港口。因此積載計劃，目前都由港口代理的運務人（Port Captain）負責。

    積載計劃應注意貨物的總數及港口之停泊次序，以及碼頭工人作業時間的掌控，避免造成長時間艙口作業（Long Hatch）。

    通常駐埠船長在船隻靠泊前，均會先做好預擬積載圖（Pre-Stowage plan），送交船上及理貨人員參考，待貨物裝卸完成後，另再製作一份實際積載圖（Final Stowage plan）。

（2）作業重點

    a. 理貨及車機事先安排妥當。

    b. 注意船隻之船型及構造上的特徵，船席安排及裝載作業前應予考量。雜貨碼頭一般皆為公用碼頭，船席調配依當地港務局規定辦理。

    c. 吊重貨（Heavy Life）時應特別注意安全。

    d. 船邊提貨或進倉棧應妥為規劃。現場聯絡人員應確切掌握運輸機具（卡車或台車）。

    e. 天候變化（雨天）之掌握，及對於作業及船期的影響。

    f. 各項記錄表格、文件（Time Sheat, Exception Lit）等之作成。必要時，起租／離租之報告。

（三）木材船／原木船

    木材船或原木船，依港務局船席調配規定，亦有專用碼頭。惟木材船之裝卸作業與一船雜貨船較類似，僅船邊場地之要求必需較為開闊。當原木船需要使用時，編屬之碼頭仍以原木船優先靠泊。

台灣地區原木及木材以進口為主，因此到港船舶，主要為卸貨。一船皆由貨主安排卸貨事宜。

## （四）油輪／瓦斯船／化學品船

危險品的裝卸作業，一船皆由專屬事業機構（如高雄港區之中油、華夏及台塑）現場運務人員負責。港口代理運務人員必需與現場工作人員保持聯繫，以確定進出港靠泊與開航時間。

此類船舶皆屬管道作業，亦為危險品船舶，進出港停泊作業應按照港口當局之相關規定，如夜航許可，則應安排警戒艇。為避免裝卸物品洩漏後減少污染，攔油帶必需圍置。颱風來臨前必需出港。

另危險品船舶的船用加油作業，需安排在特定浮筒進行。因此在船席安排方面，需配合裝卸之時程，妥善安排，以避免增加船舶滯港時間。

# 第四節　港口代理與船方之關係

港口船務代理提供服務，以收取報酬，無論其服務對象是運送人（租方）代為處理裝卸貨事宜，或船舶所有人（船東）代為處理船舶事務，包括船員方面，船舶維修方面，都直接與船舶及船上服務的人員有關。因此就有關船舶事務方面而言，如何做好港口船務代理的工作，以及船方應有之立場，海運從業人員，都應有所認知，並竭盡所能，相互配合。

## 一、港口代理善盡照料之義務

無論是基於長期契約或臨時委託，基於契約精神，港口船務代理應善盡照料船舶在港作業的義務。

1. 必需熟悉當地港口的相關作業規定，如船席調配，裝卸作業規定，船舶進出限制，以及海關，檢疫作業等。
2. 船舶到港前至開航期間，保持與總代理，運送人及（或）船東聯繫，即時提供最新情況。
3. 密切與船長保持聯繫，對於在港期間的船期動態安排（Port Schedule），能儘速通知船上，以便配合相關作業安排。
4. 進出口手續，如因船方因素，未能順利結關，應竭盡所能，先代為處理。以免

影響進出港船期。

5. 船舶在泊港期間,發生任何意外事件,應協助船長處理後續善後問題。

## 二、充分配合船方合理要求,提供最佳服務

1. 對於安全有關的事項,如離靠碼頭拖船之協助,貨物裝載之規定與限制,必須尊重船方的意見。

2. 船員在港的交通安排,如船長提出請求,在港區允許範圍內,應配合安排,至於出帳對象,一般皆由船東負擔。

3. 屬船員有關的事項,如疾病就醫,休假遣返,自應妥善安排。

4. 船舶在港安排修理工程或補給物料,在可能範圍內應配合安排協助。並儘可能在貨物裝卸作業期間完成。以免耽誤船期,增加船東的負擔(發生Off-Hire情事)及運送人的船期壓力。

5. 當地社會風情,休閒娛樂及宗教方面之資訊提供。

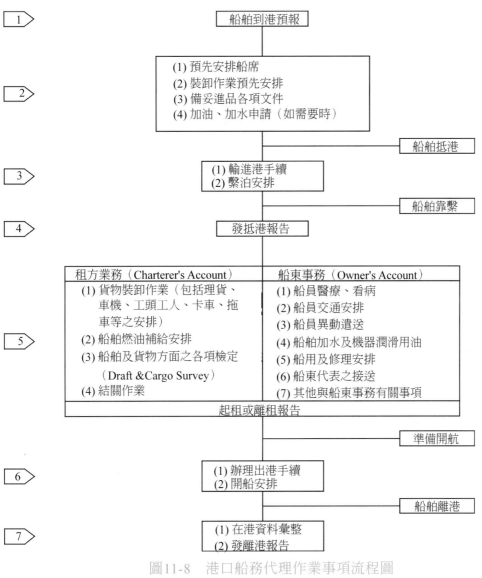

343

圖11-8　港口船務代理作業事項流程圖
（屬船舶管理作業之範疇）

註：港口船務代理所衍生的費用，在船舶租傭期間，除第五項分別列之外，餘皆屬於租方（運送人）之費用

# 第三篇
# 船上管理
# （Shipboard
# Management）

# 第十二章 船上組織與行政

## 第一節　組織型態與功能

### 一、傳統式（Traditional）組織架構

　　船長之下設駕駛（甲板）、輪機、電信及管事四部門，近年來為精簡船上人事，管事部門裁併於報務部門，由報務員兼任，因此組織架構已合併為三個部門，各部門皆配置若干乙級船員，其組織架構如圖12-1及圖12-2所示。

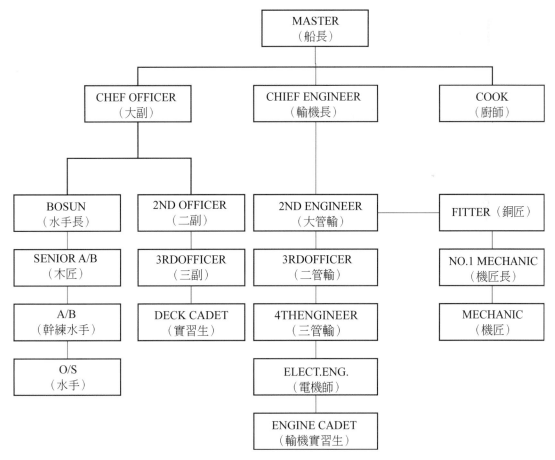

圖12-1　傳統式船上組織（I）

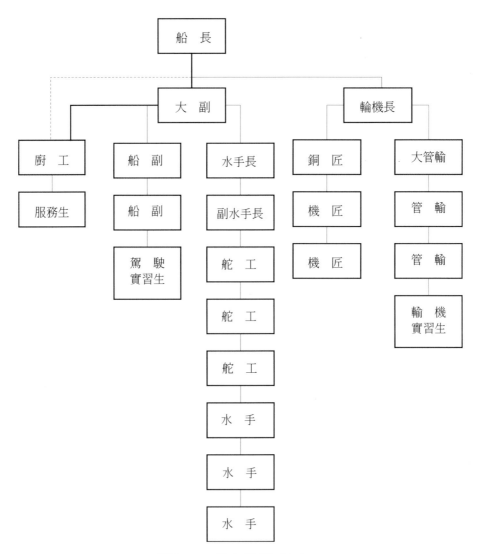

圖12-2 船上組織（II）

註：航行員僅分資深／資淺船副；輪機員僅分資深／資淺船副

## 二、通用式（General Purpose）編制

船長以下三部門的甲級船員依舊，而乙級船員，則不分部門，由通用長管轄，接受輪機長（或大副）之派工，統籌船上之值班及保養工作，其組織架構如圖12-3所示。

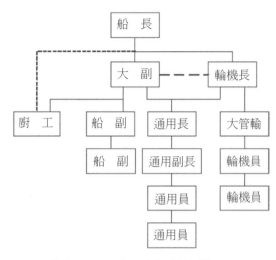

圖12-3 通用式組織架構

註：實線表行政系統，虛線表業務系統

## 三、未來新制之編組

因應STCW 78/95/10之內容，船上作業分為管理，操作，助理（支援）三種層級，並依專長簽証。將來在適任証書上，亦將出現替代証書（Alterative Certificate），近期內最可能實現的即操作級中之船副與管輪。因此，未來船上的組織架構將由於船舶操控系統及人員素質的提高，船上的甲級船員都能航輪兼用。其組織變革如下圖12-4所示。

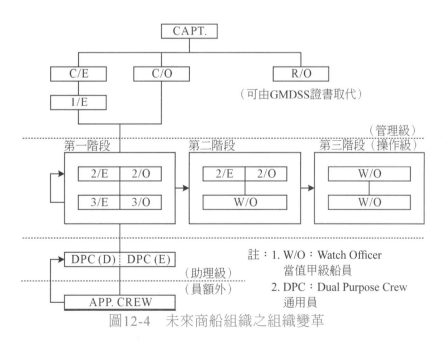

圖12-4 未來商船組織之組織變革

## 第二節　船舶應備文書

### 一、法定各類証書

1. 船舶國籍証書
2. 船舶噸位証書
3. 船舶載重線証書
4. 船舶安全設備証書
5. 船舶安全結構証書
6. 客船安全証書（客船應備）
7. 防止海水污染証書
8. 載運特種貨物所屬証書
9. 最低人員配置証書
10. 甲級船員適任証書
11. 設備目錄
12. 航海紀錄簿
13. ISM公司符合文件（DOC）複本（散裝船，油輪，高速船等）
14. ISM船舶安全管理証書（SMC）（散裝船，油輪，高速船等）

（註：13、14兩項證書，西元2002年7月將施行於各種類之船舶）

### 二、航行文件

1. 船鈔噸稅（Tonnage Due Certificate）
2. 離港特許文件（Last Post Clearance）
3. 船舶免除鼠疫証書（Deratting Exemption）
4. 船員名單（Crew List）
5. 旅客名單（如載有旅客時）（Passenger List）
6. 船員日用品清單（Crew Personnel Effects）
7. 船上物料配件目錄清單（Inventory List）
8. 貨物艙單（Cargo Manifest）
9. 貨物積載圖（Cargo Stowage Plan）
10. 船上煙酒清單（Bonded Store List）
11. 航靠港口清單（Port of Call List）

### 三、契約及相關文件

1. 租傭船契約（Charter Party）
2. 航行及裝載提示（Sailing Instruction）
3. 公司及租方往來文件
4. 港口代理之特別指示文件
5. 船上各類會議紀錄
6. 海事報告
7. 船上重大事件報告
8. 各項檢驗及檢查報告或文件

# 第三節　船上各種會議

### 一、行政會議

1. 舉辦行政會議之目的係使船上人員生活在愉快、健康與和諧氣氛中。
2. 會議中，下列題目可提出討論，交換意見及採取行動：
    (1) 伙食-計劃、控制及監管食物購買。
    (2) 食物保存及消耗。
    (3) 烹飪與膳食服務。
    (4) 宣告公司政策，指示及要求。
    (5) 衛生狀況。
    (6) 醫療。
    (7) 信件。
    (8) 康樂活動-書報、雜誌及錄影帶。
    (9) 安全事宜。
    (10)其他服務或各項福利。
3. 除當值人員或執行必需任務者外，全體人員應參與此會。
4. 行政會議原則上每一個月召開一次，若需要時，船長可視情況隨時召開額外會議。
5. 每次會議中，前次會議之決議，實施結果應提出檢討，俾使達到全面履行。
6. 每次會議記錄應儘速呈報公司，俾使公司亦能採取適當行動以配合船上建設性

之改善。

## 二、船舶管理會議

1. 船舶管理會議應在船長領導下召開，作出各項工作計劃，部門間之相互合作與團隊作業，以達船舶安全，有效，及經濟之營運。

2. 下列各項，均可在會議中提出討論並決定所採取之措施。

    (1) 貨物作業─貨物裝卸及其他有關作業之計劃與執行。

    (2) 保養維護─甲板及輪機各項主要保養之計劃，監督及實施。

    (3) 當值─航行當值與在港當值之嚴密性。

    (4) 安全─設置並指派安全官員擔任檢查安全設備及其保養，並注意及確使船上人員在工作與生活方面遵循安全守則和公司有關安全手冊中所之規定。

    (5) 人事─安排及考核。

    (6) 任何其他屬於作業性之題目。

3. 船長為本會議主席，其他成員應為輪機長、大副、報務主任若船長認為需要，其他人員亦可被召出席。

4. 船舶管理會議，每月最少召開一次。若船長根據作業情況認為需要，可隨時召開此項會議。

5. 每次會議中，對過去會議所作之決議及執行結果，均應加以檢討，以期充分實施。無論優點或缺點均應予記錄，以便作進一步改善。

6. 每次會議記錄，須呈報公司，作為考核船舶及人事之參考。

## 三、技術工作檢討會議

1. 舉辦船上各部門技術工作檢討會議係使各部門透過下列各項檢討而達到工作安全及有效率之目的。

    (1) 工作計劃，成效和改良。

    (2) 維修計劃，成效和改良。

    (3) 航海或甲板裝備之原理，操作及維修。

    (4) 主機與副機之操作，維修及改良。

    (5) 航海儀器之操作，維修及改良。

    (6) 物料與配件之申請、保存、及消耗報表。

    (7) 熟悉共同作業中所負之責任。

    (8) 明瞭上級、公司、政府和國際組織之要求。

(9) 主機與副機運轉情況。

(10)部門內同仁之協調。

2. 除當值人員外，甲板部門會議由大副主持，參加為船副報務主任與水手長等；輪機部由輪機長主持，參加者為輪機員。

3. 從事與安全有關之工作，應於施工前召開會議。

4. 每次會議，可將公司及相關機構刊印之書本、手冊、小冊子，提出研討，商議及參考。

5. 各項重大工作於完工後，應開會檢討，俾使將來執行任務時得以參考改進。

6. 本會議視需要而召開，會議記錄應每兩個月摘要呈報公司一次。

## 四、安全會議

針對下列事項，採不定期方式舉行：

1. 工作安全

2. 事故發生

3. 意外狀況

4. 進出港及錨泊安全

5. 防止海盜

# 第四節　人事紀律及餐勤衛生

## 一、人事

1. 船員異動

船上人事的安定及適當的激勵，是船上管理重點事項。船員上、下船職務的調動及昇遷，一般皆由公司安排，然而為了船上運作上的便利性，有時船長或船上管理階層亦可能主動提出異動及昇遷的安排，唯均應經過公司依程序作業上的認可。

特殊情況下，如傷痛緊急情事或船上特殊要求，則應安排在適當港口上、下船。

2. 船員評審

船員服務績效的考核，直接由船上的主管予以評審，以作為公司船員考核上的

參考與人事資料建檔。一般評審的時機依公司的作業規定，定期評審約半年評審一次。另在船員離船時，或部門主管離船時，對其所屬亦應予以評審。船長則直接評審輪機長，大副，船副及報務主任。評審的內容，大致上分為四大部分：

(1) 專業知識，技能。

(2) 服從性及工作態度。

(3) 整體工作執行績效。

(4) 品德，操守及人際合群度。（如附件12-1）

## 二、紀律

船上各項作業的順利進行，需靠良好的船上秩序與紀律予以支持。船上紀律的維持，其有關規範包括：

1. 船員服務規則中，

(1) 謹守職務應盡責任之規定（參見船員服務規則）；

(2) 船員服務守則（十二條戒律）（參見船員服務規則）。

2. 公司營運政策之規定。如作息時間及服裝規定。

3. 船上特殊情況作業之規定。如特種船舶，裝載特殊貨物。

4. 當地港口有關之特別規定。如煙酒之管制。

## 三、餐勤

民以食為天，船上伙食的好壞，直接影響船員的食慾與工作情緒，早期船上的伙食由管事負責，自船上編制改變後，船上的伙食已改由全船人員自行成立的伙食委員會負責，伙食委員由船上各部門互推派人員擔任，而總體的整合工作則由報務主任擔任，至於行政上的監督則由大副負責或由船長直接督導。

船上餐勤工作目前一般皆由報務主任兼任日常督導工作包括餐點的安排，庫存的掌握與採購，以及廚具使用的規定。

## 四、船舶衛生

除了符合港口機關的衛生檢查要求外，船上本身必需做到自我要求，船舶衛生的範圍包括：

1. 廚房衛生

2. 伙食庫存間之衛生

3. 船員寢室的衛生

4. 公共場所（包括衛浴場所）的衛生

5. 飲用水之衛生

　　船上應備妥消毒藥水及除鼠器具。船長於時間及環境許可下，原則上應每週定期實施衛生檢查，發現缺點，隨即指示改善。

## 五、船上醫療

　　船上應置配足夠的急救藥品及器具，包括急救擔架。藥品的種類及數量，應符合國際勞工組織（商船最低標準公約）的最低標準要求。

## 附件12-1　船員評審表

| CONFIDENTIAL | Date of evaluation 評審日期： |
|---|---|
| Name of sea staff : _____ | Rank : _____ |
| Name of Vessel : _____ | Ship-joindate : _____ |
| Age : _____ | Computercode : _____ |

### 1. WORKING ABILITY 工作能力
( ) 足以勝任現職並可擔任更高職責。
　　Competent for present post with potentiality
　　for higher responsibility.
( ) 適任現職。
　　Suitable for present post.
( ) 尚算稱職，唯需訓練督促。
　　Acceptable for present post but further training
　　and supervision required.

### 2. WORKING ATTITUDE 工作態度
( ) 工作勤奮，能自動自發。
　　Diligent and full of initiative.
( ) 熱心工作。
　　Devoted to work.
( ) 服從，唯需時常督促。
　　Obedient but needs constant prodding.
( ) 不服從且無責任感。
　　Disobedient and irresponsible.

### 2. TEMPERAMENT 性格
( ) 與同事相處融洽，並願與合作。
　　Get along well with all associates and very
　　cooperative.
( ) 樂於助人。
　　Willing to help.
( ) 不肯合作。
　　Non-cooperative.
( ) 惹事生非。
　　Trouble-maker.

### 4. HEALTH CONDITION 健康狀況
( ) 身強力壯
　　Excellent health.
( ) 身體健康。
　　Good health.
( ) 體力不逮，頻請病假。
　　Poor health, take sick leave frequently.
( ) 患傳染病。
　　Suffers from infectious disease.

### 5. PASTIME 消遣
( ) 自修。
　　Study by one-self.
( ) 閱讀，運動。
　　Reading and gymnastic exercise.
( ) 工餘在岸聚賭。
　　Gambling ashore while off duty.
( ) 在船聚賭。
　　Gambling on board.

### 6. SMARTNESS 聰明度
( ) 處事老練，具領導組織能力。
　　Tactful and has good leadership.
( ) 領悟力強，分析合理明確。
　　Learn fast and able to analyse
　　logically and correctly.
( ) 須時予訓示。
　　Average instruction required.
( ) 領悟力差，記憶力欠佳。
　　Slow to absorb, poor memory.

### 7. COMMUNICATION ABLITY WITH ENGLISH 英語溝通能力
( ) EXCELLENT 優　( ) GOOD 良　( ) ACCEPTABLE 可　( ) POOR 劣

### 8. COMMENTS / Suggestions for improvement, commendatory or disciplinary action to be taken:

Appraised by 評審者： _____　　　　Counter-signed by 副署人： _____

FOR OFFICE USE 公司內部使用

# 第十三章　船上安全作業

## 第一節　一般安全工作守則

### 一、基本安全信念

1. 工作人員應視「安全」為工作之一部分。
2. 須以安全的方法從事所作的工作，經常提高警覺。
3. 「愛惜身體、謹慎工作、謹守秩序、保持清潔」為安全唯一要訣。
4. 在工作中要振作精神，彼此關心注意。
5. 經常保持健康的身體，永遠使工作不發生災害。
6. 建立「預防災害」、「安全第一」的信念。
7. 「安全第一」隨時要有不發生傷害的信念。
8. 勇於認錯，如有過失應速報告主管人員，並檢討改進。

### 二、平時注意事項

1. 要時常思索安全不安全。
2. 要時常請教安全不安全。
3. 要時常觀察安全不安全。
4. 生活要高興愉快，煩惱和情緒不穩，容易發生事故。
5. 應經常注意健康，身體不健康則最易發生傷害。
6. 必須有充分的睡眠，才能有旺盛的工作精神。
7. 要有冷靜細心的習慣，粗心疏忽容易發生事故。
8. 對可能危及安全之情事，應速即報告。

### 三、行之注意

1. 上班要預留充裕途程時間。
2. 下班後如無特別事情，應按時休息。
3. 不要戴工地用的安全帽代替騎機車用的頭盔。
4. 走廊通道或交叉路口應特別小心，並靠右邊走，如攀登樓梯不得將手插入口袋

以策安全。

5. 勿從梯下經過，以免被下落物體擊傷。

6. 如遇到搬物品的人，必須自動讓路。

7. 如無充分瞭解及防護，切勿走進危險區域。

8. 危險區域要迴避，最好繞道而行。

## 四、工作場所之清潔、整理及其他事項

1. 環境整理為防止災害最重要的工作，每人應有此種觀念，經常整理自己工作場所。

2. 器具、工具、機具等，必須安放於一定位置。

3. 物品在堆積時，應使其絕對安全。

4. 廢料應放置於指定場所。

5. 地上濺漏之油污應隨時清除或鋪木屑、細砂加以掩蓋。

6. 廢油布、破布或廢料及其他易燃物，應投入有蓋之鐵質廢物桶內。

7. 安全門不得上鎖，包括安全梯及通道不得堆置物品。

8. 走廊通道或交叉口切勿堆積物品，阻礙通行。

9. 危險場所應設置警告標誌或派人守衛，禁止外人進入。

10. 在嚴禁煙火區域內所使用之臨時燈，其玻璃罩之外圍，須有金屬柵之保護裝置。

11. 值班人員應守崗位，認真值勤，遇有各種偶突發事件，立即依據公司安全品管手冊之「通報及緊急聯絡管制程序書」作業程序反映處理。

12. 所有電氣、電機、電梯等設備，主管部門應指派專人實施定期檢查保養。

13. 各辦公室、各工作場所應指派專人在下班後負責關閉門窗及各種電源，值班人員並應注意巡視檢查並作成紀錄。

14. 搭乘電梯宜注意安全，如遇有故障，切勿驚慌依電梯間內操作指示事項辦理求救事宜。

# 第二節　駕駛台資源管理（Bridge Resource Management；BRM）

## 一、概述

任何船舶均應建立某種程度人員分配來達成適當的安全配額（Safe Manning）。在任何時刻，船舶需要切合避碰規則之規定來達成航行安全，並且確保環境不受到任何污染。一個有效率的駕駛台團隊應該有效地管理所有駕駛台可得之資源並能增進溝通及團隊工作良好。在多變的環境下，任何時刻下均會影響到當值安排及駕駛台人員配額情況，為了維持適當瞭望之需求，必須提早決定航行當值之程序。

有效率的駕駛台資源及團隊管理應能消除人為所導致之危險情況發生。駕駛台團隊應適當規劃好明確的航行方針並加上船舶操縱程序，同時符合ISM Code所規範之船舶安全管理系統。

## 二、駕駛台團隊與駕駛台資源管理

所有在駕駛台上有航行瞭望職責之人員均屬於駕駛台團隊的一部分，舵工及其餘瞭望人員均包含在內，必要時船長與引水人需支援團隊。

特別是在能見度不佳及需採取避讓措施等情形下，當值人員所下達之指令可能與另一位當值人員有所衝突時，駕駛台團隊密切合作便顯得十分重要，其可幫助解決當前情況。除此之外，駕駛台團隊對於機艙及其他船舶操縱區域間溝通之維持也扮演重要角色。

公司的安全管理系統應很清楚地建立出「船長有權力及責任對有關安全及污染防止等情形作決定」之規定。船長為了航行安全，特別是在惡劣天候及處於大浪之中，對於本身專業之判斷不應被迫聽從船東及租船人之決定。

駕駛台團隊對於需按時呈報給船長之資料必須徹底瞭解，以便船長能夠徹底掌握一切情況，及當時環境情勢如何。當船長進入駕駛台時，若欲從當值人員手上掌握控制權時必須下達清楚之指令。

駕駛台資源管理就是：「為了達到航程中預定之安全及效率，而駕駛台團隊所採用資源、知識、經驗、技能等之使用及協調」。也是就說駕駛台團隊必須以駕駛台方面所能使用之人力、物力、經驗、技能等來讓航程中必須操作之動作達到符合航行安全之管理方式。

在一九七八年航海人員訓練、發證及當值標準國際公約一九九五修正案B篇附錄中有提及駕駛台資源管理，其主要目的是為了航行安全，而用來確保當值時航行人員所需注意之職責，並充分瞭解在駕駛台可利用之儀器、資料等。

對於駕駛台資源管理之規定，在二〇一〇年馬尼拉修正案中，因鑑於航行安全團隊管理的重要性，將此訓練課程由原來建議性課程Code B修定為強制性課程Code A的要求如下：

1. 公司考慮及國內及國際準則，應依適當之駕駛台程序印發指導書，並提倡使用適於每一艘船之查核表。

2. 公司亦應對每艘船舶之船長及負責當值之航行員印發指導書，該指導書以下列駕駛台資源管理原則為基礎，有關持續評估駕駛台資源如何配置及使用之必要性：

   (1) 要有足夠的適格人員當值，以確保所有職責能有效執行；

   (2) 所有航行當值人員皆應具有適當的資格與體能有效率及有效執行其職責，或負責航行當值之航行員在作航行或操作決定時，應考慮及個人資格或適任之限制；

   (3) 指派給個人之職責應明確並不模糊，並確認其已瞭解自己之職責；

   (4) 工作應依明白之優先順序完成；

   (5) 不應對任何航行當值人員指派其不能有效完成之過多任務或過難之工作；

   (6) 隨時應指派個人至其最能有效率及有效執行其職責之崗位；在情況需要時，並應重行指派其至其他崗位；

   (7) 航行當值人員，不應被指派為不相干之職責、任務或崗位，除非經負責當值之航行員肯定該調整能有效率及有效完成者，不在此限；

   (8) 認為有效執行職責所必需之儀表及設備應備便，俾航行當值之適當人員隨時可用；

   (9) 航行當值人員之間之溝通應清楚、迅速、可靠，並與在手邊之業務有關；

   (10)非重要活動及使人分心者應予避免、停止或移除；

   (11)所有駕駛台設備應操作正常，否則，負責航行當值之航行員應考慮及在作操作決定時可能存在之任何異常情況；

   (12)應蒐集、處理及解說一切重要資料以使執行職責人員之方便使用；

   (13)駕駛台及工作台面不應置放不必要之東西；

   (14)航行當值人員隨時應準備對環境之改變有效率及有效作出回應。

### 三、駕駛台團隊工作內容

　　職責應清楚分配，分配到之責任應有效率地執行，並有優先處理之觀念。團隊成員應被詢問對於本身之工作及所分配到之職責是否瞭解。在執行工作及職責時正確的記錄情況是監督駕駛台團隊成員及發覺任何瞭望時情況越來越惡劣之方法。

　　在緊急情況時，船員必須採取有效率之合作及溝通能力。然而在平時航程或靠港時，駕駛台團隊成員最好也需以效率團隊之方式來進行作業，以便緊急情況發生時能夠駕輕就熟。駕駛台團隊必須有清楚及簡要之計畫來規劃成員彼此間之支援，以便達成對情況有良好之認知。駕駛台成員必須能夠考慮危險情形是否增加及察覺嚴重錯誤有否發生，並有權力可採取行動來避免危險之產生。同時在駕駛台當值時，所有非必要之行動應盡量避免。

　　對於駕駛台團隊之新進人員，依照ISM Code及STCW公約之規範，必須使新進人員能夠熟悉船舶安全問題。必須引導新進人員能夠對船舶操縱等連續步驟到達熟悉的境界，以瞭望為例，在一定時間內能使新進人員瞭解他們所使用之設備並能與其他船上程序有所接連。船上資深船員必須被分派以一對一的方式來教導新進人員，以訓練手冊、錄影帶、電腦教材及電腦程式等可用於船上之方法來教授新進人員。

　　所有當值人員必須適於當值（Fitness for Duty），以免疲勞過度造成危險之發生。以下幾點為STCW公約所規範事項：

1. 所有指派負責當值之航行員或構成當值一部分之普通船員應在24小時內有至少10小時之休息時間。

2. 休息時間可以分段，但不超過二時段，其中一段至少有6小時，連續休息時間段之間隔，不應超過14小時。

3. 第1及第2項所規定之休息時間要求，在緊急、操演及其他意外之操作狀況下得免予保持之。

4. 不論第1及第2項之規定如何，10小時的最短時間得降為不少於連續的6小時，但以該降低不得超過2天，且在7天內所提供之休息時間不少於70小時為限。

5. 主管機關應要求將當值配置表（Watch Schedules）張貼於船員易接近之處。

　　圖13-2為通過狹窄水道時，駕駛台資源管理所需訓練之項目。

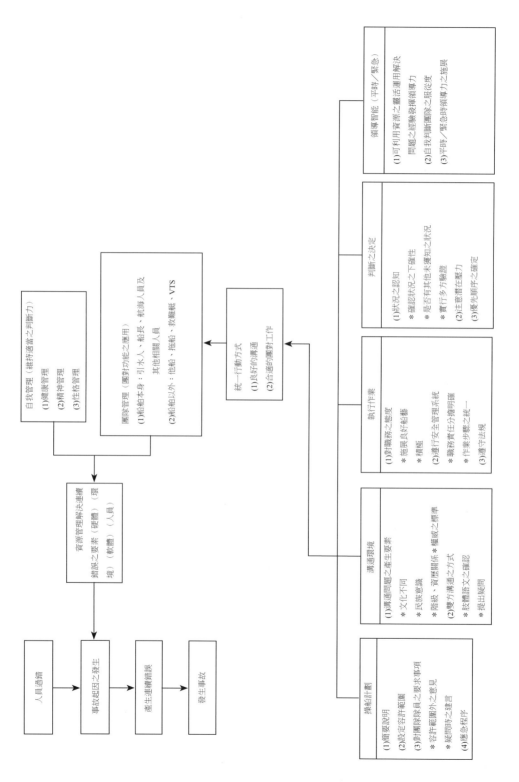

圖13-1　駕駛臺資源管理概念圖

BRM訓練項目

狹窄水道航行通過考慮要點

船長：
操船之計劃之分配及適當之實施

船長：
考慮船副、船員之意見及報告來斟酌該如何處理狀況

船長：
在航行中幫助當值航行員解決困難

船長：
緊急情況發生時，握有發號施令之權責

全體船員：
基本技能需熟悉

全體船員：
明確瞭解指示
於接受指令後應進行確認之動作

全體船員：
資訊之獲得
預設問題，並設法解決
彼此討論，以彌補不足之處

全體船員：
對於本身職責有相當認知
積極參與駕駛臺作業

船舶操縱預先設想之要點：
＊海域狀況
＊風向、潮流流向
＊吃水限制
＊船舶機械發生故障
＊採取避碰時之措施
＊VTS通信、資訊之獲取

船舶狀況、氣象、海況及擬定特殊地理環境所需之操船計劃

防止與他船碰撞

考慮所有可能使用之信號

在充分時間內可觀察到他船動向

兩船最接近距離、距最接近距離之時間

可能發生碰撞時，該判斷之要素
1.雷達上他船方位變化
2.雷達上兩船方位變化
3.船舶機械操作情況
4.相對、真方位間之切換
5.其他

特殊情況下所採取之緊急措施

能見度受限下之操船

船反遭受之風壓差及水流

於海面上多船舶航行時應取之策略性操船

與VTS間之聯絡

於海面上多船舶航行時，應採取之策略性操船

淺水效應下操作車、舵應注意事項

圖13-2　操船時BRM之訓練項目

363

## 第三節　航行作業

### 安全當值守則

　　交通部經行政院核定，於民國八十六年二月四日以交航八十六字第○五四二六八號函頒佈，按航業法第六十四條規定採用一九九五年航海人員訓練、發證及當值標準國際公約的附錄內容為我國航海人員訓練、發證及當值標準（Seafarer's Training Certification and Watchkeeping; STCW Code），其中Code A為STCW公約附錄所規定強制性之標準，Code B為STCW公約附錄所規定建議性準則。為達成船舶安全作業，有關航海人員當值標準及規定如下：

一、STCW Code A第A-VIII/1節適於當值之準則規定如下：

1. 所有指派負責當值之航行員或構成當值一部分之乙級船員應在24小時內有至少10小時之休息時間。

2. 休息時間可以分段，但不超過二時段，其中一段至少有6小時。

3. 第1及第2項所規定之休息時間要求，在緊急、操演及其他意外之操作狀況下得免予保持之。

4. 不論第1及第2項之規定如何，10小時的最短時間得降為不少於連續的6小時，但以該降低不得超過2天，且在7天內所提供之休息時間不少於70小時為限。

5. 主管機關應要求將當值配置表張貼於船員易接近之處。

二、STCW Code A第A-VIII/2節當值安排及應遵守之原則規定如下：

第一部分——發證

1. 負責航行或甲板當值之航行員應依第II章或第VII章之規定具有適當資格適於有關航行或甲板當值之職責。

2. 負責輪機當值之輪機員應依第III章或第VII章之規定具有適當資格適於有關輪機當值之職責。

第二部分——航次計畫

1. 對預定之航次，應在考慮及所有的適切資料後事先計劃，並應在發航前對所制定之任何航線予以核對。

2. 輪機長應與船長協商後，事先決定計劃航次之需要，考慮及燃料、淡水、潤滑油、化學藥劑、消耗品及其他配件、工具、供應品之需求以及其他任何需求。

3. 在每一航次前，各船舶之船長應確保從發航港至第一靠泊港之預定航線係利

用預定航程所需之適當海圖及其他航海刊物予以計劃，包括該次航行之限制與危險之正確、完整及最新資料，不論是永久性或可預測現象及與航行安全有關者均含之。

4. 在考慮及所有適切資料，查證航線計劃時，計劃航線應清楚地標繪在適當的海圖上，並應隨時備便供當值航行員之用。該當值航行員在航程中之使用前應查證遵循之航向。

在航程中如經決定改變計劃航線之次一停泊港，或因其他原因船舶需要大幅度偏離計劃航線，則在大幅度偏離原計劃航線前，修正航線應予以計劃之。

## 第三部分──海上當值

1. 締約國應促請公司、船長、輪機長及當值人員注意並遵守下列原則，以確保隨時保持安全當值。

2. 每艘船舶之船長應負有確保當值之安排適於保持安全航行當值之義務。在船長一般之監督下，航行當值航行員在其當值期間，尤其是涉及避免碰撞及坐礁時，負責船舶安全航行。

3. 每艘船舶之輪機長與船長協商後，負有確保當值之安排適於保持安全輪機當值之責任。

4. 船長、甲級船員及乙級船員，應瞭解由於操作或意外污染海上環境之嚴重後果，並應採取一切可能防止污染之預防措施，尤其是在有關國際規則及港口規則內之架構。

## 第三之一部分──航行當值應遵守之原則

1. 負責航行當值之航行員為船長之代表，其主要之職責在隨時注意船舶之安全航行，並遵守一九七二年國際海上避碰規則。

2. 應遵照一九七二年國際海上避碰規則第五條之規定隨時保持適當瞭望，並應達到下列目的：
   (1) 對操縱環境所發生之重大變化，利用視覺、聽覺及其他所有可行之方法維持連續的警覺狀態。
   (2) 充分地評估碰撞、觸礁及其他危害航行安全之情況及危險。
   (3) 搜尋遇險船舶及飛機、船舶遇險人員、受損船舶、殘骸及其他危及航行安全之物。

3. 瞭望者須全神貫注以保持適當的瞭望，並不得擔負或被指派為其他會影響瞭望之任務。

4. 瞭望者與舵工之職責係屬分開，舵工在操舵時不應認係瞭望者；但小型船舶

於操舵位置四周具有無遮擋之視野，並無夜視障礙或無保持適當瞭望之其他妨礙者，則不在此限；負責當值之航行員在白天之下列情況得單獨瞭望：

(1) 經謹慎評估當時情況，並已確認無疑，則如此處理是安全的。

(2) 經充分考慮所有有關因素，包括但不限於下列：天氣情況，能見度，交通密度，接近航行危險區（物），及行於或接近分道通航制所應注意者。

(3) 當情況有任何變化而有需要時，能傳喚至駕駛台以得到立即協助。

5. 決定航行當值之組成足以確保能連續保持適當的瞭望，船長應考慮及所有有關因素，包括本章程本節所述者及下列因素：

(1) 能見度－天氣狀況及海況。

(2) 交通密度及船舶航行區域所發生之其他事務。

(3) 航行於或接近分道通航制或其他航路措施時，所應注意者。

(4) 由於船舶功能、立即操縱要求及預期操縱等性質所引起之額外作業。

(5) 所傳喚之任何船員應適於職責，始可指派為當值人員。

(6) 船上航行員及乙級船員稱職之知識及信心。

(7) 每位航行當值航行員之經驗及該員對船舶設備、程序及操縱性能之熟悉程度。

(8) 任何特定時刻，船上所發生之事務，包括：無線電通信事務，即在需要時立即傳喚至駕駛台協助之可行性。

(9) 駕駛台儀器及控制器包括警報系統之操作狀況。

(10)舵及車葉之控制，以及船舶操縱特性。

(11)船舶之大小及指揮位置之視界。

(12)駕駛台之配置，該配置可能妨礙當值人員利用視覺及聽覺察覺外部情況之程度。

(13)任何其他本組織所採納涉及當值安排及適於職責之標準、程序或準則。

6. 在決定可能包括適格乙級船員駕駛台當值之組成時，尤應考慮下列因素。

(1) 任何時刻，駕駛台不得無人值守。

(2) 天氣情況能見度及不論白天或黑夜。

(3) 接近航行危險區（物）時，負責當值之航行員可能需要執行額外的航行職責。

(4) 航儀，如雷達或電子定位儀，及其他影響船舶安全航行之設備等之使用及操作狀況。

(5) 船上是否裝設自動操舵裝置。

(6) 是否需執行無線電職責。

(7) 裝設於駕駛台之無人值守機艙之控制器、警報及指示器之使用程序及限制。

(8) 由於特殊的操作環境可能造成航行當值之任何不尋常要求。

7. 負責當值之航行員如有理由相信接班航行員不能有效地執行當值職責時，就不應交班，並應就此事通知船長。

8. 接班航行員應確保接班之人員完全皆能執行其職責，尤其是有關夜視之調適。接班航行員在其視力尚未完全調適至光線狀況前，不應接班。

9. 接班航行員在接班前，應親自掌握船舶預估船位或真船位，並確認預定之航跡、航向與航速及機艙無人當值時之控制，並應注意在其當值期間預期可能遭受之任何航行危險。

10. 接班航行員應親自掌握下列情況：

(1) 與船舶航行有關之船長所頒布當值常規及其他特別指示。

(2) 船位、航向、航速及吃水。

(3) 當時及預測之潮汐、海流、氣象、能見度及該等因素對航向及航速之影響。

(4) 當主機在駕駛台操控時，主機操縱之使用程序。

(5) 航行情況，包括但不限於下列各項：

　　a. 正在使用或當值期間可能使用所有航行及安全設備之操作情況。

　　b. 電羅經及磁羅經之誤差。

　　c. 在視線內或知其在附近之船舶情況及動態。

　　d. 當值期間可能遭遇之情況及危險。

　　e. 由於船舶之橫傾、俯仰、水之密度及艉坐對餘裕水深可能的影響。

11. 任何時刻，如當值航行員將換班時，船舶正在操縱，或正在採取其他行動以避免發生危險，接班航行員應俟該行動完成後，再行接班。

12. 負責航行當值之航行員應：

(1) 在駕駛台保持當值。

(2) 在正式交班前，無論如何不得離開駕駛台。

(3) 不論船長是否在駕駛台，應繼續負責船舶安全航行，除非船長特別告知其業已承擔該責任，雙方並就此相互瞭解，才得離位。

(4) 對為了安全而採取某種行動發生疑慮時，通知船長。

13. 當值期間，應每隔適當時間使用船上一切必要之航儀，對所駕駛之航向、船位及航速予以核對，以確保本船循預定航線。

14. 負責航行當值之航行員對船上所有安全及航行設備之位置及操作方法應有充

分之知識，並應瞭解及考慮此等設備操作上之限制。

15. 負責航行當值之航行員，不應再被指派或擔負妨礙船舶安全航行之任何職責。

16. 航行當值航行員應最有效使用在其支配下之所有航行設備。

17. 使用雷達時，負責航行當值之航行員應牢記，任何時刻都必須遵守現行國際海上避碰規則所載之使用雷達規定。

18. 需要時，負責航行當值之航行員應毫不猶豫地使用舵、機器及音響信號裝置。但可能時應及時將所擬改變之機器轉速予以通知，或依適當的程序有效使用安裝於駕駛台之機艙無人值守機器控制。

19. 航行當值航行員應知道其船舶之操縱性能，包括其停止距離，並應深知其他船舶可能具有不同之操縱性能。

20. 當值時與航行安全有關之行動與事務，應保持正確紀錄。

21. 特別重要者為負責當值之航行員確保隨時保持適當的瞭望。在設有獨立海圖室之船上負責航行當值之航行員於必要時，得前往海圖室作短暫之停留以便執行必要之航行職責，但事前應確知如此做法是安全的，並確保仍保持有效的瞭望。

22. 只要情況允許，船上之航行設備應儘可能經常在海上施行操作試驗，特別是在預知將可能遭遇影響航行安全之危險情況前為然；如實施該等試驗時應予記錄之。該等試驗亦應在進出港前實施之。

23. 負責當值之航行員應定期檢查，以確保：

   (1) 人工操舵或自動操舵係按正確之航向行駛。

   (2) 每次當值期間至少測定標準羅經之誤差一次；如屬可能，於每次重大改變航向後，亦測定之，標準羅經及電羅經應經常進行比對，複示器與主羅經應同步。

   (3) 每次當值期間，以手動方式試驗自動舵至少一次。

   (4) 航行燈與信號燈及其他航行設備之功能正常。

   (5) 無線電設備之功能正常。

   (6) 機艙無人值守控制器、警報及指示器之功能正常。

24. 負責航行當值之航行員應牢記隨時須遵守現行一九七四年海上人命安全國際公約之規定。航行當值航行員應考慮及下列事項：

   (1) 適時派遣舵工至駕駛室操舵，並將自動舵改為人工操舵，以使潛在之危險情勢轉危為安之必要性。

   (2) 船舶在以自動操舵中，如聽任某種情勢發展，致使負責航行當值之航行員

無法獲得協助，而必須中斷瞭望，以便採取應急措施，是非常危險的。

25. 航行當值之航行員應徹底熟悉所裝設電子航儀之使用方法，包括其能力及限制。並應並在適當之時使用之，應牢記回聲測深儀為極具價值之航儀。

26. 負責航行當值航行員於能見度受限制時，或預期能見度將受限制時，應使用雷達；在交通擁塞水域內航行之全部時間並應特別注意其使用之限制。

27. 負責航行當值之航行員應確保所使用之雷達距離圈，應經常每隔適當時間予以變更之，俾能及早偵測回跡。應記住微弱之回跡可能無法偵測。

28. 使用雷達時，負責航行當值之航行員應選擇合適之距離圈，仔細觀察顯示器，並應確保有充分時間測繪或進行有系統之分析。

29. 負責航行當值之航行員應將在下列情形立即告知船長：

(1) 如遇到能見度受限制或預期能見度受限制時。

(2) 如對海上交通情況或他船之動態發生疑慮時。

(3) 如難以維持航向時。

(4) 如在預期之時間未能看到陸地、航行標識或無法獲得測深資料時。

(5) 如意外地看到陸地、航行標識或水深突然發生改變時。

(6) 在機器、推進裝置之遙控、舵機或任何主要之航行設備、警報或指示器發生故障時。

(7) 如無線電設備故障時。

(8) 在天候惡劣，如有任何懷疑天氣可能造成損害時。

(9) 如船舶遭過危及安全航行之危險，諸如冰或無主之漂流船舶時。

(10) 其他任何緊急情況，或如有任何疑慮時。

30. 盡管規定上述情況應立即通知船長，但情況需要時，負責航行當值之航行員為了船舶之安全，應毫不猶豫地採取立即行動。

31. 負責航行當值之航行員應給予當值人員一切適當之指示及資料，俾確保維持包括適當瞭望之安全當值。

32. 負責航行當值之航行員應以羅經精確測定接近船舶之方位，俾作為及早偵測碰撞危險之方法；切記縱使些微的船位變化顯然可見時，碰撞危險仍可能存在，尤其是當接近一艘巨型船舶或一艘被拖帶之船舶，或者接近一艘近距離船舶時為然。負責航行當值之航行員應按一九七二年國際海上避碰規則可適用之規定及早地採取正確之行動，隨後並即時察看此種行動是否已發生預期之效果。

33. 天氣良好時，如屬可能，負責航行當值之航行員應實施雷達操練。

34. 當能見度遭受或預期受限制時，負責航行當值航行員之首要責任在遵照一九七二年國際海上避碰規則有關規則之規定，尤應汪意霧號之施放，以安全航速航行，並使主機備便俾立即操縱。此外負責航行當值之航行員應：

   (1) 通知船長。

   (2) 派人就瞭望位置。

   (3) 顯示航行燈。

   (4) 操作並使用雷達。

35. 黑夜航行時船長及負責航行當值之航行員在安排瞭望職責時，應允分考慮駕駛台設備與可使用之航儀、其使用上限制、所實施之程序及安全措施。

36. 沿岸及擁擠水域應使用船上所置備適於該地區並有最新資料之最大比例海圖。船位應經常每隔適當時間測定之，如情況許可時，並應使用一種以上方法為之。

37. 負責航行當值之航行員應確實辨識所有有關之航行標識。

38. 引水人在船上領航盡管有其職責及義務，但並不解除船長或負責航行當值之航行員對船舶安全所負之職責及義務。船長及引水人應交換有關航行程序、當地情況及船舶特性等資料。船長、及/或負責航行當值之航行員應與引水人密切合作，並對船位及動態保持正確的核對。

39. 如負責航行當值航行員對引水人之行動或意圖有所懷疑，則應要求引水人澄清之，如未能釋疑，應立即通知船長，並在船長到達前採取必要之行動。

40. 如船長認為必要時，錨泊時亦應保持連續的航行當值。在錨泊情況下，負責航行當值之航行員應：

   (1) 盡速測定船位，並將之標於適當的海圖上。

   (2) 如情況許可時，應經常每隔適當時間，利用固定航行標識或岸上容易辨認之標的物測定方位，以查核船舶是否仍繫於原錨地。

   (3) 確保保持有效之瞭望。

   (4) 確保定時巡視全船。

   (5) 觀察氣象與潮汐之情況，及海況。

   (6) 如船舶走錨，通知船長，並採取一切必要之措施。

   (7) 根據船長之指示，確保主機與其他機器處於備便狀態。

   (8) 如能見度惡化時，通知船長。

   (9) 確保船上顯示適當之燈號及號標，並依所有可適用之規則施放適當之音響信號。

(10)採取防止船舶污染環境之措施，並符合可適用之防止污染規則。

## 第三之二部分——輪機當值應遵守之原則

1. 本節第三之二「輪機當值」一詞，指構成當值一個人或一組人員，或指輪機員負責一段之期間，在該期間中該輪機員得被要求或不被要求親臨機艙。

2. 「負責機艙當值之輪機員」為輪機長之代表，其主要之職責在隨時安全有效操作，並維護影響船舶安全之機器；並在負責機艙當值之責任下，於必要時對所有機器及設備予以檢查、操作與測試。

3. 在任何時候，輪機當值之組成應適於確保影響船舶操作之所有機器之安全操作，不論為自動抑是手動模式皆然，並應適於當時之環境及情況。

4. 決定輪機當值之組成時，得包括適格之乙級船員在內，下列標準應特別予以考慮：

   (1) 船舶型式、機器型式及狀況。

   (2) 影響船舶安全操作之機器，隨時予以妥善地監督。

   (3) 由於情況之變化，如天候、冰、污染水域、淺水、緊急情況、損害抑制或減少污染所導致之任何特殊操作模式。

   (4) 輪機當值人員之資格及經驗。

   (5) 人命、船舶、貨物與港口之安全，及環境保護。

   (6) 國際、國家及當地規則之遵守。

   (7) 維持船舶正常操作。

5. 負責輪機當值之輪機員，如有理由相信接班之輪機員不能有效執行當值職責時，就不應交班，在此種情況下，應就此事通知輪機長。

6. 接班之輪機員應確保接班人員顯然能完全執行其職責。

7. 接班之輪機員在接班之前，至少應親自掌握下列情況：

   (1) 與船舶系統及機器操作有關之輪機長當值常規及特別指示。

   (2) 所執行機器與系統之所有工作性質、參與人員及潛在危險。

   (3) 在艙底部、壓載艙、污油艙、備用艙、淡水艙、污水艙中，水或殘留物之液位及情況（適用時），及對其內容物之使用與處理之任何特別要求。

   (4) 在備用艙、沉澱櫃、日用櫃及其他燃油貯存設施內之燃油情況及液位高度。

   (5) 有關衛生水系統處理之特別要求。

   (6) 各種主、輔機系統包括配電系統之情況及操作方式。

   (7) 如適用時，監視及控制盤設備及其手動操作設備之情況。

   (8) 如適用時，鍋爐自動控制情況及操作方式；諸如火焰安全控制系統、限

制控制系統、燃燒控制系統、燃油供給控制系統及其他與蒸汽鍋爐操縱有關之設備。

(9) 由於惡劣天氣、冰、污染之水或淺水所引起之潛在不利情況。

(10)由於設備故障或不利於船舶情況所導致之任何特別操作方式。

(11)有關指派機艙乙級船員職責之報告。

(12)滅火設備之有效性。

(13)輪機日誌之填寫情況。

8. 負責輪機當值之輪機員應確保維持既定之當值安排。機艙乙級船員如成機艙當值人員之一部分時，在當值輪機員之指導下，協助使推進機器及輔助設備得以安全有效操作。

9. 不論輪機長是否在機艙，負責輪機當值之輪機員應繼續負責機艙內之操作，除非輪機長特別告知其業已承擔該責任，雙方並均已就此互相瞭解，方得離位。

10.所有輪機當值人員皆應熟悉其被指派之當值職責。此外，每位人員對其所服務之船舶應具有下列知識：

(1) 使用適當的內部通信系統。

(2) 從機艙之逃生路線。

(3) 機艙警報系統；有能力區別各種警報，特別是滅火系統警報。

(4) 機器空間之滅火設備及損害管制用具之數量、位置及型式、及其使用與應遵守之各種安全預防措施。

11.任何機器功能不正常或預期將發生故障或需特別檢修時，應對業已採取之任何措施予以注意。如需進一步之措施則應擬定計劃。

12.需要有人值守之機艙，負責輪機當值之輪機員應隨時能立即操縱推進設備以應付變向或變速之需要。

13.定期無人值守機艙，指派負責輪機當值職責之輪機員應隨時備便，一經傳喚，立即到達機艙。

14.所有駕駛台之命令應迅速地予以執行。主推進裝置變向或變速時，應予以記錄，但經主管機關認為特定船舶之大小或特性，作此記錄為不可行，則不在此限。當手動操作時，負責輪機當值之輪機員應確保主推進裝置之控制處於備便或操縱狀態，繼續有人值守。

15.對所有機器在進行中的保養及支援應予以特別注意，包括機械、電機、電子、液壓及氣壓系統、其控制裝置及相關之安全設備。所有起居艙服務系統之設備及物料與備品之使用記錄。

16. 輪機長應確保將一切預防保養、損害管制或在當值時所執行之修理工等告知負責輪機當值之輪機員。負責輪機當值之輪機員則應在其輪機當值責任下將工作中之所有機器予以切斷、旁通及調整，並將所執行之所有工作予以記錄。

17. 當機艙係處於備便狀態時，負責輪機當值之輪機員應確保所有在操縱時可能用到之機器及設備處於備用狀態，並保留足夠電力，以供舵機及其他需求。

18. 負責輪機當值之輪機員不應再被指派或擔負任何職責足以妨礙其對推進系統及其附屬設備之監督職責。而應確使主推進裝置及輔助系統處於經常的監督之下，直到正式交班為止，並應定時撿查其負責之機器。該等輪機員尚應確保在機艙及舵機空間進行適度之巡視，以便觀察並報告設備之故障或損壞、執行或指導例行之調整、必要的保養以及其他必要之工作。

19. 負責輪機當值之輪機員應提示其他輪機當值人員，使其瞭解將嚴重影響機器或危及人命或船舶安全之潛在危險情況。

20. 負責輪機當值之輪機員應確保機艙係在其監督之下，並應安排替代人員於值班人員無值班能力時替代之。輪機當值不能使機艙無人監督而處於無法手動操縱機艙設備及節流控制之狀態。

21. 負責輪機當值之輪機員應採取必要之措施，以對付由於設備損壞、失火、泛水、破裂、碰撞、坐礁及其他原因所引起的損害之影響。

22. 負責輪機當值之輪機員在離開當值職責前，應確使在其當值期間所發生之有關主、輔機事故均作適當之記錄。

23. 在所有預防保養、損害管制或維修工作進行期間，負責輪機當值之輪機員應與負責保養工作之任何輪機員合作。此項合作應包括但不限於下列各項：

(1) 對將進行工作之機器予加以隔離與旁通。

(2) 調整其餘裝備使在該保養期間其功能正常，並且安全。

(3) 在輪機日誌或其他適當之文件上，記載經過保養之設備、參加保養工作之人員、所採取之安全步驟及由何人採取，以利接班人員及記錄之目的。

(4) 將已修復之機器或設備予以試驗，必要時投入使用。

24. 負責輪機當值之輪機員應確保執行保養工作之任何機艙乙級船員，在自動設備故障時，可用以協助以手動方式操作機器。

25. 負責輪機當值之輪機員應牢記，因機器故障而造成之航速變更或舵機失效，可能危及海上人命及船舶之安全。遇有機艙失火、及在機艙內任何即將採取之行動，可能導致船速減低、舵機之瞬間故障、船舶推進系統之停擺、或發電量之任何改變、或影響安全之類似事件時，應立即通知駕駛台。如屬可能

此通知，應於發生變化前完成之，俾駕駛台有足夠時間，採取任何可能之行動以避免潛在之海上事故。

26. 負責輪機當值之輪機員應將下列立即通知輪機長：

(1) 當機器受損或發生故障，可能危及船舶之安全操作時。

(2) 當任何故障發生被認為可能使推進機器、輔機或監測與調整系統受損或損壞時。

(3) 發生任何緊急狀況或應作何種決定或措施有任何懷疑時。

27. 盡管有將上述情況報告輪機長之規定，為了船舶、機器及船員之安全，負責輪機當值之輪機員，在必要之情況下，毫不猶豫地採取應立即措施。

28. 負責輪機當值之輪機員應給予當值人員一切適當指示及資料，俾確保維持安全輪機當值。例行之機器保養，於當作維持安全當值工作一部分之附帶任務予以實施時，應納入當值期間之例行工作。有關全船電機、機械、液壓、氣壓或可適用之電子設備之詳細修理保養工作應在負責輪機當值之輪機員及輪機長認知之情況下為之。此等修理應予記錄。

29. 能見度受限制下負責輪機當值之輪機員應確保經常有空氣或蒸汽壓力供音響信號之用，並立即執行駕駛台隨時所作有關任何變速或變向之命令，此外，操縱用之輔機隨時備便可用。

30. 負責輪機當值之輪機員，當接獲船舶將在擁擠水域中航行之通知時，應確保所有與操縱船舶有關之機器能立即處於手動操作方式。負責輪機當值輪機員亦應確保有足夠之備用電力，供操舵及其他操縱要求之使用。應急操舵及其他輔助設備應予備便俾可立即操作。

31. 在開敞錨地，輪機長應與船長協商，是否仍維持與航行時相同之輪機當值。

32. 當船舶在開敞之港外錨地拋錨或其他任何事實上處於「在海上」之情況時，負責輪機當值之輪機員應確保。

(1) 保持有效之輪機當值。

(2) 定時檢查所有在運轉中及備便之機器。

(3) 依駕駛台所下達之命令，使主、輔機處於備便之狀態。

(4) 採取措施保護環境，防止船舶之污染，並遵守可適用之防止污染規則。

(5) 所有損害管制及滅火系統係處於備便狀況。

## 第三之三部分──無線電當值應遵守之原則

1. 主管機關應指示公司、船長及無線電當值人員注意並遵守下列規定，以確保船舶在海上時保持適當之安全無線電當值；在遵守本章程時，應考慮及無線

電規則。

2. 在決定無線電當值安排時，航海船舶之船長應：

   (1) 確保無線電當值係依無線電規則及SOLAS公約有關規定予以保持。

   (2) 確保在進行無線電通信時，不致有與船舶安全動態及安全航行無關之無線電通信，而嚴重影響無線電當值之主要任務。

   (3) 考慮及船上所安裝之無線電設備及其工作狀態。

3. 執行無線電當值任務之無線電操作員應：

   (1) 確保當值係以無線電規則及SOLAS公約所指定之頻率上。

   (2) 當值期間，定時檢查無線電設備之操作及其電源，並將所發現此設備之故障，報告船長。

4. 無線電規則及SOLAS公約所要求應置備之無線電報日誌或無線電日誌如屬適當應予以遵守。

5. 依無線電規則及SOLAS公約之要求，保持無線電紀錄為在發生遇險事故時被指派具有無線電通信主要責任之無線電操作人員之責任。下列事項連同其發生時間應予以記錄：

   (1) 遇險、緊急及安全之無線電通信摘要。

   (2) 與無線電業務有關之重要事故。

   (3) 如適當時，至少每天一次之船位。

   (4) 無線電設備之狀況，包括其電源之摘要。

6. 無線電紀錄應置於遇險通信操作位置，且應隨時備便：

   (1) 供船長之查閱。

   (2) 供主管機關任何授權官員及依本公約第X條實施管制之任何經適當授權官員之查閱。

# 第四節　在港當值

## 一、在港當值之原則

1. 在正常情況下，在港內安全繫泊或安全錨泊之任何船舶，為安全之目的，船長應安排保持適當有效之當值。對於具有特殊型式之船舶推進系統或輔助設備，及對裝載有害、危險、有毒或高易燃物或其他特殊型式貨物之船舶，可能需要

特別之要求。

2. 船舶在港期間之艙面當值安排應隨時適於：

(1) 確保人命、船舶、港口及環境之安全，並確保所有與貨物操作有關機械之安全操作。

(2) 遵守國際、國家及當地之規則。

(3) 保持船上之秩序及正常例行工作。

3. 船長應根據繫泊情況、船舶型式及職責特性，決定甲板當值之編組及期間。

4. 如船長認為需要，艙面當值應由適格之航行員負責。

5. 應安排必要之設備以提供有效之當值。

6. 輪機長與船長協商後，應確保輪機當值之安排係適於保持在港之安全輪機當值，在決定包括適當之輪機乙級船員在內之輪機當值編組時，應考慮下列各項：

(1) 凡推進動力為3,000千瓦以上之船舶，應經常有一名負責輪機當值之輪機員。

(2) 凡推進動力未滿3,000千瓦之船舶，在船長酌情考量並與輪機長協商之後，得不派負責輪機當值之輪機員。

(3) 輪機員在負責輪機當值期間不應再被指派或承擔將妨礙其對船上機器系統任何監督職責之任務與職責。

7. 負責艙面或輪機當值之甲級船員，如有任何理由相信接班甲級船員顯然不能有效地執行其職責時，就不應交班。在此情況下，因而應就此事通知船長或輪機長。艙面或輪機接班甲級船員應確保所有接班人員顯然能完全有效執行其職責。

8. 在交接艙面或機艙當值時，如正在執行重要操作，則除船長或輪機長另有指令外，該操作應由交班之甲級船員完成。

## 二、艙面當值之交接

1. 在艙面當值交接前負責艙面當值之航行員應就下列各項告知接班航行員：

(1) 泊位水深、船舶吃水、高低潮之水位及時間、繫纜情況、錨之安排及錨鏈之情況，及對船舶安全至為重要之其他繫泊情況。主機狀況及是否備便以供緊急之用。

(2) 所有船上應施行之工作；所裝或未裝貨物及卸貨後任何殘留在船上者之性質、數量以及其配置狀況。

(3) 在艙底部及壓載艙內之水位。

(4) 所顯示之信號或燈號或音響信號。

(5) 要求在船之船員人數及在船其他人員之情況。

(6) 滅火設備之狀況。

(7) 任何特別之港口規則。

(8) 船長當值常規及特別命令。

(9) 發生緊急情況或需要援助時，船舶與岸方人員包括港口當局間之通信線路備便。

(10)對船舶、其船員、貨物安全及保護環境防止污染之任何其他重要情況。

(11)由於船舶行為所造成任何環境污染，通知有關當局之程序。

2. 接班航行員在承擔艙面當值之前，應查證：

(1) 纜繩繫泊及錨鏈係屬適當。

(2) 適當之信號或燈號係正確顯示或發出音響。

(3) 安全措施及防火規定予以保持。

(4) 知道正在裝卸之任何有害或危險貨物之性質；並知道發生溢漏或失火時，應採取之適當措施。

(5) 無外界之狀況或環境危及本船，而本船亦不危及他船。

## 三、輪機當值之交接

1. 在輪機當值交接前，負責輪機當值之輪機員應就下列各項告知接班輪機員：

(1) 當日下達之當值常規，有關船舶操作、保養工作、船舶機器或控制設備修理之特別命令。

(2) 船上機器及系統正在進行所有工作之性質、參與人員及潛在之危險。

(3) 如可適用，艙底部、壓載艙、污油艙、污水艙、備用櫃內之水或殘留物之液位及情況，及其內容物之使用或處理之特別要求。

(4) 有關衛生水系統處理之特別要求。

(5) 輕便滅火設備及固定式滅火裝置、暨火警偵測系統之備便狀況。

(6) 經授權在船上從事工程活動之修理人員，其工作位置與修理項目，及其他經授權在船之人員及必要之船員。

(7) 有關船舶排出物、滅火要求及船舶備便之任何港口規則，尤其以天氣轉壞時應予備便之港口規定。

(8) 發生緊急情況或需要援助時，船舶與岸方人員包括港口當局間之通信線路備便。

(9) 對船舶、其船員、貨物安全及保護環境防止污染之其他任何重要情況。

(10)由於船舶行為所造成任何環境污染時，通知有關當局之程序。

2. 接班輪機員在承擔輪機當值之前，應自認滿意上述事項已完全由交班輪機員告知，並：

    (1) 熟悉現有及潛存之電源、熱源與照明來源，及其分配情況。

    (2) 瞭解船上之燃油、潤滑油及所有水之供應，其可用程度及情況。

    (3) 在可能範圍內，將船及其機器設備處於備便狀態，俾於需要時備便或應付緊急狀況。

## 四、執行艙面當值

1. 負責艙面當值之航行員應：

    (1) 以適當之時間間隔巡視全船。

    (2) 特別注意。

    (3) 舷梯、錨鏈或繫泊繩索之情況及穩固，特別在漲潮時或在有較大潮差之船席時為然；如必要時，採取措施以確保該等設備處於正常工作狀況。

    (4) 在裝卸貨或調整座艙水時，吃水、餘裕水深及船舶之一般狀態；以避免危險之橫傾與縱傾。

    (5) 天氣情況及海況。

    (6) 遵守所有有關安全及防火之規則。

    (7) 艙底部及艙櫃之液位。

    (8) 所有在船人員及其所在位置，尤應注意在較偏遠位置或圍蔽艙間之人員。

    (9) 適當時，燈號及信號之顯示及發放音響。

2. 天氣惡劣或接獲風暴警報時，採取必要之措施以保護船舶、在船人員及貨物。

3. 採取各種預防措施以防止船舶污染環境。

4. 有危及船舶之緊急事件發生時，發出警報、通知船長，採取所有可能的措施，以防止船舶、其貨物與人員受到任何損害，並於必要時，請求岸上有關當局或鄰近船舶提供協助。

5. 掌握船舶之穩度情況，俾於火災發生時得向岸上消防單位提供可泵送至船上之大約水量而不致危及船舶。

6. 對遇險之船舶或人員提供協助。

7. 當推進器將轉動時，採取必要的預防措施，以防止發生事故或損害。

8. 將所有影響船舶之重大事件記錄於航海日誌。

## 五、執行輪機當值

1. 輪機當值輪機員應特別注意：

   (1) 遵守在其所負責所有區域內之所有命令、有關危險情況及其防止之特殊操作程序與規則。

   (2) 儀表與控制系統、所有電力供應之監測，操作中之機件及系統。

   (3) 防止違反當地主管機關污染規則所必需之技術、方法及程序。

   (4) 艙底部之情況。

2. 輪機當值之輪機員應：

   (1) 在緊急情況下，如經判斷當時情況需要時，應立即發出警報，並採取一切可能的措施，以防止船舶、船上人員及貨物之損害。

   (2) 瞭解艙面航行員有關在裝卸貨物時所需設備之要求；及壓載與其他船舶穩度管制系統之額外規定。

   (3) 經常巡視各處以確定各種設備可能發生之故障或損壞，並立即採取補救措施，以確保船舶、貨物之裝卸、港口及環境之安全。

   (4) 確保採取其職責範圍內之必要預防措施，以防止船上各種電機、電子、液壓、氣壓及機械系統之事故或損壞。

   (5) 確使所有影響船舶機械操作、調整或修理之重要事項均予以妥善記錄。

## 六、載運危險貨物船上之在港當值

1. 每艘載運危險貨物船舶之船長，不論該危險貨物是易爆的、易燃的、有毒的、有害健康的、或污染環境的，皆應確保保持安全當值之安排。對於載運散裝危險貨物之船舶，該當值應由船上所安排之一位或多位適格之航行員，適當時，尚包括乙級船員予以達成。縱使該船係安全地在港繫泊或在港錨泊亦然。

2. 每艘載運非散裝危險貨物之船舶船長應充分考慮及該等危險貨物之性質、數量、包裝與積載，及船上、水上與岸上之任何特殊情況。

# 第五節　進出港及貨物作業

　　摘錄有關英國貿易部（Trade Department）發行之商船船員安全工作規則（Code of Safe Working Practices for Merchant Seamen）如後：

## 一、進出港繫船作業：

1. 應穿著適合於作業之服裝及保護具。（注意配戴安全工作帽、安全工作鞋、手套及不被捲纏之衣類。）

2. 絞錨機、起貨機、絞纜機操作情況應事前試轉，務必確認運轉正常。

3. 作業人員之間的配合（或信號），平常應規定妥當，全部作業人員務必熟悉應用。

4. 繫纜索之狀況，務必檢查是否耗損太大，扭裂或變色。

5. 使用掣止索（Stopper）時，應選擇合適之強度，材料及形狀，且無損傷之繩索。

6. 應事先對作業場所加以整理，確保有安全之立足地，繫纜（Hawser）等應正確地捲妥（Coil down。）

7. 繫船作業為迅速且帶有危險性之作業，絞錨機、繫纜機、捲筒及掣止索須由熟練人員操作。

8. 絞收錨練及纜繩時，應注意捲筒上之繩索，是尼龍繩或鋼索，應視其調整鬆緊度十分小心地絞收，儘量防止其滑脫鬆落再重新絞收，務必留心不要站在繩纜構成之「陷阱」內工作。

9. 繫船作業應按先後順序，完成第一個動作後，再去做第二個動作。

10. 工作中對於繫纜、錨鏈、捲入鬆出或解開等移動間之各種繩索要特別小心。應注意作業位置，切勿接近錨鏈放出之方向，繫纜伸出之方向，或彎曲時之內側地點。

11. 作業中各種繩索繫縛時，有反彈之危險務必看清周圍情形，預備安全退路。

12. 送出各種繩索時，務必經過導輪（Fair-lead），切勿使用不正常方法。

13. 供給拖船繩索，務必選新品而扭力強之繩索。拖船繩索一定要挽緊在船上繫纜椿上，至少須五六圈，不得繫於自動絞纜機之捲筒上，當拖船開始拖動時，應離開拖纜附近。繫纜索或拖纜或倒纜解開時，為防止纜索尾端之回彈，應有適當之措施，並令非作業人員遠離現場。

14. 手中之繩索或其他鋼索滑落時，容易傷害手部，務必注意。

15. 投擲各種繩索，應注意投擲方向，及周圍安全性始可投擲。

16. 投錨作業，須派人員進入錨鍊艙工作時，事先應定連絡信號。

17. 應隨時與駕駛臺保持密切聯絡，預防纜繩之破斷。

## 二、貨物作業

1. 卸載與裝卸原則

    (1) 注意貨物本身的特質與裝卸限制。

(2) 裝貨時按裝載計畫，配艙計畫裝載貨物，且應考慮船舶結構及強度，確保船舶安全。

(3) 注意裝載貨物的性質，避免引發火災、及中毒之傷害。

(4) 各專業船舶（如油輪、瓦斯船、化學船舶等）之作業規定應嚴加遵守。

(5) 裝卸貨時值班人員，應隨時調整纜繩，並注意貨載狀況，避免堆貨餘隙（Broken Space）。

(6) 裝卸作業中，除有關人員外，禁止進入現場。

(7) 裝卸危險品及特別貨物，如有危害人員之健康時，應依規定張貼通告，並按規定實施安全部署。

(8) 裝載危險品期間，謝絕訪客。

2. 裝卸貨準備工作

(1) 應穿著適合於工作之服裝及保護具。（注意衣服、安全工作帽、安全工作鞋、手套、手電筒等）

(2) 作業前對於作業順序應有充分之說明及協調。（作業人員，配置方法，指導者，信號，用具等）

(3) 起落吊桿時，務必指定指揮者，並順從指示相互合作進行作業。並應有人員調整項索，在吊貨桿之正下方或其附近應限制人員通行。

(4) 起落吊貨桿，務必由經驗熟練之人員操作，並派助手協助。作業之前，起貨機、起重機及其他裝卸用具應給與撿查。

(5) 起落吊貨桿，應注意繩索，注意一切動作，避免傷及手腳。

(6) 更換裝卸索具，應按部署順序進行，切勿投機取巧，疏忽安全。

(7) 裝卸索具，容易滑落，易傷及手，應特別注意。

(8) 使用起貨機、起落吊桿，應注意頂索之收放及固定動作，其導索（Messenger wire）之末瑞務必用卸扣（Shackle）固定於捲筒（Warping end）上。

(9) 由艙蓋頂、艙口緣跳下，勿必先選好安全之立足地始可跳下，勿隨便跳下以免發生意外扭傷。

3. 艙蓋之開關作業

(1) 開啟鋼製艙蓋應注意：

　　a. 開啟鋼製艙蓋時，應注意推開所有楔子，清除艙蓋軌道上阻礙物，確認蓋上及堆置場內無人及物品存在，以防因出軌或滾輪倒轉傷及人員。

　　b. 操作機動艙蓋，務必嚴格遵守製造商指示，並須特別告誡有關人員，指

示使用時可能發生之危險。

c. 考慮船體之平衡，緩慢開啟艙蓋，啟動中絕不可接近艙蓋或軌道。

d. 開起後，檢查艙蓋是否在正確位置停止，接觸點是否良好後，務必以掣止器固定妥當。

(2) 閉艙蓋應注意：

a. 確認貨艙內無人員存在，並清除艙蓋軌道之阻礙物，栓帽等。

b. 導引鋼索連結後方能卸下掣止器。注意蓋、拉鍊、滾輪等之平衡運動，與一同工作人員，連絡信號後，緩慢關閉艙蓋，操作中絕不可接近艙或軌道。

(3) 開啟木板艙蓋或塊式（Pontoon）艙蓋應注意：

a. 吊起之艙蓋板，艙蓋帆布或壓板插栓，切勿隨意放置，並須預留行人通道。

b. 搬運木板艙蓋時，應兩人合作搬運，疊放時，方向應整齊，不可混亂。

c. 檢查吊樑鉤索或樑架是否損毀，樑栓是否取出，鉤索之卸扣是否扣妥，防擺索是否有人員拉著。

d. 吊起或放落艙蓋樑應注意樑之擺動，慎防手腳被夾住或撞倒之危險，其正下方應限制行人通過，並應緩慢吊動及放下。

e. 艙樑應整齊排列於甲板上，並應以繩索綁妥。

(4) 關閉木板艙蓋或塊式艙蓋應注意：

a. 確認貨艙內已無人員存在。

b. 吊鉤索之卸扣，確實扣妥在艙樑上，緩慢吊動，防擺索務必有人員扯著。

c. 艙樑放落於樑架時，切勿用人力推扯以免發生反彈傷人。

d. 艙樑放落後務必以樑栓插妥，木板應按順序毫無空隙地放妥，蓋上艙蓋布時，應按規定使用，艙蓋布之接縫應向船後。

e. 艙蓋未全部蓋妥，不得覆上艙蓋布。

4. 貨艙內工作應注意事項

(1) 進入貨艙或在艙內工作務必兩人以上。

(2) 貨艙內工作應注意艙內照明設備，在艙蓋板上工作人員應注意腳步踏穩後始能移動，預防墜落艙底危險，工作完畢注意將照明設備關熄或收妥。

(3) 注意吊桿上下動作，及貨物之移動方向，避免操作中物品掉落之危險。

(4) 艙蓋板上工作人員，背向上彎腰工作時應注意上方情形，預防被掉落物件擊傷之危險。

(5) 任何中層艙口開啟裝卸時，應設臨時欄杆，安全網或安全索及充分照明設備，並設標示限制通行。

(6) 上下船艙時，不應該由大艙口上下，切勿使用繩梯，應由固定艙梯上下。

(7) 有人員在艙底進行工作時，切勿移動艙蓋板或艙口橫樑以防不慎墜落傷人。

(8) 進入密封場所時，如油櫃、堰艙、艙底管道等處，務必要主管人員指導並應先注意是否積存瓦斯。

(9) 開啟深艙（Deep Tank）艙蓋，務必在艙口四週設置臨時欄杆，並在艙口張設適當之安全網，或採取其他有效措施以免人員墜落深艙。

(10)貨艙內之艙梯板應經常檢查，如有損毀應立即修繕。

(11)在貨艙內工作，應注意戴安全帽，若安全工作鞋及不致被鉤絆之工作服及工作手套。

5. 掃艙時應注意事項

(1) 使用繩索，綑吊各種由艙內掃除之廢物時，切勿站在吊物之下方預防廢物脫落傷及人員。

(2) 甲板上與艙內人員，務必有密切連絡。

(3) 艙內光線必須充足。

(4) 務必配帶安全護具（如手套、安全工作帽、安全鞋等）。

(5) 已吊上尚可利用之墊板，必須整理，以免妨礙以後作業之進行。

(6) 如曾裝載過各種危險品或瓦斯品之貨艙，應先檢查安全及瓦斯後，始可進入清掃。

6. 裝卸作業之監督，船副巡視時應注意事項

(1) 切勿在吊索（Sling）下方徘徊或起貨機（Winch）附近巡視監督。

(2) 執行職務，應選擇安全地點，執行裝卸作業或其他巡視工作時，應注意其他工作人員之安全。

## 三、專用船作業安全工作守則

1. 運油船注意事項
2. 液體瓦斯運載船注意事項
3. 貨櫃船注意事項
4. 散裝船注意事項
5. 客船作業注意事項

6. 拖船作業注意事項

7. 挖泥船作業注意事項

## 第六節　安全工作環境及急救

### 一、安全工作環境

（一）高處作業應注意事項

1. 作業之前，應先觀察氣象、海象是否適合於作業。應派有高處作業經驗人員工作，最少兩人一組，以防事故發生時做必要之措施。應穿著適合之工作鞋，並配戴工作需要附件。

2. 確實繫好安全索或安全帶，必要時設置護繩或護架，工作用具應事前檢查，並以吊索或吊袋連結繫妥以防滑落。高度75公分高度以上需繫安全帶及架設欄杆，高度5公尺以上或40度以上之斜面工作，應搭架施工。且需有安全網或其他防止墜落裝置。

3. 注意臺架吊板之吊繩是否確實綁妥，始可使用。臺架之材料應夠堅固及完整無損，並裝置有固定之欄柵。架板必須堅強結實，（試驗荷重250公斤以上、工作載重170公斤以上）兩端伸出支持物距離應有30公分以上。

4. 架板上不得有泥砂、油污，以防滑倒，雨天特別注意。

5. 航行中船舶搖擺時，工作應小心。使用單人吊板（Boatswain Chair）作高空升降、移動或停留時，應由人力操作並注意其卸扣（Shackle）之位置，不要使卸扣之螺桿在扯條（Stay）上滑動，以免脫掉之危險。

6. 梯子應有防滑裝置，上下梯時，應三點著力，梯子平面角度應在75度以下，梯頂伸出支持物應有60公分。

7. 高處工作，特別注意各種工具墜落。其作業場所之正下方，應限制通行。在高架（處）放置時，應將工具放在容器內，放在安全位置，用繩子繫牢。在高架下面工作人員應注意上面工作人員之動作，並均必須戴安全帽。

8. 在桅杆或靠近無線電天線附近進行工作，務必事前通知主管人員有關之時間及工作事項。

9. 在煙囪頂部進行工作，或在該處繫吊臺架或吊板，務必事前安排，以免工作完

成前發生蒸汽安全閥掀開或鍋爐汽管噴汽等意外。

10. 在雷達附近之高處工作應先通知駕駛臺當值人員，暫時不得轉動天線。

11. 應穿著規定工作服及安全鞋與安全帽。

12. 身體不舒服或睡眠不足、患有高血壓、心血管疾病、貧血、心臟病、平衡機能失常等，或感覺不適狀況；未滿18歲或超過55歲之男工、女工不得從事高架作業不可在高架（處）作業。

13. 高架（處）工作之開始與完畢時，應注意用具之數量，一次帶足，勿因忘記攜帶用具而跑上跑下，除不安全外，且降低工作效率。

14. 上下工作人員應有密切之連絡，如有危險發生時，應作危險信號，使下方人員避開。

15. 高架缺口、工作孔及交通孔等需設置欄杆及柵欄，並懸掛警示牌等措施。人孔蓋未裝妥或移位時，其孔口需用鐵板或木板蓋妥。

（二）舷外作業應注意事項

1. 航行中或風浪大時不可進行舷外作業。

2. 應使用安全索並應穿著救生衣。

3. 務必備妥上下用之繩梯（Jocob Ladder），附有安全索之救生圈，或救生網，並另有人守望。

4. 在甲板上應標示「作業中」並派員隨時連絡。

5. 為防止作業場所附近，污水、污物之排出，事前應連絡各有關人員注意。

6. 船體彎曲部，在使用吊臺架時，採用固定臺架防止搖動法，比用拉索緊貼船體法有效。

7. 其他參照第七項中高處作業應注意之事項。

（三）使用臺架或梯子作業應注意事項

1. 使用臺架或梯子之前，應檢查是否搖幌，腐蝕或彎曲，尤其是折合式梯絞鏈部分是否脫落。

2. 選擇高度，大小適合於作業場所之臺架，切勿懶於移動臺架做出勉強之姿態。

3. 確實把臺架或梯子固定妥，如需要應加設輔助物。如在轉彎處作業，應有標示以引起行人注意。

4. 勿在梯子上做惡作劇之動作，或伸延手臂，做不適當之姿勢，以免梯子不穩固，發生危險。

5. 船舶搖擺航行中，務必綁妥梯子臺架，以免搖動摔傷。

（四）除銹，甲板貨及繫縛（Lashing）工作等應注意事項

1. 敲除鐵銹應配戴護耳機，防止聽覺損傷，並配戴護眼罩、手套、口罩等。
2. 使用電榔頭，切勿一個人長時間繼續使用勿必在限時內互相交換使用，以防震傷。
3. 各種繩索類切勿與化學藥品或洗濯劑等藥品放置一起，以免繩索受損減少強度。
4. 繫縛甲板上木材，務必穿著釘鞋，並應多人一組同時作業。
5. 作業時甲板上人員，務必互相照顧連絡。
6. 繫縛木材或貨物，應注意鋼索張力，應隨時注意自已站立點之安全。
7. 移動位置時，腳步應踏穩後，始能移動另一腳步，以防滑倒，受傷或落海事故。

（五）油漆工作應注意事項

1. 在通風不良處工作注意煙火及油漆中發揮性氣體引起昏嘔。
2. 噴漆工作，一定要戴安全工作帽，安全眼罩及口罩。
3. 通風不良處油漆工作，不得單獨一人工作。
4. 油漆工作用具，不得妨礙他人通行，尤其在工作中暫時離開時。
5. 地上油漆或油漬在未乾時須用繩子攔住，並製作使人注意標誌。
6. 噴漆工作時，應注意噴漆之壓力，不得超過橡皮管之承受力並切忌對他人噴射。
7. 新油漆未乾之處，應防流水或雨水浸入。
8. 鐵銹或污物未完全清除，或水漬未乾處，切勿加以油漆。
9. 油漆工作時，勿在雨天或潮濕環境下進行。
10. 油漆各有其不同性質與功用，事先應充分了解，正確使用，不可任意混用以免浪費油漆及人工，而得不到預期的效果。
11. 油漆為易燃物品，不可貯放在住艙附近，並應貯放在遠離火源處所。

（六）關閉進出用水密門或房間門時應注意事項

1. 船在海中航行有橫搖及縱擺現象，各種通道門戶都有隨船搖擺而發生自然開關現象，於經過時應注意，以防手腳容易被門戶夾傷。
2. 應注意門鉤有沒有鉤上。
3. 時常看門鉤有沒有損害，有損害馬上修理。
4. 看清進出口門戶之通道，確實沒危險後才能進出。

5. 航行中進出各甲板艙區時，應養成隨時關閉水密門之習慣，以維護船舶安全。

（七）機艙部注意事項

一般注意事項

1. 凡階梯板、欄杆、地板有水漬或油漬者務必立刻擦乾淨。

2. 有被絆倒之突出物，或有撞傷頭部及身體之部分應設有明顯之警告標示或以安全物品覆蓋之。

3. 必需品應放置於固定場所，絕不准隨便吊掛在機械上以及牆壁、或司多間之柱上。

4. 切勿隨意把安全裝置，防護欄杆或扶手欄杆移開。如拆機件時，拆出之零件務必確實復原。

5. 拆出機器、閥、或管路，做檢查或整備作業時，應確認起動裝置或主機停止閥在關閉（Off）位置，並應標示「作業中」。

6. 使用手工具之前務必檢查，不合格或情況不良者不得使用。

7. 在機艙上部作業時，應以帆布或塑膠布鋪在格子腳踏板上以免工具或器材掉落。

8. 任何機械回轉之惰力，絕不可以手足或工具強予制止。

9. 使用砂輪作業應配戴護目鏡，臺板或磨石之間應調整在3mm以內。

10. 使用電磨器（Grinder）清潔汽缸襯套或汽缸蓋時，務必配戴防護眼鏡。

11. 熔切，熔焊工作，應先撿查瓦斯是否洩漏，壓力計，調整器之機能是否良好，並應使用安全鞋、手袋，護胸，遮光眼鏡等。

12. 在熔切、熔斷作業場所附近切勿堆置引火物，可燃物、爆炸物等，作業備妥滅火器。

13. 使用電焊時，應檢查接地狀況，電纜，電焊握把之絕緣性，並在身體及衣服乾燥情況下時始可作業。

14. 高壓氧氣瓶接口，切勿沾上油污，以防爆炸。

15. 車床轉動中加油或檢查轉輪時，切勿戴用手套工作。

16. 車床作業，預防鐵削飛跳，傷到眼睛，工作時應配戴護目眼鏡。

17. 使用車床切割，不可赤手去拂擦鐵削，應使用刷子掃除，避免手掌被割傷。

18. 車床變速，不可赤手去調整皮帶，避免被皮帶夾傷或被鐵針刺傷。

19. 機艙工作，應穿著合身衣服（最好穿套裝工作服）避免被飛輪皮帶及聯軸器等旋轉捲入之危險。

## 二、廠塢維修安全衛生守則

一般事項

1. 船舶在修理前,大副、大管輪應將交修項目列單分送船長、輪機長,並將各有關工程分別詳告船副或管輪,同時每人分發修理單影本一份,以利工作之推行。

2. 船長、輪機長分對大副、大管輪所列請修單之工程項目,應詳實核閱並經簽章後,送公司。

3. 船長及輪機長對重要之修理工程,應事前親自檢查。

4. 船舶在入塢修理期間,每日上午八時起至下午五時止,大副、船副及大管輪、管輪均應在船工作,並由船長輪機長率領督飭;大副大管分別秉承船長、輪機長之命,分艙面及機艙部工作之分配與指揮修理工作之進行;船副及管輪分別秉承大副、大管輪之命,分頭負責修理工作或監工。

5. 每日下午五時至翌晨八時,船副與管輪應輪流留船值守,遇有特殊工作需要加夜工者,船長、大副、輪機長及大管輪亦均須留船,俾便隨時指揮。

6. 承修廠家遇有夜工需與船上接洽時,留船值守船副與管輪應予通力合作,不得推諉不知或拒不受理。

7. 在修理期間,船長、輪機長應與有關部門經常連絡,以利事功。

8. 大副、大管輪應將各廠承修之工程進度,每日詳細分別記入航海或輪機記事簿,並對工程進度及用料以及工作方法等隨時加以監督。

9. 廠方派至船上工作之人數、起訖時間及工作項目等,大副、大管輪亦應每日詳予記載,並對工程進度及用料以及工作方法等隨時加以監督。

10. 大副、大管輪應負責修理期間船員自行檢修各項工程及用料情形等,分類摘錄於航海及輪機記事簿內。

11. 各項修理完畢時,如屬重要者,應由船長、輪機長親自檢查驗收,次要者則由大副、大管輪負責查驗。

12. 修理工作進行期間,所有有關工程修理或改進之文件或參考資料,統由船長、輪機長負責準備,視實際需要隨時提供有關方面參考。

13. 船舶入塢之前,在塢內、出塢前及試俥時應注意事項:

    (1) 入塢前應行注意事項

        a. 準備與岸上接通水電及蒸汽等處之接頭及閥。

        b. 鍋爐熄火後,所有總蒸汽管線路上與鍋爐相通之閥即嚴予關閉並加鎖,

以免意外。

c. 乾電池手電筒之準備 。

d. 應行等候驗船師查驗之機件，在可能範圍內宜儘量預先接洽妥當，拆開候驗，如過去存有修理或量度記錄，儘量提供參考。

e. 如有油艙修理應將存油彙存一艙 ，然後用化學藥水及蒸汽清艙並泵清艙底水。

f. 船入塢前，宜先將各艙壓平，不可使船身傾側或前俯後仰。

g. 工具室、材料間，應派專人負責管理，並辦理有關借用工具之登記及用料之記錄。

(2) 在塢內應行注意事項

a. 塢水乾後，大管輪應儘速下塢檢視與機艙關連之船殼外部一般狀況、各進出水閥及濾水網等，艇軸餘隙量取報告輪機長。

b. 驗船師需要查驗之機件先行拆蓋候驗。

c. 接洽電力、水及蒸汽之供應。

d. 遇有追加工程切勿直接交廠，須先報經主管工程師同意才得施工。

e. 向公司接洽驗船師上船查驗事宜。

f. 堆存容易著火物品場所，如須進行工作時，務須注意防範火災。

g. 如需抽驗艇軸，一俟艇軸拖出，即應詳加查驗，並於記錄，以備查考；復裝時，應由輪機長親自到場監督，並注意各項裝配手續是否合宜，艇軸車葉螺帽是否敲緊。

h. 艉軸封密為油封式，應注意系統內滑油壓力之調整。

(3) 出塢前應行注意事項

a. 機艙內水線下各項閥，是否裝置妥善，能否開足關足，迫緊是否填滿，如有船底塞之處應詳細檢查。

b. 各種水線下之閥，何者應開放，何者應關閉，均須逐一查驗。

c. 汽鍋內有無工具或雜物存留，鍋爐上所有閥是否裝置妥善後始予關閉，必要時得作水壓試驗。

d. 鍋之加水、點火，並預先調整安全閥至規定汽壓，以備驗船師試磅。

e. 各項工具及材料之整理，並請領開航油料物料。

(4) 出塢或試俥時應行注意事項

a. 船身浮起時，各項電力水管及蒸汽接頭之拆卸，並查驗各海底閥是否完全無漏水。

b. 應先啟動冷卻水泵，起動發電機，並注意冷卻水位存量。

c. 主機試俥前，應先行通知艙面二副，將纜繩綁緊，並察看船尾車葉有無障礙物阻礙轉動。

d. 主機試俥時，對於油量消耗，航行速度距離，及有關溫度壓力等，均應詳細記錄，並應測繪馬力圖備查。

e. 各副機之運轉情形，尤其甫經翻修之機件，更應特別注意。

f. 主機系統滑油，於啟動主機前，應先使用淨油機作滑油處理，並取樣化驗。

g. 依據船尾吃水深度，適當調配艉軸滑油壓力。

h. 開航之準備。

    (a) 查點各項備件是否齊全。

    (b) 油料物料已否足夠。

## 三、急救

（一）一般急救常識提要

1. 保持患者平躺。
2. 不可給予昏迷者飲料。
3. 受傷出血應緊壓傷口不使大量出血。
4. 溺水，應用口對口式人工呼吸法使其恢復呼吸。
5. 藥物中毒，沖稀所吞食之毒品。
6. 固定骨折處防止移動。
7. 燒傷處使用厚布覆蓋。
8. 保持心臟病突發者平靜，如認有需要應以心臟按摩法加以急救。
9. 昏迷者，應使其頭部低於心臟。
10. 對眼睛受傷者，雙眼用眼罩和繃帶罩蓋。

（二）採取急救措施應注意事項

1. 急救人員必須鎮靜，熱心機智，有隨機應變之能力。
2. 急救人員必須具有急救常識與熟練技術。
3. 檢視傷勢辨別受傷情況，不輕舉妄動及給予流質飲料以免加重傷勢。
4. 注意傷者體溫並防休克。
5. 如在危險區域以擔架移至安全位置。

6. 須防傷者停止呼吸出血過多及傷口感染，視實際情形施行適當之人工呼吸或止血。

# 第七節　緊急及損害管制作業

## 一、部署表及應急須知

（一）依一九七四年海上人命安全國際公約附錄第三章規則八之規定
1. 本規則適用所有船舶。
2. 供應船上每一人員在緊急情況時，應遵循事項之明確須知，如為客船該等須知以船旗國所要求之一種以上語言及英文書寫。
3. 符合規則第三十七條規定之部署表及應急須知應公告於包括駕駛台、機艙及船員住艙空間之各明顯處所。
4. 以適當語文製作之說明圖解及須知應張貼於旅客艙室，並應明顯地張貼於召集站及其他旅客空間，以告知旅客下列事項：
   (1) 其召集站；
   (2) 其在緊急時應採取之重要行動；及
   (3) 穿著救生衣之方法。

（二）依一九七四年海上人命安全國際公約規則三十七條之規定。
1. 部署表應載明規定之一般應急警報及公共廣播系統之細則，及當此警報發出後船員與旅客應採取之行動。該部署表亦應載明如何發出棄船命令。
2. 每一艘客船在正確妥當之位置上應備有程序書，以定位並搜救困陷房艙之旅客。
3. 部署表應說明指派予各不同船員之任務，包括下列各項：
   (1) 關閉各水密門、防火門、閥、排水口、舷窗、天窗、裝貨舷門及其他在船上之類似開口；
   (2) 裝備救生艇筏及其他救生設備；
   (3) 救生艇筏之準備與下水；
   (4) 其他救生設備之一般準備；
   (5) 旅客之召集；
   (6) 通信設備之使用；

(7) 指派處理火災之消防人員編組；

(8) 指定有關滅火設備及裝置使用之特別任務。

4. 部署表應載明指定之航行員負責確保救生設備及滅火設備良好狀態，並備便隨時可用。

5. 部署表應載明關鍵人物若不能執行任務時之代替人選，並考慮不同緊急情況可能需要之不同行動。

6. 部署表應說明在緊急情況時，所指派船員及旅客有關之任務。該等任務包括下列各項：

(1) 警告旅客；

(2) 查看各旅客已適當穿著，並已正確穿著救生衣；

(3) 集合旅客於召集站；

(4) 維持各走道及梯道之秩序，並管制旅客之行動；及

(5) 確保將毛毯攜至救生艇筏。

7. 部署表應於船舶出海前備便。在部署表備便之後，如任何船員有變更需要修改部署表時，船長應更改該表或另製新表。

8. 客船所用部署表之格式應經認可。


## 二、應急信號及部署表

### （一）應急信號

綜合警報：鳴汽笛或警鈴一短聲，連放一分鐘

1. 救生艇信號：

| | | |
|---|---|---|
| (1) 緊急信號 | 鳴汽笛或警鈴七短一長聲 |
| (2) 集合信號 | 鳴汽笛或警鈴二長聲 |
| (3) 放艇信號 | 鳴汽笛或警鈴一短聲 |
| (4) 操演信號 | 鳴汽笛或警鈴一長聲 |

2. 滅火信號：

| | |
|---|---|
| (1) 火警信號 | 鳴汽笛或警鈴至少連續十秒鐘 |
| (2) 艏部失火 | 鳴汽笛或警鈴一長一短聲 |
| (3) 舯部失火 | 鳴汽笛或警鈴一長二短聲 |
| (4) 艉部失火 | 鳴汽笛或警鈴一長三短聲 |
| (5) 機艙失火 | 鳴汽笛或警鈴一長四短聲 |

3. 損害管制信號：

    (1) 鳴汽笛或警鈴至少連續十秒鐘

    (2) 繼以擴音器通知全船人員有關損害現場

        堵　　　漏：鳴汽笛或警鈴二長聲

        人員落水：鳴汽笛或警鈴三長聲

        棄　　　船：鳴汽笛或警鈴七短一長聲

        解除警報：鳴汽笛或警鈴一長聲六秒鐘或以廣播

（二）救生部署表

| 救生部署表 | | |
|---|---|---|
| 第　一　號　救　生　艇（S） | | |
| 編　號 | 職　位 | 任　務 |
| 1 | 船　長 | 在駕駛台總指揮兼攜帶重要文件 |
| 3 | 二　副 | 指揮一號救生艇、六分儀、海圖及望遠鏡 |
| 5 | 報務員 | 在報房候命，並負責攜帶救生艇收發報機 |
| 7 | 輪機長 | 在機艙指揮並負責攜帶機艙部重要文件 |
| 9 | 三管輪 | 協助輪機長攜帶輪機日誌及啟動救生艇引擎 |
| 11 | 水手長 | 在登艇甲板控制放艇把手 |
| 13 | A.B.（A） | 解除艇罩登艇準備解艇艏掛鉤（應手拉救生繩） |
| 15 | A.B.（C） | 解除艇罩登艇準備解艇艏掛鉤（應手拉救生繩） |
| 17 | 機匠（A） | 塞緊艇內排水孔協助發動引擎，放登艇繩梯 |
| 19 | 機匠（C） | 協助解除縛艇索控制小艇繫索拴上之收緊繩（Bowsing） |
| 第　二　號　救　生　艇（P） | | |
| 編　號 | 職　位 | 任　務 |
| 2 | 大　副 | 在救生艇甲板指揮一切 |
| 4 | 三　副 | 指揮二號救生艇、六分儀、海圖、望遠鏡及航海日誌 |
| 6 | 大管輪 | 負責關閉主機，協助救生艇並維持足夠的電力及照明燈 |
| 8 | 二管輪 | 協助關閉主機及維持足夠的電力及照明燈 |
| 10 | Sr. A.B. | 在登艇甲板控制放艇把手 |
| 12 | A.B.（B） | 解除艇罩登艇準備解艇艏掛鉤（應手拉救生繩） |
| 14 | A.B.（D） | 解除艇罩登艇準備解艇艏掛鉤（應手拉救生繩） |
| 16 | 機匠（B） | 塞緊艇內排水孔協助發動引擎，放登艇繩梯 |
| 18 | 大　廚 | 攜帶糧食、飲水及毛毯 |
| 20 | 水　手 | 協助解除縛艇索控制小艇繫索拴上之收緊繩（Bowsing） |

（三）滅火部署表

| 編　號 | 職　位 | 任　　務 |
|:---:|:---:|:---|
| | 滅火部署表 | |
| 1 | 船　長 | 駕駛台總指揮 |
| 2 | 大　副 | 在火災現場指揮一切 |
| 3 | 二　副 | 在火災現場協助大副指揮及聯絡救護組組長 |
| 4 | 三　副 | 在駕駛台協助船長 |
| 5 | 報務員 | 在報房負責通訊聯絡 |
| 6 | 輪機長 | 在機艙指揮 |
| 7 | 大管輪 | 在機艙負責救火泵之操作及之$CO_2$操作 |
| 8 | 二管輪 | 協助輪機長、電機操作及與駕駛台聯絡 |
| 9 | 三管輪 | 協助輪機長、電機操作及與駕駛台聯絡 |
| 10 | 水手長 | 攜帶太平斧及消防水管到現場 |
| 11 | Sr. A.B. | 攜帶防火衣、面罩及氧氣瓶到現場 |
| 12 | A.B.（A） | 在駕駛台操舵 |
| 13 | A.B.（B） | 攜帶防火衣、面罩到現場 |
| 14 | A.B.（C） | 關閉現場通風，攜帶一號救火器 |
| 15 | A.B.（D） | 救護組員，攜帶擔架到現場 |
| 16 | 機匠（A） | 攜帶鐵棒，電鑽工具到現場 |
| 17 | 機匠（B） | 在機艙關閉通風，攜帶二號滅火器備便 |
| 18 | 機匠（C） | 在機艙關閉通風，攜帶三號滅火器 |
| 19 | 大　廚 | 救護組員，保護糧食，關閉通風 |
| 20 | 水　手 | 關閉現場通風，攜帶四號滅火器 |

（四）船上消防隊之組成

　　船上之消防隊，在航行中船長為總指揮，在駕駛台指揮一切。若於航行中，應謹慎判斷，以最有利於消防工作之進行，調整航向或航速。其他人員編組如下：

1. 滅火組

　　由大副、水手長、木匠、舵工、水手、銅匠等人所組成。所屬各員在大副指揮之下，帶太平斧、石棉衣、氧氣筒等馳赴現場施行滅火。如係機艙或鍋爐間發生火災，則由輪機長負責指揮施救，大副及其他所屬各員協助之。

2. 救護組

　　由二副、二管輪、水手、機匠、服務生等人所組成。如船上有船醫及護士應包

括在內。醫生及護士（船上無醫生、護士，則由二副及水手）帶妥急救箱、救護用具及擔架隨同救火隊馳赴現場附近，以備救護人員及時救援。

3. 機艙組

由輪機長、大管輪、銅匠、機匠、水手等人所組成。由輪機長負責指揮機艙火災之撲滅。

4. 救生艇組

由三副、三管輪、副水手長、舵工或水手、服務生等人所組成。由三副負責指揮，準備鬆放救生艇，以備棄船之用。同時應將應急必需品、船舶文書、航海日誌、備用金及其他貴重物品放置艇內。

在港埠停泊或在塢內，船長或最高級之當值駕駛員，須立即指揮一切必要之行動，同時通知岸上救火隊及有關機構，其他各人立即組成如航行中之救火組，執行救火工作。唯救生艇組所屬各員分別補充至其他各組之岸上人員。

（五）損害管制部署表

| 損害管制部署表 | | |
|---|---|---|
| 編　號 | 職　位 | 任　務 |
| 1 | 船　長 | 駕駛台總指揮 |
| 2 | 大　副 | 第一損害管制組指揮 |
| 3 | 二　副 | 救護組組長及第一損害管制組組員 |
| 4 | 三　副 | 在駕駛台協助船長傳達命令 |
| 5 | 報務員 | 通訊聯絡及重要文件之搬出 |
| 6 | 輪機長 | 在機艙總指揮 |
| 7 | 大管輪 | 第二損害管制組指揮 |
| 8 | 二管輪 | 在機艙協助輪機長、電機操作並與駕駛台聯絡 |
| 9 | 三管輪 | 第二損害管制組、協助大管指揮 |
| 10 | 水手長 | 第一損害管制組、協助大副指揮 |
| 11 | Sr. A.B. | 第一損害管制組組員 |
| 12 | A.B.（A） | 在駕駛台負責操舵 |
| 13 | A.B.（B） | 負責信號現場傳令 |
| 14 | A.B.（C） | 第一損害管制組組員 |
| 15 | A.B.（D） | 第一損害管制組組員 |
| 16 | 機匠（A） | 第二損害管制組組員 |
| 17 | 機匠（B） | 第二損害管制組組員 |

| 損害管制部署表 | | |
|---|---|---|
| 編　號 | 職　位 | 任　務 |
| 18 | 機匠（C） | 第二損害管制組組員 |
| 19 | 大　廚 | 負責糧食之保護，救護組員 |
| 20 | 水　手 | 第一損害管制組組員，救護組員 |

（六）船上緊急組織架構圖

```
                    ┌──────────────┐
                    │    指揮組      │
                    ├──────────────┤
                    │    船長       │
                    │    船副       │
                    │   當值AB      │
                    └──────────────┘

┌──────────────┐          ┌──────────────┐
│    動力組      │          │   無線電組     │
├──────────────┤          ├──────────────┤
│   輪機長      │          │   報務員      │
│ 電機師（或管輪） │          │              │
└──────────────┘          └──────────────┘

┌──────────────┐          ┌──────────────┐
│    緊急組      │          │    支緩組      │
├──────────────┤          ├──────────────┤
│    大副       │          │   資深船副     │
│   大管輪      │          │ 管輪（或電機師） │
│   水手長      │          │   副水手長     │
│    銅匠       │          │   幹練水手     │
│   幹練水手     │          │    廚師       │
│    水手       │          │   服務生      │
└──────────────┘          └──────────────┘

                    ┌──────────────┐   註：客船、渡輪及
                    │   額外人員     │       Ro/Ro船，另增
                    ├──────────────┤       編置水密門組
                    │   到駕駛台報到   │
                    └──────────────┘
```

（七）注意事項

1. 船員於上船服務時，必須立刻熟悉所屬救生艇之位置及任務。

2. 各船員必須認清自己之崗位及任務。

3. 演習時各船員應熟悉本身之任務與操作，除值班人員外，均須參加演習。

4. 聞及緊急信號時，應速多穿衣服以保溫暖並穿好救生衣及規定應帶物品，可能時並帶毛毯等，速向集合地點集合。

5. 聞及火災信號後，救火隊員應依信號所示之失火位置，攜帶工具前往現場集合。

6. 無論任何人發現火災，應立即通知駕駛台，並儘可能利用附近滅火裝備撲滅之。

7. 聞及火警信號後，救火泵候令啟動，關閉水密門、舷窗、通風口等，停止通風機，救火皮龍在指定位置裝接，其他消防設備在負責指揮人員之指揮下，馳赴現場。

8. 發現有人落水時，應立即拋出救生圈，報告駕駛台採取措施，並派人瞭望搜索，救護隊員應速集合準備鬆放下風側之救生艇。


## 三、漏水後應採之行動

（一）漏水量

　　漏水率與破洞之大小及在水面下深度之平方根成正比。其可由下述之近似公式求得。

$$\text{Rate} = 3A\sqrt{H}$$

式中RATE為漏水率，單位為每秒之公噸數。

A為破洞之面積，單位為平方公尺。
H為海面下之水深，單位為公尺。

　　由此所求得之漏水量後，應衡量船泵是否有能力抗衡，如無法抗衡此漏水量，應盡速堵漏並設法使水侷限於一艙區內。如浸水量大，陷於危險時，附近如有淺灘，可設法故意擱淺，如係在大洋中則應準備棄船。


（二）堵漏氈（Collision Mats）

　　堵漏氈一般係用一號帆布疊摺三層，視破孔之大小剪製成方形，通常約三至四平方公尺，並在帆布裏填塞舊索屑，四周加上加強用之緣繩（Bolt Rope），

四隅各編製一索孔（Cringle），並套以1/2吋之襯環，分別連接後兩索（Fore and After Line），吊索（Lowering Line），船底拉索（Reeving Line）。除船底拉索使用1/2吋鋼索且在其中間（與船底接觸部分）加附48x3/8吋鏈，以拉堵漏氈向下外，其餘三索均使用3吋白棕繩，如圖13-3所示。

（三）堵漏氈之使用法

1. 將船底拉索自船艏處放下，使其鐵鏈部分經船底移至破孔處，調整吊索使堵漏氈移至破孔部位，其兩索端分別繫兩舷甲板上，前後穩索則經舷邊導至船艏艉部，然後拉緊各繩索，使堵漏氈緊貼於破孔處。如圖13-4所示。

2. 另一法係將兩條索由艏跟材（Forefoot）前套住船體，沿船底向後緩拉，拉至一鋼索在損壞處之前，另一在後，然後將鋼索端接以堵漏氈。藉兩繫結在上角之兩鋼索之助，將堵漏氈降下直至破洞為止，然後拉經船底之兩鋼索。最後再將四條鋼索拉緊並加繫固。如圖13-5所示。

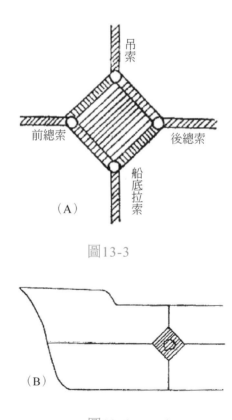

圖13-3

圖13-4

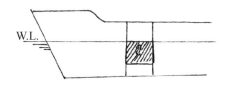

圖13-5

　　此種補綴法不能用於大破洞，因堵漏氈於覆蓋洞口之後，必被船外海水壓力推進船內，僅能適用於小破洞。但在使用內補綴之前使用防漏氈阻止部分進水，可使用防漏氈阻止部分進水，可使補綴順利進行。唯須注意，當使用堵漏氈時必須停止前進，並將艏轉向最穩定方向，方能順利進行。

## （四）暫時修理（Temporary Repairs）

　　損害的地方除了發生碰撞之位置外，其他的地方還可能有，諸如鋼板破洞、鉚釘剪斷、管路折斷及其他的損害。

　　如所損害的地方係一長而深的裂痕，若其發生之位置係在水線之下，於大海如無潛水伕之助亦難竟其功，除速建立水密周界使之孤立外，並限制損害於最小區域之內，以後再用補綴法修補。

　　在水線上之大破洞，可先將帆布放甲板上，然後將鋸好木板平舖於帆布上並加釘牢，在其邊緣再加墊木，如圖13-6所示。

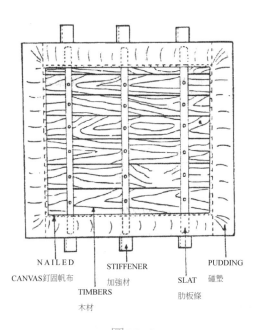

　　NAILED　　　　STIFFENER　　　　　PUDDING
CANVAS釘固帆布　　加強材　　　　　　碰墊
　　　　　　TIMBERS　　　　SLAT
　　　　　　木材　　　　　　肋板條

圖13-6

其補漏法係將帆布覆蓋之一面在外邊，木板則由貫穿螺栓與舷外之加強材栓緊。最後用一長螺栓將在舷內之強力背材（Strong Back）與整塊補片栓緊。

如其破洞不大，則在舷內之強力背材即可省略，即利用補片再由內部以鉤頭螺栓（Hook Bolts），藉在內部之角鐵而將損壞的部分繫緊即可，如圖13-7所示。

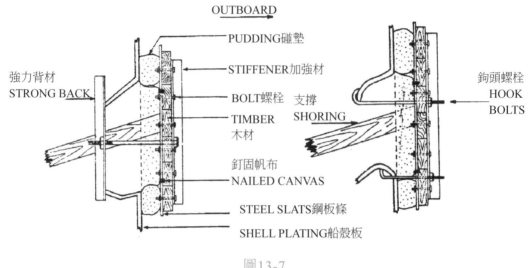

圖13-7

## 四、緊急警報應採之措施

聽到緊急警報後應採之行動：

1. 確認警報

   聽到緊急警報，首先應立即判斷屬於何種緊急情況。並且迅速穿著衣服、打開房門，沉著冷靜地聽完兩組警報，如果不是熟悉的消防、棄船、人落水、堵漏信號，應查核佈置於住艙內的應變任務卡。切忌盲目行動，導致延誤時機和造成人身傷害。

2. 迅速行動

   當確認警報性質後，應立即依照自己的任務，立即攜帶規定器物加入應急行列。聽到警報信號後，必須儘速到達指定的集合地點。任何的拖延都會喪失最初的搶救時機，導致事態擴大而無法控制。

3. 保護旅客和船員安全

   海上應急保護優先次序，依次為旅客、船員、船舶、海洋環境。搶救財產的行動，應在不嚴重危及人身安全的情況下進行。無論何種應急情況，應首先保證

旅客和船員的安全。火災發生時，應引導旅客撤離現場，並予迅速滅火。每位船員應保持鎮定，切勿流露恐慌情緒，對暴力行為和歇斯底里的旅客應採取果斷措施。

4. 服從指揮，事權統一

應急情況複雜多變，需要船長、現場指揮和各隊負責人依應急計劃統一指揮，服從指揮能使全船的應急行動忙而不亂，步調一致，若不服從指揮、各行其事，致使恐慌情緒迅速蔓延，導致災難之擴大。因此只要接受應急訓練和參加應急演習，熟悉應急程序，就能沉著冷靜地判斷和處理應急事宜。

　本節匯集幾種可能危及人身安全的緊急情況及緊急情況的應急措施如后供擬訂應急計劃參考之用。

（一）火災後應採之行動

1. 特定區域火災之行動

(1) 貨艙滅火

a. 航行途中貨艙著火，通常應關閉機械通風及該艙之所有通口，然後利用固定滅火系統灌二氧化碳、惰性氣體或蒸汽等以隔絕氧氣滅火。隔絕氧氣滅火劑灌進之後，縱或還有數天航程，進港之前仍不宜開艙。

b. 艙內裝載爆炸性或硝酸鹽、氯化合物類物質，不可用水蒸汽隔絕氧氣法以撲滅火災，因為熱浪可使其產生氧氣。這種火最好用大量的水去灌救，甚至用水淹沒。

c. 如果船在港內貨艙起火，除非該艙原來開著而且確認用水龍帶灌救有效，通常應關閉艙蓋，打開通往該艙之固定滅火系統。並將該艙艙口蓋關緊不漏氣，並將通風口堵塞，艙中貨物為黃麻或棉花等貨品，最少要保持48小時之久。其他非纖維物質，時間可以減半。

d. 如果需要開艙滅火，則現場指揮人員一定要等水龍帶已展開充水備便使用，及呼吸器人員備便就位，才可將艙蓋打開。

e. 儘速關閉船邊所有通口（裝貨門、舷窗等），避免不必要的空氣進入火艙，並避免船體傾側，水湧入船內。

f. 貨艙著火，試驗通風口冒出來的煙的溫度，可預知火焰燃燒的嚴重程度。

g. 戴呼吸器人員爬下起火艙間時，必須將安全索繫牢身上，以利其返回艙外。下至梯子最後一格，應結一支導索，以便其從艙中撤出時，可以很容易找到梯子。進入起火冒煙艙間或其他空間，應備一根充水並且接上

　　手控式噴嘴的水龍。

h. 在煙火艙中，要曳走而行，不可舉步行走，而且重心要放在後腳，用另一腳前滑以探察地板上之障礙物。

i. 儘可能使用手控式噴嘴，以減少水損害。

j. 用水降低溫度以滅火，最有效的方法是儘可能使水轉變成為蒸汽。

k. 噴水要經常掃動涵蓋整個火區，才能有效降低溫度，並可避免周圍的物質被火波及。

l. 以「低姿勢接近火源」遠較「高姿接近」為佳，此因熱氣及煙係向上擴散，下部溫度較低。

m. 滅火工作在最初階段最為困難，因為當噴射水流觸及燃燒物，立即產生大量蒸汽及煙，使工作倍感艱巨。

n. 倘若火位於貨艙之兩翼，滅火人員無法直接下去站在貨物上，進行滅火工作。此時，應使用『吊索噴嘴』方法。

o. 為防金屬艙壁或甲板之「熱傳導作用」而使火蔓延，應派守值人員到各有關鄰艙看守。如發現某處溫度過高，即需用水冷卻。此等冷卻以水霧為佳，因其細微水粒吸熱快，分布平均，艙壁不易變形，且用水量較少並能遮蓋較大面積。

p. 假使使用固定滅火裝置之二氧化碳滅火時，除非確有十分把握，絕不可打開艙蓋。

(2) 住艙滅火

　　住艙火災與貨艙不同，它更需要講求滅火的速度。因住艙位置高而通暢，艙區連接通道，很容易將煙火散至各處。尤其通風管路密佈，電線輸管又長，極易將熱浪與煙送至遠方，使火災不容易控制。所以，速度快是防止火災蔓延的最重要因素（住艙多為易燃物陳設最多之場所，易燃品包括艙壁上的油漆等受熱產生可燃性油氣，極易引起爆炸而使火災蔓延）。

　　由經驗得知當其達到火之爆炸蔓延階段，手提式輕便滅火器已無法將火撲滅，非得借助一根或數根水龍帶以滅火不可。由此推知，凡是有大量空氣供應的地方發生火災，滅火的速度就十分重要。處理或撲滅住艙失火應注意事項：

a. 必需關閉通風系統。

b. 關閉附近地區所有的防火或防煙門窗。

c. 備妥滅火裝具，水龍帶展開接上噴嘴並使其置於已打開之艙間或住艙門口。

d. 若嚴重的火災係發生在門的另一邊,最好不要把門打開,祇是將門板的底部打碎,伸進「噴嘴」冷卻近處的甲板平面,使其熱度下降,然後把門稍為打開伸進噴嘴冷卻頭頂甲板,使其溫度下降。

e. 當進艙時機成熟,持水龍帶噴嘴及其後續人員均應保持低姿,甚至匍匐爬行,以免熱浪及煙之侵襲,被迫退回走廊而失滅火時效。進入後直接向近前之甲板面噴水,冷卻周圍溫度,防止火焰自進門處往外竄。

f. 滅火人員應注意周圍環境,以免火自窗後、通風管路、或自己後方突然出現。應切記火有六個方向面可以發展。

g. 若已構成大火,住艙區所有房間均已燒著,根本辦法是設法將火困住不讓其發展,而不是向一個方向去滅火,因為那樣做的話,祇會將火從一區趕到另外一區。

h. 將火困住以後,要接近且有系統地滅火,方可將其撲滅。

i. 在任何情形之下,切不可無計劃地打碎門、窗、通口等,除非現場指揮認為有絕對必要時例外。

j. 住艙火被撲滅,應慎防餘燼復燃,故應徹底冷卻後將可能復燃物清理。

(3) 機艙或機器間滅火

機艙或機器間內存有大量的油品,而且往往處於加熱與加壓情況之下,一旦發生火災,將以很快的速度蔓延,油火會產生高熱或爆炸、所以機艙失火較為嚴重而危險。

撲滅機艙火應注意事項:

a. 大部分的油料如溫度超過(255℃)時,則無需裸火點燃,即會自行燃燒,而機艙中如過熱蒸汽管、柴油機排氣管、過熱的軸承、及鍋爐前面等部位,都可能達到該溫度,所以著火自燃的機會很多。

b. 油料燃燒時不但高熱而且煙霧極濃,宜迅速採取滅火行動、方可免其爆炸。滅火方法可採用輕便泡沫滅火器、水龍帶水霧、或固定滅火系統,儘量於火之初期予以撲滅。

c. 撲滅機艙火災,如超過輕便滅火器能力範圍,可採兩個主要方法:一為關閉所有通風系統,及通往該艙的水密門等,然後以固定滅火系統以隔絕氧氣方法撲滅。另一為使用水龍帶及噴嘴所產的高速或低速水霧滅火。

d. 比較起來,以「水霧撲滅」機艙之火較以「泡沫」為優。此因泡沫之產生比較不便,恐失去滅火時機,同時機艙內環境複雜,泡沫能否涵蓋整

個燃燒區域,構成所需隔絕氧氣滅火之厚度,頗有問題,故用水霧反而方便有效。

e. 假使已決定用水霧撲滅機艙火災,所有通往該艙的水密門窗皆應關閉。水龍帶之進入。需等一切準備妥善之後,將機艙最高處的通風筒或天窗打開,使艙內的熱氣與煙沖出;否則當滅火人員進入時將被熱浪與濃煙包圍,工作十分困難。

(4) 船邊油火滅火

船邊油火多由於碰撞後漏出之油浮在船邊水面燃燒,泡沫為最好之滅火劑,將泡沫沿船邊噴下,可流動而覆蓋燃油表面滅火。但如油火速離船邊時,則將泡沫噴在船邊與燃燒區之間,使其隔離。

# 第八節 意外事故處置與報告

## 一、意外事故

依我國海事報告規則第一條之規定「本規則所稱海事,指船舶沉沒、擱淺、碰撞、強制停泊或其他意外事故及有關船舶、貨載、船員或旅客之非常事變。」

英國勞氏驗船協會,針對保險的需要,將意外事故（Casualty）亦即海難以分為浸水沉沒（Foundered）、失蹤（Missing）、火災爆炸（Fire /Explosion）、碰撞（Collision）、撞擊固定物（Contact）、觸礁擱淺（Wrecked/Stranded）及損失（Loss）。

## 二、意外事故發生後應採之行動

（一）碰撞發生後應採之行動

碰撞後應採措置如下:

1. 碰撞後,船長應將救助本船及他船之人命列為最先考慮事項,下列事項加以考慮、判斷:

   (1) 對方船舶之種類及大小。

   (2) 碰撞情形及兩船之損傷程度（包括人員、船體、貨載等）。

   (3) 發生時間及地點。

(4) 附近有無其他航行之船隻或救難船。

(5) 火燒爆炸時可能引起之災害。

(6) 天氣、波浪、潮流等海象情況。

(7) 本船之性能及船員之技能等。

(8) 貨油及燃油是否有漏出船外及其漏出之程度。

(9) 碰撞後因欲與他船脫離，主機倒車時是否浸水加速，兩船中之一船是否有
沉沒之虞。

2. 碰撞情況較輕微者，於碰撞發生後應速採下列措置：

(1) 速發一般警報並關閉水密門。

(2) 若本船艏已撞入他船船舷，不可使用倒車，應維持進車，以保持本船塞住
他船創傷，減少水之泛入。

(3) 防水及排水處理。

(4) 隔艙之加強。

(5) 危險品之處置。

(6) 如本船損害嚴重且有急迫之危險，船長應盡全力防止船舶之沉沒，如無法避
免沉沒時亦應努力延長其沉沒時間，並發出緊急信號或遇難信號求救助。

(7) 於情況危急時，應將救生艇旋出以作棄船之準備。

(8) 如碰撞地附近可供故意擱淺，應作故意擱淺之考慮。


（二）擱淺後應採之行動

　　船舶意外擱淺後之處置如有不當，每易使其陷入更深之危險，增加脫淺之困難。
如採用「全速退車」，常使船底裂痕加大，以致浸水加速，或使車葉撞擊礁石而受損。

1. 船舶擱淺後之一般措置

船舶擱淺形式不一，有觸礁（Stranding or Grounding Upon a Rock），有擱淺
（Strand-ing or Grounding）等，其一般措置如下：

(1) 應先瞭解擱淺之狀況：如擱淺之位置與程度，海底之性質，船四周之水
深、潮汐、風向、流向、浪向等資料。

(2) 探查船體有無損傷，如有損傷其部位及程度如何？有無漏水，其程度及本
船之排水能力如何？

(3) 如係低潮時擱淺，是否可利用高潮脫淺。如漏水應考慮浸水後之安全性。

(4) 比較擱淺前與擱淺後之船舶吃水。如欲浮揚有無減輕船重之方法或移動貨
物及其程度。

(5) 是否可自力脫淺，如無法以自力脫淺，應設法固定船身，再請救援船或拖
船協助脫淺。

2. 自行脫淺

擱淺於沙灘上之船舶，能否於當時或高潮時自行脫淺端賴沙灘斜度之緩急，擱
坐之方向，潮水之高低，底質之軟硬以及當時天候海象等，如何而定。若不
注意當時情況，而貿然全速後退希圖脫險，實屬不智之舉，因為船底若擱有岩
石，一經強行倒退，必致船底破裂漏水，或因泥沙阻塞冷卻系統管路，導致主
機暫時無法使用。故擱淺之船舶，應先察看艉是否能隨波浪而擺動，船底有否
礁石或破漏。若艉可擺動，船底無破漏，則可全速倒車，有脫險希望，若經數
次倒車而不能脫險，則必須等待高潮時，再行設法退出。等待高潮時可先檢查
船底，測量四週水深，決定有利退出方向，並測試主機及輔機之情況，比較擱
淺前後之吃水，以計算損失之浮力，如損失之浮力過多，必須設法移去重量，
如卸下上層貨物，放下救生艇，調整壓艙水及調整俯仰差等。但若高潮時仍無
法以倒車退出脫淺，則可採用搬錨作業，將艏錨及備用錨投於岸邊適當距離
處，以鋼索為錨索連於錨上，利用車再加上絞錨之力以幫助船脫淺灘。

3. 自力脫淺時應注意事項

船舶觸礁擱淺之狀況各有不同，因此所採取之離礁脫淺措施亦異。唯下列為自
力脫淺時應注意之事項，適於各類擱淺情況：

(1) 自力脫淺之最好時機是在高潮或近高潮時。另外應想辦法藉風力及潮力之
助以利脫淺。

(2) 外拋錨之位置與錨纜帶出之方向，最好能配合船舶主機之前進或後退，以
收合力之效。主機初以慢速運轉，而視情況逐次增大馬力。

(3) 擱淺於砂、泥之海底等，如長時間使用主機，極易造成泥沙堵塞冷卻進水
口，乃至使主機發生故障，此長時間使用主機之弊病，應予事先考慮。

(4) 船舶若擱坐於岩石之上，不論其船底鋼板之損害情況如何，如立即倒車，
常有危險之虞。

(5) 若在潮差較大之海域，必須將錨纜伸放至較遠之處，且將之絞緊。如此或
能借助潮水漲落時對錨纜之應力，而使船舶自動脫淺。

(6) 減輕船舶之重量並藉高潮時之漲力，可令船身自行浮起。但若事先不考慮
天氣變化之因素而冒然減輕船重，亦易發生危險。

(7) 若僅艏部擱淺，宜設法減輕艏之吃水。

(8) 若艉擱淺，應先詳細檢查車舵是否受損，其次使艉吃水減少，使艉浮起，

再用倒車退出。

(9) 若船底全擱坐於沙洲上，首先應減少其負載，待低潮時，以抽水機注水於船底，再利用蒸汽噴射器將船底四週之泥沙噴除。待高潮時，再開始自力脫淺。

（三）故意擱淺（Beaching）應採之行動

　　船舶於碰撞後或其他意外事件或荒天下的損害，而使船舶急速浸水以致泵無法抗衡的將水抽出，水愈進愈多，在這種情形下，選擇一適宜的海灘擱淺總比在海中致船全損划算。如果能將船故意擱淺於坡度和緩的海灘，將船受損之部分有效修理。或許可將船重浮而開至附近的港口修理。

　　在充裕的時間下，故意擱淺時，應先將壓水艙打滿，再選擇沙或礫而無岩石的海灘，及具能屏蔽風浪侵襲的處所，但通常在這種情形下欲故意擱淺之船舶均無充裕的時間。若其相當大時，最好選擇於高潮後開始落潮時故意擱淺，在潮升相同水面時有充裕的時間來將船固定於其位置上，且較有機會完成臨時修理。

　　故意擱淺通常係採艏向岸之故意擱淺法，但有時係採艉向岸之故意擱淺，甚至有以橫對岸（Broadside-On）故意擱淺者。如屬可能，應依故意擱淺的方法及海灘的斜度而調整俯仰差。在故意擱淺應加以壓艙，使船底較為固定。最好船應以與岸垂直之方向靠近並停車使船慢慢與海灘接觸。在船故意擱淺後，艏端應使用錨具將船加以固定。為了避免擱淺後使用小艇搬錨作業之麻煩，以艏向岸擱淺時在船進入故意擱淺前先拋下錨，並由艉附一鋼纜以固定艉。此法需要有良好之判斷及船藝素養才行，因此並不推薦使用。如錨拋太快，對於艉端之固定效用不大。有時還可能由於船擱淺坐於自己的錨上而使船底損壞。

　　最好是船於擱淺後藉拖船或救難船（Salvage Vessel）之助，將錨具搬至最好的方向上，以使船艉固定於其位置上。如無拖船或救難船可用，只好使用船上之小艇來做拋錨作業。

　　於做好臨時修理後，船舶藉泵出壓艙水及使錨具受力而使船重浮於水中。於螺槳清楚無障礙時使用倒車，即可使船離開淺灘。再將錨具收入存放。

　　在防水與抽水工作施救無效，海水大量進入船體，以致有下沉之危險時，選擇故意擱淺地點時應考慮之事項如下：

1. 使船體受害較小之沙灘。
2. 較易被救難船拖救之處。
3. 不受強大外力（風、潮、浪等）影響之處。

4. 便利作緊急修理，甚至可暫時卸貨及能與岸上通訊之處。

5. 如有洩油現象，能減輕油污染損害之處。

### （四）海盜或恐佈份子入侵後應採之行動

1. 船隻遭受破壞、人員遭受傷害、財產遭致洗劫等時有所聞，為了船隻人員之安全，不論在港口內外或航行中，船長對於較具危險海域或港口必須考慮偷渡、海盜或恐佈份子入侵等船舶保安問題。

 一般船舶裝有反劫船警報系統裝置（Auxiliary alarm system），常裝置於駕駛台、機艙控制室、輪機長室、船長室、舵機及報房等位置，於實施戒備前，船長應要求有關人員測試該項警報系統。

 必要時船長召集船上人員組成保安巡邏隊加強全船之保安措施，及增派駕駛台之目視瞭望及雷達觀測人員。

2. 當值人員如發現情況有異時應採下列行動

 (1) 通知船長。

 (2) 發出船舶遭受攻擊之警報。

 (3) 封鎖所有進入船艙之通道以防衛船舶安全。

 (4) 確保無線電台保持備便。

 (5) 以超高頻無線電與信號台、警察、海岸電台及週圍水域上的船舶建立通訊接觸。

 (6) 請求當地沿岸國之港口主管機關協助。

 (7) 如可能加速航行並採取迴避操船。

 (8) 甲板消防水總管送水、高壓消防水龍帶備便，以防止海盜登船。

 (9) 向船艇入侵方向發射降落傘信號彈。

 (10)使用探照燈直接照射，影響入侵小艇上人員之視覺。

 (11)打開全船室外燈光。

 (12)確認受攻擊之時間與位置。

3. 遭受攻擊時應採行動

 (1) 避免暴力。

 (2) 嘗試以消防水柱、放置障礙物或其他類似行動阻擾或延滯盜匪進入艙間之時間。

 (3) 將船員集中在駕駛台或機艙控制室、並攜帶手提式超高頻無線電維持機艙與駕駛台之聯繫。

(4) 停留在安全地區內直到危險過去。

（五）油料外洩後應採之行動

　　船舶除因碰撞、觸礁、擱淺等海難事故外，其他洩油，諸如人員過失、裝備破損等，均對海洋環境或水產動植物產生重大危害，故平時對船舶設備、器具詳加檢點、嚴格遵守程序，則可防止失誤所致造成污染，倘若發生油污時，其應急之處理程序，則賴平時訓練。

1. 通知船長：

(1) 停止一切加油、壓艙水作業及輸油作業並小心可燃氣體及失火之風險。

(2) 召集油污處理人員。

(3) 確認油污的來源與產生原因。

2. 船長收到油料外洩通知後應即採行動如下：

(1) 按照「船上油污染應急計劃」向有關單位報告。
　　①國家應變中心。
　　②當地港口主管機關當局。
　　③當地船務代理。
　　④公司。
　　⑤清除油污契約商。

(2) 擔任現場指揮官直到公司指派之現場指揮官抵達現場。

(3) 油污染處理人員於接到召集通知後應採行動如下：
　　①立即採取控制洩油步驟防止油料溢出船舷外。
　　②關閉所有的閥。
　　③檢查及密封排洩出口。
　　④降低艙內油位。
　　⑤將油料轉輪至空艙、油駁、岸方或空艙區。
　　⑥密封油艙。

(4) 使用化油劑清除甲板油料，去油劑或化油劑的使用必須十分小心。

(5) 溢出之油料決不可沖洗至海域中。

(6) 去油劑或化油劑絕不可用於海域上的油污。

(7) 與油污清理契約商或/及當地主管機關密切合作減少對環境進一步的破壞，處理過程詳細記錄在航海或輪機記事簿中。

（六）主機故障應採之行動

　　除人為操作失誤外，一般主機故障分類為兩大類，一為機械故障或為監控系統故障，兩者均可能造成主機停止、無法啟動或遙控失效。

　　主機故障停止或有異常現象可能造成停車時，當值管輪應立即通知當值船副並通知輪機長。

1. 駕駛台應採行動

　　(1) 當值班船副收到機艙通知後應即採取以下行動：

　　　　a. 通知船長。

　　　　b. 懸掛「操縱失靈」信號標與號燈並使用汽笛信號。

　　(2) 如果有擱淺之可能，船長應考慮：

　　　　a. 拋錨。

　　　　b. 或被拖救。

　　　　c. 通知沿岸國主管機關並警告附近船舶。

　　　　d. 通知公司。

2. 機艙應採行動

　　(1) 輪機長於收到當值管輪通知後應立即馳往機艙。

　　(2) 如果發生電力跳脫應立即設法復電。

　　(3) 輪機長在主機故障時應依主機之操作說明書處理並注意下列事項：

　　　　a. 檢查主機啟動連鎖裝置未發生作用之原因。

　　　　b. 檢查主機各系統運作。

　　　　c. 重行啟動主機。

　　　　d. 回復正常航行。

　　(4) 分析及確認作動的警報。

　　(5) 如情況不允許應先轉到機側操車待靠泊完成或於安全海域時再行處理。

　　(6) 如果主機故障，短時間無法修復，駕駛台應使用舵或艏推進器操船將船駛往安全海域，如在港區附近則召請拖船協助。

　　(7) 必要時錨機備便在安全錨區拋錨。

　　(8) 如果主機故障時，船上人員無法修護時，輪機長應收集相關資料，通知公司請求協助。

（七）舵機故障應採之行動

　　舵機故障除人為操作失誤外，一般可分為三大類，舵機機械或油壓故障，馬

達或控制系統故障或舵本身之機械故障。

當值人員發現舵機故障後應立即分別通知駕駛台與機艙。

1. 駕駛台應採行動

   (1) 當值船副收到舵機故障通知後應採下列行動：

      a. 通知船長。

      b. 懸掛「操舵失靈」信號標與號燈並使用汽笛信號。

      c. 通知機艙停車。

      d. 切換到手操舵。

      e. 測試舵機/駕駛台回話系統。

      f. 回復正常航行。

   (2) 如果有擱淺之可能，船長應考慮：

      a. 緊急操船。

      b. 拋錨。

      c. 被拖救。

      d. 通知沿岸港口國主管機關並警告附近船舶。

      e. 通知公司。

2. 機艙應採行動

   (1) 輪機長於收到當值管輪通知後應立即馳往機艙。

   (2) 確認故障位置。

   (3) 確認電力供應正常。

   (4) 檢查油位。

## 三、船長及船上人員應採措施

船舶載運旅客、貨運航行海上，存在難以掌握之風險。當意外事件發生時，常造成生命財產的損失，而這些意外的損失，通常均由當事人所投保的保險人負責賠償。由於海上事故的發生成因及情況不同，因而處理的措施與過程亦有所不同。由於海上保險理賠涉及層面相當廣泛，往往在整個過程中的某一階段或某一部分皆處理失當，原本可單純處理事情，變為複雜的情況，給相關的當事人帶來更多的困擾。雖然在海上保險事件發生後，保險人居於主要當事人的立場，均會主動全程參與，然而在過程中對於船上及船公司資料中應採取之措施及注意事項。

（一）報告之責任及緊急處理

1. 船舶遭遇海事事故，無論船舶本身的損害，人員傷亡或貨物的毀損減失。船長應將救助人命及防止狀況惡化為主要工作，儘一切的可能，使損害減至最低，並應儘速將發生之情況，以可行的最佳的方法與船東聯絡，詳細而不冗長地報告船東。在船舶未出險或事件未排除之前，應隨時保持聯繫，報告船東有關船舶現狀之改變情形。如不可能直接與船東聯絡，則應想辦法與最近的分公司或代理行，或其他船舶聯絡，請其代為傳遞消息。

2. 報告內容應簡短而客觀地敘述實際的狀況，不可含有主觀的意見，因為報告將幫助船東或保險公司，據以安排船舶之救助或撈救、修理，以及船舶之繼續運航、理賠等事項。

3. 船舶發生海難時，由於所處情況特殊，以致船長無法作出正確的判斷，則應立即告知船東，請其提供意見，然而最後之決定仍應由船長為之。不可猶豫不決，錯失良機，致使情況陷於危險之境地。

4. 如船舶發生事故之地點，係他國或鄰近他之領海內，若事件之發生，涉及管轄上的問題，則應遵守當地有關之規定，例如報告當地之有關當局，或接受當地有關機關之調查或詢問，而此種報告或檢查、詢問等，不論是船副、輪機員或其他海員所為者，皆應詳細地報告船東。

5. 船舶遭遇海難後，除了自己的代理行（或公司代書）以外，會有各類人等訪船，例如外國政府官員，本船之船級驗船師，涉及幫助之人員，保險公司之驗船師，以及碰撞時對方船舶的委任之驗船師等，對於該等人員之訪船，船長得事先宣告全船人員，不得隨便提供消息，應經由船長之指示，先確定來訪者之身份後，再決定所提供消息之內容。

6. 船長於事件發生後，應作成海事報告，提供給有關之主管機關，此簽證過之海事報告，乃係處理船殼保險及P & I保險之理賠中，不可或缺的證件。除了海事報告外，船長尚應向船東提出包括下列各項有關貨物情況之報告：

(1) 是否有任何貨損。

(2) 貨損是否會繼續擴大。

(3) 船上已經採取何種措施，以防止貨物之損失或毀壞。

(4) 報告後，將採取何種措施，以防止貨物之毀損。

(5) 貨物之運送是否會影響到船殼之損壞，包括船舶由於貨損，是否已經不能繼續其航程。

(6) 是否構成共同海損。

（二）相關文件資料之備齊

海事事件發生後，無論其種類及程度性如何，船長必須做成的基本文件為：

(1) 海事報告書（Marine Protest）

(2) 事實陳述書（Statement of Facts）

(3) 航海記事簿（Deck Log Book）

這是在任何場合均需備用的重要文件。其他需要準備的文件，依事故的種類及情況分述如下：

1. 碰撞

船舶發生碰撞，因涉及雙方的過失責任問題，因在文件資料的收集及準備上，需較周延，相關文件資料包括：

(1) 碰撞的記錄：應儘可能趁記憶猶新時，予以確定並記錄之。重點應有下列各項：

　　a. 碰撞時間（GMT及LMT）。

　　b. 碰撞位置（經緯度或目標方位距離）。

　　c. 碰撞時之船艏向。

　　d. 碰撞角度及碰撞點。

　　e. 第一次發現他船時，他船之方位、距離、燈光及其他情況，以及本船當時之航向航速。

　　f. 發現他船後，兩船之航向、航速、燈光、信號及相互聯絡情形。

　　g. 當時之天候、視界、風向、風力、流向、流速。

　　h. 本船雷達測繪情況。

　　i. 對方船名、船籍港及其啟航港、目的港。

(2) 本船之海圖船位記錄、航向記錄、及車鐘記錄等。

(3) 碰撞情況之照片。

(4) 貨物積載圖。

(5) 驗船師之報告。

雖然資料與文件需充分準備，但重要關鍵性的文件，如航行海圖，車鐘簿，航向記錄圖紙等不可出示給對方人員查看。

2. 擱淺或觸礁之資料

(1) 擱淺之時間、位置。

(2) 船體進水之位置、範圍。

(3) 當時之氣象及海象。

(4) 海圖船位之記錄、航向之記錄及車鐘記錄。

(5) 航儀使用之記錄。

(6) 海圖修正之記錄。

3. 貨物毀損

(1) 天氣報告及氣象圖。

(2) 貨物積載圖。

(3) 吃水及積載穩度計算資料。

(4) 各壓水艙資料。（貨艙浸水）

4. 共同海損

(1) 偏航報告。

(2) 船員月薪表、伙食費及加班費。

(3) 貨物積載圖。

(4) 貨物艙單及提單。

（三）與岸方之配合協調

　　船舶發生海事，若屬較重大，且牽涉範圍較廣者，則岸上各相關的人員會主動與船上聯繫，獲得正確及詳細的資料。船長在應付及處理這些事務時，應拿捏得恰到好處，以免使情況僵化，造成誤會，橫生枝節。通常下述相關人員會至船上做一般列行的調查訪問：

1. 船東代表人員。

2. 我方的保險公司代表（包括驗船師、律師）。

3. 對方的保險公司代表。

4. 當地主管機關之調查人員。

　　船長站在受雇於船舶所有人的立場，自當保護船東方面的利益，對於船東代表及己方保險公司（特別是P&I保險）之代表人員，應儘可能予以配合，以求事故處理的順利進行。對於官方的調查，除了一般性的規定文件資料外，應以簡單為原則，切莫提供一些模稜兩可，不確定的說詞。對於他方的人員，一切以等待我方代表人員在場時，方做表明。船長在船上任何事件發生後，在精神壓力與體力上，或有可能異於平常時候，在與岸上配合的處理上，更不得輕忽。

　　若需救助的支援，船公司、保險公司及其全球代表或工作網，將聽候遇難船長的運用。救助任務的達成與否亦繫於船長，因此船長在情報提供及危急狀況判斷的配合上，尤屬重要。

# 第十四章　船上維修保養及例行報告

## 第一節　船舶系統之維護

　　船舶系統大致可分為四大部分，即船體（Hull），機械（Machinery），電器（Electric）及電子（Electronics）等四種部分如下圖所示。船舶能夠順利運轉及營運，船舶系統必需保持良好的狀況，因此經常維修與保養是船上重的例行工作項目。

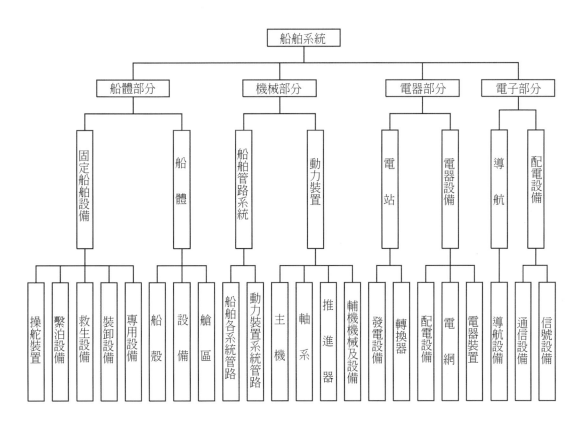

## 第二節　預防（定期）保養

　　正確的預防保養，不僅是發現做些對策，及何時去做的問題，同時也是一項計劃合理地的投入有用的人力資源，並對於配件（Spare Parts）可及時的申請與取得。

### 一、正式預防維修保養制度之要點包括：

1. 整船以船級系統的方法，予以詳述（列述）
2. 以每一項必需保養單元，做成系統化保養計劃
3. 建立工作計劃系統
4. 每一保養單元，皆做成歷史紀錄
5. 整體配件資料，均正確地註明是屬於何種配件，並註明數量及其存放位置
6. 圖說及（或）說明資料
7. 建立配件及必需品之採購系統
8. 建立成本控制系統

　　所需保養的延長或許是不可預期，故意延遲的最終結果，往往甚至超過這些，因此計劃（預防）保養，切勿延預保養時機，對於船舶系統的維修保養，應依期及時施行，切莫延遲。圖14-1所示保養時機的一再的延遲，所造成的最終結果，即是翻覆破碎。此四種情況說明如下：

（一）第一種情況（Desirable）

理想情況：1. 應做工作與工作人力維持平衡
　　　　　2. 波動小，情況在控制之下

（二）第二種情況（First Warning）

初始警訊：1. 人力不足以配合保養計劃
　　　　　2. 人們開始利用日後（往後）時間，推動工作
　　　　　3. 如果人們知曉工作落後，仍可控制，則是正常情況

（三）第三種情況（Critical）

危機情況：1. 保養工作太多，及（或）機器嚴重的故障
　　　　　2. 必需在保養方面作更多額外的付出，以便重建控制

（四）第四種情況（Collapse）

傾覆情況：1. 無人能預見其夢魘的最後發展

2. 船舶離租，海上漂流或停泊港內

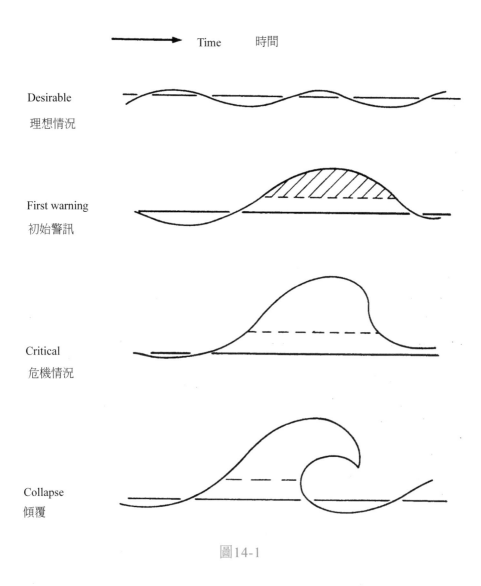

圖14-1

## 二、預防保養維修之範圍

船上施行預防維修保養包括下列項目：

1. 年度維修保養（Calendar Maintenance）

2. 視情維修保養（Condition Maintenance）

3. 運轉時數維修保養（Running Hour Maintenance）

4. 故障維修保養（Break Down Maintenance）

5. 到期更換保養（Life Replacement Maintenance）

　　而在上述維修保養的工作人力投入中，各類所佔的比率，依英國出版刊物之報導，大致情況如下圖14-2所示：

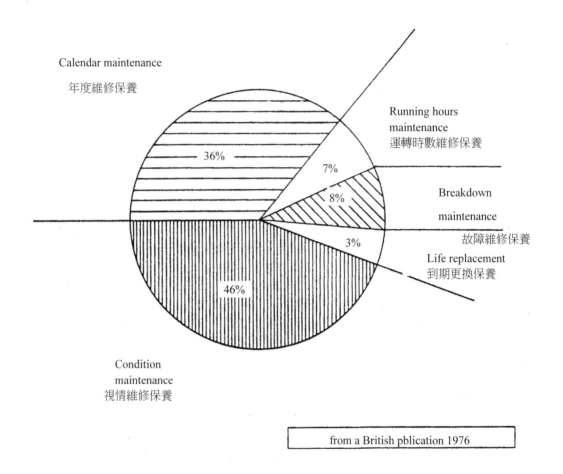

from a British pblication 1976

圖14-2

　　船上總工作量（負荷）之分配，依一般航駛定期航線船舶而言，其所佔比率大致如下：

1. 18-20%從事預防維修保養。

2. 50%從事安全性工作，包括航行當值。

3. 30-32%從事其他船上工作，諸如油漆，清潔，裝卸貨準備工作，餐勤，物料管理等。

## 第三節　維修保養計劃與施行

　　保養是保持船舶體和船舶各項機器裝備處於正常狀態及因應有關之船級檢驗與定期修的例行工作。保養的重要觀念是在發生損壞事故之前預先檢查，維修，避免故障發生，而對不常使用的機器設備做定期的測試亦是保養工作。

### 一、計劃程序

　　船舶之維修甲板部門除甲板機具（Deck Machinery）外由大副負責。輪機部由輪機長負責。保養工作需依設備廠家之規定，運轉狀況為依據，並參酌船級協會檢查之要求，船舶停泊時間等因素做統籌之規劃。一般船上保養計畫可分安全設備、輪機部、甲板部三大保養項目，其項目請參閱附件14-6、14-7及14-8。

### 二、充份之資訊

　　為使船上在任何時間均可保持正常之運轉，日常對設備及某運轉之觀察與資料之記錄是為不可或缺。

　　船上須定時檢查船舶各部現況檢查（Condition Check）與記錄並參考廠家規定保養期限及船級檢驗之需要以利掌握充分正確之資料，做研析比較以作為保養計劃制定之重要依據。

### 三、時程之控制

　　一旦保養計劃確定，不論是船上自行修理或岸上協助修理或入塢修理，船上船長，輪機長均須負責，責成船上人員以不影響船舶正常營運，協同如期完成保養維修工作並將其結果記錄存檔，以供日後參考。

### 四、保養實務

　　當保養計劃制定後，工作應由大副，大管輪依船員個人職務，能力及經驗分派工作並分組執行。執行保養工作應先確認所需修件（Spare Parts）數量是否充足，而對於物料和修件的控制應由大副，大管輪分別集中管理，適時申請並經常維持修件的安全存量。

　　船舶之保養配合船舶營運可分為：

1. 船上例行保養：依裝備說明書規定及船上現況由船上做定期保養。
2. 岸修（航修）：船上設備故障，船上能力，設備，時間均無法克服，須岸上協

助或航行中無法完成之工作須停泊時才能做之保養修理。

3. 塢修：水線下之工程，非入塢無法完成之工作，俟船舶入塢於塢水排乾後方可施工。

4. 船級證書：維持所需求之定期檢查工作，須依船級檢查報告（Survey Status）之日期作定期之檢查安排。

5. 緊急塢修：船舶水線以下部分損壞，影響航行安全，須緊急安排入塢修理者。

## 第四節　船舶狀況之例行及事故報告

　　為便於船舶管理部門對船舶狀況之瞭解與監督，船上提供例行報告與各項記錄實有其必要，藉以知曉機器之性能和保養計劃的執行等資訊。船上如發生緊急或意外事故而影響正常營運及安全時，船上應立即向公司報告，以便及時援助及處理。

### 一、資料記錄之連續性

　　船舶設備使用，運轉，保養及檢驗之紀錄必須依規定記錄，存檔以便作日後保養之參考。

### 二、資料之研析與改進

　　依據上述之資料記錄，船上及公司船舶管理部門可據以研判設備機器之情況以決定下次保養時程及需要準備之配件及地點，避免不必要之延誤。

### 三、例行報告項目及內容：詳附表所示

（一）Deck Department

| Items | Submitted Record |
|---|---|
| Deck / Dept. Repair Maintenance Work Done Report | Completion of Voyage |
| Deck Abstract Log | Completion of Voyage |
| Stevedore Non-injury Confirmation | Each Port |
| Shipboard Safety Training (SST) Report | Monthly |
| Radio & Navigational EQ Quarterly Condition Report | Quarterly |

| Items | Submitted Record |
|---|---|
| Administration / Management Meeting Minute Summary | Quarterly |
| Statement of Fact | Whenever Applicable |
| Inspection Report | Whenever Applicable |
| Record of Familiarization of SMS.（Ship Use） | Whenever Applicable |
| Revision Acknowledgment | Whenever Applicable |
| Stevedore Damage Report | Whenever Applicable |
| Note of Report | Whenever Applicable |
| Distress Incident Telex Form | Whenever Applicable |
| Certificates & Essential Documents Keep by Master | Semi-Annually |
| Shipboard Safety Management System Master Review | Semi-Annually |
| Report of Self-Safety Checks | Semi-Annually |

（二）Engine Department

| Items | Submitted Record |
|---|---|
| Guarantee Report（for VSL under Guarantee Period） | Completion of Voyage |
| Engine Dept. Repair / Maintenance Work Done Report | Completion of Voyage |
| Machinery Maintenance Record（Running Hours） | Completion of Voyage |
| UMS Alarm Record | Completion of Voyage |
| M/E Indicator Card & Performance Record | Completion of Voyage |
| Engine Abstract Log | Completion of Voyage |
| Boiler Water Treatment | Monthly |
| Cooling Water Treatment | Monthly |
| M/E EXH. Valve Overhaul Record | After Overhauling |
| Main/Aux. Engine CYL. Unit Overhaul / Repair Record | After Overhauling |
| Measurement of M/E CYL. Liner & Piston Ring | After Overhauling |
| Measurement of Aux. ENG. CYL. Liner & Piston Ring | After Overhauling |
| Main/Aux. Engine Crankcase Deflection Record | Semi-Annually |
| Megger Reading | Semi-Annually |
| Main Engine Bearings Clearance Record | Whenever Applicable |
| Material Requisition | Whenever Applicable |
| Repair Specification Sheet | Whenever Applicable |
| Report of Continuous Survey of Machinery by C/E | Completion of Survey |

## 四、事故報告與檢討

　　在發生任何緊急或意外事故而影響船舶正常營運及安全時，船長應立即以簡明的方式向公司報告當時之情勢，初步報告發出後更需發出補充報告，經與公司交換意見後船上依情勢作更新改進，直到緊急事件排除。

　　公司船舶管理部門應對事故進行調查，並將調查結果及建議通知事故航輪及其他各屬輪，其目的在分析事故發生原因，提醒整個船隊提高警覺以防止類似事故之再次發生。

　　一般例行之報告，應能配合船上及公司相關作業上的需求，並作為分析之用。對於各類報告或報表之分析，其優先性有如下表14-1之範例所示。

表14-1　船舶各類報告分析之優先性

控制（Control）
保養評估（Maintenance Evaluation）
狀況評估（Condition Evaluation）
統計（Statistics）
辦公室需求（Demands on Board）
業務需求（Business Demands）
船上需求（Demands om board）

| | 船上需求 | 業務需求 | 辦公室需求 | 統計 | 狀況評估 | 保養評估 | 控制 |
|---|---|---|---|---|---|---|---|
| 航次報告（Voyage Report） | | ⊗ | | | | | |
| 狀況報告（Condition Report） | ⊗ | | | × | × | | |
| 活塞翻修報告（Piston Overharl Report） | ⊗ | | | × | × | × | × |
| 證書（Certificates） | ⊗ | | | | | | |
| 進塢報告（Dock Report） | × | | | ⊗ | | | |
| 在港記事（Port Log） | | ⊗ | | | | | |
| | | | | | | | |
| | | | | | | | |

⊗ 優先性高（High Priority）　　　　　　　　　　優先性較低（Lower Priority）

# 檢查及報告船東應包括之項目及其他有關資料

## 附件14-1　船舶擱淺（觸礁）報告

船舶擱淺（觸礁報告）

SHIP_____AILED FROM_____ON_____
　　　　　　　　　　　　　　　　　　　（port）　　　　　　　　（sailing date）

STRANDING OCCURRED AT _____ON_____
　　　　　　　　　　（accident position）　　　　　　　（accident date）

AT_____BECAUSE OF_____
　　（time）　　　　　　　　　　（reason）

WHEN ACCIDENT SHIP'S COURSE_____SPEED _____

TIDAL CONDITION_____SHIP'S HEADING_____SHIP'S

PORTION STRANDED IS　　　　　　　　　　WITH／WITHOUT

ROLLING／PITCHUNG STOP

DAMAGE／LEAKAGE FOUND AT_____WITH_____
　　　　　　　　　　　（position）　　　　　　　　　　（extent）

_____STOP AFTER ACCIDENT INSPECTED CONDITIONS OF

TANKS FOUND_____
　　　　　　（damage if any）

HULL FOUND _____

MAIN ENGINE FOUND_____

PROPELLER FOUND_____

CARGO FOUND_____

OIL SPILL／OTHERS_____

BY SOUNDING AT_____HR DEPTH OF WATER_____
　　　　　　（time／date）

NATURE SEA BED_____NEAREST PORT_____DISTANCE_____

DRAFT B4 ACCIDENT STARBOARDSIDE F_____A_____M_____RT

SIDE F_____A_____M_____AFTER ACCIDENT STARBOARDSIDE F_____

A_____M_____PORTSIDE F_____A_____M_____WEATHER

WIND DIRECTION_____FORCE_____SEA CONDITION_____

CURRENT SET_____DRIFT_____NEXT HIGH TIDE_____
　　　　　　　　　　　　　　　　　　（time & tidal diff）

LOSS LIFE_____INJURED_____

MASTER MEASURES TAKEN_____

_____

MASTER OPINOS REFLOATING POSSIBLE／NOT POSSIBLE AT NEXT HIGH TIDE

WITH／WITHOUT TUG ASSISTANCE

OTHER INFORMATIONS_____

## 附件14-2　Notice of Claim

<u>NOTICE OF CLAIM</u>

The Master of M.S. "Eastern Fighter"

Dear Sirs,

This is to notify you that I hold you and your vessel responsible for any and all damages to the M.S. "Taisho Maru" and her cargoes under my command, resulting from or incidental to the collision between M.S. "Taisho Maru" and M.S. "Eastern Fighter" which occurred at 1122 hrs on July 23, 1979 while my vessel was at anchor at the position 088° 5670 meters from outer break water red light of the Yokohama harbour.

Yours very truly,

_____

Master of M.S. "Taisho Maru"
Taisho Steamship Co,Ltd.

Acknowledged
Master of M.S. "Eastern Fighter"

_____

船舶碰撞報告

SHIP＿＿＿＿＿＿＿＿＿＿＿＿＿＿SAILED FROM＿＿＿＿＿ON＿＿＿＿＿
　　　　　　　　　　　　　　　　　　　（port）　　　（sailing date）

COLLISSION OCCURRED AT ＿＿＿＿＿＿＿＿＿ON＿＿＿＿＿AT＿＿＿
　　　　　　　　　　　　（accident location）　　（accident date & time）

BECAUSE ＿＿＿＿＿＿＿＿＿＿＿＿＿＿＿＿＿＿＿＿＿＿＿＿＿
　　　　　（reason）

WITH M.V.＿＿＿＿＿＿＿＿＿＿DWT＿＿＿＿FLAG＿＿＿＿＿SAILING
　　　　　　（oponent vessel）

FROM ＿＿＿＿＿TO＿＿＿＿＿＿WHOSE OWNERS＿＿＿＿＿＿＿
　　（last port）　　（next port）　　　　　　　　　　（Name）

＿＿＿＿＿＿＿＿＿＿＿ADRESS

　　　　　TELEX　　　　　　CABLE ADD

PHONE　　　　　　THEIR HULL UNDERWRITERS

　　　　　　P & I CLUB

POINT IMPACT　　　　　　　AT ANGLE

DURING ACCIDENT OUR SHIP'S COURSE　　　SPEED

DRAFT　　　　　OPONENT VESSEL COURSE　　　　　SPEED

　　　　DRAFT　　　　　WHILE WEATHER

VISIBILITY　　　WIND DIRECTION　　　FORCE

CURRENT SET　　　　DRIFT　　　　SEA CONDITION

　　　　　　　STOP DAMAGE FOUND ONBOARD OUR VESSEL

　　　　　　　＿＿＿＿＿＿＿＿DAMAGE FOUND

（location and extent）

ONBOARD OPONENT VESSEL＿＿＿＿＿＿＿＿＿＿＿＿＿＿＿＿＿

　　　　　　　　（location and extent）

LOSS LIFE＿＿＿＿＿＿INJURED＿＿＿　　　　ARGO DAMAGED

　　　　　　　　　　　　　＿＿＿＿＿＿

（nature and quantity）

　MASTER OPINOS POSSIBLE／NOT POSSIBLE TO CONTINUE AND ASSISTANCE

REQUIRED＿＿＿＿＿＿＿＿＿＿＿＿＿＿＿＿＿＿＿＿＿＿＿＿＿

OTHER INFORMATIONS＿＿＿＿＿＿＿＿＿＿＿＿＿＿＿＿＿＿＿

delete if not applicable

## 附件14-4　船體進水報告

船舶進水報告

SHIP＿＿＿＿＿＿＿＿＿＿＿SAILED FROM＿＿＿＿＿＿ON＿＿＿＿＿＿＿＿＿
　　　　　　　　　　　　　　　　　　　　（port）　　　　　（sailing date）

FOUND SEAWATER LEAKING／FLOODING FOUND ON＿＿＿＿＿＿＿＿＿＿＿
　　　　　　　　　　　　　　　　　　　　　（accident date／time）

AT＿＿＿＿＿＿＿＿WHEN VESSEL AT POSITION＿＿＿＿＿＿＿＿＿＿
　　　　　　　　　　　　　　　　　　　　　（accident position）

STOP LEAKAGE／FLOODING FOUND AT＿＿＿＿＿＿＿＿＿＿＿＿＿＿
　　　　　　　　　　　　　　　（location leakage）

WITH＿＿＿＿＿＿＿＿＿＿＿＿＿＿CONDITION UNDER／NOT
　　　　　（extent of leakage）

UNDER CONTROL BECAUSE OF＿＿＿＿＿＿＿＿＿＿＿＿＿＿＿＿
　　　　　　　　　　　　　　（reason）

WEATHER＿＿＿＿＿＿＿WIND DIRECTION＿＿＿＿＿＿FORCE＿＿＿＿

CURRENT＿＿＿＿＿＿＿DRIFT＿＿＿＿＿＿＿AND LISTING OF VESSEL
＿＿＿＿＿＿＿＿＿＿＿＿＿DRAFT BEFORE ACCIDENT F＿＿＿＿＿＿

A＿＿M＿＿＿＿DRAFT AFTER ACCIDENT F＿＿＿＿A＿＿M＿＿＿

CONDITION OF MAIN ENGINE＿＿＿＿＿＿＿＿＿＿＿＿OTHERS
＿＿＿＿＿＿＿＿＿＿WATER LEAKS／NOT LEAKS INTO HOLD＿＿＿＿
＿＿＿＿＿＿ENGINE ROOM＿＿＿＿＿＿＿WHERE LOADED WITH＿＿＿
　　　　　　　　　　　　　　　　　　　　　　　　　（cargo
＿＿＿＿＿＿＿＿＿＿＿＿＿＿AND MASTER MEASURES
quantity and nature）

TAKEN＿＿＿＿＿＿＿＿＿＿＿＿＿＿＿＿＿＿＿＿＿＿＿＿＿
＿＿＿＿＿＿＿＿＿＿＿＿＿＿＿＿＿＿＿＿＿＿＿＿＿＿＿

MASTER POPINES POSSIBLE／NOT POSSIBLE TO SAIL＿＿＿＿＿＿
　　　　　　　　　　　　　　　　　　　　　（nearest port）

WITH／WITHOUT ASSISTANCE＿＿＿＿＿＿＿＿＿＿＿＿＿＿＿
　　　　　　　　　　　　（kind of assistance required）

OTHER INFORMATIONS＿＿＿＿＿＿＿＿＿＿＿＿＿＿＿＿＿
＿＿＿＿＿＿＿＿＿＿＿＿＿＿＿＿＿＿＿＿＿＿＿＿＿＿

delete if not applicable

# 附件14-5　船舶主機故障報告

船舶主機故障報告

SHIP_____SAILED FROM_____ON_____
<br>(last port)　　　　　　　　　(sailing date)

MACHINERY CASULTY OCCURRED AT _____
<br>(location of accident)

BECAUSE OF _____
<br>(reason)

ON _____AT _____AND DAMAGE TO_____
<br>(accident date and time)　　　　　　　　　　　　　　　(extent)

_____WAS／WERE FOUND PRESENT

WEATHER_____WIND_____FORCE_____

SEA CONDITION_____CURRENT SET_____

DRIFT _____CARGO ON BOARD_____
<br>(nature and quantity)

_____BREAKDOWN REPAIRABLE／NOT REPAIRABLEBY SHIP'S

HANDS AND TIME REQUIRED_____VESSEL DRIFTING TO

_____WHERE_____
<br>(direction)　　　　(land and／or dangerous position)

NEAREST PORT OF REFUGE _____WITH DISTANCE_____
<br>(port name)

　MASTER POPINES THAT TUG ASSISTANCE REQUIRED／NOT REQUIRED STOP

OTHER INFORMATIONS_____

_____

_____

delete if not applicable

## 附件14-6　船上保養計畫系統（機器部分項目）

**Vessel Planing Maintenance System-Machinery Part**

**(Maintenance Check List-1)**

| Note: | 1. Please write "N.A."(not applicable) if the equipment not exist on the vessel. |
|---|---|
| | 2. Please enter the month under the respective year, when the maintenance job being done. |
| | 3. The maintenance check list should submit to ENG/SMD twice a year (June & December). While abnormal worn-out/defect being found, detail report to be prepared and submitted to ENG/SMD immediately. |

| Equip Code | Equipment Name Maintenance Description | Interval month | last mm/yy | 2000 | 2001 | 2002 | 2003 | 2004 |
|---|---|---|---|---|---|---|---|---|
| M01 | No.1 cylinder unit | 24 | | | | | | |
| M02 | No.2 cylinder unit | 24 | | | | | | |
| M03 | No.3 cylinder unit | 24 | | | | | | |
| M04 | No.4 cylinder unit | 24 | | | | | | |
| M05 | No.5 cylinder unit | 24 | | | | | | |
| M06 | No.6 cylinder unit | 24 | | | | | | |
| M07 | No.7 cylinder unit | 24 | | | | | | |
| M08 | No.1 crosshead bearing | 60 | | | | | | |
| M09 | No.2 crosshead bearing | 60 | | | | | | |
| M10 | No.3 crosshead bearing | 60 | | | | | | |
| M11 | No.4 crosshead bearing | 60 | | | | | | |
| M12 | No.5 crosshead bearing | 60 | | | | | | |
| M13 | No.6 crosshead bearing | 60 | | | | | | |
| M14 | No.7 crosshead bearing | 60 | | | | | | |
| M15 | No.1 crankpin & bearing | 60 | | | | | | |
| M16 | No.2 crankpin & bearing | 60 | | | | | | |
| M17 | No.3 crankpin & bearing | 60 | | | | | | |
| M18 | No.4 crankpin & bearing | 60 | | | | | | |
| M19 | No.5 crankpin & bearing | 60 | | | | | | |
| M20 | No.6 crankpin & bearing | 60 | | | | | | |
| M21 | No.7 crankpin & bearing | 60 | | | | | | |
| M22 | No.1 main journal & bearing | 60 | | | | | | |
| M23 | No.2 main journal & bearing | 60 | | | | | | |
| M24 | No.3 main journal & bearing | 60 | | | | | | |
| M25 | No.4 main journal & bearing | 60 | | | | | | |
| M26 | No.5 main journal & bearing | 60 | | | | | | |
| M27 | No.6 main journal & bearing | 60 | | | | | | |
| M28 | No.7 main journal & bearing | 60 | | | | | | |
| M29 | No.8 main journal & bearing | 60 | | | | | | |
| M30 | No.1 fuel injection pump | 36 | | | | | | |
| M31 | No.2 fuel injection pump | 36 | | | | | | |
| M32 | No.3 fuel injection pump | 36 | | | | | | |
| M33 | No.4 fuel injection pump | 36 | | | | | | |
| M34 | No.5 fuel injection pump | 36 | | | | | | |
| M35 | No.6 fuel injection pump | 36 | | | | | | |
| M36 | No.7 fuel injection pump | 36 | | | | | | |
| M37 | Tie rod, retighten | 60 | | | | | | |

Vessel Name

Master/Chief Engineer:　　　　　　　　Date:　　　　　　　　Form No.

| M38 | Holding down bolts, retighten | 30 | | | | | |
|------|------------------------------|-----|---|---|---|---|---|
| M39 | No. 1 turbo-charger, bearing & oil pump renew | 36 | | | | | |
| M40 | No. 2 turbo-charger, bearing & oil pump renew | 36 | | | | | |
| M41 | No. 1 aux. blower | 60 | | | | | |
| M42 | No. 2 aux. blower | 60 | | | | | |
| M43 | No.1 air cooler | 36 | | | | | |
| M44 | No.2 air cooler | 36 | | | | | |
| M80 | No.1 D/G engine, Performance check or overhaul | 30 | | | | | |
| M81 | No.2 D/G engine, Performance check or overhaul | 30 | | | | | |
| M82 | No.3 D/G engine, Performance check or overhaul | 30 | | | | | |
| M83 | Steam T/G, Performance check or overhaul | 60 | | | | | |
| M90 | Emergency Generator Engine, Performance check | 12 | | | | | |
| M91 | Emergency Air Compressor, Performance check | 12 | | | | | |
| M92 | Emergency Fire Pump, Performance check | 12 | | | | | |
| | | | | | | | |
| | | | | | | | |
| | | | | | | | |
| | | | | | | | |
| | | | | | | | |
| | | | | | | | |
| | | | | | | | |
| | | | | | | | |
| Vessel Name: | | Master/Chief Engineer: | | | Date: | | |

Vessel Name
Master/Chief Engineer:

Date:

Form No.

## 附件14-7　船上保養計畫系統（甲板項目）

**Planing Maintenance System-Deck Part**

(Maintenance Check List-2)

| Note | | | | | | | | | |
|---|---|---|---|---|---|---|---|---|---|
| | 1. Please write "N.A." (not applicable) if the equipment not exist on the vessel. | | | | | | | | |
| | 2. Please enter the month under the respective year when the maintenance job being done. | | | | | | | | |
| | 3. Coating condition and stiffness of structral members to be examined when carry out tank/hold internal examination. | | | | | | | | |
| | 4. The maintenance check list should submit to ENG/SMD twice a year (June & December). While abnormal worn-out/defect being found detail report to be prepared and submitted to ENG/SMD immediately. | | | | | | | | |

| Equip Code | Equipment Name<br>Maintenance Description | Interval month | last mm/yy | 2000 | 2001 | 2002 | 2003 | 2004 |
|---|---|---|---|---|---|---|---|---|
| H01 | Fore peak tank, examination | 30 | | | | | | |
| H02 | No.1P Topside WBT, examination | 30 | | | | | | |
| H03 | No.1P Bottom WBT, examination | 30 | | | | | | |
| H04 | No.1S Topside WBT, examination | 30 | | | | | | |
| H05 | No.1S Bottom WBT, examination | 30 | | | | | | |
| H06 | No.2P Topside WBT, examination | 30 | | | | | | |
| H07 | No.2P Bottom WBT, examination | 30 | | | | | | |
| H08 | No.2S Topside WBT, examination | 30 | | | | | | |
| H09 | No.2S Bottom WBT, examination | 30 | | | | | | |
| H10 | No.3P Topside WBT, examination | 30 | | | | | | |
| H11 | No.3P Bottom WBT, examination | 30 | | | | | | |
| H12 | No.3S Topside WBT, examination | 30 | | | | | | |
| H13 | No.3S Bottom WBT, examination | 30 | | | | | | |
| H14 | No.4P Topside WBT, examination | 30 | | | | | | |
| H15 | No.4P Bottom WBT, examination | 30 | | | | | | |
| H16 | No.4S Topside WBT, examination | 30 | | | | | | |
| H17 | No.4S Bottom WBT, examination | 30 | | | | | | |
| H18 | No.5P Topside WBT, examination | 30 | | | | | | |
| H19 | No.5P Bottom WBT, examination | 30 | | | | | | |
| H20 | No.5S Topside WBT, examination | 30 | | | | | | |
| H21 | No.5S Bottom WBT, examination | 30 | | | | | | |
| H22 | No.6P Topside WBT, examination | 30 | | | | | | |
| H23 | No.6P Bottom WBT, examination | 30 | | | | | | |

Vessel Name:

Master/Chief Engineer:　　　　　　　　Date:　　　　　　　　Form No.

| | | | | | | | | |
|---|---|---|---|---|---|---|---|---|
| H24 | No.6S Topside WBT, examination | 30 | | | | | | |
| H25 | No.6S Bottom WBT, examination | 30 | | | | | | |
| H26 | Aft Peak tank, examination | 30 | | | | | | |
| H27 | No.1 cargo hold, examination | 12 | | | | | | |
| H28 | No.2 cargo hold, examination | 12 | | | | | | |
| H29 | No.3 cargo hold, examination | 12 | | | | | | |
| H30 | No.4 cargo hold, examination | 12 | | | | | | |
| H31 | No.5 cargo hold, examination | 12 | | | | | | |
| H32 | No.6 cargo hold, examination | 12 | | | | | | |
| H33 | No.7 cargo hold, examination | 12 | | | | | | |
| H34 | No.8 cargo hold, examination | 12 | | | | | | |
| H35 | No.9 cargo hold, examination | 12 | | | | | | |
| H36 | No.1 Fuel Oil Tank (P) test. | 24 | | | | | | |
| H37 | No.1 Fuel Oil Tank (S) test. | 24 | | | | | | |
| H38 | No.2 Fuel Oil Tank (P) test. | 24 | | | | | | |
| H39 | No.2 Fuel Oil Tank (S) test. | 24 | | | | | | |
| F01 | Port lifeboat, falls turn end for end/renew | 30 | | | | | | |
| F02 | Stbd lifeboat, falls turn end for end/renew | 30 | | | | | | |
| F03 | Port lifeboat overall inspection | 12 | | | | | | |
| F04 | Stbd lifeboat overall inspection | 12 | | | | | | |
| F05 | Port lifeboat davit launching appliances testing | 60 | | | | | | |
| F06 | Stbd lifeboat davit launching appliance testing | 60 | | | | | | |
| F07 | Port accom. ladder overall inspection. (Including condition of brake, wire rope etc) | 12 | | | | | | |
| F08 | Stbd accom. ladder overall inspection. (Including condition of brake, wire rope etc) | 12 | | | | | | |
| F09 | Port aux accom ladder overall inspection. (Including condition of brake, wire rope etc) | 12 | | | | | | |
| F10 | Stbd aux accom ladder overall inspection. (Including condition of brake, wire rope etc) | 12 | | | | | | |
| F11 | No.1 hatch coaming, cover & closing appliances inspection | 12 | | | | | | |
| F12 | No.2 hatch coaming, cover & closing appliances | 12 | | | | | | |

Vessel Name:

Master/Chief Engineer:                 Date:                              Form No.

| F13 | No.3 hatch coaming, cover & closing appliances | 12 | | | | | | |
|-----|------------------------------------------------|----|--|--|--|--|--|--|
| F14 | No.4 hatch coaming, cover & closing appliances | 12 | | | | | | |
| F15 | No.5 hatch coaming, cover & closing appliances | 12 | | | | | | |
| F16 | No.6 hatch coaming, cover & closing appliances | 12 | | | | | | |
| F17 | No.7 hatch coaming, cover & closing appliances | 12 | | | | | | |
| F18 | No.8 hatch coaming, cover & closing appliances | 12 | | | | | | |
| F19 | No.9 hatch coaming, cover & closing appliances | 12 | | | | | | |
| F20 | Hydrant of fire extingushed system, leakage check | 12 | | | | | | |
| F21 | Steering gear overall inspection. (Including condition of performance and losseness of fitting bolts) | 12 | | | | | | |
| F22 | Windlass overall inspection. (Including performance and condition of brake etc) | 12 | | | | | | |
| | | | | | | | | |
| | | | | | | | | |
| | | | | | | | | |
| | | | | | | | | |
| | | | | | | | | |
| | | | | | | | | |
| | | | | | | | | |
| | | | | | | | | |
| | | | | | | | | |
| | | | | | | | | |
| | | | | | | | | |
| | | | | | | | | |
| | | | | | | | | |
| | | | | | | | | |
| | | | | | | | | |
| | | | | | | | | |

Vessel Name:

Master/Chief Engineer:　　　　　Date:　　　　　Form No.

# 附件14-8 船上保養計畫系統（安全裝置／設備項目）

**Vessel Planing Maintenance System-Safety Device/Equipment**

(Maintenance Check List-3)

Note:
1. Please write "N.A." (not applicable) if the equipment not exist on the vessel.

2. Please enter the month under the respective year, when the maintenance job being done.

3. The maintenace check list should submit to ENG/SMD twice a year (June & December). While abnormal worn-out/defect being found detail report to be prepared and submitted to ENG/SMD immediately.

| Code | Device description | Setting | Interval month | last mm/yy | 2000 | 2001 | 2002 | 2003 | 2004 |
|------|-------------------|---------|----------------|-----------|------|------|------|------|------|
| | **Main engine trip** | | | | | | | | |
| ME01 | L.P. of main bearing L.O. inlet | 1.8 kg/cm2 | 12 | | | | | | |
| ME02 | L.P. of jacket C.F.W. inlet | 2.5 kg/cm2 | 12 | | | | | | |
| ME03 | L.P. of piston C.F.W. inlet | 3.0 kg/cm2 | 12 | | | | | | |
| ME04 | L.P. of exh. valve air spring air inlet | 3.0 kg/cm2 | 12 | | | | | | |
| ME05 | Overspeed | 110% | 12 | | | | | | |
| | **Main engine alarm** | | | | | | | | |
| ME11 | Main L.O. inlet pressure | 2.1 kg/cm2 | 12 | | | | | | |
| ME12 | Crosshead L.O. inlet pressure | 13 kg/cm2 | 12 | | | | | | |
| ME13 | Jacket C.F.W. inlet pressure | 3.0 kg/cm2 | 12 | | | | | | |
| ME14 | Piston C.F.W. inlet pressure | 3.5 kg/cm2 | 12 | | | | | | |
| ME15 | Exh. valve air spring air pressure | 4.5 kg/cm2 | 12 | | | | | | |
| ME16 | Cooling S.W. pressure | 1.2 kg/cm2 | 12 | | | | | | |
| ME17 | Starting air pressure | 12 kg/cm2 | 12 | | | | | | |
| ME18 | Exh. valve oper. oil pressure | 8.0 kg/cm2 | 12 | | | | | | |
| ME19 | Thrust pad forward temperature | 60 $^0$C | 12 | | | | | | |
| ME20 | M/E L.O. inlet temperature | 45 $^0$C | 12 | | | | | | |
| ME21 | Jacket C.F.W. No.1 cyl. Outlet temp. | 90 $^0$C | 12 | | | | | | |
| ME22 | Jacket C.F.W. No.2 cyl. Outlet temp. | 90 $^0$C | 12 | | | | | | |
| ME23 | Jacket C.F.W. No.3 cyl. Outlet temp. | 90 $^0$C | 12 | | | | | | |
| ME24 | Jacket C.F.W. No.4 cyl. Outlet temp. | 90 $^0$C | 12 | | | | | | |
| ME25 | Jacket C.F.W. No.5 cyl. Outlet temp. | 90 $^0$C | 12 | | | | | | |
| ME26 | Jacket C.F.W. No.6 cyl. Outlet temp. | 90 $^0$C | 12 | | | | | | |
| ME27 | Jacket C.F.W. No.7 cyl. Outlet temp. | 90 $^0$C | 12 | | | | | | |
| ME28 | Piston C.F.W. No.1 cyl. Outlet temp. | 85 $^0$C | 12 | | | | | | |
| ME29 | Piston C.F.W. No.2 cyl. Outlet temp. | 85 $^0$C | 12 | | | | | | |
| ME30 | Piston C.F.W. No.3 cyl. Outlet temp. | 85 $^0$C | 12 | | | | | | |
| ME31 | Piston C.F.W. No.4 cyl. Outlet temp. | 85 $^0$C | 12 | | | | | | |
| ME32 | Piston C.F.W. No.5 cyl. Outlet temp. | 85 $^0$C | 12 | | | | | | |
| ME34 | Piston C.F.W. No.6 cyl. Outlet temp. | 85 $^0$C | 12 | | | | | | |
| ME35 | Piston C.F.W. No.7 cyl. Outlet temp. | 85 $^0$C | 12 | | | | | | |
| ME36 | Exh. Gas No.1 cyl. Outlet temp | 500 $^0$C | 12 | | | | | | |
| ME37 | Exh. Gas No.2 cyl. Outlet temp | 500 $^0$C | 12 | | | | | | |
| ME38 | Exh. Gas No.3 cyl. Outlet temp | 500 $^0$C | 12 | | | | | | |
| ME39 | Exh. Gas No.4 cyl. Outlet temp | 500 $^0$C | 12 | | | | | | |
| ME40 | Exh. Gas No.5 cyl. Outlet temp | 500 $^0$C | 12 | | | | | | |
| ME41 | Exh. Gas No.6 cyl. Outlet temp | 500 $^0$C | 12 | | | | | | |

Vessel Name

Master/Chief Engineer:　　　　　　　Date:　　　　　　　　Form No.

| | | | | | | | | |
|---|---|---|---|---|---|---|---|---|
| ME42 | Exh. Gas No.7 cyl. Outlet temp | | 12 | | | | | |
| | **Aux. Boiler trip** | | | | | | | |
| BO11 | Flame fail | Flame fail | 12 | | | | | |
| BO12 | Drum water low level | -180mm | 12 | | | | | |
| B013 | F.O. inlet temp abnormal low | 75 $^0$C | 12 | | | | | |
| BO14 | Atomizing steam low pressure | 2.5 kg/cm2 | 12 | | | | | |
| B015 | Fuel oil inlet low pressure | 5.5 kg/cm2 | 12 | | | | | |
| | **Aux. Boiler alarm** | | | | | | | |
| BO21 | Steam drum pressure low | 5.0 kg/cm2 | 12 | | | | | |
| BO22 | Steam drum pressure high | 9.8 kg/cm2 | 12 | | | | | |
| BO23 | Drum water level high | +270 mm | 12 | | | | | |
| BO24 | Drum water level low | -150 mm | 12 | | | | | |
| BO25 | F.O. burner inlet low | 80 $^0$C | 12 | | | | | |
| | **No.1 Diesel Generator trip** | | | | | | | |
| GE11 | Lube oil low pressure | 2.0 kg/cm2 | 12 | | | | | |
| GE12 | Overspeed | 810 | 12 | | | | | |
| GE13 | Cool. Water out high temp. | 90 $^0$C | 12 | | | | | |
| | **No.1 Diesel Generator alarm** | | | | | | | |
| GE14 | Lube oil inlet pressure, low | 2.5 kg/cm2 | 12 | | | | | |
| GE15 | C.F.W. inlet pressure, low | 1.7 kg/cm2 | 12 | | | | | |
| GE16 | Starting air pressure, low | 15 kg/cm2 | 12 | | | | | |
| GE17 | C.F.W. outlet, high | 85 $^0$C | 12 | | | | | |
| | **No.2 Diesel Generator trip** | | | | | | | |
| GE21 | Lube oil low pressure | 2.0 kg/cm2 | 12 | | | | | |
| GE22 | Overspeed | 810 | 12 | | | | | |
| GE23 | Cool. Water out high temp. | 90 $^0$C | 12 | | | | | |
| | **No.2 Diesel Generator alarm** | | | | | | | |
| GE24 | Lube oil inlet pressure, low | 2.5 kg/cm2 | 12 | | | | | |
| GE25 | C.F.W. inlet pressure, low | 1.7 kg/cm2 | 12 | | | | | |
| GE26 | Starting air pressure, low | 15 kg/cm2 | 12 | | | | | |
| GE27 | C.F.W. outlet, high | 85 $^0$C | 12 | | | | | |
| | **No.3 Diesel Generator trip** | | | | | | | |
| GE31 | Lube oil low pressure | 2.0 kg/cm2 | 12 | | | | | |
| GE32 | Overspeed | 810 | 12 | | | | | |
| GE33 | Cool. Water out high temp. | 90 $^0$C | 12 | | | | | |
| | **No.3 Diesel Generator alarm** | | | | | | | |
| GE34 | Lube oil inlet pressure, low | 2.5 kg/cm2 | 12 | | | | | |
| GE35 | C.F.W. inlet pressure, low | 1.7 kg/cm2 | 12 | | | | | |
| GE36 | Starting air pressure, low | 15 kg/cm2 | 12 | | | | | |
| GE37 | C.F.W. outlet, high | 85 $^0$C | 12 | | | | | |
| | **Turbo generator trip** | | | | | | | |
| GE41 | Lube oil inlet low pressure | 0.5 kg/cm2 | 12 | | | | | |
| GE42 | Over speed | 3960 RPM | 12 | | | | | |
| | **Turbo Generator alarm** | | | | | | | |

Vessel Name

Master/Chief Engineer:　　　　　　　　Date:　　　　　　　　Form No.

| | | | | | | | | |
|---|---|---|---|---|---|---|---|---|
| GE44 | Lube oil inlet low pressure | 0.7 kg/cm2 | 12 | | | | | |
| GE45 | Lube oil inlet temp high | 50℃ | 12 | | | | | |
| | Emergency Diesel Generator trip | | | | | | | |
| EG11 | Over speed | 2016 RPM | 12 | | | | | |
| EG12 | Lube oil inlet low pressure | 2.5 kg/cm2 | 12 | | | | | |
| EG13 | C.F.W. outlet high temp. | 94℃ | 12 | | | | | |
| | Oily bilge separator test | | | | | | | |
| MP11 | Oil content high alarm | 15ppm | 12 | | | | | |
| MP12 | Magner valve actuated | Actuate | 12 | | | | | |
| | Inclnerator test | | | | | | | |
| MP21 | Flame failute | Flame fail | 12 | | | | | |
| MP22 | Low waste oil temp | 60℃ | 12 | | | | | |
| MP23 | High waste oil temp | 95℃ | 12 | | | | | |
| MP24 | Low waste oil pressure | 1.7 kg/cm2 | 12 | | | | | |
| MP25 | High waste oil level | Actuate | 12 | | | | | |
| | Level alarm | | | | | | | |
| MP31 | Fuel oil overflow tank, HI | Actuate | 12 | | | | | |
| MP32 | Fuel oil studge tank, HI | Actuate | 12 | | | | | |
| MP33 | Fuel oil drain tank, HI | Actuate | 12 | | | | | |
| MP34 | Bilge tank, HI. | Actuate | 12 | | | | | |
| MP35 | Separated bilge oil tank, HI. | Actuate | 12 | | | | | |
| MP36 | E/R after bilge tank, HI. | Actuate | 12 | | | | | |
| | Fire Deteetor System test | | | | | | | |
| FA11 | Wheel house (Manual push button) | Actuate | 12 | | | | | |
| FA12 | No. 4 Bridge deck | Actuate | 12 | | | | | |
| FA13 | No. 3 Bridge deck | Actuate | 12 | | | | | |
| FA14 | No. 2 Bridge deck | Actuate | 12 | | | | | |
| FA15 | No. 1 Bridge deck | Actuate | 12 | | | | | |
| FA16 | Upper deck | Actuate | 12 | | | | | |
| FA17 | Stair way | Actuate | 12 | | | | | |
| FA18 | Pipe duct (Return air) | Actuate | 12 | | | | | |
| FA19 | Elevator | Actuate | 12 | | | | | |
| FA20 | Engine casing | Actuate | 12 | | | | | |
| FA21 | Upper engine flat | Actuate | 12 | | | | | |
| FA22 | Work shop | Actuate | 12 | | | | | |
| FA23 | Lower engine flat | Actuate | 12 | | | | | |
| FA24 | Engine control room | Actuate | 12 | | | | | |
| FA25 | Purifier room | Actuate | 12 | | | | | |
| FA26 | Main floor (Stbd) | Actuate | 12 | | | | | |
| FA27 | Main floor (Port) | Actuate | 12 | | | | | |
| FA28 | Steer gear room | Actuate | 12 | | | | | |
| FA29 | Emergency encape trunk from E/R | Actuate | 12 | | | | | |

Vossel Name

Muster/Chief Engineer　　　　　　　　Duto　　　　　　　Form No.

# 第十五章 船上庫存管理與預算編列

## 第一節 補給申請作業

### 一、補給品項目

#### （一）燃油

指主機發電機及鍋爐用油。

#### （二）淡水

船員飲用及洗濯用水。

#### （三）滑油

含主機汽缸油、主機副機及甲板機械用之滑油、牛油及液壓油。

#### （四）物料

含船員日用品（伙食除外）甲板、輪機部保養用之材料、工具、鋼索、纜繩等。國際物料供應協會（International Store Supply Association, ISSA）已編彙成冊物料目錄，船上物料申請均依該目錄之資料填具申請單。

#### （五）備件

系指主機、副機、甲板機械及電機等零組件均屬備件。申請備件須書明料號、規格及數量，並註明何種機器，機器之製造商名稱、機器型號、機器製造序號等資料。

#### （六）油漆

指保養用油漆，進塢用油漆於塢修時申請。

#### （七）化學品

輪機部用以處理冷卻水、燃油和清洗用之化學品。

## 二、申請作業

### （一）燃油

定期航線船舶由船長以電報或傳真向物料管理單位申請，作定期船舶則油物料管理單位決定供應數量及港口並電告船長按時簽收。

### （二）淡水

船長直接向港口代理行提出申請所需淡水噸數，靠港口補充。

### （三）滑油

船長以電報向公司申請，公司安排在港供應。

### （四）物料、備件、油漆、化學品

船上填具申請單向物料管理單位申請，經審核後安排補給。

## 三、各項補給作業流程

### （一）燃油供應作業流程

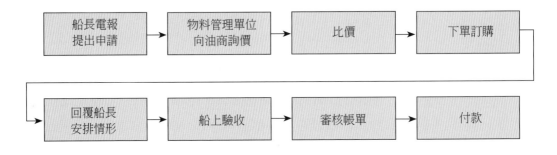

### （二）滑油供應作業流程

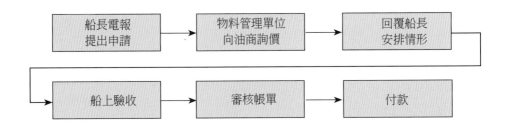

主機、副機所用之滑油於造新航時已確定滑油供應商，並繼續延用，除非所

用滑油品質有問題，否則不會中途更換滑油供應商。

　　滑油售價折扣率亦已於新造船或購現成船時即已與滑油供應商談妥，故不需詢價及比價過程。

（三）油漆、化學品供應作業流程

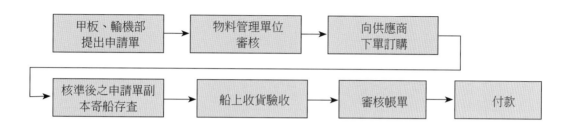

　　油漆與化學品於新造船或購現成船時即已確定供應商，並繼續延用，除非品質有問題，否則不會更換供應商。

　　油漆、化學品售價折扣率亦已於新造船或購現成船時即已談妥，故不需詢價、比價過程。

（四）物料、備件供應作業流程

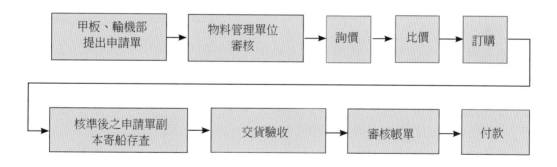

## 四、申請補給間距

　　因航線、航程、停靠碼頭、船況、公司預算等因素，各公司採用之補給間距均有差異，可採彈住方式或固定方式執行補給作業。不論採用何種方式，船舶航行安全必須為第一考量。

### 五、船上補給品申請實例

請參閱附件15-1及15-2。

## 第二節　船上補給品之分類

船上補給品種類繁多，如不統一其名稱及規則，則對公司，船上及供應商而言均難以溝通。國際物料供應協會（ISSA）已將補給品（Ship Stores）分為31類及統一規格，並編印成冊，供各方應用。摘要如下：

1. 被單類（Cloth and Linen Products）

   床單，床墊，枕頭，毛氈，餐巾，窗簾，餐桌布。

2. 廚房用具類（Table Ware and Galley Utensils）

   餐桌道具，餐具盆，餐盤，酒杯，碗類，夾子類，咖啡壺等。

3. 衣著類（Clothing）

   手套，安全鞋，雨衣，工作服，防寒衣帽等。

4. 纜繩類（Hawsers and Rope）

   馬尼拉繩，化學纖維繩，樹脂繩，鋼纜，鋼絲吊索等。

5. 裝貨用具類（Rigging Equipment）

   各類接圈，鬆緊螺絲扣，鋼絲夾，馬尼繩嵌環，錨鍊等。

6. 油漆類（Marine Paint）

   各種船用油漆，油脂類，防滑塗料，船底含鉛塗料等。

7. 油漆用具類（Painting Equipment）

   噴漆槍，噴嘴，高壓噴管，油漆攪拌機，空氣吹塵器等。

8. 救生滅火用具（Safety Equipment）

   救生筏，救生衣，救生圈，救生艇內配備，信號燈，救生繩發射器等。

9. 皮龍及接頭類（Hose and Couplings）

   橡皮水管，空氣導管，多類噴嘴，雙向開關，接頭等。

10. 航海儀器類（Nautical Equipment）

    對講機，天文鐘，氣壓計，六分儀，望遠鏡，信號旗，衛星通信裝置等。

11. 衛生及藥品類（Medicine）

    航用藥箱，多類藥品，多類醫療用品，擔架，外科縫合針等。

440

12. 石油產品類（Petroleum Products）

　　柴油，牛油，潤滑油，瀝青，膠著劑，防鏽劑等。

13. 文具類（Stationery）

　　筆記本，紙張，公文夾，各類筆，打字機，封箱膠布，電腦等。

14. 五金類（Hardware）

　　門把，鎖類，門止栓，椅子固定器，桿管及支架，滑鉤，網棚等。

15. 毛刷類（Brush and Mats）

　　各類油漆刷，油漆滾筒刷，手套，鋼絲刷，橡膠門墊等。

16. 盥洗用具類（Lavatory Equipment）

　　自閉式水栓，洗面盆，器，衛生紙架，化妝箱，鏡子等。

17. 清潔及化學用品類（Cleaning Material）

　　肥皂，洗衣粉，清潔劑，香劑，除臭球，地板臘，殺蟲劑等。

18. 電動及氣壓式工具類（Electrical and Pneumatic）

　　電動扳手，套筒，磨輪，鏟鏽鎚，除塵器，沖水機，電鑽等。

19. 一般作業工具類（Hand Tools）

　　套筒扳手組，多類起子，多類鉗子，剪刀，切割器，手鎚，刮刀，鋸等。

20. 切割鑽孔工具類（Cutting Tools）

　　直柄麻花鑽，鉸刀，螺紋攻，刀組，刀架，銼刀等。

21. 量測工具類（Measuring Tools）

　　內外卡規，內外徑分厘卡，馬達間隙尺，彈簧秤，轉速表，氣壓表等。

22. 鐵及非鐵類材料（Metal Sheets, Bars etc.）

　　鋼棒，角鐵，鐵絲，銅絲，鐵板，鋅板，鋼板，鋼絲等。

23. 螺絲、螺絲帽類（Screws and Nuts）

　　螺栓及螺帽，墊圈，掛鉤，楔形栓，鉚釘，開尾插梢等。

24. 管子類（Pipes and Tubes）

　　鍍鋅碳鋼管，不鏽鋼管，銅管，塑膠管，油壓碳鋼管等。

25. 管路裝具類（Pipe and Tube Fittings）

　　鐵管接頭，套管、管帽，法蘭盤，方頭止栓，膨脹接頭等。

26. 閥及龍頭類（Valves and Cocks）

　　球型及角型閥，空氣用球型及角型閥，止回閥，皮龍閥，蝶型閥，齒輪閥等。

27. 軸承類（Bearings）

　　滾球軸承，轉子軸承，針型轉珠軸承，軸承組等。

28. 電氣器具類（Electrical Equipment）

耐振燈泡，指示燈泡，日光燈，貨燈，燈罩，手電筒，電池，斷電器，警報器，保險絲，碳刷，電線等。

29. 迫緊及接合劑類（Packing and Jointing）

高溫高壓迫緊，水迫緊，皮迫緊，煞車皮，墊，密封劑，油封環等。

30. 電焊器具類（Welding Equipment）

高壓氣瓶，氣焊槍，噴嘴，焊條，熔接劑，面罩，手套等。

31. 船員康樂用品類（Welfare Items）

腳踏車，舉重用具，乒乓球，各種棋類，理髮用具，錄影機，衣著類等。

# 第三節　物料簽收與庫存管理

## 一、物料簽收

### （一）燃油

輪機人員於加油前與加油完成時必須仔細看清楚油駁上之油表指示，並計算出所收取燃油數量是否與簽收單數量相同。

### （二）滑油

如為散裝供應時，先看清加油前，加油後油駁油表之指示數，再計算出所收取之滑油數量並注意其規格是否與申請者相符。如為桶裝供應時則須注意包裝所示之滑油規格並仔細清點交貨數量。

### （三）油漆、化學品

注意取貨規格並仔細清點數量。

### （四）物料

注意取貨品質與規格並仔細清點數量。

（五）備件

注意取貨規格並仔細清點數量。

## 二、庫存管理

（一）燃油、滑油

每日量取油櫃之油位，注意油料存量並擬定下次加油計劃。

（二）油漆

1. 油漆必須存放在蔭涼、通風良好之室。其防火設備須符合國際海事組織（IMO）之規定。

2. 舊漆擺放於外側較易取得之處，領用時必須「先到先用，後到後用」原則，以免舊漆存放過久而變質。

3. 雙液型油漆（Two Pack）亦即樹脂類（EPOXY）油漆為主劑，硬化劑分開包裝者，領用時須注意不要用錯硬化劑，以免造成用漆問題，應切實依照使用須知執行。

（三）化學品

1. 存放位置與方法必須按照製造廠商之指示。

2. 有效期到期日較早之庫存品應先領用，如發現已過期之化學品則應依其指示處理。

（四）物料

物料入庫須歸位以便於拿取使用與清點。室內倉庫須保持良好通風及足夠照明設備。存放於室外之物料設法防止日曬、風吹、雨打而縮短使用時間。

（五）備件

備件存放須歸位以便於拿取使用與清點。易生鏽之備件須適度塗上防鏽油或牛油。隨時注意庫存量並及時補充備用品。

（六）油漆、化學品、物料、備件每日須更新庫存記錄並隨時掌控庫存量及瞭解耗用量是否正常。

## 第四節　船上補給品預算編列與監控

為確保船舶安全營運及環保並符合國際航港規章對船舶要求，物料管理部門需負責隨時監控屬輪物料、備件之供應情形，以達維護船舶、人員、機器、環保等正常運作之目的。

### 一、年度補給品預算

公司基於船舶航線、船識、船職、船員編制等，每年做出預算，以供船舶所需，並告知船長預算項目及金額。

### 二、船上庫存補給品提報

船上必項依公司規定報告燃油、滑油存量，如有異常消耗，公司須查明原因，以維持機器之正常運轉。船上油漆、物料、備件等庫存量應依公司規定定期提報存量。

### 三、公司代表不定期登輪盤存檢查

為確保船上補給品確實有效之管理，公司代表應不定期登輪作船上補給品之盤存檢查，加強船舶正常營運之維護。

# MATERIAL REQUISITION

粗框內由公司填寫

| Name of Ship | Builder Hull No. | Date of Order | Purchase Order No. |
|---|---|---|---|
| M.V. " MING CONTAINER" | 633 | | MCT-00-040-24 |

| Requisition No. | Page No. | Requisition Date | Processing by Supply Section |
|---|---|---|---|
| MCT-00-20D | 1 | 21-NOV-2000 | Purchaser :    Approved : 何    Date : 2000-12-08 |

Name of Supplier From Whom Material Are Ordered

五金號

( SASR )

Processing By Fleet Section
Reviewed : 吳   Date : 2000-12-4    Approved : Hsu   Date : DEC. 06, 2000

| Item No. | ISSA No. | Item Description | Unit | Quantity On Hand | Quantity Request | Quantity Ordered |
|---|---|---|---|---|---|---|
| 1. | 110902 | BARBER HAIR SCISSOR SET | Set | 0 | ✓ 1 | |
| 2. | 150282 | PILLOW | Pc | 1 | ✓ 2 | |
| 3. | 150286 | PILLOW CASE 29 - 1/2" (749 mm) x 20" (508 mm) | Pc | 0 | ✓ 20 | |
| 4. | 150306 | WOOL BLANKET 150 cm x 200 cm, BLUE | Sht | 0 | ✓ 4 | |
| 5. | 150330 | BLANKET'S COVER, WHITE 60" x 80" ( 1524 x 2032 mm ) | Sht | 0 | ✓ 4 | |
| 6. | 150462 | COOK'S APRONE | Pc | 0 | ✓ 3 | |
| 7. | 150501 | CANVAS LAUNDRY BAG | Pc | 0 | 2 | |
| 8. | 150527 | COAT HANGER, G.I. | Pc | 10 | ✓ 30 | |
| 9. | 150601 | BATH TOWEL 27 " x 54 " WHITE | Pc | 2 | ✓ 28 | |
| 10. | 150606 | FACE TOWEL WHITE   Doz | Pc | 24 | ✓ 150 | 13 |
| 11. | 150621 | DUSTER CLOTH | Sht | 0 | ✓ 20 | |
| 12. | 170162 | TABLE SPOON, STAINLESS STEEL, L = 198 mm | Pc | 0 | ✓ 12 | |
| 13. | 170235 | COFFEE SPOON, STAINLESS STEEL, L = 118mm | PC | 0 | ✓ 15 | |
| 14. | 170169 | FRUIT KNIFE | Pc | 0 | ✓ 12 | |
| 15. | 170434 | TEA POT 0.9 Ltr | Pc | 0 | ✓ 2 | |
| 16. | 170625 | TUMBLER, HI - BALL ( WATER GLASS ) 190 cc | Pc | 0 | ✓ 12 | |
| 17. | 170626 | TUMBLER, HI - BALL ( WATER GLASS ) 310 cc | Pc | 0 | ✓ 12 | |
| 18. | 171090 | TOOTH PICK, 100's x 20 Pkt x 1 Bag | Bag | 0 | ✓ 1 | |
| 19. | 171095 | TOOTH PICK STAND | Pc | 0 | ✓ 4 | |
| 20. | 171232 | THERMOS BOTLE 1.6 Ltrs | Pc | 0 | ✓ 3 | |
| 21. | 171431 | COMPARTED TRAY, STAINLESS STEEL, SMALL | Pc | 0 | ✓ 5 | |
| 22. | 171457 | PAPER NAPKIN 3600 's / Ctn | Ctn | 2 | ✓ 6 | |
| 23. | 171986 | PAN, SAUCE, STAINLESS STEEL 180 x 100 mm | Pc | 0 | ✓ 2 | |
| 24. | 171989 | PAN, FRYING 14" ( 355 mm ) | Pc | 0 | ✓ 1 | |
| 25. | 171990 | PAN, FRYING 18" ( 457 mm ) | Pc | 0 | ✓ 1 | |

| Endorsed By Ship's Master | Requested By Ship's Department Head |
|---|---|
| Name : CAPT. (In Block Letter)   Signature : | Name : (In Block Letter)   Dept. DECK   Signature : |

ISSUE DATE : 18/JUN/1997

Form No. QF-VSL-96-43 (B)

附件15-2

## MATERIAL REQUISITION

| Name of Ship | | Builder Hull No. | | Date of Order | Purchase Order No. |
|---|---|---|---|---|---|
| CHINA | | 591 | | 24th November 2000 | CAT-00-516-33 |
| Requisition No. | Page No. | Requisition Date | | Processing by Supply Section | |
| CAT-00-42-E | 1 | 4th, Nov. 2000 | Purchaser: 莊 | Approved: 楊 Date: 2000-11-20 | |
| Name of Supplier From Whom Material Are Ordered | | | Processing By Fleet Section | | |
| EUROPARTS ENGINEERING & SUPPLIES CO., LTD. - U.K. | | | Reviewed: Wu Date: 14th Nov. 2000 | Approved: Hsu Date: Nov 20. 2000 | |

| Applicable Equipment Data | Other Specifications, if Any |
|---|---|
| Equipment Name: ALFA-LAVAL Lub-oil Purifier MOPX207 SGT-14-60 | |
| Maker: ALFA-LAVAL MARINE & POWER. | |
| Type or Model No.: MOPX207 SGT-14-60 | |
| Serial No.: _____  Drawing No.: 0921B | |

| Item No. | Part No. | Item Description | Unit | Quantity On Hand | Quantity Request | Quantity Ordered |
|---|---|---|---|---|---|---|
| | | **Sectional View of Feed Pump Sub.Ass,No.538721-84** | | | | |
| | | 4350 l/h, 60HZ | | | | |
| 1. | P/N:526136-02 | Impeller. | Pc | Nil | 1 | 1 |
| 2. | P/N:538539-02 | Impeller. | Pc | Nil | 1 | 1 |
| 3. | P/N:223521-12 | Seal Ring. | Pcs | Nil | 4 | 4 |
| 4. | P/N:538574-80 | Flexible Coupling. | Set | Nil | 2 | 2 |
| 5. | P/N:538574-02 | Tooth Rim. | Pcs | Nil | 4 | 4 |
| 6. | P/N:38685 | Glass Disc (for L.O). | Pcs | Nil | 2 | 2 |
| 7. | P/N:37167 | Rectamgutar Ring | Pcs | Nil | 2 | 2 |
| 8. | P/N:535743-04 | Wear Gasket. | Pcs | Nil | 4 | 4 |
| 9. | P/N:223406-40 | O-ring. | Pcs | Nil | 2 | 2 |
| | | **Sectonal View of Solenoid Valve Block, Water** | | | | |
| | | Solenoid Valve Repair Kit,Article No.1763455-88, Series No.HH2399C | | | | |
| 1. | | Diaphragm for solenoid valve. | Pcs | Nil | 6 | 6 |
| 2. | (Item/No.4) X | Flow Valve (Ocean 3 DN15) for H.P. water system(H) | Pcs | Nil | 4 | 4 |
| | MV15 176289484 | | | | | |

| Endorsed By Ship's Master | Requested By Ship's Department Head |
|---|---|
| Name: SHIH (In Block Letter) | Name: LIN, (In Block Letter)  Dept.: ENGINE |
| Signature: | Signature: |

Form No. QF-VSL-96-43 (A)

# 第十六章 船上訓練與操演

## 第一節　船上訓練之意義

　　船上訓練分專業職務熟悉訓練及安全訓練，其訓練的目的與價值分別敘述如下：

1. 熟悉船舶的特性與工作特質，免於生疏而造成作業的失誤與不當。
2. 專業上不斷予以訓練使技能更加純熟，加強船上運作之績效。
3. 培訓新進人員、為公司或船上儲備人才。
4. 熟悉裝備之使用，經常之操演與訓練，使船員確知各種裝備之正確使用方法及其最有效之使用程序。
5. 瞭解緊急時組織之重要性，僅賴裝備與知識，於危急時機正確迅速使用尚嫌不足，應急部署並分派職務等組織仍為必需。平時之訓練除養成緊急時之組織能力，並瞭解如何配合各不同之危急情況之組織作彈性之安排。
6. 裝備之保養，操演除訓練以增加應付危急情況之技能外，亦為平日裝備保養手段之一。
7. 增加應急之信心，平日操演可增強船員處理緊急情況之信心。
8. 符合國際公約相關規定，可順利通過各港口國之檢查。

## 第二節　船上安全訓練與操演

### 一、船上訓練的種類

1. 滅火。
2. 棄船。
3. 求生。
4. 緊急無線電及應急指位無線電示標。
5. 拋纜器之使用。
6. 緊急舵之操作。

7. 救生。

8. 防盜。

9. 傷患搜索、搬運及急救。

10.密閉空間作業。

## 二、棄船及救生操演及訓練注意事項

（一）棄船部署表及應急說明

　　部署表內應有警報發出之明確規定，如用電力警鈴汽笛或相關發聲設備，經由船上正常供應動力系統或緊急系統發出七短以上之短聲，並加一長鳴。該信號在船員住艙及日常工作空間都可聽到。

（二）部署表應說明指派予不同船員之任務，包括：

1. 關閉各水密門、防火門、閥、排水口、舷窗、天窗、舷側開口及其他在船上之類似開口。

2. 裝備救生艇筏及其他救生設備。

3. 救生艇筏之準備下水。

4. 其他救生設備之一般準備。

5. 旅客之召集。

6. 通信設備之使用。

（三）部署表應說明在緊急情況時所指派船員與旅客有關之任務。該任務包括：

1. 警告旅客。

2. 查看各旅客已適當穿著，並已正確穿著救生衣。

3. 於召集站集合旅客。

4. 維持各走道及梯道之秩序，並經常管制旅客之行動。

5. 確保毛毯之供應並已攜至救生艇筏。

（四）部署表應於船舶出海前備便，如任何船員有變更需要修改部署表時，船長應改正該表或另換新表。

（五）客船所用部署表之格式應經核定。

（六）召集與演習之實施

1. 每一船員每月至少應參加一次棄船演習及一次滅火演習。如在每一船舶上超過百分之二十五船員未參加前一個月該船棄船及滅火演習，則應在離港前二十四小時內舉行船員演習。

2. 從事國際航線而非短程國際航線之船舶，旅客之召集應在旅客登船之後二十四小時內舉行之。指導旅客使用救生衣及在緊急時應採之行動。

3. 從事短程國際航線之船舶，如在發航後未舉行旅客召集者，應促使旅客了解下列事項：

    (1) 船上每一人員在緊急情況時應遵循事項之明白說明。

    (2) 以適當語文製作之圖解及說明應張貼於旅客房間，並應明顯的展示於召集站及其他旅客活動空間，以告知旅客召集站位置，其在緊急情況應採取之重要行動及穿救生衣之方法。

（七）棄船裝備及保養

1. 演習動作之說明、標示、操作準備、保養及檢查

    在救生艇筏及其控制下水處，應有明顯的操作設備程序及有關指示或危險警告說明，在夜間緊急照明燈下，亦能看清楚，如使用圖號應為大家所熟悉者。

    在船舶離港前及在航行中任何時刻，所有救生設備應處於良好狀態，並備便立即可用。所有救生筏艇、救難艇、下水設備及個人救生設備，平時應定期保養檢查，演習前還要作徹底檢查，確實可立即使用，防止意外危險發生。

2. 吊索保養

    用於下水之吊索應不超過三十個月之間隔掉頭一次，並依該吊索磨損程度，或不超過五年之間隔，二者中以較早者為準予以換新。

3. 零件與修理設備

    救生設備及其組件損耗過度及需定期更換之零件與修理設備應予置備。

4. 每週檢查

    所有救生艇筏、救難艇及下水設備應做目視檢查，以確定立即可使用。

    如周圍溫度比救生艇及救難艇引擎規定之最低啟動溫度為高，則所有引擎應正車與倒車運轉，運轉總時間不少於三分鐘。一般應急警報系統應予試驗。

5. 每月檢查

    檢查救生設備包括救生艇之裝備，以確定係完整並處於良好狀態，檢查報告應記入航海記事簿。

6. 充氣救生筏、充氣救生衣及已充氣救難艇檢查

　　每一充氣救生筏及救生衣應不超過十二個月之間隔予以檢查，但在呈現正常與合理之情況下，主管機關得准延至十七個月。

　　應在經核准具有資格從事該項檢查之服務站檢查，該服務站具有適當之檢查設備，並限於經適當訓練之人員。

　　已充氣救難艇之所有修理與保養，應依製造者之說明書實施。應急修理得在船上實施，但永久之修理應在核定之服務站為之。

7. 水力釋放組件之定期服務

　　不超過十二個月應予檢查，但在其呈現正常及合理之情況下，主管機關得准延至十七個月。

　　應在經核准具有資格從事該項檢查之服務站檢查，該服務站具有適當之檢查設備，並限於經適當訓練之人員。

8. 上述各項檢查之時間及情況，應在檢查紀錄簿中予以記載。

（八）棄船演習之實施

1. 訓練手冊之詳細說明：

　　訓練手冊為每一船舶應具備者，平時放置於船員餐廳，或休息室或每人房間，內容包括該船所備救生設備及求生最佳方法之說明與資料，每次棄船操演前分別將下列各項，予以詳細說明。

2. 訓練手冊內容

　　(1) 適當穿著救生衣及浸水衣。

　　(2) 指定之召集站集合。

　　(3) 登入艇筏，下水及離開救生艇筏及救難艇。

　　(4) 在救生艇筏內下水之方法。

　　(5) 對下水設備之釋放方法。

　　(6) 在適當時機使用設備，來保護在下水區之方法。

　　(7) 下水地區之照明設備。

　　(8) 一切求生設備使用方法。

　　(9) 對救生艇筏位置探測設備之使用。

　　(10)以圖解協助說明無線電救生設備之使用。

　　(11)海錨之使用。

　　(12)引擎及其屬具之使用。

(13)救生艇筏及救難艇之收回，包括儲置及固定。

(14)暴露在寒冷中之危險，及所需之保溫衣。

(15)為求生之成功，應善用救生艇筏。

(16)人員被救回岸之方法，包括直升機救難裝置（吊索、吊籃、擔架）短褲型救生具，與岸上救生設備及船舶拋繩器之使用。

(17)部署表及應急說明上之其他職責。

(18)救生設備應急修理之說明。

（九）救生裝備及機器操作及在船訓練及講授

　　包括求生艇筏艤裝品使用之與船上救生設備有關之在船訓練及講授，應儘早實施且不遲於船員上船服務之後兩星期內為之。但如該船員係定期輪派上船服務者，本項訓練應在其第一次上船服務後之兩星期內為之。對船上救生設備及海上求生術之說明，應與演習相同間隔期間實施之。每次講授得包括船上救生設備之不同部分，但在任何兩個月之期間內應包括所有船上之救生設備。對每一船員之講授內容包括但不限於下列各項：

1. 船舶充氣救生筏之操作及使用。

2. 體溫過低問題，體溫過低之急救處理及其他適當之急救程序。

3. 在惡劣天候及惡劣海象下，必須使用船舶救生設備之特別講解。


## 三、船舶滅火演習

1. 每一位船員每月至少應參加一次棄船演習及一次滅火演習，如在一特定船舶上，超過百分之二十五的船員未參加該船前一個月之棄船及滅火演習，應於該船駛離港二十四小時以內實施。實行召集日期及船上所舉行滅火演習與訓練之詳細情況，應記入航海記事簿內。

2. 每次滅火演習應包括：

   (1) 滅火站報告及依規定滅火部署表中所述之任務。

   (2) 啟動滅火泵，至少射出兩股規定之水柱以顯示該系統係處於正常工作狀況。

   (3) 檢查消防員裝具及其他人員救難設備。

   (4) 檢查相關之通信設備。

   (5) 檢查水密門、防火門與防火堰板之操作情況。

   (6) 檢查棄船之必須裝置。

（一）在船訓練與講習

1. 在船訓練與講習船上滅火設備之使用方法，與間隔時間應與演習相同。每次講解得包括船上滅火設備之不同部分，但船上所有滅火設備應於兩個月之期間內講解完畢，每位船員應依其指定任務作必要之講解。

2. 滅火設備之可使用性。

3. 滅火設備應保持良好狀態並能在任何時刻立即可供使用。

4. 演習中使用過之設備應立即回復至完全可操作之狀況，在演習中所發現之任何缺失應儘早修復。

5. 在船滅火訓練與演習之最低標準。

6. 船舶所有人與營運人應採取措施以改善在船上應急程序中船員之作為，人之因素最為重要。每位船員均應經指導認識應急組織程序之重要，並應認真的在此組織程序中擔任其角色。對於每位受僱之船員應給予指導以凸顯此作業之重要性。

（二）在船訓練項目

1. 船舶指揮站、火災控制圖與召集站之目的與意義。

2. 每一個人所指派之任務與所發給之設備。

3. 船舶各種警報之意義。

4. 在船複習訓練，包括講解、訓練教材與設備示範，包括對防火方法之警告，由於船上一般物料（油漆、烹飪用油、潤滑劑等）所生之危險及急救技術（燙傷、骨折、人工呼吸）。

5. 學習應急組織及程序範圍內之操作，包括各人適當之上司、同事與部屬一起之操作，及對負責人員領導能力之訓練。

6. 講解船舶防火設計特性之目的及要求船上火警巡邏之目的。

7. 關閉通風扇、燃油、滑油之操作方法與位置，手動火警警報箱與船上滅火設備及防火門及通風堰板之操作方法與位置。

（三）滅火之演習訓練

1. 船員如何單獨撲滅小火災。

2. 涉及危險貨品、電器設備及液態碳氫化合物火災時滅火所需之特別措施。

3. 船上滅火設備（如水龍帶、噴嘴、輕便與半輕便滅火器、太平斧）之使用，包括演習後之收拾乾淨與儲存。

4. 由滅火系統所生之危險，如二氧化碳系統之排放。
5. 呼吸器、消防員裝具及個人裝備包括救生索與防火衣之使用。

## 四、進入密閉空間作業訓練

### （一）專業人員及負責官員之職責

1. 被指定之專業人員必需有能力評估，測試是否會產生危險氣體存在於艙區，同時該人員也需具備專業知識與經驗。評估亦包括任何將會遭遇之潛在危害，也必須考慮來自鄰區或不相連艙區所會帶來之危險。
2. 當進入有潛在危險艙區作業時，必先指定一位負責官員，此負責官員亦可是該專業人員同一人。
3. 負責官員必須決定專業人員之評估程序並予遵行。
4. 進入艙區之人員不會有健康或生命之危險。
5. 如無立即危險，但為考慮工作中將產生危害，故須隨時測試其中之空氣。
6. 如有立即危險，必須遵照艙區空氣不安全方式處理。

### （二）進入封閉艙區前之安全措施

1. 當開啟密閉艙區準備進入前，應注意有可能宣洩之壓力及噴出之氣體。
2. 通往艙區管路或孔道之閥門需要關閉，以防止危險物質侵入，該閥門亦需標示「不得開啟」之警告。
3. 艙區有必要時，需加以清洗以免殘留之危險物導致危險。
4. 艙區需全面通風，使有害氣體或缺氧空氣不再存留，但壓縮氧氣不得作為通風之用。
5. 駕駛台、甲板、機艙或船貨控制台等處之值班人員，需與艙區作業配合，諸如通風不靈，設備故障或閥門無法開啟等情事發生時，可予支援及排除。
6. 有關之設備與開關，需標以適當之警示牌。
7. 當要進入危險艙區作業時，必要時得暫停抽排或貨物作業，以策安全。

### （三）進入封閉艙區之空氣測試

1. 人員在訓練使用設備時，需先測試該艙區之空氣。
2. 設備在使用前需適當調整。
3. 進入艙區前及其後之固定期間，需經常測試空氣。

4. 進入艙區前之空氣測試需以搖控方式為之，如不可能時，有關人員務必清除所有可能存留之危險氣體，以策安全。

5. 空氣測試需以不同需要之標準實施。

6. 負責監測人員，不得僅以缺氧及含有過多碳氫化合物之方式，來決定是否可安全進入危險艙區。

（四）進入封閉艙區時之程序及措施

1. 艙區於工作期間及暫休時，均需不斷通風，如通風系統停止時，所有人員均立即離開。

2. 工作期間，空氣需定時檢測，如發現變壞時，所有人員需立即離開。

3. 如有意外困難或危險發生時，所有人員需立即離開，該情況需重新評估。

4. 如工作人員感覺任何不適時，需先通知備便於入口處人員，並隨即離開。

5. 在意外事故時，救生帶需可方便卸除。

6. 緊急情況時，需使用警鈴，以立即通知救援隊。

（五）進入空氣有問題或已知不安全時之必要措施

1. 當空氣有問題或要帶呼吸器時，必須實施「除氣」，除非是為了船舶或人員生命安全外，方可嘗試進入，但工作人員要儘量減少。

2. 呼吸器應全程使用，在艙區不潔之空氣中，不宜使用復甦器。

3. 除非是緊急狀況，或艙區內工作有嚴重妨礙時外，需配戴於呼吸使用者之空氣供應管，應不斷地自外供應空氣，如係自攜式空氣，於需要更換時。必須立即離開艙區。

4. 自外供應呼吸器空氣時，如空氣係由機艙輸送時，安全人員要特別注意。

5. 如在艙區內工作時間不長，同時該工作人員在發生危急時，可立即撤離的情況下，才可使用單一空氣管。

6. 救生帶必需穿著，並使用救生索，另一受過訓之人員，備便於入口處，以便扯吊遭遇危險的人，該扯吊設備亦需事前檢查。

7. 必須使用安全合格防爆手提燈，或其他電力設備。

8. 當有毒化學液體及揮發氣體存在時，必須穿著個人安全防護衣。

9. 依據每個船舶之人力與設備不同而預先安排一項有關陷於危險艙區人員之救援計劃，同時也要考慮如何將其搬運至最近之安全地帶。

10. 位於入口處之人員，如發覺在艙區工作人員，通報空氣不良時，應立即鳴警並

在救助人員未到前，以及未穿戴好呼吸器，救生帶及救生索時，均不得冒險進入救人。

11. 艙區工作人員如發現空氣供應之空氣不良時，應立即檢查空氣壓力是否正常。

12. 不能工作受傷之人員必須盡速離開艙區，除非其傷重不能移動，諸如背骨折等，才可當場先予急救處理，但緊急輸氣管，需先要準備妥當。

（六）呼吸器及復甦設備

1. 使用呼吸器人員，需經專人指導。

2. 船長或官員及要進入艙區人員，必須依照製造廠商之建議程序，檢查設備如下：

   (1) 空氣充分而潔淨且壓力適宜。

   (2) 壓力下降時警示正常。

   (3) 面罩穿戴正確，空氣流暢且空氣缺氧或毒氣不致吸入，臉上頭髮或其他東西，不得影響面罩氣密。

3. 除非是特別危急時，呼吸器不可與人交換使用。

4. 在工作中，當有外供應之空氣失效時，自攜式空氣，需隨時備用。

5. 當在危險艙區時

   (1) 任何人不得卸除呼吸器。

   (2) 任何人不得卸除呼吸器，除非是拯救該人生命。

   (3) 當有人要進入危險艙區時，需備便復甦器，如船舶在海上時，更應配備其他必要之設備，如無該裝備時，行動必須取消。

（七）裝備之保養及訓練

1. 進入危險艙區或於緊急情況時，所有呼吸器、救生帶、救生索、復甦器或其他器材，必須經由專人維修及定期檢查，以確保可正確使用。檢查與測試需作成紀錄，呼吸器於使用前後，均需檢試。

2. 測試危險艙區之儀器，需保持良好使用狀況，如可行時，尚需定時保養及調整，製造廠商之建議及說明必須遵行。

3. 船東必需提供船員，有關進入危險艙區，必要之訓練、指導與資訊，包括：

   (1) 認清狀況以及導致危險氣體存在之可能因素。

   (2) 瞭解進入危險艙區時，所會帶來之危害以及注意事項。

   (3) 適當而小心使用進入危險艙區之裝備及防護衣。

(4) 危險艙區救援及操演。

## 五、人員落水救生之訓練

在航行之船舶，如果發現有人落水，應即向落水人員附近丟下救生圈或其他能漂浮的東西，並以滿舵向落水人員之一側。同時以國際信號「O」鳴三長聲，放汽笛並掛「O」旗以警告附近之船舶。

盡可能保持落水人員在視線之內，若能再拋入第二個救生圈或一顯著之可浮物體，將可做為垂標之作用。第一個丟入水中之救生圈應為具有自燃燈及自動發出煙霧信號之救生圈。

經滿舵迴轉360(後船不會回至人員落水之地方。操船回至人員落水位置之方法如下：

### （一）單迴轉（Single Turn）法

單迴轉法為白天最迅速回至落水人員處最快速之方法。其操船法係把滿舵至落水員之一側，至船已迴轉180(以後減低船速至15節以下，至距水中人約450碼處改用半速倒車。待船抵落水人員處，船已停止，放出應急小艇，並將落水人員迅速撈起，如圖16-1所示。

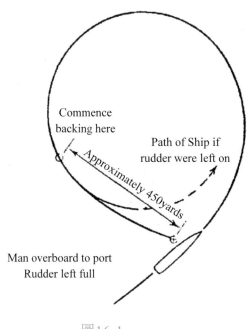

圖16-1

## （二）雙迴轉（Double Turn）法

　　此法可使船回至落水人員之位置。其操船法係把滿舵至落水人員之一側，至船迴轉180(時穩住於原航向之反方向上數分鐘，待速度穩定後，再依同一方向把滿舵，即可回至原來之航線上，如圖16-2所示。

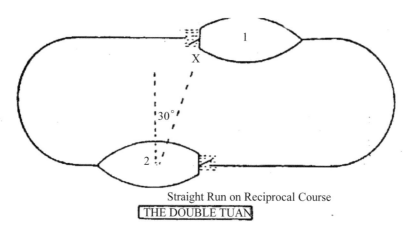

Straight Run on Reciprocal Course
**THE DOUBLE TUAN**

圖16-2

## （三）威廉遜（Williamson Turn）法

　　此法亦可使船回至落水人員之位置。其操船法係當發現有人落水時，作滿舵至人落水之一舷，待航向與原航向相差60°時，改作滿舵至相反之一舷，此時船慢慢的停止向右轉，待其開始向左轉時，船剛好與原航向相差90°，此後船繼續依新方向迴轉，至原航向相反方向為止。如圖16-3所示。

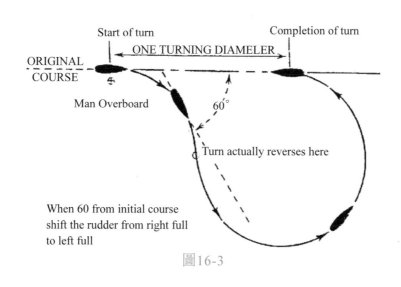

Start of turn　　　　Completion of turn
**ONE TURNING DIAMELER**
ORIGINAL COURSE
Man Overboard　　　　60°
Turn actually reverses here
When 60 from initial course shift the rudder from right full to left full

圖16-3

# 第十七章 港口國管制檢查

「港口國管制（Port State Control；PSC）」一詞之所以引人關注，應朔自一九七八年三月七日之Amoco Cadiz號油輪之擱淺事件，該事件之結果共洩出二十三萬噸油，乃使歐洲之十四個國家，包括比利時、丹麥、芬蘭、法國、德國、希臘、愛爾蘭、義大利、荷蘭、挪威、葡萄牙、西班牙、瑞典及英國之海軍當局，於一九八〇年十二月在巴黎集會，採納了一項宣言，強調需要加強海上安全、保護海洋環境及改善船上生活與工作條件。嗣候並於一九八二年一月再度於巴黎集會時，通過採納一份歐洲港口有關船舶安全之新協定－巴黎備忘錄（Paris Memorandum），因該備忘錄之正式名稱為European Memorandum of Understanding on Port State Control故簡稱為Paris MOU。該備忘錄已於一九八二年七月一日起實施。在該備忘錄生效之後另有波蘭加入，此外尚有加拿大、克羅埃西亞、日本、俄羅斯及美國等五國參加合作。

## 第一節 港口國管制之緣由及運作

為確保海上人命之安全及防止海水污染，國際間所締訂有關船舶安全與防止污染之國際公約中，均曾規定船舶及其設備應施行檢驗並發證。但吾人可理解者，任一船旗國政府欲藉其本身之力量確使經檢驗之船舶，隨時均能保持於檢驗當時之狀況，亦即隨時仍能符合公約之有關規定，事實上仍有其困難。因依公約規定平均每年才檢查一次，何況某些船舶甚至經年累月航行於國外，難有回國接受檢驗之機會，雖此一問題可由該國政府派員至國外港口，或委由經其授權之船級機構代為檢驗而獲得部分之解決，但平均每年一次之檢驗，根本不可能達到完全連續有效管制之目的。因此，各有關國際公約乃作明文規定由船舶所靠泊之港口國當局實施管制之程序。

例如一九六〇年及一九七四年海上人命安全國際公約附錄第一章規則十九即規定：「船舶持有依據本章規則十二及規則十三規定所發之證書者，在其他締約國政府之港口內，應受各該政府授權官員之管制，該項管制在查明船上已具備有效之證書，除非有明顯之依據可認該船或其設備與證書相關之事項實質上不符者

船舶管理Ship Management

外，該證書應予承認。在該情況下，執行管制之官員應採取步驟確定該船是否能在航行中不致危及其旅客及船員之安全，否則即不得出航。因本項管制之官員應將其必須予以干涉行動之各種情況，以書面通知該船籍國之領事，並應將事實報告國際海事組織。」

簡言之，所謂之港口國管制，就是各國之航政主管機關為確保在其港口之外國籍船舶能符合有關國際海事安全及防止污染公約而對該等船舶所施行之檢查。其目的在根除於全球從事航運之次標準船（Substandard Ships）。而所謂之次標準船，通常係指該船舶之安全有問題，或該船之狀況能造成海洋環境之威脅，或該船之狀況可能危及船上船員之福利者。

巴黎備忘錄自一九八二年七月一日實施以後，其成效相當卓著，因而拉丁美洲各國在一九九二年十一月初在智利舉行地區性會議，亦仿巴黎備忘錄之模式由阿根廷、巴西、智利、哥倫比亞、厄瓜多爾、墨西哥、巴拿馬、秘魯、烏拉圭及委內瑞拉等十個海運國家簽署一項有關港口國管制之合作協議。

在拉丁美洲地區國家簽署港口國管制協定之時，亞洲太平洋區域之海事國家亦依據國際海事組織第十七屆大會A.682（17）號決議案舉行了三次預備會議，冀能合作實施港口國管制，第四次預備會議於一九九三年十一月二十九日至十二月三日在東京召開之後，卒由澳洲、加拿大、中共、斐濟、印尼、日本、馬來西亞、紐西蘭、巴布亞新幾內亞、菲律賓、南韓、俄羅斯、新加坡、所羅門群島、泰國、萬那杜、越南、及香港等十八個國家與地區簽署一項「亞太區域對港口國管制之備忘錄（The Memorandum of Understanding on Port State Control in the Asia-Pacific Region）簡稱為Asia-Pacific MOU亦稱東京備忘錄（Tokyo MOU）」。而該東京備忘錄亦已於一九九四年四月一日起生效實施。

除歐洲地區、拉丁美洲地區及亞太地區三個重要之港口國管制系統外，目前國際海事組織復積極進行推動其他地區實施類似之港口國管制，其首要之目標即在建立加勒比海區域之港口國管制，該區域第一次預備國會議並已於一九九三年十二月在巴貝多舉行。預期在短期內亦可達成該地區之港口國管制協議。

除對船舶構造及設備等之管制外，一九九四年五月二十四日海上人命安全國際公約締約國復採納公約新增之第十一章「加強海上安全之特別措施」該章第四條「港口國對操作要求之管制」亦規定港口國應對船長或船員就船舶安全操作之要求予以管制。該規定已於一九九六年元月一日開始生效實施。

至於港口國管制列於一九七三／一九七八年船舶污染國際公約者，則分列於各附錄中：附錄I新增加規則八（A）；附錄II新增加規則十五；附錄III新增加規

則八之條文；附錄V新增加規則八（A），於一九九六年三月三日生效實施。前述各章節之港口國管制程序，各締約國港口當局將依決議案A.742（18）之規定實施有關船舶航運安全之管制。

## 第二節　港口國管制程序

依據上述公約之規定，各締約國之港口當局，已將上述缺點報告提送該組織，該組織亦已交由該組織所屬之海事安全委員會予以研究，冀能採取適當行動改善其情況。一九七四年十月，該海事安全委員會乃著手檢討由各締約政府所提之缺點報告，並考慮加強該程序之途徑與方法，以判定某些有缺點之船舶，係屬於低於國際標準船舶。首先，該委員會制定了一套管制船舶之程序，希望能用以協助船旗國，使其所屬船舶能符合海上人命安全國際公約及國際載重線公約之規定。是項船舶管制之程序，嗣後並經由政府間海事諮詢組織第九屆大會於一九七五年十一月十二日以A.321（1X）號決議案，予以通過採納。該決議案附錄之內容重點可歸納為三項：

一、港口當局管制船舶之程序。

二、對於船舶缺點之報告。

三、檢查及判定船舶為低於標之原則。

雖有上述之三項重點，但事實上該決議案僅對第一項港口當局管制船舶之程序方面，作較詳盡之交待，而此管制程序吾人如以流程圖（如圖17-1）表示，當更能一目瞭然。再就第三項有關檢查及判定船舶為低於標準之原則而言，該決議案附錄第3.1條，規定如下：

3.1.一般而言，下列情況之船舶得認係低於標準：

　　3.1.1.如船體、機器或救生、無線電及滅火等設備，由於下列或其他原因而低於有關公約之規定標準者：

　　　　1.缺少公約規定之設備或裝置；

　　　　2.不能符合有關設備或裝置之規範；

　　　　3.船舶或其設備之重大損壞，例如由於保養不良所致。

　　3.1.2.如此等明顯之因素，整體或各別構成船舶之不適航性，如允許其出海，將肇致船上人命安全之危險者。

462

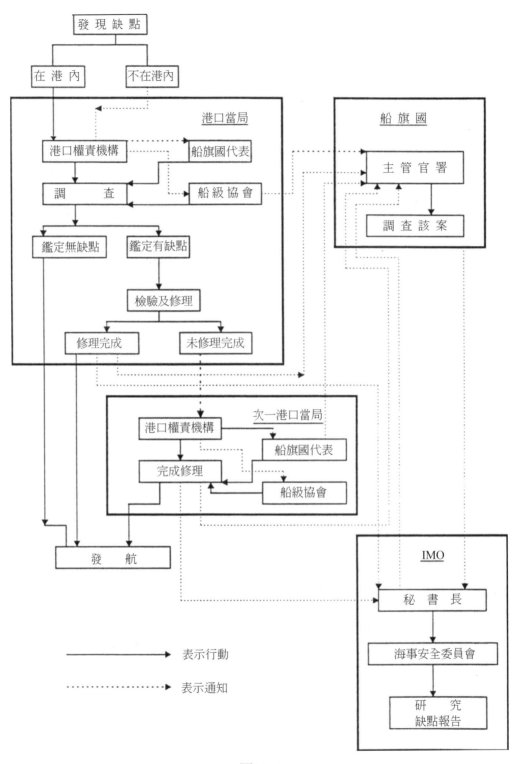

圖17-1

## 第三節　港口國管制檢查之範圍及內容

### 一、港口國管制檢查之適用範圍。

1. 總噸位大於一百五十之油輪，載運散裝有毒準備船舶。
2. 總噸位大於五百之一般船舶（包括散裝、貨櫃、汽車專用、雜貨船）。
3. 客輪及駛上駛下船（Ro/Ro Ship）。

### 二、港口國管制檢查之內容

　　檢查之內容為配合查驗之程序／步驟，將其分為文件查檢（Document Examination）、一般查驗（General Examination）、更詳盡查驗／設備方面（More detailed Examination/Equipment）、及更詳盡查驗／操作方面（More Detailed Examination/Operational）等四部分，其重點內容列述於下：

（一）文件查驗

1. 國際公約證書
    (1) 船舶國籍證書（Registry Cert.）。
    (2) 國際噸位證書（International Tonnage Cert.）。
    (3) 國際載重線證書（International Load Line Cert.）。
    (4) 國際貨船安全設備證書（International Safety Equipment Cert.）。
    (5) 國際貨船安全構造證書（International Safety Construction Cert.）。
    (6) 國際貨船無線電安全證書（International Safety Radio Cert.）。
    (7) 國際客船安全證書（International Passenger Ship Safety Cert.-Pas Ship Only）。
    (8) 國際防止油污染證書（IOPP）。
    (9) 國際載運散裝有毒液體物質防止污染證書（非此類船舶免）。
    (10)公司安全營運符合文件（DOC）及船舶安全管理證書（SMC）（油輪、散裝、化學品1998.7.1.生效；一般貨輪2002.7.1.生效）。
2. 相關文件、記錄
    (1) 人員證書（Manning）
        a. 安全配置文件（Safety Manning Document）（SOLAS 74/78 V/13，IMO A.481（X11）
        (a)船名、船籍、船舶號數；

　　(b)人員要求；

　　(c)航路、運航作業之限制；

　　(d)簽發及到期日，主管機關簽章。

b. 甲級船員證照／適任證書（Officer Licenses/Competency Cert.）（ILO 147, STCW 78 VI. Ref. 1/2）

　　(a)船長及輪機長之證照；

　　(b)航行員與輪機員之證照；

　　(c)特殊作業船舶之適任證書。

c. 船員名單（Crew List）（ILO 147, Art II）

　　(a)最低年齡限制（15歲）；

　　(b)船籍國主管機關認可之體格檢查書（有效期限兩年）。

(2) 救生／防火裝備保養證書（Lifesaving/Firefighting Servicing Cert.）

a. 充氣救生筏保養（每年）（SOLAS 74/78 III/19.8.1.）；

b. 壓力釋放裝置保養（每年）（SOLAS 74/78 III/19.8.1.）；

c. 固定防火系統之保養（SOLAS 74/78 II 2/21）。

（二）一般檢查

　　本檢驗乃對船舶狀況、設備及操作方面，施行重點及現場之檢查，內容包括下列各項：

1. 航行安全—駕駛室

(1) 預計航程必備之海圖及刊物（最新或更訂）（SOLAS 74/78 V/20）包括：

a. 海圖；

b. 航行指南；

c. 潮汐表及潮流表。

(2) 儀器之確證（SOLAS 74/78 V/12）包括：

a. 磁羅經自差；

b. 車葉轉動指示器；

c. 船舶操縱性能資料（示於明顯處）；

d. 測深儀；

e. 電子定位裝置（羅遠、衛星定位、全球定位系統）；

f. 船速及航程指示器。

(3) 操作之確證（SOLAS 74/78 V/12），包括：

    a. 自動測繪雷遠（附帶相對運動測繪裝置）；

    b. 自動測繪雷達（APRA）（總噸大於一萬五千噸）；

    c. 磁羅經照明；

    d. 電羅經與分羅經同步照明；

    e. 舵角指示器；

    f. 緊急指位無線電示標（EPIRB）（SOLAS 74/78 R. IV/7）；

    g. 無線電話VHF-FM，頻道13，16及22A（SOLAS 74/88，IV/7）。

(4) 燈號、號標及號聲（COLREG20-24, 27-30、30）包括：

    a. 航行燈、號笛、號鐘，鑼（>100公尺）；

    b. 日間信號燈。

2. 防火／滅火（SOLAS 74/78，II-1/21）

(1) 防火控制圖手冊（SOLAS 74/78，II-20/20）：

    a. 固定之張示；

    b. 船員了解之語文；

    c. 固定之氣密罐盒。

(2) 滅火及緊急佈署表（SOLAS 74/78，Rs, III/8，53）：

    a. 人員皆能備有，並明瞭其職務；

    b. 張貼於顯明場所；

    c. 船員了解之語文。

(3) 滅火器（SOLAS 60 II/57，SOLAS 74/78 II-2/6.7）：

    a. 整體狀態；

    b. 規定數量（至少五具）。

(4) 滅火管路系統（SOLAS 60 II/56，SOLAS 74/78 II-2/3.3，4.3，7）：

    a. 滅火泵

        (a)獨立且至少兩部（>1000GT，應分置不同處所）；

        (b)前端及最高處水栓具足夠水壓；

        (c)測試緊急泵；

        (d)國際岸上接頭（SOLAS 60 II /56（h），SOLAS 74 II-2/19）。

    b. 滅火站（SOLAS 74/78，II-2/5，7）：水龍栓、管路、皮龍及噴頭之情況。

(5) 固定氣體撲滅系統（SOLAS 74/78，II-2/5，7）：

    a. 氣鋼瓶、管路、釋放；

b. 機艙空間；

c. 物間、油漆庫（SOLAS 74/78，II-1/18.7）。

(6) 機艙及住艙逃生通路保持通暢（SOLAS 74/88，R. II-2/45）。

3. 救生／求生（SOLAS 74/78，III/19.2）

(1) 救生佈署表（SOLAS 74/78，Rs, III/8，53）；

　　a. 人員皆能備有，並明瞭其職務；

　　b. 張貼於顯明場所；

　　c. 船員了解之語文；

　　d. 貼報／標示顯示於救生艇筏及下水處附近。

(2) 救生艇，救生筏（SOLAS 60 III/8，26，35）（SOLAS 74/78，III/19，26）：

　　a. 整體狀態；

　　b. 保養情況；

　　c. 艇架／滑道；

　　d. 規定人員數；

　　e. 規定標示；

　　f. 艇緣扣環適當位置；

　　g. 登艇梯（III/11.7）。

(3) 救生圈（SOLAS 74/78 III/7，27，31）（SOLAS 60 III/21，37）：

　　a. 整體狀態；

　　b. 自然燈（總數之一半）；

　　c. 煙霧信號及救生繩（每舷各一具）；

　　d. 規定數量及標識（SOLAS 60，至少八件，SOLAS 74/78：8-14）

　　　（<100M，8件；100-150M，10件；150-200M，12件；>200M，14件）。

(4) 緊急指位無線電示標／406（SOLAS 74/78 IV/7.16）：電瓶及釋放裝置。

4. 損害管制（客船適用）

(1) 船上備有損害管制表冊；

(2) 船員對其職務之熟悉，及裝備之適當使用；

(3) 甲級船員對各種損害狀況之處置；

(4) 甲級船員了解水密隔艙開關裝置及控制；

(5) 甲級船員對於損害、泛水後穩度之處置。

5. 工作環境與衛生（ILO 147, COMDTINST 16711.12 89/Jun, MLO/2006）

  (1) 意外防止及職業健康：欄杆、護緣、防護衣及防護器具。

  (2) 船員住艙：

    a. 適宜居住之狀況；

    b. 充分燈光及通風；

    c. 遠離貨物及物料。

  (3) 醫療場所：

    a. 大於五百總噸之船舶，其船員十五人以上且航程三天以上。

  (4) 食物及餐勤

    a. 充足之供應。

    b. 乾淨衛生；

    c. 儲藏所在遠離昆蟲。

6. 結構完整（LLC 66/68，SOLAS 74 II-1/14）

  (1) 船艛

    a. 隔艙板及開口（LLC 66/68 19/9，SOLAS 74 I-1/14）；

    b. 護欄，舷梯、走道（LLC 66/68，14/1.C）；

    c. 水密門—襯墊／索扣。

  (2) 船體、甲板及載重線

    a. 一般關閉裝置（LLC 66/68 14/1.C）；

    b. 艙口、其他開口（LLC 66/68，Rs, 13-18）；

    c. 通風窗及通風管（LLC 66/68，Rs, 19&20）；

    d. 舷牆及排水孔（LLC 66/68，R.24）；

    e. 甲板線及載重標誌之位置（LLC 66/68，Art 19/9）。

7. 污染防止（MARPOL Annex I, V）

  (1) 垃圾及塑膠物之處置（MARPOL Annex，V/4）；

  (2) 油水分隔設備，艙底水警報器及監控器（MAPPOL I/9，16）；

    a. 認可文件字號；

    b. 警報器、記錄；

    c. 含油艙底水排放接口（MARPOL 73/78/90 Ax I，R.19）（Standard Discharge Connection Excess Oil in Bilge）。

8. 機艙

  (1) 主機及輔機（SOLAS 74/78 R.II-1，Part C）；

   a. 失火危險；

   b. 蒸汽、水、空氣、鍋爐、 或油之滲漏不斷；

   c. 過多之底座腐蝕；

   d. 過多之暫時修補及水泥打封；

   e. 安全閥或釋放閥之作動與連接情況；

   f. 駕駛室與機艙控制室之聯絡問題；

   g. 海底門、海水閥、膨脹接頭之滲漏情況。

  (2) 電機裝置（SOLAS 74/88 R. II-1，Part D）：

   a. 測試緊急發電組兩小時；

   b. 適當可行之防護；

   c. 地震、失火及其他危險之預警。

  (3) 舵機（一）（SOLAS 74/88 R. II-1/29）（不適用於01/07/86以前建造之船舶）：

   a. 馬達由預儲電力自動啟動（5.2）；

   b. 駕駛室啟動／停止之操作（8.3）；

   c. 具照明之舵角指示器；

   d. 無過量之液壓油滲漏，或機械震動；

   e. 緊急操作之操作說明書。

  (4) 舵機（二）（SOLAS 74/88 R. II-1/29）（適用於大於五百總噸之油輪，及01/07/86以後建造之所有船舶）。

   a. 操作測試，二十八秒內由三十五度至另側三十度（16.2.1）；

   b. 兩個獨立且分開之系統（19.2）；

   c. 駕駛室操作及舵機房操作（19.7.1）；

   d. 舵機房單獨之動力（19.8.2）；

   e. 駕駛室內電力失效之視聽（Audible/visible）警報（19.8.4）；

   f. 駕駛室與舵機房之通訊（19.10）；

   g. 駕駛室內液壓低位之視聽（Audible/Visible）警報；

   h. 護欄及防滑地板；

   g. 緊急時舵機置中（四萬總噸以上船舶）。

設備方面更詳盡之查驗

1. 防火

  (1) 結構（SOLAS 74/78 II-2/42-44及46-50）

a. 無結構之改變；

b. 防火門、通風之除濕器；

c. 通風停止之自動電力測試。

(2) 消防（SOLAS 74/88 R. II 2-2/17，油輪四套，其餘船舶兩套）；

 a. 規定配備（防火衣、安全帽、鞋、手套、燈、斧、繩）；

 b. 壓縮空氣瓶（SCBA）之狀態。

(3) 機艙滅火方面之安排（SOLAS 74/78 II-2/7-11）；

 a. 由室外可控制天窗之開合；

 b. 煙窗及通風關閉；

 c. 驅動風扇之停止；

 d. 駁油之停止。

(4) 火警偵測及警報系統（SOLAS 74/88 II-2/11，13-14，52-54）；

(5) 手動貨艙通風之關閉（SOLAS 74/88，R.II-2/53）。

2. 救生設備

(1) 救生艇／救生筏（SOLAS 74/88 III）；

 a. 鬆放至少一艘救生艇（吊架、鋼絲、滑車等狀況）；

 b. 測試救生艇馬達；

 c. 救生艇配備狀況（SOLAS 74/88 R.III/38.5）。

(2) 通信（SOLAS 74/88，Rs. III/6，& IV/7-11，14-15）；

 a. 雙向VHF無線電話；

 b. 雷達詢答機（SART）；

 c. 救生筏之緊急指位無線電示標（EPIRB）。

(3) 救生衣、浸水衣、保暖衣（抽點）（SOLAS 74/88 R. III/7，27，32-34）；

 a. 存放及狀態；

 b. 笛、反光貼紙、燈。

(4) 緊急照明燈光（SOLAS 60 II/76，SOLAS 74/88 II-1/43.2）；

 a. 佈置／登艇站；

 b. 走道、樓梯通道。

(5) 射繩器具，遇險信號設備（SOLAS 74/88 Rs. III/17，35，49）；

 a. 十二支火箭降落傘。

(6) 引水梯與機械升降梯（SOLAS 74/88 R. V/17）。

3. 結構完整性

(1) 船體／船艛之變更有否影響載重線之位置（LLC 66/88，Rs. 11-45）；

(2) 水泵及泵系統（SOLAS 74/88 II-1/21，LLC 66/88，42-45）；

(3) 水密完整性之狀況（SOLAS 74/88 Rs. II-1/11）；

    a. 滑式水密門；

    b. 水密艙壁；

    c. 乾舷甲板下之兩舷側關閉裝置（LLC 66/88 R.21）；

    d. 舷窗及窗蓋（LLC 66/88 r.23）。

4. 機艙空間

(1) 由駕駛室及機艙之車葉轉動控制（SOLAS 74/88 R. II-1/31）；

(2) 車鐘指令對主機作動之控制（SOLAS 74/88 R. II-1/37）；

(3) 測試論機員支援警報（SOLAS 74/88 R. II-1/37）；

(4) 測試緊急電源（SOLAS 74/88 Rs. II-1/43&44）。

操作方面更詳盡之查驗

1. 手冊及說明書

人員對手冊及說明書內容之了解；

(1) 船員之工作語言；

(2) 救生配備保養手冊（SOLAS 74/78 III/52）；

(3) 認可之穩定、裝載及壓載資料（SOLAS 74/88 II-1/22，LLC 66/88，R. 10）。

2. 航行安全

確認航行員對下列各項之熟悉情況；

(1) 駕駛台之控制；

(2) 航海刊物；

(3) 船舶操縱特性；

(4) 定期之儀器測試；

(5) 抵港與離港之準備工作；

(6) 航海與通訊之裝備；

(7) 緊急情況之處置。

3. 防火操作（SOLAS 74/88 III/18.3.10-3.13）

目睹防火操演，確認。

(1) 船員明瞭其職務與裝備之使用；

(2) 船員之間無語言溝通上之障礙；

(3) 滅火（兩隻噴水柱）、水密門、防火門之操作。

4. 救生操作（SOLAS 74/88 III/13.3.4-3.9）

目睹棄船之操演。

(1) 船員明瞭棄船之指示；

(2) 船員之間無語言溝通上之障礙；

(3) 船員適合地穿戴；

(4) 鬆放至少一艘救生艇，並啟動小艇馬達；

(5) 應在合理時間內完成下水（客船最多二十分鐘，貨船十分鐘）。

5. 機艙間

人員對於職務上，相關於下列操作之熟悉情況：

(1) 緊急發電機；

(2) 舵機；

(3) 水泵；

(4) 滅火泵；

(5) 自動／手動控制之轉換。

6. 貨物作業

(1) 一般船舶

a. 箱裝危險物品之積載圖（SOLAS 74 Amended VII/6）；

b. 危險物品之標示（SOLAS 74 Amended VII/4）；

c. 負責貨物裝載人員，熟悉貨物及裝載設備使用；

d. 危險物品適當之裝載與區隔（IMDG）；

e. 船體結構之應力負荷。

(2) 特殊／危險品船舶（木材船、油輪、散裝船、化學品船）

a. 負責之船員對載運貨物運送過程之了解（Code of Safe Practice）；

b. 負責裝載作業之官員及主要船員對貨物之了解及各項安全防範處置（IBC/IGC Code）；

c. 散裝穀類之裝載符合規定（SOLAS, VII/Part C）；

d. 船舶結構之應力負荷。

## 第四節　發現缺點之處置及報告

檢查人員依上述程序步驟登輪查驗，若發現有任何不符合規定或以檢查人員之專業判斷認為不滿意時，則受檢之船舶即被視為缺點。無論檢查結果如何，都必須做成正式報告。

### 一、管制機構發現缺點處置方式

　　管制機構將視缺點之嚴重情況分別採取

1. 要求矯正
2. 延遲開航或扣留，以及
3. 通知

　　其作業方式及內容，敘述如下：

（一）要求矯正

1. 應盡力使所發現之缺點在船舶開航前之指定時間內予以改善或矯正；
2. 透過此項矯正重點在於各項任儀器設備、安全設備、裝置，航行刊物及操作缺失。

（二）延遲開航或扣留

1. 當缺點明顯的危及安全、健康或環境之情況，且在指定時間內未獲改善或矯正；
2. 前款所述之缺點，在受檢港口無法矯正時，管制機構在確使該船出海不致不合理危及安全、健康及環境之適當條件下，得允許該船駛往另一港口。所稱適當條件指考慮航程、天氣因素、人力配置及維修船廠等；
3. 若嚴重缺點未獲矯正，且不具第2款所述之條件，該船舶應予扣留，直至原因消失為止。

（三）通知

1. 任何接受檢查之船舶若構成矯正、延遲開航或扣留之情事，管制機構應經由適當管道（船籍國領事或駐外代表、海事當局），將檢查結果資料通知船籍國之主管機關及授權之適當機構；
2. 若缺點未能矯正，但符合前段（二）第2款之條件允許開航者，除應通知主管機

關及適當機構外，亦應通知下一到達港口之管制機構；

3. 通知之資料內容應透過資訊交換系統或以傳共方式傳遞並以英文為之。其內容、格式列述如下：

(1) 日期；（Date）

(2) 來自國家或區域；（From, Country or Region）

(3) 港口；（Port）

(4) 開往國家或區域；（To, Country or Region）

(5) 港口；（Port）

(6) 報告議案：待確證之缺點；（A Statement Reading： Deficiencies to be Rectified）

(7) 船名；（Name of Ship）

(8) 國際海事組織識別號數（若已有）；（IMO Identification Number, if Available）

(9) 船舶類型；（Type of Ship）

(10)船舶國籍；（Flag of Ship）

(11)船舶呼號；（Call Sign）

(12)船舶總噸；（Gross Tonnage）

(13)建造年份；（Year of Build）

(14)發證機構；（Issuing Authority of Relevant Certificates）

(15)開航日期；（Date of Departure）

(16)預計到港地點及時間；（Estimated Place and Time of Arrival）

(17)缺點性質；（Nature of Deficiencies）

(18)已採取之處置；（Action Taken）

(19)已建議之處置；（Suggested Action）

(20)建議次一港口應採之處置；（Suggested Action at Next Port of Call）

(21)傳送機構名稱及傳真號碼。（Name of Facsimile Number of Sender）

## 二、檢查報告及格式

管制官員完成登輪檢查後，將以正式之格式作成書面報告，該書面報告分為兩種，分別為缺點報告及檢查報告，並將副本依需要分送有關機構及（或）船長。報告中應記載事項及分送機構機構列述如下：

（一）缺點報告

　　指缺點在開航前未能確證或僅作臨時性之維修所作之報告。

1. 記載事項

　　包括，(1)船名，(2)來自國家／區域，(3)開往國家／區域，(4)開航日期，(5)預計到達下一地點及時間，(6)國際海事組織之船舶號數，(7)船舶國籍，(8)船舶類型，(9)船舶呼號，(10)船舶總噸，(11)建造年份，(12)發證機構，(13)待確證缺點之性質，(14)建議之處置（包括下一港口之建議），(15)採取之處置。

　　除以上之報告事項外，並應載名報告主管當局及港口名稱，管制官員姓名，傳真號碼，管制官員之簽名，及報告日期。

2. 報告之傳送

　　包括下一港口之海事當局，船籍國主管機關或經授權發證之機構（驗船協會），亞太區域港口國管制秘書處（東京）。

3. 報告之格式如附件17-1所示。

（二）檢查報告

　　此檢查報告分成甲、乙兩種格式。

1. 檢查報告（甲）──一般報告

　　(1) 記載事項，包括：

　　　　(a)簽發報告主管當局名稱；

　　　　(b)船名；

　　　　(c)船舶國籍；

　　　　(d)船舶類型；

　　　　(e)船舶呼號；

　　　　(f)國際海事組織之識別號數；

　　　　(g)船舶總噸；

　　　　(h)建造年份；

　　　　(i)檢查日期；

　　　　(j)檢查地點；

　　　　(k)相關文件及規定。此項內容包括相關國際證書名稱、發證機構、發證／到期日、到期前之各項檢驗資料；

　　　　(l)有無缺點與違反公約名稱；

　　　　(m)是否延遲開航；

(n)文件隨附。

另載明地區機構名稱、電話／傳真、管制官員姓名及簽名。除此之外並應註明作成此類報告之依據及不能以此報告作為船舶適航之證件。

(2) 報告之遞送：

除總部（管制機構）外，另副本遞交報行檢查之管制官員、受檢船舶之船長、船籍國主管機關，及國際海事組織。

(3)報告之格式，如附件17-2所示。

2. 檢查報告（乙）——發現缺點之報告

(1) 記載事項：

正面頁

(a)簽發報告主管當局名稱；

(b)船名；

(c)船舶呼號；

(d)檢查日期；

(e)檢查地點；

(f)缺點之性質與其相關公約；

(g)採取之處置。

另載明管制官員之姓名及其簽名。

背面頁

主要為採取處置之代碼分別為：

00.無採取處置

10.缺點已確證

15.下一港口待確證缺點

16.十四天內確證缺點

17.已指示船長在開航前確證缺點

30.船舶遭扣留

35.延遲開航

40.已通知下一港口

50.已通知船籍國主管機關／領事／船籍國之海事當局

55.已諮詢船籍國主管機關／領事當局

60.已通知也區當局

70.已通知船級協會

80.設備暫時性替代

85.違反排洩規定之調查

99.其他事項（明文表示）

(2) 報告遞送：

除總部（管制機構）外，另副本遞交執行檢查之管制官員，受檢船舶之船長，船籍國之主管機關，及國際海事組織。

(3) 報告之格式，如附件17-3及附件17-4所示。

附表一　港口國管制缺點報告

## REPORT OF DEFICIENCIES
## NOT FULLY RECTIFIED OR ONLY PROVISIONALLY REPAIRED

IN ACCORDANCE ANNEX 2 OF THE MEMORANDUM OF UNDERSTANDING ON PORT STATE

CONTROL IN THE ASIA-PACIFIC REGION

SEND TO :

● Authority of Next Port of Call

● Flag of Administration (or Appropriate Authority)

● PSC Secretariat

1. Form (country/region):.................................. 　2. Port:..............................................

3. To (country/region):................................. 　4. Port:..............................................

5. Name of Ships:....................................... 　6. Date departure:.............................

7. Estimated place and time of arrival:...............................................................

8. IMO number:.......................................... 　9. Flag of ship & POR:......................

10. Type of ship:......................................... 　11. Call sign:....................................

12. Gross tonnage:...................................... 　13. Year of build:.............................

14. Issuing authority of relevant certificate(s):.....................................................

| 15. Nature of deficiencies to be rectified: | 16. Suggested action |
| --- | --- |
| | (including action at next port of call): |
| ................................................ | ................................................ |
| ................................................ | ................................................ |
| ................................................ | ................................................ |
| ................................................ | ................................................ |
| ................................................ | ................................................ |
| ................................................ | ................................................ |
| ................................................ | ................................................ |

17. Action taken:

................................................................................................................

................................................................................................................

................................................................................................................

................................................................................................................

Reporting Authority:................................... 　Office:............................................

Name:................................................... 　Facsimile:......................................

duly authorized surveyor of (reporting authority)

Signature:............................................... 　Date:.............................................

船舶管理 Ship Management

## 附件17-2

附表二　港口國管制檢查報告（甲）

REPORT OF INSPECTION IN ACCORDANCE WITH THE MEMORANDUM OF
UNDERSTANDING ON PORT STATE CONTROL IN THE ASIA-PACIFIC REGION * )

(reporting authority)　　　　　　　　　　　　Copy head office
(address)　　　　　　　　　　　　　　　　　(surveyor copy)
(telephone)　　　　　　　　　　　　　　　　(master's copy)
(facsimile)　　　　　　　　　　　　　　　　(IMO copy)
(telegram)　　　　　　　　　　　　　　　　(Flag administration copy)
(telex)

1.　name of issuing authority...........................................................
2.　name of ship:.................................... 3.　Flag of ship:..........................
4.　type of ship:...........................................................................
5.　call sign:.................................... 6.　IMO number:...........................
7.　gross tonnage:.............................. 8.　Year of build:..........................
9.　date of inspection:........................ 10.　Place of inspection:....................
11.　relevant instruments and requirements:

(a)　relevant certificate　　　　(b)　issuing authority　　　(c)　date of issue/expiry
1.　...........................　　.............................　　..........................
2.　...........................　　.............................　　..........................
3.　...........................　　.............................　　..........................
4.　...........................　　.............................　　..........................
5.　...........................　　.............................　　..........................
6.　...........................　　.............................　　..........................
7.　...........................　　.............................　　..........................
8.　...........................　　.............................　　..........................

(d) the information below concerning the last survey shall be provided if the next survey is due or overdue

date　　　　　　　　　　　surveying authority　　　　　　　place
1.　...........................　　.............................　　..........................
2.　...........................　　.............................　　..........................
3.　...........................　　.............................　　..........................
4.　...........................　　.............................　　..........................
5.　...........................　　.............................　　..........................
6.　...........................　　.............................　　..........................
7.　...........................　　.............................　　..........................
8.　...........................　　.............................　　..........................

12.　deficiencies　　　☐ no　☐ yes(see attached FORM B)　☐ SOLAS　☐ MARPOL
13.　ship detained　　 ☐ no　☐ yes
14.　supporting documentation ☐ no　☐ yes

district office.............................................　name.........................................
　　　　　　　　　　　　　　　　　　　　　　　duly authorized surveyor of (reporting authority)

telephone.................................................

Facsimile/telegram....................................　Signature....................................

* )　This inspection report has been issued safety for the purpose of information the master and other
　　Authority that an inspection by the Authority ,mentioned in the heading , has taken place. This
　　inspection report cannot be construed as a seaworthiness certificate in excess of the certificates
　　the ship is required to carry.

# 附件17-3

附表三　港口國管制檢查報告（乙）

## REPORT OF INSPECTION IN ACCORDANCE WITH THE MEMORANDUM OF UNDERSTANDING ON PORT STATE CONTROL IN THE ASIA-PACIFIC REGION

(reporting authority)
(address)
(telephone)
(facsimile)
(telegram)
(telex)

Copy head office
   (surveyor copy)
   (master's copy)
   (IMO copy)
   (Flag administration copy)

1.　name of issuing authority.........................................................................................
2.　name of ship:...................................　5.　Call sign:.............................................
9.　date of inspection:............................　10. Place of inspection:................................

| 15.　nature of deficiency | Convention references [1] | 16　action taken [2] |
| --- | --- | --- |
| | | |
| | | |
| | | |
| | | |
| | | |
| | | |
| | | |
| | | |
| | | |
| | | |
| | | |

name...............................................................
duly authorized surveyor of (reporting authority)

Signature.........................................................

---

I )　To be completed in the event of a detention.

II )　Codes for actions taken include i.a. :ship detained/released, flag administration informed, classification society informed, next port informed (for codes see reverse side of copy).

附件17-4

附表四　報告（乙）背面
(reverse side of FORM B)

Codes for actions taken

code

| | |
|---|---|
| 00 | no action taken |
| 10 | deficiencies rectified |
| 15 | rectify deficiency at next port |
| 16 | rectify deficiency within 14 days |
| 17 | master instructed to rectify deficiency before departure |
| 30 | ship detained |
| 35 | detention raised |
| 40 | next port informed |
| 50 | flag administration/consul/flag maritime authority informed |
| 55 | flag administration/maritime authority consulted |
| 60 | region authority informed |
| 70 | classification society informed |
| 80 | temporary substitution of equipment |
| 85 | investigation of contravention of discharging provisions(MARPOL) |
| 99 | other (specify clear text) |

# 第十八章　船長在管理上角色與地位

　　船舶為海運營運的主要工具，它是船公司整體結構組織中的重要部分。由於船舶本身具有其獨立性，其組織運作非公司所能直接掌握。由於航行於世界各地，在海上時間多於停泊港岸的時間。又由於船舶必需接受國際相關法令的規範，此一特殊的情況，使船舶的運作與管理，相對於一般其他組織結構，自有其複雜獨特的一面。船舶既為有形的機構，為了達成運作的需要，即有船上的組織。有了機構組織，就存在「管理的功能」。管理是機構的一個機體，而船上的組織管理除了一般組織中的授權，還隱含著法律上的責任。船長在船上的管理模式及使命，隨著時代的演進及社會環境的改變，其在管理人角色的定位上及管理趨勢的範疇中，如何既能符合國公約法規，又能兼顧公司的營運管理政策，及利害關係人的保障等各種因素考量下，達成船長管理上的使命，是當今值得探討的課題。本章僅就商船船長在「管理使命」的前提下，尋出一可循的方向，進而尋求船長在管理上角色衝突之適應模式。

## 第一節　船上組織與管理

### 一、船上組織之群體

　　船上的組織，因其運作需要而編制，而有正式的組織。由於群體生活的關係，亦有非正式組織的存在。兩種組織構在船舶的管理運作上都發揮了它們的功能。正式的組織是為完成既定的工作。而非正式的組織，卻影響著正式組織的運作。

　　在論及組織，吾人首應了解組織群體的功能類別；

1. 指揮群體（Command Group）：乃組織表所決定的命令體系。
2. 任務群體（Task Group）：身負完成一特定任務的眾人所組成。

3. 利益群體（Interest Group）：因相互間有相同而特定目標的眾人自然親近而結合。各人之所從出，非關於指揮群體或任務群體。

4. 友誼群體（Friendship Group）：具有一項或共同特性或喜好之人所組成。

　　所謂非正式群體（Informal Group）：其存在並非組織所能決定的。其形式亦非正式結構化。它的形成，某些是在工作的環境裡自然地產生，其背景也反應了人際的社會接觸。依戴爾頓（M. Dalton）之觀點將「非正式」群體分為：

1. 水平群體—相似的階級及工作領域。

2. 垂直群體—不同階級和部門成員。

3. 混合群體—不同階級，不同職務，不同部門甚至不同工作性質之成員。

　　商船的組織群體，在正式組織中，其組織型態及特性如下：

（1）傳統（Traditional）編組：

　　　　船長之下設駕駛，輪機，電訊及管事四部門。近年來管事由報務主任兼任。合併成為三部門，各部門配屬若干乙級船員。

（2）通用（General Purpose）編組：

　　　　船長以下三部門的甲級人員依舊，而乙級船員則不分部門，由通用長統籌管轄船上之值班及保養工作。

（3）新制全自動商船編組：（日本1977年實施之自動化船舶）

　　　　由於船舶操控系統及人類素質的提高，船長以下之甲級船員都能航輪兩用。其組織型態只是一個工作小組而已。

　　　　商船的正式組織，並無一特定標準模式。隨著船上人員編制的減少及職務工作的精緻化，非正式組織存在的影響，有日趨式微的趨向。

## 二、船上組織之管理

　　船上的群體組織，不論呈正式或非正式的都能經由「權威結構」及「正式規範」做為管理上基礎。管理是為了達成組織的使命或目標。為了達到使命或目標，在組織中，即有職權層級（Hierarchy of Authority）的設計，這是每一個組織中都有的共通屬性。

　　船上組織中的三大部門，各個業務功能不同，而有部門主管（如大副，輪機長、報務主任），分別在各自部門中運作。而對於船舶的整體運作，則由船長負責。船長在船上組織的管理中，非僅限於航海操縱船舶，他必須對組織整體性的輸出「效能」負責。管理有三個主要使命：

1. 機構的特定目的與成效。

2. 使工作具有生產性並使工作人員有成就。

3. 達成社會影響力與社會責任。

　　船長在所扮演的角色中，三項任務均需予以達成。管理大師杜魯克（Peter .F
.Drucker）認為「Manager」依所處組織及場合不同而定義為「管理人」，「執行
者」，「指揮官」或「行政人員」。而船長在管理上所擔負的任務，在上述四種
角色中是同時存在的。他的管理權力來源除了公司組織中授權外，尚包含了法律
層面的授權。

　　組織群體需要管理。在管理方式決定之前，應先了解船上組織的群體需
求。對於人類群體的需求，以馬士洛（A. Maslow）提倡的自我實現說（Self-
actualization Theory）為代表。他認為人類是「不斷在需求中的動物」，若一種
慾望滿足，便渴求另一種需求的滿足，永無止境。他並且將人的各種需求分級
排列，依次為生理需求（Physiological Needs）、安全需求（Safety & Security
Needs）、社會需求（Social Needs）、尊重需求（Esteem Needs）及成就的需求
（Self Actualization Needs）。船上的群體，同樣渴求這五種需求的滿足，因此在
船上組織管理中，在各種運作功能的工作上應考慮人性的基本生態。

　　船上管理人的工作應包含下列五項：

1. 擬定目標：為達到船舶安全管理目標所須做的事。

2. 執行組織中所需的作業，決策及關係。

3. 推動及連繫船上各項業務。

4. 衡量船上各部門間整體實踐的成效。

5. 培養人才，訓練人才，自我訓練與提昇。

## 三、船上管理人角色的認知

（一）角色的認知

　　莎士比亞說「整個世界就是一個舞台，所有的男人和女人只不過是不同的演
員罷了。」又說「祇有成功的演員，而無偉大的角色」，船上的船員都是演員，
每個人分別扮演了他的角色。對於某一角色，我們都會有一定行為模式（Behavior
Patterns）的期望。如果每一個人選擇一個角色，並且按常理而且一貫性地演出，
則對於角色行為的瞭解，將可以大大簡化。很不幸的，人往往要扮演多種不同角
色，包括工作上及生活上。有的可扮演得毫不相干，有的則會產生衝突。船長在
船舶管理上，即同時存在著角色的模糊（Ambiguity）與衝突（Conflict）。船長

在多重角色扮演中,需對角色的相關意義有所了解。

1. 角色識別:船長角色需要具備的態度與實際行為。

2. 角色知覺:處於某一情境之下,他人對於船長扮演之角色及行為之瞭解。

3. 角色期望:位處船長的地位,由他人眼光中所認為你應如何或不該如何從事或扮演的角色。

### (二)角色的衝突(Role Conflict)

當船長面臨不同的角色期望之際,便有角色的衝突。角色的衝突又分為角色內衝突(Intrarole Conflict)與角色間衝突(Interrole Conflict)。

1. 角色內衝突:指同一角色在面臨不同的期望與要求時,所產生的衝突。這是個人所感受的衝突。經常讓人大嘆「主管難為」。

2. 角色間衝突:指一個人同時扮演不同的角色,因各角色期望有所不同,所產生的衝突。

船長在角色中的衝突是恆在的,它非如同一般企業組織中藉由改變組織結構,改變爭論主題,改變群際關係及改變個人特質所能竟功。

### (三)經理人的角色

閔茲伯格(Mintzberg.H),認為經理人(Manager)要扮演十種角色(Role)。船長身為船上組織結構的管理者,同樣地亦應扮演著經理人的角色,此十種角色,可歸納為下三類:

1. 人際角色(象徵代表人、領導人、協調人)。

2. 資訊角色(監督者、傳播者、發言人)。

3. 決策角色(企業家、危亂處理者、資源分配者、談判者)。

## 第二節 船長在管理上的權責

船長在船上執行管理上的職務,因其適用對象的不同,而有不同的要求。船長在職務上有其特殊性,既有國家賦予的法定權限與義務,又得執行公司的營運政策,更得兼顧利害關係人的權益保障,層面相當廣泛。本節即以上述三項關係層面予以說明。

## 一、公約及法規的權責

（一）一九七四年公海上人命安全國際公約，新增訂的第九章中，在船舶安全
　　　管理中，船長應確切地執行海上人命安全及海洋環境污染防護之政策與責
　　　任。

（二）船長的權利包括：

1. 指揮船舶，命令與管理全船人員。（船員法第58條）

2. 緊急處分權。（船員法第59條）

3. 司法警察權。（船員法第59條）

（三）船長的義務包括：

1. 注意其職務之責任。（船員法第67條、船員服務規則第24條）

2. 擔負船員及船舶之責任。（船員法第73條）

3. 航行中繼續工作的責任。（船員法第64條）

4. 救護旅客、海員之責任。（船員法第73條）

5. 救助海上危難之人之責任。（海商法102條、船員法第74條）

6. 救助他船為難之責任。（海商法109條、船員法第75條）

7. 有礙航行事項之報告義務。（船員法第71條）

8. 管理全船一切事務，對全船生命財產應負安全責任。（船員服務規則22條）

9. 對全體船員工作負考核及訓練責任。（船員服務規則23條）

10.對船舶所有人，應盡其善良管理人責任。（船員服務規則24、27條）

11.保障旅客安全，維持船上秩序。（船員服務規則22條）

12.船舶適航性管理的責任。（船員法第61條）

13.船舶適載管理的責任。（海商法第62條）

## 二、公司營運管理上的要求

1. 對於公司的營運政策，除了影響船舶安全者外，應遵照公司的營運政策，執行
　船上的管理工作。

2. 對於船舶的保養維護，船期貨載的安排，予以充分的配合與遵行。

3. 對於船舶營運預算的控制及船員人事安排之特殊規定。

## 三、利害關係人之權益保障

1. 船長對善良的第三者，如託運人，受貨人之貨物應盡善良看管與載運的責任。
　（海商法第63條）

485

2. 對於貨物的投棄應依法行事，不得有權宜偏頗的行為。（海商法第65條）

3. 善盡對海員醫療及遣返的責任。（船員法第40條）

4. 對旅客提供舒適及安全的保障，並完成依船票所定的航程。（海商法第83、88、89條）

## 第三節 影響船長執行管理職務之因素

　　船長不論是依船舶所有人的授權或法定之權力，其指揮船舶及管理船上一切事務自無庸置疑。船長基於船舶所有人之代理人，及國家賦予之公權力。且基於組織中的群體關係，在處理事務上，自有其角色拿捏與審度上的衝折點。船長以管理者的身份，主管船上一切事務，其自然具有經理人（Manager）的色彩。如何在組織中管理得當，在各個方面都能滿足期望者的要求，確實相當困難。所謂順得公意未必能合婆心。在考量船長執行其管理上的職務，潛在的影響因素是多方面的，在管理上的輸出「效能」多寡，大致可由其個人因素，公司因素及船員與客觀環境來衡量。

### 一、個人涵養與管理風格

　　船長在船上的地位，由於科技的發展，及經濟活動的改變，自然地在權威價值上，日趨薄弱，然而既有船上組織，即有管理。有管理的存在，則涉及管理者的領導統御。領導統御的表現，則在於各人的涵養與管理風格。

（一）個人涵養：

　　個人的涵養，包含個人的人格特質及專業知識與技術以及處理危機的智慧。

1. 在人格特質方面：其特徵可分為成就動機、權威傾向、權謀傾向、風險取向及問題解決方式。

2. 在領導者特質方面：可區別於熱力程度、認知能力、任務知能、監督能力、自導性及自信心。

3. 專業知識與技能：對於船舶安全操縱，運作與管理的專業知識與技能。

4. 處理危機的智慧：泛指無論是事務性的衝突或是危機情況的處理。

（二）管理風格：

1. 獨裁式（Autocratic）：部屬的一舉一動均需遵從其命令。此類型皆以個人為其中心，其展現方式分別為專家型獨裁，恩情獨裁（大家長式）及無能獨裁三種。

2. 放任式（Laissez-faire）：一切決策及作業方法，由部屬自行決定，對於過程，不監督亦顯少過問。

3. 參與式（Participative）：能與部屬充分的溝通，接受各方的意見，以參與的方式，共同制定決策。

4. 授權式（Delegative）：將組織中，賦予的權力，由部屬分層執行，不指導，也不支援。

## 二、公司的管理制度與文化

　　船長為船舶所有人僱用，從事船舶管理的職務，與公司的關係上，既為受雇人，則自當依雇用人之意思而行為。海商法上雖然規定在船舶安全方面，船長有其專業裁量權，不受船舶所有人的意思限制。但在其他業務，尤其營運及管理方面，幾乎無法與公司的管理政策相違。因此，在一規模較大，制度較健全的公司，船長在管理上當能依照正常方式運作，而無執行上的困難。一個公司的企業文化，若是以追求績效及建立良好企業形象，則船長站在船舶管理者的立場，自然而然會朝此目標要求，從而借力使力，達到自我的提昇。

## 三、船員素質與客觀環境

　　船長執行管理作業時，直接有關者，即為船上組織中的成員。組織成員的素質良否，影響管理的成效，亦間接影響船長在管理作業中所採取的方式。管理上之成效，在於全員的參與目標的達成，在於每個船員，能接受並承擔所負的責任。設若船員素質低落，身為管理者，祗能徒嘆乏力，對於組織的使命完成與否，則難以確定。至於客觀的環境，如船員勞動市場的意願不高，船長本身在供需市場受重視的程度，及船員結構轉變等因素，船長在考量其管理決策與方式時，皆需將其納入。

## 第四節　引水人在船時之角色互動

### 一、角色地位之認知

　　國際間海上運送及海商相關事務中，對於船舶的安全及指揮權責，在法律上，其對象皆為船長一人。我國海商法第40條亦規定「船舶之指揮，僅由船長負其責任」。關於引水人在船的航行，STCW/78規則II中亦有規定「無論引水人之職責與義務為何，其在場並不能解除船長或負責當值船副在船舶安全上應負的責任與應盡的義務。船長與引水人應彼此交換有關的航行程序，當地狀況與船舶特性之資訊。船長和當值船副應與引水人密切合作並隨時查核船舶正確位置與動態。」

　　基於上述的論點，引水人在船執行領航業務時，應被認定為受僱於船長或船舶所有人，提供專業技術服務之人，因此在角色的定位上，引水人為船長在船舶操縱上的顧問（Consultant）或建議者（Adviser）。其操船行為為操駛（Conduct）船舶，而非指揮（Command）船舶。

　　照理而言，引水人所口述的任何操船指令，應引以作為對於船長的建議，船長認為接受，再下指令給船舶屬員。然而在實務上，這一程序往往被省略或忽略了。誠然，船長亦有更正的機會與權責，但事後更正往往會造成無謂的困擾。

### 二、執業經驗之尊重

　　引水人與船長在船舶操縱的領域中，皆擁有相當經驗。引水人以其豐富的引航經驗，有效率地引領船舶安全繫泊，然而船長畢竟是最熟悉本船操縱性能之人。

　　在討論操船行為中，並無一特定的操船模式或一定的路徑軌跡。有時環境的影響或個人的操船習慣，同一船舶，同一狀況，往往從A點到B點之操駛過程，未盡相同。不同引水人可能亦有不同的操船行為。船長不必要求引水人一定要按照他的操船模式進行，重要地乃在於船長應該了解「最後有沒有可能將船舶擺至安全適當的位置」即可，過多的參與行為將帶來作業上的干擾，甚而失控出事。相對地，引水人對於船長的任何疑問，均應正面接受，並予解釋以解除船長心中的疑慮。

## 第五節　船長管理上稱職角色的認定

　　海上的組織活動，不同於岸上作業方式。船長基於船舶管理者的身分，所要面對與應付的範圍，可說相當廣泛。自從有船舶航行，即有船長的職位，隨著歷史的演變，船長的角色與地位，亦隨著轉換。從中世紀希臘的身兼船主，以威權命令指揮全船人員，到今日的純粹以受雇人身分，以專業技能服務於船上，換取報酬。雖然身份及角色已生變化，但在海商的活動，對於船長在管理上的地位，始終沒有在整個架構中產生變化。船舶的指揮依然由船長負全部責任。而由於資訊科技的發達，人類經濟活動的發展，今日的船長，所權擔的角色，究竟在海運的領域中，人們如何去思考它，又如何去界定「船長」之稱職與否？世事本無「絕對」，完全依角度的不同而定位。船長在管理上的稱職與否？可由下述三方面分別界定。

### 一、法律層面

　　在任何一個企業的組織中，管理階層的經理人，除了在本身企業體系中，作個別的權責規定外，一般法規並無予以特別的規範。而海商活動中的船長，由於其專技的角色，無論在國際公約，或國內相關法規中，對於船長的權限，均有明文的規範；內容包括保障海上人命安全，維護海上航行安全，海洋環境之維護，貨物及旅客運送之相關規定。法律規定的事項，即為應該遵行的準則。船長在主管船舶一切事務之條件下，他的作為與處理方式，一切依法規行事，例如使船舶適航、適載、海上救助人命、海水污染的防止、貨物的交付、船上人員及貨物安全的照顧……等，一切均能依照法規的要求，那麼，船長在法律層面的管理上，可說是稱職的。

### 二、公司管理層面

　　海運經營，即在於運用船舶來獲取利潤。船舶管理運作之良否，直接影響公司的營運績效。船舶管理的各項費用，亦是公司管理階層所重視的問題。由於各個公司政策方向的不同，因而在船長的管理成效中，所得的認定標準亦有所不同。有的要求人事安定，有的要求船期不得耽誤，有的要求船舶保養，有的要求減少修護，因此船長依公司的管理方向，目標與使命達成與否，而難有一致的認定。

### 三、人文層面

　　船長在執行其船舶管理上的職務時，初始浮現的，應該是「合不合規定」，其次可能浮現的即是「會不會影響到公司」及「船上人員如何」。由於海商的活動愈趨頻繁，人類對生活品質的要求及對整個生命的尊重也相對提昇。船舶是海商活動的主要實體。船長身為管理人，在執行管理的過程中，所應兼顧的層面甚多。為了符合法令的規定，可能限制了船員自由活動的空間，為了保護生態環境，可能會造成船舶運作上的不便，間接影響到公司的營運。為了船員有充足的調息，可能在航泊安全上，就少了一些嚴密與保障。為了節省費用，但卻背離了法規。船長在諸多的不完整情事中，如何調整成為稱職管理人角色，在這以人文關懷為導向的大環境中，船長處理事務時，以人命安全為首要考量，重視船上群體生活品質的提昇及海洋環境的防護，而多了一份人文關懷。故在管理上應由技術層面，提昇至人文層面。

## 第六節　結語

　　船長在船上的職責以及權力以往均建立在航海傳統的基礎上。在1975年4月16日倫敦海事學院院長貝克（G. E. Beck）主持的會議中有篇報告，言及當前在船務工業中，船長所負職責已明顯的被減少。此現象已使整個船上社會體系發生結構的變動，「船上一切由船長做主」的型態，已不復存在。船長在船上扮演角色的型態轉變，當然影響他在管理上的決策與行為模式。由於工業化的進步，船舶設備及各項資訊的發達，船長在船上的工作內容亦相對變動。雖然「法定」的地位依舊，然而在管理上，已非昔日所謂的「全權代理人」之地位。因此，今日船長的工作是十分複雜的，既有古代傳統的船長工作，又有現代船務經理的工作。船長是被看為船公司的代表，然而，在實際經營管理方面，他卻被孤立，而且一切聽命於船公司。雖然，船長對於他所指揮管理的船，擔負一切責任，不過它能決定的事項，部分已由船公司取代。船長確實是多重角色的職位，既要以專業技術受雇於船上，在執行職務時，又要符合各方面對他的期望。船長的角色，融合複雜的因素，如何調適其管理上的模式。真可謂有賴三分科學，七分藝術了。

# 第四篇
# 船舶安全管理
# （Ship Safety Management）

　　國際貿易運輸以海上運送為大宗。隨著經濟的發展，全球貿易量激增，船舶數目亦大幅增加。海上事故的發生，並未因海洋科技之改進而消除。船舶海難事故的發生，造成人命、財產的損失外，更容易造成海洋的污染。一九七八年油輪Amoco Cadiz之擱淺，造成原油外溢，損害費用高達十七億美元。又如一九九二年發生於麻六甲海峽之我國漁船「德富五十一號」與希臘之「皇家太平洋」（Royal Pacific）客輪相互碰撞，造成郵輪沉沒及多人失蹤。一九九五年三月兩艘均由國人經營之貨櫃船，在香港外海互撞，造成其中一艘沉沒，兩人死亡之悲劇，再次顯示海上安全之重要性。因此如何建立一完善的船舶安全管理制度，藉由制度化、系統化的管理來達成海上安全的保障，即為吾人追求的目標。國際海事組織通過實施船舶安全管理制度，並以國際安全管理章程（ISM Code）為施行之準則。本篇即對於船舶安全管理相關方面予以詳細討論。

　　近年來，由於船舶噸位及數量之大幅增加，船舶航經海上或進出港口交通量增加，然而航路與空間未能等效擴展的情形下，加以船舶趨向大型化、快速化，在有效使用空間之範圍內，流量之增加因而造成密集現象。由各項資料（參閱表19-1、19-2）顯示，吾人發覺海上事故之發生，並未因海洋科技之改進而消除。海上事件發生，除人命、財產之損失外，更容易造成海洋環境之污染（參見圖19-1及19-2）

表19-1　海難事故統計表（1985、8月～1994、6月）

| 情況<br>件數<br>船舶類型 | 荒天<br>Heavy<br>WR | 火災<br>Fire | 擱淺<br>Straning | 碰撞<br>Collision | 機器失靈<br>Enging<br>Failure | 其他<br>Other<br>Erason | 總計Total |
|---|---|---|---|---|---|---|---|
| 油輪<br>Tanker | 87 | 175 | 69 | 109 | 71 | 19 | 530 |
| | 16.41% | 33.01% | 13.02% | 20.57% | 13.39% | 3.58% | |
| 貨輪<br>Dry Cargo | 130 | 97 | 161 | 129 | 87 | 52 | 656 |
| | 19.81% | 17.16% | 24.54% | 19.66% | 13.26% | 7.92% | |
| 渡輪<br>Roro/Ferry | 81 | 112 | 54 | 40 | 33 | 20 | 340 |
| | 23.82% | 32.94% | 15.88% | 11.76% | 9.70% | 5.88% | |
| 其他<br>Others | 558 | 511 | 393 | 364 | 336 | 295 | 2,457 |
| | 22.70% | 20.79% | 15.88% | 14.82% | 13.67% | 12.01% | |
| 合計<br>Total | 856 | 895 | 393 | 642 | 527 | 386 | 3,983 |
| | 24.49% | 22.47% | 16.99% | 16.21% | 13.23% | 9.69% | |

494

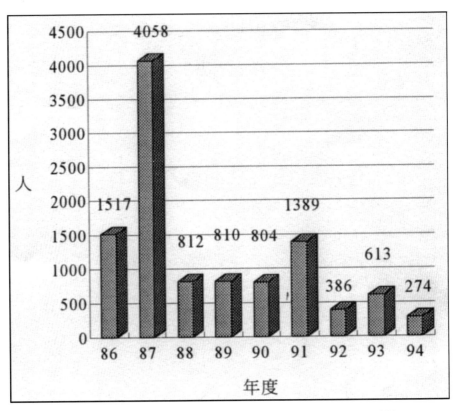

表19-2 500總噸船舶海難事故死亡人數（1985-1994、6月）

資料來源：安田保險會社IUMI 1994

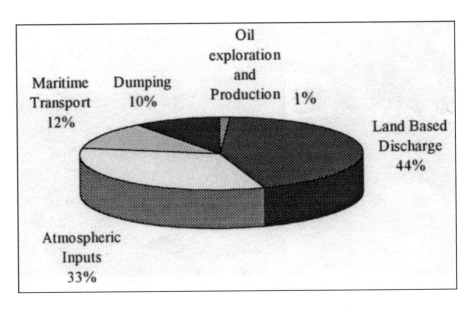

圖19-1 人類活動肇至海洋污染之所佔比例

資料來源：Croup of Experts on the Scientific Aspects of Marine Pollution （GESMP），1990

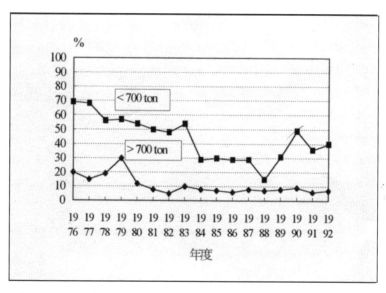

圖19-2　由於管制措施，意外漏油事件比率下降趨勢

料來源：ITOPE Ltd.1993

　　船舶載運貨物航行海上，自有其不可預期的風險。加以投資於船舶的資金相當龐大，若有危難，則損失不貲。海運經營不易，一般業者較偏重於市場的經營，而忽略了風險管理的重要性。船舶營運必須面對不確定的海上風險，亦即損失風險及責任風險。投保保險通常為應付船舶損失與責任風險的消極措施，而如何預防危險事故之發生，才是積極的作法。海上安全的維護必須有完善的船舶管理制度，始能達成風險管理的目標，建立真正海上安全的保障。

# 第一節　海上安全之評量

## 一、海上安全之範圍

　　安全（Safety）一詞，其意義包含甚廣。按韋氏辭典之解釋，「Safe」原意為「Out of or not exposed to danger」，「Safety」則為「Being safe, freedom from danger or risks」。因此對於安全，吾人可解釋為「凡對於環境中事物，共同或個人免於危險或風險之保有」。在海上的活動中，無任何偏離常態之事件發生，一切正常運作，是為海上之安全。船舶航行海上，其安全之考量，所包含者除船舶本身之運動外，尚包含一些外在環境之因素，如天候、海域狀況等。因此與海洋

有關之活動中，其所直接與間接影響所及，均為海上安全所涉及的範圍。一般論及海上安全之偏離，在認知及定義上不外乎以「海難」、「海事事故」及「海上的危險」（Peril of the Sea），但廣義的海上安全，則涵蓋了「海洋環境污染」（Marine Environment Pollution）及「海上災害」之防止。茲將其定義內容及分類列述於下：

（一）海難

1. 我國海難救護組織及作業辦法第二條中，分別定義為「一般海難」與「特殊海難」。「一般海難」係指船舶故障、沉沒、擱淺、碰撞、失火、爆炸、油漏或與其有關船舶、貨載、船員或旅客之變故。「特殊海難」則指船舶被飛機、船艦追蹤、襲擊、劫持，致船舶、船員或旅客遭受危害之事故。

2. 法國商法第三五○條亦定義：「所謂海難，係指海上偶發之事故或災害而言。本法雖無列舉規定，大要不外：因暴風雨、船難（如沉沒）、觸礁、碰撞、擱淺、船破、投棄、火災、捕獲、掠奪、依國權之扣留、戰爭報復及通常其他一切海上事變致保險標的所生一切滅失及損害等。」

（二）海事事故

依我國海事報告規則第一條之規定「本規則所稱海事，指船舶沉沒、擱淺、碰撞、強制停泊或其他意外事故及有關船舶、貨載、船員或旅客之非常事變。」

（三）海上的危險

依英國海上保險法（Marine Insurance Act，1906）中的保險單之解釋規則第七條（Rule for Construction of Policy）對此所下的定義為：海的危難事故一詞，係指海的偶發事故或災難，此不包括風和浪的普通行為。（The term "perils of the seas" refers only to fortuitous accidents or casualties of the sea, It does not include the ordinary action of winds and waves）。

（四）海洋環境污染

一九八二年聯合國海洋法公約，詳訂海洋環境保護之義務，其對海洋環境污染定義為「意指人類直接或間接將物質或能量引入海洋環境中，包括河口灣，以致造成或可能造成損害生物資源與海洋生物、危害人類健康、妨礙包括捕魚及海洋之其他正當用途在內之各項海洋活動，損壞海水使用品質以及減損環境優美

等之有害影響」。而污染來源則歸類為①來自陸地，②來自傾倒，③來自海底活動，④來自船舶，⑤來自大氣。

（五）海難之分類

1. 日本海上保安廳將海難分為碰撞、擱淺、故障、遭難、火災及其他等六大類。

2. 歐洲共同體的歐洲共同科技研究計劃301號將海難分成船舶間碰撞、船舶與水面上物體接觸（Contacts/Rammings）、擱淺觸礁與沉沒四類。

3. 勞氏驗船協會，針對保險的需要，將意外事故（Casualty）亦即海難區分為沉沒（Foundered）、失蹤（Missing）、火災／爆炸（Fire/Explosion）、碰撞（Collision）、撞及固定物（Contact）、觸礁／擱淺（Wrecked/Stranded）及滅失（Loss）。

## 二、影響海上安全之因素

　　由於海上安全所涵蓋的範圍甚廣，其發生事故的原因非單純一項所可歸類。一般保險事故的調查分析報告，將重大事故發生之原因，形式概分為下列幾項。（參考圖19-3，19-4）

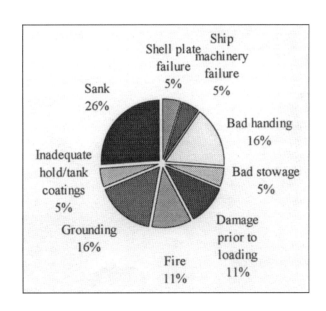

圖19-3　高額海損事件肇因及其所佔比例

資料來源：UK P&I CLUB 1993

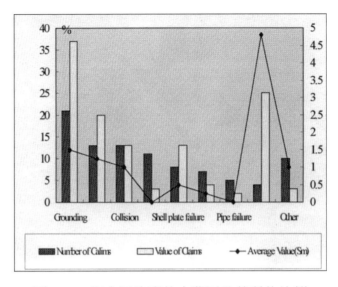

圖19-4　海水污染事件之肇因及其所佔比例

資料來源：UK P&I Club 1993

1. 沉沒。

2. 擱淺。

3. 裝載不良。

4. 船舶操縱不良。

5. 失火。

6. 裝載貨艙及艙櫃保養不良。

7. 船殼之保養不良或失效。

8. 機器之保養不良或失效。

　　探究其基本原因，則不外乎下列幾項：（參考圖19-1，19-2）

1. 船員疏忽。

2. 引水人員疏忽。

3. 設備之保養不良或失效。

4. 裝備之保養不良或失效。

5. 岸上之疏忽。

6. 船體結構上之缺陷。

　　由以上分析資料得知，事故之發生約百分八十直接或間接的為船員疏忽與欠缺管理控制所造成。在海上交通事故（Traffic Accident）範疇中，其與船舶操縱

有關之人員疏忽因素考量，包括了下列情況：

(1) 當值人員疏於瞭望。

(2) 未遵守避碰規則之規定。

(3) 未依信號管制之指示。

(4) 引水人指揮疏忽。

(5) 船長指揮錯誤或不當。

(6) 船長與機艙配合不當。

(7) 船速控制不當。

(8) 未善用海圖、航行資料或引用過時資料。

(9) 未善用航海儀器、裝備或操作不當。

(10) 未確實掌握船位。

(11) 人員素質低，缺乏應變能力。

(12) 工作語言的隔閡及溝通不良。

(13) 岸上人員指揮錯誤與疏忽。

(14) 其他因素，諸如疲憊、酗酒等。

# 第二節　海上風險之管理與承擔

　　海上事件的發生範圍至為廣泛，無論是由於天然之不可抗力因素如暴風雨或人為因素如碰撞、擱淺、及公意之行為如逮捕、扣留等，均非船舶營運管理者所能預先掌握與控制。事件可能發生，風險必然存在。

## 一、船舶營運風險之承擔

　　船舶價額少則百萬美元，高者可達上億美元，如發生海難事故，其災害甚大，除了船舶受損停航而造成營運損失外，船舶損壞之修繕費用以及隨從發生的海水污染、人命喪失、貨物的賠償責任等，此種無法預知的龐大費用，一瞬間將造成船東營運上嚴重之困境。為了預防此種不確定災難之來臨，必須有一合理的制度確保公司營運的安定，而最有效可靠的就是船舶保險制度。保險人為降低其保險的風險，對於加入保險的船舶，有其基本的要求。

## 二、船舶管理品質之標準

（一）船級與船況之維持

　　船舶加入保險之接受要件，必須船舶具有船級及保持良好的船況。由於船級的認可，需由專業之驗船機構施行各項檢驗，証明船舶符合法規及相關條件之要求，始予簽發級位証書。因此船舶必須經常保持良好的適航狀態。保險公司通常在接受公司投保或入會前，會主動自行安排做船況檢驗（Condition Survey），以確定船舶狀況之良否。

　　船舶之安全航行能力，船體結構固為主要條件，惟裝載不良亦影響船舶之安全，法律所要求的，除船舶堅固緊密足以抗拒海上通常之危險外，船舶所有人並應配置相當的海員，以及足夠之供應品，以達到航海之完整性，並使船舶具有適載能力，始能達到運輸之目的。

　　因此要維持船舶適航能力亦為保險的要求條件。所謂的適航能力之基本要件依我國海商法第六十二條中之規定：「運送人或船舶所有人於發航前及發航時，對於下列事項，應為必要之注意及措置。一、使船舶有安全航行能力。二、配置相當海員設備及船舶之供應。三、使貨艙冷藏室及其他供載運貨物部分適合於受載運送與保存。⋯」

　　茲分述於下：

1. 船舶安全航行之能力

　　船體之設計，結構及設備，應具有安全航行於特定區域或範圍之能力，亦即船舶在構造上須堅固、水密、具有浮揚能力，在預定航程中，使船舶常浮，保有足夠的穩度，能抗拒通常可能遭遇之海上危險。

2. 配置相當海員、設備及船舶之供應

　　(a)足額之合格船員。

　　(b)相當之裝備，充足之備品及補給品。

　　(c)熟練之操船能力，包括航程規劃，各項裝備及儀器的操作運轉。

3. 安全適載能力

　　海牙規則第三條第一款中規定，「應使貨艙，冷藏室及所有供載運貨物之船舶其他部分，適於貨物之裝載、運送及保存，且應維持良好狀態」。安全適載能力應包括對於特定貨物之適載能力。

## （二）公司管理制度

　　一般船公司與保險公司均透過保險經紀人的居中協調，訂立保險契約。其保險費率的高低，除參考前述之各項因素外，保險經紀人通常會經由多方面的調查與訪談，對於船公司的營運政策及船舶管理制度，適切地予以反應。雖然保費費率直接反應於失事記錄，但近年來，保險公司對於海上事故的頻繁發生，經分析調查，百分之八十屬人為的過失。因此對於經理人、船舶及船員之標準，提出多項的討論。最近更將重心置於品質保証與稽核的管理制度。要求公司必須要建立一套良好的管理制度，將安全管理的觀念落實於公司組織及船舶管理中。

　　企業經營之良否在於經營者理念、公司組織、管理目標與效率、及員工之共識。海運公司亦然，經營管理者之理念倘若只在乎盈利，無長遠目標規劃，存著做一天算一天之心態，公司組織鬆散，不在乎員工素質、工作環境及提昇管道，甚且不在意客戶及外界之風評，則在整體效能及風險管理上自然無法有效掌握。

　　在一篇「Ship Management and Standards」報告中，認為船舶的管理是最重要的風險因素，同時指出海上事故之發生及各項人為因素，百分之八十是可藉由管理來予以有效控制。因而認為高達百分之八十的損失理賠是由於船員的疏忽及缺乏管理控制兩種原因所造成。在報告中更明確說出，保險人之收益及損失與否，乃取決於船舶管理的標準。保險公司也透過多項管道向主管海上事務的「國際海事組織」提出關切與反映，給予船公司在安全管理上的壓力。在安全管理制度尚未全面建立之前（IMO已公佈實施安全管理制度，自一九九八年及二○○二年起依船舶類型分兩階段施行），亦建議由自負額之提高來達到提高管理標準與制度，及廣泛收集船公司船隊管理品質之資訊，以做為保險費率評定之依準。

## （三）人員素質之提昇與降低失事率

　　前已述及，人為因素佔海上事故原因約百分之八十。人為因素包括了船上人員作業上的疏忽（Negligence）及岸上管理作業未盡到適當注意（Due Diligence）之職責。因此吾人在討論人員因素時，應同時注意到船上人員及岸上人員之素質。

### 1. 船上人員疏忽之探討

　　對於船上人員的疏忽方面，以保險的觀點，經過分析認為下列幾點應是重點所在：

(1) 過於自信，粗心大意或對事物的漫不經心。

(2) 在性情方面，由於疲乏，感覺不舒適，厭煩，易怒及存在著壓力。

(3) 自尊心及榮譽（面子問題）的作祟。當需要他人協助時，礙於情面，勉強單獨而為。

(4) 語言溝通上的障礙。船長與領港之間。船長與船員之間。甚而船員與船員之間，不能充分的領會相互間表達的意思。

(5) 過度的疲勞，尤其在緊湊的進出港作業。此種疲應尚包括各種計算的錯誤（貨載、安全穩度、及專業領域）。

2. 岸上人員疏忽之分析

岸上人員包括與船舶運作有關的人員，包括船隊（舶）管理人員、引水人員及港口作業人員。

(1) 對於船舶的保養維護，未善盡及時注意，保持良好狀況。

(2) 人員遴派上船服務，未詳加考慮是否適職適格。

(3) 未提供良好的船上工作環境，及各項作業程序。

(4) 船上人員交接的時間過於倉促，接任者在不能充分了解狀況下，執行工作。

(5) 未能及時提供關於各類航行安全有關資訊。

(6) 欠缺安排船上訓練及岸上在職之訓練。

(7) 岸上管理人員，對船舶管理運作的整體認知，尚有差異存在。

(8) 引水人員專業服務精神與技藝，尚待加強。

（四）加強教育訓練，提昇人員素質

在船舶運航仍需人員來操控的情況下，減少人為疏忽因素的存在，即可降低海上之船舶海難事故。因此在人員方面的加強，應是解決問題的首要考量。欲提高與加強人員素質，則必須從教育訓練著手。人員的教育非單指船上工作的人員，尚應包括岸上管理人員，及接受海事教育的學生。其方式為：

1. 岸上管理人員，應有品質管理及安全管理的觀念。隨時充實在管理技術上的新知，能與船上人員充分溝通，更應建立解決問題的服務共識。

2. 船上人員，除了在船上做實務性的演練，一般操作程序及緊急情況之模擬處置外，並應加強海上安全之共識。

3. 船上人員，應定期安排休假，在岸接受新知識及技術的教育及訓練，充實新知。對於船長及甲級船員，更應加強其安全管理的觀念。

4. 加強職業道德及海上情操教育。

5. 在校的海事商船科系學生，應注重船舶安全管理的講授。

## 第三節 相關之國際海事法規

隨著國際貿易之增加，船舶航行於海上之數量相對頻繁，為保障海上航行之安全，近年來，國際海事組織（IMO），及國際勞工組織（International Labor Organization；ILO），先後通過各種有關船舶安全的公約，並為各國政府接受，成為該國法令之一部分。有關海事公約生效情況，詳見附件19-2。其主要目的，在減少海難事件的發生及海洋環境之維護。其中與海上安全及船舶管理方面相關者；有如下幾項：

1. 一九七四年海上人命安全國際公約（包括其一九七八年議定書、一九八一／八三／八八修正案、一九九四年增修案）（International Convention for the Safety of Life at Sea, 1974, As Amended 1981/83/88, 1994 Addition; SOLAS 1974）。

2. 一九七三年防止船舶污染國際公約（包括其一九七八年議定書，及一九八四至一九九二年之修正案）（International Convention for the Prevention of Pollution from ships, Including Protocol of 1978, As Amended 1984~1992；MARPOL 73/78）。

3. 一九七二年國際海上避碰規則（包括1981/87/89/93修正案案）（International Regulations for Preventing Collisions at Sea, 1972. As Amended 1981/87/89/93, or COLREGS 1972）。

4. 一九七八年航海人員訓練發證及當值標準國際公約（包括二○一○年修正案）（International Convention on Standards of Training, Certification and Watch keeping for Seafarers, 1978; As Amended 1995, STCW 78/95）。

5. 一九七六年商船最低標準公約（Convention Concerning Minimum Standards Merchant Ships, 1976; ILO No.147）。

6. 一九六六年國際載重線公約（International Convention on Load Lines, 1966）。

7. 一九六九年國際船舶噸位丈量公約（International Convention on Tonnage Measurement of Ships, 1969）。

8. 二○○六年海事勞工公約（Maritime Labour Convention, 2006）。

### 一、一九七四年海上人命安全國際公約（SOLAS 1974）

早期的海運對於海上航行安全與旅客、船員生命並未特別注意，國際間對於海事法規未統一制定，直到新建豪華客輪「鐵達尼號」（S.S. TITANIC）於一九

一二年四月十四日深夜在北太平洋途中沉沒，喚起海運國家對海上生命與財產的重視，因而制定了一九七四年海上人命安全國際公約，嗣後為因應海運環境之變遷，而分別通過制定一九二九、一九四八、一九六〇及一九七四年海上人命安全國際公約（包括一九七八年議定書及一九七八／八三／八八修正案，一九九四年之增訂案），其主要內容為概分為下列各章：

1. 總則及一般規則。
2. 關於船舶之構造要求（艙區劃分、穩定度、機器與電力裝置。船舶之防火、探火及滅火等構造）。
3. 關於救生設備之要求與安排。
4. 關於無線電報與無線電話（通信系統）之規定。
5. 有關航行安全方面之規定。
6. 穀物裝載之特殊規定（隔艙及穩定度）。
7. 危險貨物之裝載規定。
8. 核子船舶之安全評估及管制規定。
9. 安全管理制度（一九九四年新增，預定一九九八年七月一日生效）。
10.高速艇筏（一九九四年新增，預定一九九六年一月一日生效）。
11.加強海事安全（一九九四年新增，預定一九九六年一月一日生效）。

## 二、一九七三／一九七八年防止船舶污染國際公約（MARPOL 73/78）

　　船舶海難事故所造成的海水污染問題，早於第一次世界大戰之後即引起沿海國家之關注。一九五四年在英國倫敦通過了「一九五四年防止海水油污染國際公約」及嗣後之修正，（1962/69/71），均限於油污，對油以外之物質，如有毒液體物質，有害物質、污水及垃圾等並未納入防止海水污染之範疇。國際海事組織（IMO）乃於一九七三年邀集各會員國於倫敦集會，通過「一九七三年防止船舶污染國際公約」，將該公約涵蓋之範圍擴大。一九七八年並通過採納對於易燃液體船作成議定書，該議定書所修正之公約，即目前所謂之一九七三／一九七八年防止船舶污染國際公約（MARPOL 73/78）。

　　該公約之內容，包括有害物質事故報告之規定，船舶報告系統與要求之一般原則，其重點列在於附錄中之各種規則，茲列之於下：

1. 附件19-1防止油污染規則。
2. 管制有毒液體物質污染規則。
3. 防止在海上以包裝形式載運有害物質造成污染規則。

4. 防止污水污染規則。

5. 防止垃圾污染規則。


## 三、一九七二年國際海上避碰規則（COLREGS 1972）

　　海上航路乃各國船舶往來之通路，必須各方一致遵守，以避免船舶相互碰撞及海難之發生，如此方足以保障船舶之航行安全。歐美各國最早採用英國之「一八六三年海上避碰規則」，經過了「一八八九年國際海上避碰規則」到一九四八年及一九六○年之國際海上避碰規則後，為適應巨型油輪，快速貨櫃船、氣墊船、推頂船等相繼出現，造成海上交通更趨頻繁。國際海事組織（IMO）因而在一九七二年十月於倫敦舉行換約會議，採納「一九七二年國際海上避碰規則」，並經一九八一／八七／八九／九三年之修正。其主要內容分為行為規則。（總則，操舵及航行規則，號燈與號標、音響信號與燈光信號）及技術規則（號燈與號標之安置，音響信號設施之技術細則，漁船群集之增設信號）。在技術規則中，對於船舶航行上各類號燈及號標設備有詳細的規範。


## 四、一九七八年航海人員訓練、發證及當值標準國際公約（STCW 1978）

　　海上之意外事故，百分之八十以上均由人為之錯誤所造成，故為求確保海上人命與財產之安全，尤其是對航行之安全與環境之維護，加強航海人員之訓練，改進其發證標準，提高其知識水準與素質實為重點所在。而事實上，國際間對於航海人員之訓練發證問題，早已開始表示關切與重視。在一九二○年，即國際勞工組織（ILO）成立後之第二年，該組織即有制定「航海人員法」之提議，建議各會員國政府將有關海員活動之各種法令，完全納入海員法中。

　　國際海事組織（IMO）及國際勞工組織（ILO），對於航海人員的訓練、資格證明，體格標準及年齡限制等規定，先後陸續訂定多項公約或建議書，但頗零亂，且對於應具有之最低知識標準，及當值應遵守之基本原則等仍付闕如。政府間海事組織終於一九七八年在倫敦與國際勞工組織共同召開會議，並通過採納「一九七八年航海人員訓練、發證及當值標準公約」，並於一九八四年四月二十四日正式生效。該公約自生效以來，為配合單獨航行全球海上遇險及安全系統（GMDSS）之實施。海上人命安全國際公約中關於航海人員基本訓練之修訂及油輪人員特別訓練之要求，曾作數次修正。一九九五年七月五日做成新體制之修正，並經國際海事組織採納二○一○年六月在馬尼拉大會通過了新的修正案。

　　經修正後之公約，本文並未更動，附錄增修為八章，並增列航海人員訓練、

發證及當值標準章程（STCW Code），其內容重點列述如下：

（一）附錄部分：

1. 通則—有關名詞定義，加簽證書之內容格式，近岸航程之原則與管制程序。

2. 船長／艙面部門—分別對船長及艙面當值人員發證之強制性最低要求。

3. 機艙部門—分別對保持機艙當值應遵守之基本原則與各級船舶輪機長及輪機當值人員發證之強制性要求予以規定。

4. 無線電通信及無線電操作員—人員之適用規定，GMDSS無線電人員發證之最低要求包括技能維持及知識更新之教育訓練。

5. 新增電子員及電子技工的培訓及適任標準。

6. 特定類型船舶人員特別訓練規定—鑒於船舶裝載散裝油類，化學品及液化瓦斯時，如處理不慎將嚴重危及人命與環境。故規定其船長、甲級及乙級船員，應經適當之訓練，並對其資格作強制性之最低之要求。

7. 緊急、職業安全、醫療及求生之職責—本章乃將原來之「救生艇熟練」更名，其內容包括船員基本安全訓練，符合海上人命安全國際公約（SOLAS）中，關於救生艇筏，熟練操作之要求與持證規定，高級滅火訓練之最低要求及醫療能力。

8. 替代證書（Alternative Certificate）—本章為配合技術革新及未來船舶之需要而增訂。證書之發給及條件配合STCW Code之規定，依照專業職務功能（Function）分為航海，貨物裝載，運航及人員管理，輪機，電機，電子及控制工程，維護修理及無線電通信七類，並將責任層級（Level）分為管理，操作及支援三級。

9. 當值—本章為新增部分。對於適合當值之規定，當值之安排及原則。

10.駕駛台及機艙資源管理，在章程中由建議性改善強制性。

（二）增訂章程部分（STCW Code）：

為一項技術性之規定，分A.B兩篇：

A篇（PART A）—此篇為強制性之標準規定，包括能力標準的細節。

B篇（PART B）—此篇為建議性之準則，俾使執行公約規定時有一致的標準，亦為將來成為強制性規定之過渡適用章程。

## 五、一九七六年商船最低標準公約（ILO No.147）

一九七〇年代開始權宜船籍崛起，聲勢驚人，而各該使用船舶公開登記制度之國家，對於航海人員權利義務與安全之國家法令，簡陋不堪，甚至闕如。又因各該國家法令不全，對於薪津，船上住宿飲食衛生，都難以與公約相配合，因此引起海運國家運輸工會之注意，從而成立國際運輸工人聯盟（International Tran Porter Federation；ITF），一面要求其政府，促請國際勞工組織從速立法阻止此現象，一面在各港埠展開查驗工作，造成船東相當困擾。國際勞工組織因而在一九七六年於日內瓦議定了「商船最低標準公約」亦即第一四七號公約。

本公約之內容重點有如下三點：

（一）安全標準：

1. 船員資格。
2. 工作時數。
3. 船員配額。

（二）社會安全措施：包括醫療、疾病、失業、老年、職業傷害、家庭、生育、殘廢及遺族等給付。

（三）船上僱傭條件及船上生活安排：包括薪給、伙食起居設備及防止意外之安全防護設備等。

## 六、一九六六年國際載重線公約（ILL 1966）

早期海運對船舶乾舷大小並無規定，端賴船長之經驗，基於營利目的，經常超載。鑒於海難事故之發生，肇因於乾舷甚小，船舶預留之浮力無法抵抗海上險惡之風浪。因此在十九世紀對於船舶預留浮力，結構強度，人員工作場所與水面距離，皆有相當的論述。一八七三年英國議員Mr. Samuel Plimsoll，倡議船舶應有載重線標誌。一八七五年英國國會通過不適航船舶條例（Unseaworthy Ship Act），規定船舶吃水不得超過兩舷之載重線標誌。一八九〇年此條例併入英國之商船法（Merchant Ship Act）中，當時各國紛紛制訂類似載重法規，唯標準與辦法頗不一致，因而由英國邀集世界三十餘國於一九三〇年七月在倫敦舉行會議，通過了一九三〇年國際載重線公約。

各國為適應船舶漸趨大型化及適應各種不同船舶之裝載，國際海事組織於一九六六年三月在倫敦召開會議，研商修訂一九三〇年載重線公約，並通過了一九六六年國際載重線公約。本公約適用於從事國際航程之船舶，共有三十條款及三個附錄。附錄內容重點如下：

1. 決定載重線之各項規則，包括乾舷及關閉裝置。
2. 航行區域，範圍及季節期間之相關規定。
3. 發證及各項檢驗規則。

## 七、一九六九年船舶噸位丈量國際公約（International Convention on Tonnage Measurement of Ships, 1969; Tonnage, 1969）

（一）定義

國際航程：指由本公約締約國家駛往該國以外之港口，或與此相反的航行。為此，凡由締約國政府對其國際關係負責的每一領土，或由聯合國管理的每一領土，都被視為單獨的國家。

總噸位：是指根據本公約各項規定丈量確定的船舶總容積。

淨噸位：是指根據本公約各項規定丈量確定的船舶有效容積。

新　船：是指本公約生效之日起安放龍骨，或處於相應建造階段的船舶。

現成船：是指非新船。（TONNAGE, 1969 Art. 2）

（二）適用範圍

1. 本公約適用於從事國際航行的下列船舶：
   (1) 在締約國政府的國家中登記的船舶。
   (2) 在根據第20條擴大適用本公約的領土內登記的船舶。
   (3) 懸掛某締約國政府國旗而不在該國登記的船舶。
2. 本公約適用於：
   (1) 新船。
   (2) 經改建或改裝的現有船舶，主管機關認為各種改建或改裝對其現有總噸位有實質上的改變。
   (3) 經船舶所有人提出要求適用本公約的現有船舶。
   (4) 本公約生效日起12年以後的一切現有船舶；除本款(b)及(c)項中所述船舶外，還不包括為使其適用於現行其他國際公約的有關要求，而需保留其原有噸位的船舶。
3. 對於已經根據本條第(2)款(c)項適用本公約的現有船舶，此後不得再依照本公約生效前該主管機關對國際航行船舶的要求測定該船的噸位。（TONNAGE, 1969 Art. 3）

（三）發證

1. 按照本公約測定總噸位和淨噸位的每艘船舶，應發給國際船舶噸位證書。

2. 這種證書應由主管機關發給，或由該主管機關正式授權的人員或組織發給。不論屬於那一種情況，該主管機關應對證書負完全責任。（TONNAGE, 1969 Art. 3）

（四）證書註銷

　　當船舶的佈置、結構、容積、處所的用途、載客證書中准許的乘客總數、勘定的載重線或准許的吃水等方面發生變動、致使總噸位或淨噸位必須增加時，則除了附則 I 規則中所規定的例外情況外，國際噸位證書（一九六九）應停止生效，並由主管機關予以註銷。（TONNAGE, 1969 Art. 10（1））

（五）檢查

1. 懸掛締約國政府國旗的船舶在其它締約國港口時，應接受該國政府正式授權的官員檢查。這種檢查以核實下列目的為限：

　(1) 該船是否備有有效的國際噸位證書（一九六九）。

　(2) 該船的主要特徵是否與證書中所載的數據相符。

2. 在任何情況下，不得因施行這種檢查而滯留船舶。

3. 如果經檢查發現船舶的主要特徵與國際噸位證書（一九六九）所載不一致，從而導致增加總噸位或淨噸位，則應及時通知該船旗國政府。（TONNAGE, 1969 Art. 12）

（六）特定船舶之噸位丈量

　　按船東要求，各國官署得准許船舶原須按一九六九年船舶丈量國際公約（TONNAGE 1969）丈量總噸者，按其在一九六九年船舶丈量國際公約生效前已實施之各國內丈量規則丈量船舶總噸位，以配合一九七四年海上人命安全國際公約（SOLAS 74）、一九七八年海員標準訓練、發證及當值國際公約（STCW 78）及一九七三／七八年海洋防止污染國際公約（MARPOL 73/78）之各章節規定，該等總噸位不得登錄於一九六九年噸位證書上。

　　（IMO Assembly Resolution A.494（12），A.541（13），A540（13））

## （七）按國內噸位規定丈量總噸位及證書註記

按國內噸位規定丈量總噸位之船舶，其按一九七四年海上人命安全國際公約（SOLAS 74）、一九七八年海員標準訓練、發證及當值國際公約（STCW 78）及一九七三／七八年海洋防止污染國際公約（MARPOL 73/78）所簽發之安全或防止污染證書上有關總噸位應註記如下：

『上述總噸位係各國官署按其在一九六九年船舶丈量國際公約生效前已實施之各國內丈量規則丈量者』。（IM0 Assembly Resolution A.494（12），A.541（13），A540（13））

## 第四節　品質管理與保證國際標準系列（International Standards for Quality Management and Assurance Series；ISO 9000 Series）

追求品質為人類在經濟活動中不斷努力的目標。在提昇品質的過程中（參見圖19-5），從毫無品質系統的階段，漸次演進到1985年由美國率先提倡之全面品質管理（Total Quality Management；TQM）。國際標準組織（International Organization for Standardization；ISO）鑑於在品質系統方面有需要制定統一之國際標準，以做為「產品」及「服務」交易過程的認證標準，因而在在一九八七年三月公佈了品質管理與保證國際標準系列（International Standards for Quality Management and Assurance Series；ISO 9000 Series）。

### （一）ISO-9000國際標準系列之沿革

國際標準組織，凝聚全球各國的共識，於一九八七年三月公佈ISO-9000國際標準系列，並致力於推廣實施。之前，國際標準組織（ISO）鑑於品質管理制度中，對於有關品質方面的名詞及定義，必須先有標準，因而在一九八四年，按照品質管理觀念及應用範圍制定了品質詞彙國際標準（ISO-8402）。

### （二）ISO 9000國際品質標準系列之架構

國際標準9000系列依一九九四年七月一日修正版至目前為止，可歸類成三大部分：

圖19-5　品質進展圖（Quality continuum）

1. 指導綱要：9000及9004。

ISO　9000中又細分為下列四種代碼：

9000-1：品質管理與品質保證標準－選用之指導綱要。

9000-2：ISO 9001/9002/9003應用之一般指導綱要。

9000-3：軟體在9001中應用之指導綱要。

9000-4：可靠度管理之應用。

ISO　9004亦細分為七種標準（以品質管理為目的之品質系統）。

9004-1：品質管理與品質系統要項－指導綱要。

9004-2：服務業之指導綱要。

9004-3：製程原料之指導綱要。

9004-4：品質改善之指導綱要。

9004-5：品質保證計劃之指導綱要。

9004-6：專案管理品質保證之指導綱要。

9004-7：形體管理（Configuration Management）之指導綱要。

2. 標準：9001、9002、9003此為品保系列選用之三大模式。

9001：品質系統－設計、發展、生產、安裝與服務之品質保證模式。

9002：品質系統－生產、安裝與服務之品質保證模式。

9003：最終檢驗與測試之品質保證模式。（以合約為目的之品質系統）。

3. 技術支援類標準：10011、10012、10013、10014。

10011-1：關於品質系統之稽核。

10011-2：關於稽核員之資格。

10011-3：關於稽核計劃之管理。

10012-1：量測設備之度量衡確認。

10013　：品質製作之指導綱要。

10014　：品質之經濟性。

此三大類之組成架構，其間相互關係如圖19-6所示。

（三）品質管理與品質保證國際標準系列（ISO 9000 Series）系列認證及其效益

　　國際標準ISO 9000品管及品保標準系列之施行，台灣及世界各主工業國家，紛紛採用並效力，推動實施以提高產品及服務品質，強化客戶信賴感。實施國際標準組織之品質保證制度，目前已成為世界的潮流與趨勢。一九九二年，歐市單一市場實施「EC」產品標誌制度大力推動國際標準組織之ISO 9000品質標準。對出口歐市一廠商，形成市場壓力，紛紛建立國際標準組織之ISO 9000品質保證體系，並致力於取得ISO 9000品質認證。

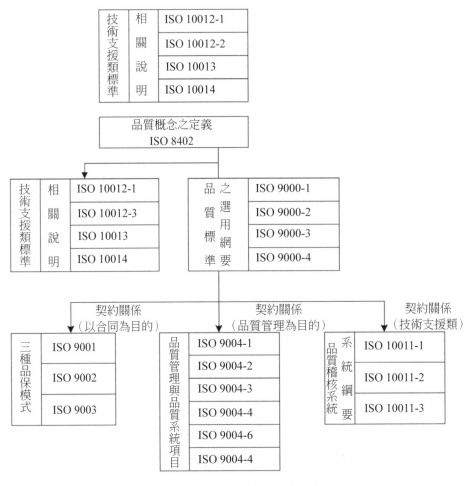

圖19-6　新品質架構圖

1. 如何取得品質管理與保證國際標準（ISO 9000）認證
    (1) 品質管理及品質保證之基本重要架構最基本的文件就是品保手冊（Q.A. Manual），品保系統中的重要文件也是品質管理與保證國際標準（ISO 9000）系列認證的必文件。
    (2) 所言，所書與所行必須一致。品質管理與保證國際標準（ISO 9000）之品質標準並非要求齊一性的高標。而是訂出某一程度的品質標準，就要做到訂程度的品質保證。
    (3) 需從「高階主管」做起，以致「全員的承諾實行」。
    (4) 取得認證的流程，如圖19-7所示。

表19-3　三種品質系統要求之內容

| ISO 9001 | ISO 9002 | ISO 9003 |
|---|---|---|
| 4品質系統之要求 | 4品質系統之要求 | 4品質系統之要求 |
| 4.1管理責任 | 4.1管理責任 | 4.1管理責任 |
| 4.2品質系統 | 4.2品質系統 | 4.2品質系統 |
| 4.3合約審查 | 4.3合約審查 | 4.3合約審查 |
| 4.4設計管制 | 4.4設計管制（不適用） | 4.4設計管制（不適用） |
| 4.5文件及數據之管制 | 4.5文件及數據之管制 | 4.5文件及數據之管制 |
| 4.6採購 | 4.6採購 | 4.6採購 |
| 4.7客戶供應品之管制 | 4.7客戶供應品之管制 | 4.7客戶供應品之管制 |
| 4.8產品之鑑別與追溯 | 4.8產品之鑑別與追溯 | 4.8產品之鑑別與追溯 |
| 4.9製程管制 | 4.9製程管制 | 4.9製程管制（不適用） |
| 4.10檢驗與測試 | 4.10檢驗與測試 | 4.10檢驗與測試 |
| 4.11檢驗、量測與試驗設備之管制 | 4.11檢驗、量測與試驗設備之管制 | 4.11檢驗、量測與試驗設備之管制 |
| 4.12檢驗與測試狀況 | 4.12檢驗與測試狀況 | 4.12檢驗與測試狀況 |
| 4.13不合格品管制 | 4.13不合格品管制 | 4.13不合格品管制 |
| 4.14矯正及預防措施 | 4.14矯正及預防措施 | 4.14矯正及預防措施 |
| 4.15運搬、儲存、包裝、保存與交貨 | 4.15運搬、儲存、包裝、保存與交貨 | 4.15運搬、儲存、包裝、保存與交貨 |
| 4.16品質紀錄管制 | 4.16品質紀錄管制 | 4.16品質紀錄管制 |
| 4.17內部品質稽核 | 4.17內部品質稽核 | 4.17內部品質稽核 |
| 4.18訓練 | 4.18訓練 | 4.18訓練 |
| 4.19服務 | 4.19服務 | 4.19服務（不適用） |
| 4.20統計技術 | 4.20統計技術 | 4.20統計技術 |

資料來源：International Standard ISO 9001（仁瑞管理文化出版社）

2. 取得品質管理與保證國際標準（ISO 9000）認證之效益

    (1) 拿到認證，客戶才有信心，才有基本的市場競爭力。

    (2) 可藉此達到自我品質提昇。

    (3) 擴大行銷市場。

    (4) 健全良好的管理制度，增加利潤。

    (5) 提昇企業形象，建立客戶的信心。

    (6) 健全企業體質，永續經營。

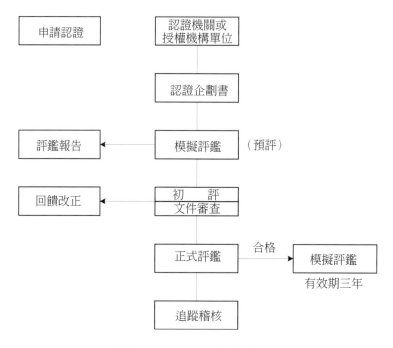

圖19-7　品保認證流程圖

資料來源：中國生產力中心

（四）ISO-9000國際標準系列之未來發展

    ISO-9000國際標準系列依規定必須每四年修訂一次。

    1994年版理應於1999年修訂完成，但由於資料收集不易，協調作業來不及而一再拖延，但多數用者及認證公司反映，對1994年版評論如下：

1. 不易理解條文內容，文詞語意不確定，詮釋困難。

2. 偏於形式主義，只顧形式要求，產生應付、敷衍心理。

3. 僅專注於組織的一部分，只顧及品質管理，未顧及經營面。

4. 「說，寫，做」一致僅能確保把事情『做好了』但不一定是『做對了』的事情，及不能做正確的決策。

因此，經過會員工作小組的努力ISO9001：2000版已於2000年12月15日公佈最終標準草案，並自2001年生效，不過現今使用者將有3年的時間做調整及轉換。

比較2000年版與1994年版其內容及編排有很大的改變，其主要原則如下：

1. 關心顧客，即客戶導向，客戶滿意度。

2. 領導統御之應用。

3. 全員參與，非僅ISO有關人員的管制。

4. 以流程為導向，不一定非用文字條例敘述。

5. 以系統為導向，應有衡量績效的指標。

6. 持續改善。

7. 以事實為依據。

8. 與供應商保持互益關係。

1994版ISO9001，9002，9003將合併為ISO9001：2000涵蓋各類標準，1994版ISO9004指導綱要仍保留為ISO9004：2000指導綱要。

# 第五節　環境管理系統與ISO 14000國際標準系列

人類自工業革命以來，經濟物質方面迅速成長，所有動力來源均依賴著礦產、原料之消耗。然在高度開發之後，人類賴以生存之地球發生了前所未見的環境問題，例如臭氧層破裂、酸雨、水污染、溫室效應等。

因此人類對於環境保護的重視日益重視，由原本藉由政府法規對已受污染之物質整合、對污染源加強取締加以規範，發展至各種相關之環境保護技術與環境保護硬體設備來解決當前問題。同時並醞釀出許多環境管理系統標準，如歐盟的的環保標章（Eco-labelling Regulation）和環境管理與稽核系統（Eco-Management and Audit Scheme，EMAS）、英國的BS 7750環境管理系統標準及國際商會（International Chamber of Commerce；ICC）的永續發展企業憲章等，並與政府機關協力合作，並呼籲世界各國能提早促其成為國際標準來打造一個無污染的環境。

船舶管理 Ship Management

（一）ISO 14000國際標準系列之沿革

國際標準組織（International Organization for Standardization；ISO）為促進全世界標準化及相關工作之發展，便利產品及服務於國際上流通，同時促使知識、科技及經濟活動之合作發展，而由130個國家標準制定團體所組成之全球性組織。在訂定國際標準時，ISO 結合業界、消費者、政府單位及學術界的意見，由其技術委員會執行ISO之技術工作，提出草案，再經過會員國（Member Bodies）通過後公告為ISO國際標準。

國際標準組織為協助聯合國於一九九二年召開的地球高峰會議中有關環境保護之議題，於一九九一年七月成立「環境策略諮詢小組（The Strategic Advisory Group on the Environment；SAGE）」專責研究英國BS 7750與其他國家環境管理標準整合成國際標準的可行性，於一九九三年建議ISO成立負責環境管理標準制訂之技術委員會，制定適用於各種規模與類別之產業，提供世界各國、區域、組織及產業尋求標準一致的環境管理系統。一九九三年一月成立第207技術委員會（ISO/TC 207），由其接替ISO/IEC SAGE之工作，著手制訂環境管理系列標準，ISO/TC 207並已在一九九六年九月公告二個環境管理系統（Environment Management System；EMS）標準ISO 14001、14004，如圖19-8所示。

一九九六年十月公告三個環境稽核標準ISO 14010、14011及14012。圖19-9為ISO所公告之產品標準架構。

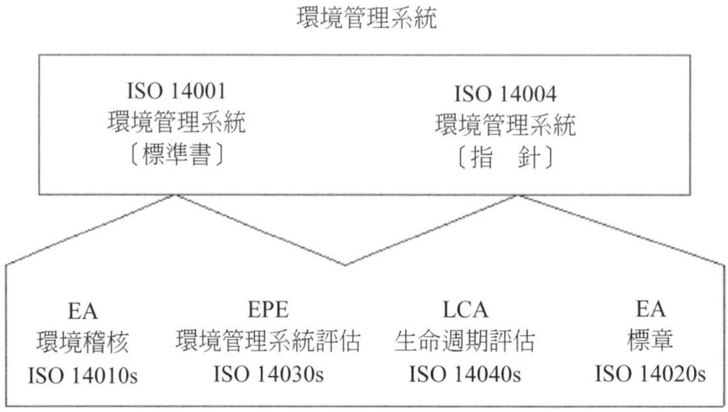

環境管理系統

圖19-8　ISO 14000s的相互關係

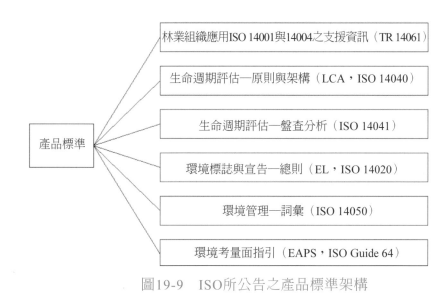

圖19-9　ISO所公告之產品標準架構

（二）建制環境管理系統之效益

環境管理系統依標準之定義為組織整體管理系統之一部分，用來建立、實施、達成、審查及維持環境政策，其內容包括組織架構、規劃作業、責任、實務、程序、過程及資源。根據該定義，我們了解環境管理系統就是建立環境政策，設定環境目標與標的，執行一系列之方案去達成這些政策與目標，監督與量測系統的有效性，矯正偏差與預防問題再發生，持續改善系統，並審查整體之環境績效。

一個有效的環境管理系統能幫助企業管理、量測及改善有關製程作業、產品及服務過程中牽涉的環境層面的問題，而使法規的符合度及環保的需求考量更具效率，協助企業形成包容環保的企業文化，進而改善其經營體質，提高其投資報酬率。

由於環境管理系統的建立屬於企業自發性的活動，一般廠商建制環境管理系統有四個主要趨動力，其一為採購客戶或母公司等利害相關者的要求，其二為高階管理者自發性的要求，其三為廠商希望將環境保護的工作整合在整體之經營策略中，尤其是已取得ISO 9000驗證登錄之廠商，其四為環境保護是世界未來必然發展的一種趨勢，掌握趨勢即可形成競爭優勢。無論原因為何，廠商建制有效的環境管理系統，將依系統發揮的功能與客觀環境的需求，獲得內部及外部，不同程度的效益。

（三）內部效益

1. 員工參與環保教育

ISO 14001是全體動員、全員參與之管理系統，因此推動ISO 14001不但是為環境保護盡心力，也是教育員工如何努力於環境及安全的相關工作，在全員參與共創美好未來同時，無形中凝聚員工的環保意識。

2. 減省營運成本

由於ISO 14001 已廣為全球所接受，因此它提供業界更大的誘因來從事污染預防的活動。一個有效的環境管理系統能夠協助業者分析造成不符合事項的癥結，並且在其整體的營運過程中建構預防的機制。預防機制能否適時發揮作用，其關鍵在於組織是否能有效將環境議題、營運策略成功的整合在一起。一般而言，預防機制的功能若能顯現，將能大量節省組織在物料和能源的支出成本，相對地，傳統的管末處理卻僅能替業者省下罰單的支出。

3. 提昇企業環保及經營績效

在實務層面，執行環境管理系統可降低不符合法規的可能性、減少環境災變的風險和提昇整體的污染防治操作效益，例如可達成廢棄物減量、污染預防、原物料的替換、能源的節約或者是經由回收再利用而降低成本……等。也可能因此加速獲得許可證及因環境災變造成財務損失的賠償等。ISO 14001亦可提供控制既有環境管理方案的機制，或整合、創造出所需的系統，用於協助企業系統化監督與量測環境績效，進而經由持續改善提昇公司的經營效率。

（四）外部效益

1. 提昇組織的形象

組織形象是一項無形的資產，很難利用金錢來予以衡量，然而卻是組織最珍貴的財產。根據國外廠商的心得，實施環境管理系統的效益之一即是提昇組織與其產品的形象，將有助於改善其與社區、顧客、政府相關單位的公共關係。

2. 減少重複性驗證工作與成本

實施國際性的環境管理系統，可減少由顧客、驗證機構所執行的環境稽核工作，若是ISO 14001標準能獲得主要成員國間及區域組織的認同，藉由互相承認及第三者驗證的制度，將可減少重複稽核、驗證所需之成本。

3. 降低責任風險

施行環境管理系統能夠鑑定、評估和控制潛在的環境危害因子，從而降低責任風險。美國環保署已經將企業取得ISO 14001驗證列入其重點工作項目。美國

環保署曾暗示，如果公司能夠負責任的施行一個良好的環境管理系統，當有重大災害發生時，將不會對其採取嚴重的懲罰。然而此計畫並非將法律放寬，而是將現有的法律規範融入系統中，因此環境管理系統能使公司大幅減少因為管理失當而違法的情事。

4. 市場上的實際需求

由於以環境意識的提昇為訴求，未來執行環境管理系統並符合ISO 14001的要求而取得第三者驗證登錄，將可能是業務上實際的需求。就如同目前在品質上的ISO 9000驗證／登錄一樣，部分客戶將其列為採購的基本規範之一。許多觀察者都預期ISO 14000將會和ISO 9000品質管理系統一樣，影響未來的全球貿易行為。這種發展驅使組織調整其策略，積極推動環境管理系統之建制。

5. 因應環保管制方式的改變

各國政府對ISO 14000系列標準所採取的態度，也是促使企業須注意環境管理系統發展的原因，先進國家正在了解環境管理制度能否取代部分複雜且所費不貲的「命令與管制式」的環保法令，而獲得較好的環境改善成果。而部分國家則可能將ISO 14001環境管理系統納入其環保法規措施（如荷蘭、韓國、德國），視為達成環境目標的另一種方式，例如對已取得驗證之廠商減少稽查頻率等措施。部分國家則可能要求某些特定行業推行ISO 14001環境管理系統，以列為管制之配合考量因素（如南非、巴西、智利、美國）。我國環保署對廠商建制環境管理系統亦持正面肯定之看法，編列經費補助廠商及焚化爐進行示範計畫，並評估其績效與污染稽查之配套措施之可行性。

6. 節省產險保費和較易取得資金

國外將環境稽核應用於產險投保已經行之有年，具良好環境管理系統的廠商可獲得費率的優待。相同地，銀行貸款也將環境事件風險列為其評估項目之一。所以未來的趨勢中，環境管理將影響資金取得的難易和股東的信心。以美國為例，美國金融業者已將ISO 14001視為一項具潛力且可資應用的評估工具，作為評估工業界的借貸案之指標之一。

# 第六節　國際船舶及港口設施保全章程（International Ship and Port Facility Security Code）

聯合國憲章是為了維護國際和平與安全及促進各國友好與合作之宗旨和原

則。然而近年來世界各地均發生恐怖攻擊事件，從日本的沙林毒氣至最近較大傷亡的美國九一一攻擊事件，這使得各國政府無不著重保全方面之工作。

以航運業而言，最初由聯合國安全理事會於二〇〇一年九月二十八日通過之第1373（2001）號決議要求各國採取措施防範與鎮壓恐怖主義行為，而八國集團領導人於二〇〇二年六月在阿爾伯達（加拿大）之卡納納斯基斯首腦會議上贊同「八國集團運輸保全協同行動」，特別著重海事保全部分。SOLAS締約國外交會議於二〇〇二年十二月九日至十三日舉行，會中商討強化海事保全以及防止與抑制船舶恐怖攻擊之一系列措施，主要決議事項簡述如下：

（一）修正SOLAS第V章（航行安全）規則19，針對二〇〇二年七月一日前建造之國際航線船舶提前其應配置自動識別系統（Automatic Identification System；AIS）之期限：客輪及液體貨運載船以外之總噸位300以上、未滿50,000之貨船，均應於二〇〇四年七月一日後第1個安全設備檢驗日期或二〇〇四年十二月三十一日（取日期先到者）裝設自動識別系統。

（二）修改SOLAS第XI章成為XI-1章—加強海事安全特別措施（Special Measures to En-hance Maritime Safety），並：

1. 修正規則3—IMO船舶編號（Ship Identification Number）：
要求所有船舶最遲於二〇〇四年七月一日後之第一次塢驗時應將IMO船舶編號永久標示在船艉或船舯外板或船艛之側面或前面或若為客輪則在由空中可清楚看見之水平面上，以及船舶內部如機艙末端隔艙壁或貨艙口或油輪之泵浦間或RO-RO艙隔艙壁之易於接近之部位。

2. 增訂規則5—連續概要紀錄（Continuous Synopsis Record）：
所有SOLAS船舶應於二〇〇四年七月一日開始備有由船旗國主管機關發給的連續概要記錄，記錄船名、船旗國、註冊日期、IMO編號、船級協會、公司、租船者、船籍港、船東等歷史資料。

3. 增訂SOLAS第XI-2章—加強海事保全特別措施（Special Measures to Enhance Maritime Security），訂於二〇〇四年七月一日生效：

(1) 本章適用於：
a. 國際航線之客船（含高速客船）、移動式海域鑽油台、及貨船（含高速貨船）總噸位500以上。
b. 服務國際航線船舶之港口設施。

(2) 規則5要求設置船舶保全警示系統（Ship Security Alert System），適用於：

a. 二○○四年七月一日後所建造船舶；

b. 二○○四年七月一日前所建船舶之適用期限為：

    (a) 客船（含高速客船）；及總噸位500以上之油輪、化學品船、氣體船、散裝船及高速貨船最遲於二○○四年七月一日後第一個安全無線電設備檢驗日。

    (b) 其他貨船總噸位500以上，及移動式海域鑽油台最遲於二○○六年七月一日後第一個安全無線電設備檢驗日。

(3) 明定國際船舶及港口設施保全章程（International Ship and Port Facility Security Code；ISPS Code）內Part A為強制性要求、Part B為建議性準則。

(4) 簽約國政府的責任，主要為：

a. 設定適當的保全等級（Security Levels），依威脅嚴重性分為1（正常）、2（中度）、3（高度）等3級。

b. 認可船舶保全計畫（Ship Security Plan；SSP），該計畫主要說明：

    (a) 操作與實施保全措施。

    (b) 保全等級變更之措施。

c. 驗證並簽發國際船舶保全證書（International Ship Security Certificate；ISSC），以確保船上實施保全措施。

d. 訂定／認可港口設施保全評量（Port Facility Security Assessment；PFSA），主要為：

    (a) 確認風險目標、外來威脅、內在弱點。

    (b) 評估風險。

e. 決定應指派港口設施保全官（Port Facility Security Officer；PFSO）的港區，並指派之。

f. 認可港口設施保全計畫（Port Facility Security Plan；PFSP），該計畫主要說明：

    (a) 操作與實施保全措施。

    (b) 保全等級變更之措施。

g. 實施管制及符合措施，以管制即將進港或在港內的他國船舶。

h. 將相關資訊傳送IMO及航運業與港口業界。

(5) 對船公司及船舶的要求，主要為：

a. 指派公司保全官（Company Security Officer；CSO），以進行船舶保全

評量及計畫工作。

b. 實施船舶保全評量（Ship Security Assessment：SSA）。

c. 準備船舶保全計畫（Ship Security Plan：SSP）並送認可。

d. 指派船舶保全官（Ship Security Officer：SSO）。

e. 訓練、演練並實施船舶保全。

f. 接受驗證並領有國際船舶保全證書。

## 附件19-1　國際船舶保全證書格式

## A部分之附件

### 國際船舶保全證書

（公章）　　　　　　　　　　　　　　　　　　　　　　　　　　（國家）

證書號碼：

本證書依照「國際船舶和港口設施保全章程（ISPS Code）」之規定，

經…………………………………………………………政府授權，

（國家名稱）

由……………………………………………………………簽發。

（經授權之人員或組織）

船名：………………………………………………………………

船舶號數或信號符字：……………………………………………

船籍港：……………………………………………………………

船舶型式：…………………………………………………………

總噸位：……………………………………………………………

IMO編號：…………………………………………………………

公司名稱和地址：…………………………………………………

茲證明：

1. 本船之保全系統和任何相關之保全設備業已按ISPS Code A部分第19.1節之規定
   進行了驗證；

2. 驗證顯示本船之保全系統和任何相關之保全設備在所有方面均令人滿意，本傳
   符合公約第XI-2張和ISPS Code A部分之適用要求；

3. 本船有一份經認可之「船舶保全計畫」。
   本證書所依據之初次／換新驗證日期………………………………………
   本證書有效期至………………………………………………………………

但應按ISPS Code A部分第19.1.1節規定驗證。


發證地點………………

　　　（發證地點）

發證日期………………　　　　……………………………………

　　　　　　　　　　　　　　（經正式授權發證之官員簽名）

　　　　　　　　　　　　　　（主管機關蓋章或鋼印）

## 附件19-2　海事安全類公約概況（截止2013年6月30日）

| 公約和議定書<br>（英文名稱） | 公約和議定書<br>（中文名稱） | 生效日期 | 締約國<br>數量 | 占世界商船<br>總噸位% |
|---|---|---|---|---|
| IMO Convention | 國際海事組織公約 | 17-Mar-58 | 170 | 97.16 |
| SOLAS 1974 | 1974年國際海上人命安全公約 | 25-May-80 | 162 | 99.2 |
| SOLAS Protocol 1978 | 1974年國際海上人命安全公約1978年議定書 | 01-May-81 | 117 | 96.86 |
| SOLAS Protocol 1988 | 1974年國際海上人命安全公約1988年議定書 | 03-Feb-00 | 104 | 95.7 |
| Stockholm Agreement 1996 | 1996年斯德哥爾摩協定 | 01-Apr-97 | 11 | 8.59 |
| LL 1966 | 1966年國際載重線公約 | 21-Jul-68 | 161 | 99.19 |
| LL Protocol 1988 | 1966年國際載重線公約1988年議定書 | 03-Feb-00 | 98 | 95.96 |
| TONNAGE 1969 | 1969年國際船舶噸位丈量公約 | 18-Jul-82 | 152 | 99.06 |
| COLREG 1972 | 1972年國際海上避碰規則公約 | 15-Jul-77 | 156 | 98.76 |
| CSC 1972 | 1972年國際集裝箱安全公約 | 06-Sep-77 | 78 | 60.95 |
| 　1993 amendments | 1972年國際集裝箱安全公約1993年修正案 | - | 9 | 6.18 |
| SFV Protocol 1993 | 1977年托列莫利諾斯漁船安全國際公約<br>1993年托列莫利諾斯議定書 | - | 17 | 19.78 |
| Cape Town Agreement 2012 | 2012年開普敦協議 | - | - | - |
| STCW 1978 | 1978年海員培訓、發證和值班標準國際公約 | 28-Apr-84 | 157 | 99.23 |
| STCW-F 1995 | 1995年漁船船員培訓、發證和值班標準國際公約 | 29-Sep-12 | 16 | 4.37 |
| SAR 1979 | 1979年國際海上搜尋救助公約 | 22-Jun-85 | 105 | 82.58 |
| STP 1971 | 1971年特種業務客船協定 | 02-Jan-74 | 17 | 23.98 |
| SPACE STP 1973 | 1973年特種業務客船艙室要求議定書 | 02-Jun-77 | 16 | 23.33 |
| IMSO 1976 Convention | 國際移動衛星組織公約及附件 | 16-Jul-79 | 97 | 94.92 |
| 　1998 amendments | 國際海事衛星組織業務協定1998年修正案 | 31-Jul-01 | 40 | 26.91 |
| 　2008 amendments | 國際海事衛星組織業務協定2008年修正案* | - | 12 | 4.07 |
| FAL 1965 | 1965年國際便利海上運輸公約 | 05-Mar-67 | 115 | 90.77 |
| SUA 1988 | 1988年制止危及海上航行安全非法行為公約 | 01-Mar-92 | 160 | 94.63 |
| SUA Protocol 1988 | 1988年制止危及大陸架固定平臺安全非法行為議定書 | 01-Mar-92 | 149 | 88.51 |
| SUA 2005 | 2005年制止危及海上航行安全非法行為公約 | 28-Jul-10 | 23 | 30.49 |
| SUA Protocol 2005 | 2005年制止危及海上航行安全非法行為公約議定書 | 28-Jul-10 | 19 | 29.75 |

* 移動衛星組織在第20屆大會上決定臨時適用該修正案，自2008年10月6日起生效，直至其正式生效。

# 第二十章 國際安全管理章程

## 前 言

　　國際海事組織（International Maritime Organization；IMO），於一九九三年十一月四日，在A.741（18）號決議案中，採納「船舶安全營運與污染防止國際規章」（International Management Code for the Safe Operation of Snips and for Pollution Prevention）又稱「國際安全管理章程」（International Safety Management Code；ISM Code）。半年後（1994.5.24），IMO組織的海事安全委員會（Maritime Safety Community；MSC），提交一九七四年海上人命安全國際公約締約國，將此章程列為公約中新增附錄第九章，船舶安全營運管理（Management for the Safe Operation of Ships）之規定條文。同時亦明定於一九九八年七月一日及二○○二年七月一日起，分別依船舶類型，分兩階段強制施行。面臨此一新管理方式的挑戰，全球海運業及相關機構，無不投入心力，俾能克盡其功，儘早符合公約要求。欲明瞭國際安全管理章程（ISM Code）之內容與精神，當可認知於一九九一年由國際船舶經理人協會（International Ship Management Association；ISMA）所採用之船舶管理標準章程（Code of Ship Management Standards；ISMA Code）。該章程之內容及精神，乃源於一九八七年，國際標準組織（International Organization for Standarzation；ISO）所制定公佈之品質管理與品質保證國際標準系列（ISO 9000 Series）。

　　品質管理與品質保證國際標準系列的品質管理系統，率先由船舶經理人公司所採用，融合船舶安全管理的相關規章，議定了船舶管理標準章程（Code of Ship Management Standard ； ISMA Code），然而船舶管理標準章程畢竟僅是不具公約效力的規章，對航商尚未構成強制性要求。國際安全管理章程（ISM Code）之制定雖然較晚，卻具有公約的效力。睽諸條文內容亦融合了國際標準組織ISO 9000之品保系統精神及船舶安全的實務。本文即針對國際安全管理章程（ISM Code）之背景、沿革與規章內容，分別引述。並以相關法規條文予以詮釋，希望對於國際安全管理章程（ISM Code）之內容能有整體的認識與掌握後，從而制訂適切的因應作業方式。

## 第一節　國際安全管理章程（ISM Code）之背景

前已述及欲明瞭國際安全管理章程（ISM Code）之內容，吾人當先了解品質管理與品質保證國際標準（ISO 9000）及船舶管理標準章程（ISMA Code）之內涵後，如此將更能掌握國際安全管理章程制定之時代背景及內容意義。

### 一、品質管理與保證國際標準（ISO 9000）品保系列與船舶管理標準章程（ISMA Code）

（一）品質管理與保證國際標準（ISO 9000）品保系列

國際標準組織，凝聚全球各國的共識，於一九八七年三月公佈品質管理與保證國際標準（ISO 9000）品保系列，並致力於推廣實施。我國經濟部亦於民國八十年一月一日公佈施行於品質管理與保證國際標準（ISO 9000）品質保證制度。其重點在於品質的維持與保證。為達成目標而對「產品」製程做整體性的規範。

依一九九四年七月一日修正版的內容，整個品質管理與保證國際標準（ISO 9000）系列之架構包括了指導綱要，標準，及技術支援類標準，三大部分。今就指導綱要及標準兩部分予以歸納分析：

1. 指導綱要：包括ISO 9000選用指導綱要及ISO 9004品質管理及品質系統指導綱要。

　　ISO 9000內容包括：

　　(1) 對於一個尋求有關品質之三個目標之主要理念。

　　(2) 對於產品內部品質保證及外部品質保證之陳述。

　　(3) 品質保證模式（ISO 9001，ISO 9002，ISO 9003）之選擇。

　　(4) 以合約為目的或以品質管理為目的之品質系統國際標準之應用。

　　品質保證國際標準ISO 9004內容包括：如何去有效達成下列企管目標：

　　(1) 管理責任

　　(2) 品質系統

　　(3) 經濟性考慮

　　(4) 行銷品質

　　(5) 規格及設計之品質

　　(6) 採購品質

　　(7)生產品質

(8) 各類管制（包括文件管制）

(9) 產品驗證

(10)測試

(11)不合格及矯正措施

(12)品質文件與記錄

(13)人事訓練

(14)產品安全與責任

(15)統計技術

2. 標準：區分為ISO 9001，ISO 9002，ISO 9003三種。凡涉及設計者均適用於
ISO 9001之標準模式。至於僅提供檢驗及量測技術性服務方面者，則可選用
ISO 9003標準模式。其餘行業，則可採用ISO 9002的標準模式。

（二）品質管理與保證國際標準ISO 9000系列之認證效益

1. 認証：

品質管理與品質保証之主要架構中，最基本的文件即為品保手冊（Quality
Assurance Manual；QA Manual），而品保系統中之重要文件也是品質管理與
保證國際標準ISO 9000認証的所必需具備者。

所說，所載與所行必須一致。蓋品質管理與保證國際標準ISO 9000之品質標準
並非齊一性的高標。而是既訂出某一程度的品質標準，就必須達到所訂程度的
品質保證。

2. 效益：

(1) 拿到認証，客戶方有信心，亦才具備最基本的市場競爭力。

(2) 可藉此達到自我品質之提昇。

(3) 擴大行銷市場。

(4) 建立良好的管理制度，增加利潤。

(5) 提昇企業形象及客戶之信賴程度。

(6) 建全企業體質，使能永續經營。

（三）船舶管理標準章程（ISMA Code）

船舶經理人鑑於船舶品質管理的重要，當ISO公佈品質管理與保證國際標準
（ISO 9000）系列時，五大集團配合船級協會於一九九〇年，亦制定了船舶管理
標準章程（Code Of Ship Management Standards）。並將章程列入嗣後成立的國

際船舶經理人協會（ISMA）會章之內，故簡稱之為ISMA Code。

　　該章程之內容乃著力於品質與安全以及加強環保意識，俾使船舶經理人有效提供船舶管理方面之服務，所以在章程中，有「品質保証」的精神在內。整個章程共有廿二章，大體上融合了品質管理與保證國際標準ISO 9000系列的內容，包括資源，安全與環境保護，文件記錄及品管技術，通訊作業，管理協定，証書及保險建議等。

### （四）船舶管理標準章程（ISMA Code）之認証及效益

　　凡加入國際船舶經理人協會（ISMA）的會員須取得船舶管理標準章程（ISMA Code）之認証。其認証是以ISO 9000品質系統的模式為標準。稽核認證機構特定為DNV，LR，GL三家船級協會組織。因國際船舶經理人協會（ISMA）僅為一協會團體，而非國際性的公約組織，故對非會員無法做強制性的要求。然而對於從事提供船舶經理服務的公司，一旦取得認証，則如同一般企業獲得品質保證（QA）認証一般，在市場競爭上當能獲得較具優勢的地位。而非會員的一般航業公司，取得認証，對於公司管理及形象上亦具有正面的意義。

表20-1　品質與安全管理之成效－損失率及營運成本之消長

| Hull and Machinery | |
|---|---|
| 1990/1991 | 168.35% |
| 1991/1992 | 140.45% |
| 1992/1993 | 99.35% |
| 1993/1994 | 6.90% |
| 1994/1995 | 0.00%（There were no H & M Claims in 1994） |
| 1995/1996 | 0.00%（There have been no H & M Claims in 1995/6） |

| Total Vessel Operating Costs |
|---|
| 1993 versus 1992 Increase of6.68%（Due to increase in sea staff benefits） |
| 1994 versus 1993 Reduction of 4.42% |
| 1995 versus 1994 Reduction of4.56%（based on actual half year figures） |

資料來源：東方海外航業公司（OOCL）

　　東方海外航業公司（OOCL）於一九九二年實施品質管理（ISO-9002）及船舶安全與環境防護制度（Safety and Environment Protection System，簡稱SEP），

該項安全管理制度之內容，大致與ISNA Code內容相同。經施行後，公司在損失控制上成效立見。由表20-1中，可知在保險上之船舶損失率及船隊營運成本之消長情形。

## 第二節　國際安全管理章程（ISM Code）之沿革

對於海上的活動，起初只針對人命安全為首要的考量，由於社會的進步，經濟活動的頻增，對整體生態環境形成莫大的衝擊，人類對環境保護的觀念，日益受到重視。船舶航行海上，一旦發生海難事故，重則危及人命，輕則造成傷害；也由於事故的發生或操作上的不當，而直接對海洋環境造成傷害。而此現象的發生，據資料統計，人為因素竟佔了80%。而人為因素則又涉及到陸上以及海上的管理。因此對凡從事於海洋的活動予以規範，乃成為必要的手段。國際海事組織（IMO），乃責無旁貸的承擔此一角色，致力於海上人命安全及海洋環境生態的保護。IMO為達成上述功能需求，在組織申分設兩個委員會，其一為海事安全委員會（Maritime Safety Committee；MSC）另一則為海洋環境保護委員會（Marine Environment Protection Committee；MEPC），分別針對海事安全及海洋污染防護做技術性的研討及制定規章。

（一）ISM Code制定前相關之法規及議定書

1. 一九七四年海上人命安全國際公約（SOLAS 1974）及其修正案。（81/83/88）。

2. 一九七三／八七防止船舶污染國際公約（MARPOL 73/78）。

3. 一九七八年航海人員訓練。發証及當值標準國際公約（STCW, 1978）。

4. 一九八七年，IMO大會A.596（15）決議案；內容為大會要求海事安全委員會，研擬所有與船上及岸上管理有關的準則，且決定在海事安全委員會及海洋環境保護委員會之工作計劃中，分別包括一項為船舶安全營運與防止海水污染之船上及岸上管理。

5. 一九八九年，A.647（16）決議案；採納由海事安全委員會MSC（57）及海洋環境保護委員會MEPC（27）共同通過的「國際海事組織船舶安全操作與防止污染管制準則」（IMO Guideline on Management for the Safe Operation of Snips and for Pollution Prevention）之建議，除請各國政府鼓勵負責船舶操作

人員採取適當的措施，依該準則擬訂，實施與評估安全與防止污染之管理外，並要求MSC及MEPC依據以往經驗，定期檢討該項準則。

6. 一九九一年，A.681（17）決議案；有關船舶安全管理與污染操作規定之管制程序。

7. 一九九三年，A.741（18）決議案：採納船舶安全營運與污染防止國際管理章程（International Management Code for Safe Operation of Ships and for Pollution Prevention）簡稱國際安全管理章程（International Safety Management Code）。

530

（二）國際安全管理章程（ISM Code）之效力

國際海事組織，於一九九四年五月二十四日，將國際安全管理章程（ISM Code）列為海上人命安全國際公約（SOLAS 1974）增訂附錄第九章中的強制規定（Mandatory Requirement）。至此國際安全管理章程（ISM Code）已成為公約的一部分，各會員均需遵守。

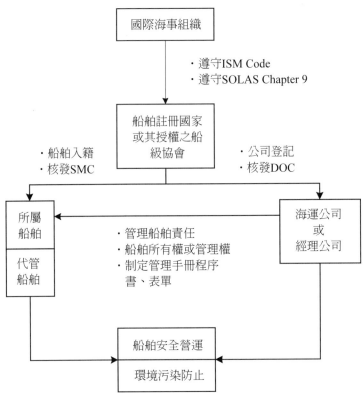

圖20-1　實施ISM Code之關係圖

表20-2　ISO-9002與ISM Code間之差異

| | | ISO 9002 | ISM Code | |
| --- | --- | --- | --- | --- |
| | | 差　　異 | | 影　　響 |
| 意 | 願 | 志願性 | 強制性，明顯直接影響第三者，牽涉到法規限制。 | 文件受法規約束，考量較多。 |
| 文 | 件 | 自己寫，做什麼，寫什麼，寫什麼就要照著去做。 | 人家寫，要你照著去做。 | 不容易契合，須經溝通達共識。 |
| 作　業關　係 | | 員工穩定。 | 員工結構不同，流動性大。 | 教育、訓練較頻繁。 |
| 偏　差矯　正 | | 大部分在「作業程序」範圍內陳述簡單，容易矯正。 | 除「作業程序」偏差外，尚涉及意外事故的專業知識層次。 | 須反覆溝通。 |
| 稽 | 核 | 職場較近，回應較速。 | 遙控監管，回應較遲緩。 | 強調溝通管道通暢。 |

資料來源：「依國際安全管理章程之規定建立船舶安全管理系統之研究」／郭炳秀撰

# 第三節　國際安全管理章程（ISM Code）之內容及其意義

國際安全管理章程（ISM Code）經IMO制定公佈後，我國主管機關尚未正式公佈其法定標準內容及施行細則。本章節之中文章程內容（IMO公佈之原文參閱附錄A），係參考中國驗船中心所刊印之資料（編號9402，83/8月及其修正）為主，間或有文詞相異之處，則予以加註。章程內容包括前言及條文十三條。

## 一、前言部分

（一）本章程之目的為船舶之安全管理與營運及污染防止提供其國際標準。

　　釋義：

　　(1) 參考ISO 9000系列，以產品及（或）服務為主體之品質系統，制定統一之國際標準。

　　(2) ISMA Code即為船舶經理人提供船舶管理服務而制定有關品質及安全保證之標準。

（二）大會採納之A.443（11）決議案，該決議案計所有政府採取必要之步驟，對正當執行有關海事安全和海洋環境保護責任之船長予以保護。

　　釋義：

531

(1) 一九七九年，國際海事組織於A.443（11）決議案內容：國際海事組織敦請各國政府採取必要之措施，以下列方式保障船長正當履行海上安全與保護海洋環境之責任。確使船長在此方面依其職業判斷，採取必需之決定時，不受船舶所有人，傭船人或其他任何人之約束。確使透過國家立法，集體協約或僱傭契約，包括起訴權之適當規定，保護船長不致因正當履行其職業判斷時，而遭船東、傭船人或其他任何人之無理解雇或其他無理之對待。

(2) 我國海商法第三十七條中規定，船舶所有人得隨時辭退船長。但無正當理由而辭退時，船長得請求賠償因此所蒙受之損害。

(3) 實務上，船舶所有人（或營運人）欲辭退船長，總有正當的理由，亦鮮聞船長因受不正當理由被辭退而獲得損害賠償之情事，蓋船長在經濟地位上，總是處於弱勢。

（三）大會亦已採納之A.680（17）決議案，該決議案進一步的確認需要適當管理組織（Organization），俾能對其所屬船舶之需要作出回應，以實現並保持安全及環境保護之高標準。

釋義：

(1) ISO 9004指導綱要3.1節中，所謂組織（Organization）係指「一切公司行號，不論股份或非股份，公營或私營均屬之。」

(2) 本章節所稱適當管理組織，實際運用上當包括下列型態存在並運作的功能組織。

　　a. 自擁船舶經營公司組織中之船舶管理部門。

　　b. 船舶經理公司組織中之船舶管理部門。

　　c. 船舶管理部門之功能至少應包括船員事務，工程維修，物料供應，海事技術諮詢，研究與發展。

（四）鑒於沒有兩個海運公司或船舶所有人是相同的，且其船舶係在不同狀況之廣大範圍下營運，因之本章程係以一般之原則與目的為準。

釋義：

(1) 章程之內容對於系統化的作業，祇做原則性的規範，主要因為公司營運船舶其型態（油輪，散裝，化學，客輪，…等）航線區域遠近，船隊數量大小等各有不同。依其功能需求，而制定相關的管理政策及作業規範。

(2) ISO 9000系列，則再加以類別區分（ISO 9001，ISO 9002，ISO

9003，ISO 9004及技術支援標準）。

（五）由於本章程係以廣泛的措辭表達，故可以廣泛的適用。很明顯的，不同的管理局面，不論在岸上基地或在海上，均需有不同之知識水準與對各項目概括之認識。

釋義：

(1) 廣泛的適用，係指各種營運方式及各類型船舶。

(2) 並不強制要求每一層級都需要相同的知識領域與經驗標準。惟負有特定任務之人員，則應具有其特定任務所需之專業知識。

（六）良好的安全管理基石，有賴高階層之支持，就安全與污染防止方面而言，其最終結果之良窳乃係取決於所有參與階層各人的任務、能力、態度與激勵制度。

釋義：

(1) 品質管理與保證國際標準（ISO 9000），在品質政策（3.1節）中提及「品質政策為公司政策要項之一，且由高層管理者所授權核准」。在品質管理（3.2節）中，提及「欲獲致預期品質實有賴全體員工之承諾及參與，而品質管理之責任則屬於高層管理者。」

(2) 海運公司中總經理及船舶管理部門各階層人員，為建立船舶安全管理制度之核心所在。

(3) 管理階層如何成功的激勵組織成員，則不適當的行為可減至最小，適當的行為可增至最大。

(4) 明確的賞罰、健全的制度與陞遷，可將人員行為導向組織目標所期望的方向。

# 二、條文主體部分

（一）通則（General）

### 1.1 定義（Definitions）

(1)「國際安全管理章程」（ISM Code），係指經大會採納之船舶安全營運與污染防止國際章程及可能由本組織所作之修正案。

(2)「公司」（Company），係指船舶所有人或其他任何機構或人員，例如經理人或光船租賃人彼已承托船舶所有人管理船舶的責任，且在承擔之同時，業已同意擔負本章程所賦予之所有義務與責任。

釋義：

(1) 國際安全管理章程（ISM Code）章程整體內容除了國際海事組織於A. 741（18）決議案中之前言及十三節條文之外，亦包括嗣後由IMO所作的修正案。

(2) 「公司」：依品質管理與保證國際標準（ISO 9004）的3.2節所稱「公司」（Company），係指「事業之首要主體（A Business First Party），其目的是供應產品或服務」。

本章程所稱公司，指實質上負責船舶營運管理之人如經理人或船舶租賃人基於法律上的契約關係，全權替代船舶所有人，承擔船舶管理的責任。

公司一詞廣義其應包括(1)船舶所有人：自行管理其所屬船舶。(2)其他任何組織或人員，依契約關係之船舶經理人或租船人；及海運公司本身組織架構下的一個船舶管理單位或部門。

1.2 目的（Objectives）

1.2.1.本章程之目的在確保海上安全，防止人員傷害及生命喪失及避免環境之受損，尤其是海洋環境與財產方面為然。

1.2.2.公司的安全管理目的，特別應：

(1)提供船舶營運時慣常之安全做法及安全的工作環境；

(2)針對所有可預見危險，建立其預防措施；

(3)繼續不斷促進岸上及船上人員之安全管理技能，包括可供安全及環境保護的緊急措施。

1.2.3.安全管理制度應確保

(1)符合強制性的規則及規範；

(2)由本組織、主管機關、船級機構及海洋工業組織所建議可適用的章程、準則及標準均列入考慮。

釋義：

(1) 慣常之安全做法（Safe Practice）包括：(a)公約及國內相關法規有關於安全上的要求。(b)實務經驗的累積。

(2) 安全的工作環境（Safe Working Environment）：參考一九七六年商船標準公約／一九七○防止海員意外公約。其重點在第四條中述明應制定一些規定，適合海員之健康保護及防止海事工作意外事故。第五條中規定船東應負責提供保護設備或其它防止意外事故之安全設備，並應對此種設備提供使用方法。

(3) 透過岸上及船上的教育與訓練，促進管理技能。這類安排與做法尚需持續不斷。

(4) 安全管理制度（Safety Management System-SMS）原譯作「制度」，後更訂為「系統」。按ISO 9000中之「Quality System」，我國經濟部將其譯作「品質系統」按「系統」著重於流程，而制度則涵蓋了作業體系。在船公司的組織中，在管理上建立「制度」似乎較符合章程精神，故本文仍以「管理制度」稱之。

(5) 強制性的規則及規範，係指各類國際公約如SOLAS/1974，MARPOL73/78，COLREG/1972，LL/1966，STCW/1978，ILO 147（商船最低標準公約）。

(6) 應列入考慮的各項法規、規範，則指(a)船旗國所頒訂之國家法規，章程與準則。(b)船級機構所刊行之入級規範與規則及準則說明。(c)各工業組織如國際航運商會 （International Chamber of Shipping；ICS），國際獨立油輪所有人協會（International Association of Independent Tanker Owners；INTERTANKO）及國際石油公司海運討論會（Oil Companies International Marine Forum；OCIMF）等所發佈之有關船舶安全操作與安全工作程序等之技術指導。

1.3 適用（Application）

本章程之規定得適用於所有船舶。

釋義：

(1) 所有船舶（All Ships），係指章程內容，不分大小、類型、新船或現成的均可適用。包括高速艇筏（High Speed Craft-HSC）及可動式離岸鑽採平台（Mobile Offshore Drilling Unit-MODU）。

(2) MARPOL中的船舶，指海洋環境內航行之任何型式船隻，並包括水翼船、氣墊船、潛水船、漂浮之船艇，及固定或漂浮的平台。

(3) 我國船舶法中的船舶：「……謂在水面或水中供航行之船舶，……」（第一條）其類別可分為客船，非客船，小船，動力船舶及非動力船舶。又軍事建制之艦艇，不適用本法規定。（第十三條）

(4) SOLAS/74所規範的船舶--依增訂附錄第九章之規定，強制施行船舶包括：客船、高速艇筏、可動式離岸鑽採本台、總噸位在五百以上的油輪、化學液體船、氣體載運船、散裝貨船及其他貨船。

(5) 本章程實施之強制規定，不適用政府所經營用於非商業目的之船舶。如緝

私船艇、海洋研究船等。

(6) 按MARPOL 73/78附錄第一章第四條之規定，「凡總噸位在150以上之油輪，及總噸位在400以上之其他船舶，應接受下列所述之檢驗……」。為使章程實施之具有完整性。對總噸位大於150，但小於500的船舶，依IMO於1994/5.24所做成之第三號決議案「敦促各國政府，使總噸位大於150，小於500之貨船，實施安全管理章程（ISM Code）」因此，各國政府在制定相關規章時，可將總噸位在150以上的船舶規範在內。

1.4 安全管理制度的功能需求（Functional Requirements For A Safety Management System（SMS））：各公司均應制定、實施、並保持包括下述功能需求之安全經營管理制度：

(1)安全與環境保護的政策；

(2)符合有關國際與船旗國法律之操作說明書及操作程序書，以確保船舶安全營運與環境保護；

(3)明定岸上與船上人員職權之標準及其間相互聯繫之管道；

(4)意外事件及不符合本章程規定之報告程序；

(5)緊急狀況之準備及回應程序；及

(6)內部稽核及管理審查之程序。

釋義：

(1) 安全管理制度為一種以安全管理為目標的品保制度，及為達成此目標而制定之系統化作業流程並予以文件化。所言、所書與所行要相互一致。

(2) 凡與船舶安全管理有關之所有岸上（Shore Base）人員，應明確規定其職掌。船上工作人員亦應文件化予以規定各個職務及其職責。

(3) 建立部門之間，單位之間之協調管道及船岸之間各種情況（包括意外事件，不符合章程規定，緊急狀況等）之聯繫管道。

(4) 內部稽核（Internal Audits），按經濟部公佈ISO 9000系列標準，在ISO 9002之4.16節申所述：「供應商須實施內部品質稽核，驗証各項品質業務是否符合計劃之安排，從而決定……」。

(5) 管理審查（Management Review），同經濟部版本，在ISO 9002之4.1.3節中「為滿足……，供應商之管理階層應適時作定期審查，以確保其持續性與有效性。審查結果應保持完整之紀錄。」

（二）安全與環保政策（Safety and Environmental Protection Policy）

(1) 公司應建立有如何滿足1.2節所述目的之安全與環保政策。

(2) 公司應確保船與岸兩方組織之各階層均能實施與維持該項政策。

釋義：

(1) 滿足1.2節所述目的，即ISM Code在1.2節關于章程之目的所做的列述，如1.2.1節，章程目的，1.2.1節公司安全管理目的，1.2.3.安全管理制度應符合各項要求規定。

(2) 在ISO 9002管理責任（4.1節）中，說明管理階層須明文界定其對品質所抱持之政策、目標與承諾，且需被組織中之各階層了解、實施並加以維持。

537

（三）公司之責任與職權（Responsibility And Authority）

(1) 如負責船舶營運之實體並非船舶所有人，則船舶所有人必須將該實體的全名及其詳細資料向主管機關提報。

(2) 所有與管理、執行、及查核有關且影響安全與污染防止工作之人員其責任與職權及其相互關係，公司應予明定並作成書面文件。

(3) 公司有責任確實提供適當之資源及岸上之支援以使其指派的人員，遂行其功能。

釋義：

(1) IMO A.441（11）決議案中，敦請各國政府，採取必要措施，以確使懸掛其國旗之船舶所有人，向該國提送必需之最新資料，俾其能與船舶所有人所約定或委任之人員識別或連繫，而該等人員係實際負責船舶有關海上安全與海洋環境保護者。營運之實體除船舶所有人外，應包括但不限於，船舶經理人公司、租船人等。

(2) ISO 9002在組織中的權責（Responsibility and Authority）4.1.2.1節規定「凡會影響品質而擔任管理、執行以及驗証工作之所有人員，其權責與相互關係，均應加以明文規定，……」。

(3) 適當之資源，係指人力資源、專業技術、資訊及財務資源。

(4) 岸上之支援，包括海事資訊提供，船舶後勤支援及充分之授權。

（四）指派人員（Designated Person(s)）

為確保每艘船舶之安全營運及提供公司與船上兩者之間的連繫，每一公司於適當時機，應指派一位或數位在岸人員，且彼等應能直接陳報最高管理階層。

該等指派人員之責任與職權應包括對每艘船舶營運安全與污染防止方面之監控並確保能依需要申請適當的資源及岸上支援。

釋義：

(1) ISO 9002對於「管理代表」（Management Representative），（1.1.2.3節）的規定「供應商需指派一位專責管理代表，不受其他職務影響，明訂其權責以確保此一國際標準之要求得以實施並維持之。

(2) 所稱岸上（Ashore）指派人員，指公司安全管理體系中之管理代表，他（們）不需經過層層轉報，而能直接向最高管理階層雙向溝通。在一般船舶管理實務上，係指負責船舶運作的資深經理（Senior Manager）或負責海事安全諮詢的總船長（Marine Superintendent）。

（五）船長之責任與職權（Master's Responsibility and Authority）

(1) 該公司應將下列有關船長責任予以明定並作成書面文件：
a. 執行公司的安全及環境保護政策；
b. 輔導船員遵守該政策；
c. 以明晰簡單的語句，發佈適當之命令與指示；
d. 查核特殊的規定已被遵守；
e. 檢討安全管理制度並將其缺點向岸上管理部門報告。

(2) 公司應確使船上之安全管理制度操作，包含有強調船長的職權之清晰說明。公司應於其安全管理制度中，建立船長至高無上的職權與責任，以對有關安全及汙染防止作出決定，並在可能需要時請求公司之支援。

釋義：

(1) 對於船長的責任與職權需以書面文件方式制定。

(2) 「建立船長至高無上的職權與責任……」，公司建立關於船舶安全管理中的指導與說明中，應包括一項聲明，敘明其中所述內容並不影響船長依具專業及當時情況，所採取有利於旅客、船員、船舶及海洋環境之任何決定。IMO於1991年在A.680（17）決議案，「對船舶管理與安全操作及對防止汙染之準則」中，關於船長對於船舶安全操作管理處置，亦有敘述。

(3) 船長在船上執行管理上的職務，因其適用對象的不同，而有不同的要求。船長的職務因其特殊性，既有國家賦予的法定權限與義務，又得執行公司的營運政策，更得兼顧利害關係人的權益保障，層面相當廣泛。船長身為船上組織中的「主管人」，兼具指揮與管理的責任。船長在船上的管理模

式及使命，隨著時代的演進及社會環境的改變，其在管理人角色的定位上及管理趨勢的範疇中，如何既能符口國際公約法規，又能兼顧公司的營運管理政策，及利害關係人的保障等各種因素考量下，達成船長管理上的使命，應予以確定。

（六）資源與人員（Resources and Personal）

(1) 公司應確保船長為：

a. 適當的合格指揮統御人員；

b. 對公司的安全管理制度全然熟悉；及

c. 給予必要的支援以使船長的職責能安全地達成。

(2) 公司應確保其所屬之每艘船舶均依國內及國際之規定配置有適格、執有證照，並在醫學上而言適任其職務之航海人員。

(3) 公司應建立程序以確保其新進或調職新擔任有關安全與環境保護之人員均已適當熟悉其職責。在開航前應提供之重要指示，應予確認、記錄及交付。

(4) 公司應確使所有與公司安全管理制度有關的人員均已適切地瞭解有關的規則、規範、章程與準則。

(5) 公司應建立並保持有程序書，以確定支持安全管理制度可能需要的任何訓練，並確使該訓練已對全體有關人員施行。

(6) 公司應建立程序書，該程序書應以船上人員之工作語言或其所瞭解的語文書寫，俾使船員從程序事中獲知安全管理制度之有關資訊。

(7) 公司應確保船上人員在執行其有關安全管理制度職責之時，能有效地連繫。

釋義：

(1) 全然熟悉（Fully Conversant）。對於整個制度的作業系統及流程都能了解並熟悉如何執行。

(2) 〔6.2〕原譯為「公司應確保…，執有證照，且體格健康之航海人員」。

(3) 船長需為適當的合格指揮統御人員，除符合STCW的規定外，對於指揮統御合格與否，自難以量化衡量而定出標準。公司選派船長，除了証書基本條件外，當參考其過去的背景資料，並確定其充分了解公司的管理模式與船上工作人員的人文背景。

(4) 一九八二年聯合國海洋法公約第九十四條第四款（B）「每艘船舶都由具備

適當資格，特別是具備航海術、航行、通信和海洋工程方面的船長和高級船員負責，而且船員的資格和人數與船舶種類、數目、大小、機械和裝備都是相稱的：」同條款（C）「船長、高級船員和在適當範圍內的船員，充分熟悉並須遵守關於海上生命安全，防止碰撞，防止、減少和控制海洋污染和維持無線電通信所適用的國際規章」。

(5) 船上人員之配置：1981年A.481（12）決議案有關船舶安全配額之原則，包括最低船員安全配額文件。（Safety Manning），及適用準則。

(6) 可能需要的任何訓練：分指岸上訓練及船上訓練。1979年A.437（11）決議案，規定船員需在岸上基地接受滅火訓練。

(7) 1983年MSC.6（48）決議案（SOLAS，1983年修正第三章）：關於船上之訓練、演習、保養檢查及訓練手冊。

(8) 依公司營運船舶操作上的訓練，包括貨物作業及船舶運轉及緊急處置。

(9) 〔6.6〕原譯為「公司應建立程序書，依此程序船上人員接受以工作語文或其所能了解語文所作與安全管理制度有關之資訊」。

（七）船上作業計劃之制定（Development of Plans for Shipboard Operations）

公司應建立程序書以製備有關船舶安全與污染防止之船上主要作業計劃及指示。應明定各種不同的相關任務並指派予合格之人員。

釋義：

(1) 船上有關安全與污染防止之計劃，其各別任務及人員應予明定，人員必需適職適格。

(2) 船上作業大致分為兩種：

a. 特殊作業（Special Shipboard Operations）：此類作業上的錯失往往在事件發生或造成危險情況時，才知曉顯現。諸如海圖作業，加油作業，水密作業，貨物繫固作業，安全警戒等。

b. 危急作業（Critical Shipboard Operations），此類作業上的錯失，將立即造成危害人員及環境的意外事件或情況。諸如水域限制及交通緊密區域航行，危險物品作業，惡劣天氣及海上駁油作業等。

（八）應急準備（Emergency Preparedness）

(1) 公司應建立程序書以確証，描述、並回應船上潛在的緊急狀況。

(2) 公司應建立因應緊急行動之操練計劃。

(3) 安全管理制度應提供方法，以確保該公司之組織能在任何時間對涉及其船舶之危害事件、意外事件、及船舶之緊急狀況予以回應。

釋義：

(1) 船上潛在的緊急狀況（Potential Emergency Shipboard Situation）非預期但有可能會發生的狀況，如主機或舵機失靈、失火、擱淺、碰撞、人員落水、搜索與救助，直昇機作業等。（人員、貨物、船舶、污染）

(2) MRARPOL73/38第四章第26條規定船上需備有防止油污緊急計劃。

(3) IM0.1991年A.680（17）決議案，關于應急演練，「……此項演練計劃，必要時包括海上人命安全國際公約所規定以外之演練計劃……」。

(4) IMO1989年A.648（16）決議案，對於船舶報告系統與船舶報告要求之一般原則。

(5) 船上及岸上都應有一套完整的應急準備計劃（Contingency Plan）。

（九）發生不符合（註），意外及危害事件之報告與分析（Reports and Analysis of Nonconformity's, Accident and Hazardous Occurrences）

(1) 安全管理制度應包括程序書，以確保不符合規定事項、意外事件及危害狀況均向公司報告，並包括以增進安全和污染防止為目的調查及分析。

(2) 公司應建立執行矯正行動的程序書。

釋義：

(1) 不符合（Nonconformity）：依ISO 8402對不符合的定義「係指未能符合所規定的要求者。在海事用語上，即Any Deviation From Regulations or Safety Management System。

(2) 「不符合」與「瑕疵」（Defect）之基本不同是「規定的要求」和「意欲使用之要求」有所不同。瑕疵指「未能達成欲使用之要求者」（參見ISO 8402/3.20,3.21）

(3) 執行矯正行動應從探查安全與污染防護有關的問題著手，以及採取措施以消除或儘量減少其再度發生（參考ISO 9004/15.1）

(4) MARPOL73/78，議定書（I）中對於「有害物質事故報告之規定」：第一條（1）項「……船長或其他負責人員應依據本議定書之規定，儘速就此項事故提出詳盡的報告」惟此報告，非僅限於對公司。而是對沿海國及相關單位。

(5) 關於「報告」部分：安全管理制度要求船長，對於發生下列情事，應向公

司（指派人員）報告：

(a)意外事故。

(b)危害事件。

(c)不符合安全管理制度中之規定（Deviation）。

(d)對安全管理制度所做的修正及改進建議。

(6) 透過報告的分析及回授（Feed Back），將有助於公司對安全管理制度的改進與發展。

（十）船舶及裝備的維護（Maintenance of Ship and Equipment）

(1) 公司應建立程序書以確保其船舶係經維護，且符合各種有關的規則與規範，及公司制定之任何額外規定。

(2) 為符合此等規定，公司應確使：

a. 在適當的間隔期間，施行檢查；

b. 任何不符合規定事項業已報告，若已知可能之原因，則將其一併提報；

c. 適當之矯正行動業已採取；及

d. 此等行動記錄業已保有。

(3) 公司應在安全管理制度中建立工作程序書，以確認因裝備及技術系統的突然操作故障，進而造成的危害狀況。較安全管理制度應針對增進此等裝備或系統之可靠度，提供特別辦法，這些辦法應包括並不連續使用的備用裝備及技術系統的定期試驗。

(4) 第10.2條所述之檢查及第10.3條所述的辦法，應整體性的列入船舶定期操作及保養項目。

釋義：

(1) 條文中之（Procedures），應指工作或操作上的程序書。內容應包括Why, What, Who, Where, When，屬於並提供中階管理者參考運用。

(2) 船舶保養維護以任何時候都能保持船舶的適航性及適載性。其範圍包括船體、安全裝備、航行儀器、舵機、錨及繫泊設備、主機及副機，管路及閥門，貨載系統，偵測系統及防污系統等。參照一九七五年A.321（19）決議案之附錄3.1有關於「低於標準」之認定。

(3) 檢查及檢驗，需符合法令的規定，施行定期檢驗與檢查。參照一九八八年「檢驗與發證統一制度」公司制定安全管理制度，應包含檢查或檢驗之工作說明書，其內容應廣泛且易於了解有關船況檢查，評審及文件化等。

(4) 不符合及矯正行動均應報告，並對於問題發生的原因，一併提報，且文件

化予以保存紀錄。

(5) 工作程序書，對增進技術系統及裝備，應有特別的辦法，使安全操作性隨時保持，對於不連續使用或備用裝置（如船用緊急電機、馬達、泵浦等），亦應包括在內。

（十一）文件（Documentation）

(1) 公司應建立並保持程序書以管制所有有關安全管理制度之文件及資料。

(2) 公司應確保：

a. 在所有相關的場所，均有有效文件，可供隨時查閱使用；

b. 文件之修改，業經權責人員檢討及核定；及

c. 作廢的文件，業已及時移去。

(3) 用以敘述及實施安全管理制度之文件得參照「安全管理手冊」。文件應依公司認為最有效的方式予以保存。每艘船舶應在船上備有該船的所有文件。

釋義：

(1) 文件及資料的管制，是整個安全管理制度最重要的部分。透過文件化的系統、方能落實制度的執行。此點為ISO 9000系列精神之所在。ISM Code亦藉由文件、資料之保存，來達成安全管理的目標。

(2) ISO有關文件管制在4.5節中有詳細的規定。

(3) 對於過時無效的文件，條文中規定應及時移去或撤銷。ISO 9000系列於一九九四年七月修正版中，對於作廢過時的文件，因配合追溯性（Traceability）的需要，因此修正更改為「任何作廢的文件，因法律用途或資訊儲備目的而予以保存時，應加以適當鑑別。」（4.5.2.C）「凡過時及／或無效之文件，應即刻自所有分發或使用之單位撤銷，否則，應保証不會因為不小心而誤用。（4.5.2.B）。準此。作廢文件應無全數撤銷的必要。按ISM Code制定公布時，ISO 9000系列，尚未對標準條文修正。因此章程條文內容，應可參照ISO，予以修訂。

(4) Relevant Location，原譯為相關部門，筆者譯作場所或處所。表一地方及位置。如岸上各部門的適當場所；船上的船長辦公室，船上辦公室及機艙工作間等。

(5) MARPOL對於Oil Record Book有保存三年的規定（RULE 20）。

（十二）公司之查核、檢討與評估（Company Verification，Review and Evaluation）

(1) 公司應實施內部安全稽查，以查核其安全與汙染防止之行動是否符合安全

管理制度。

(2) 公司應定期評估其安全管理制度之效能，當有需要時依公司所建立的程序書予以檢討。

(3) 依據書面程序應實施稽查及可能的矯正行動。

(4) 除非因公司之大小及性質礙難可行者外，實施稽查的人員應為與被稽查部門無關者。

(5) 稽核及檢討之結果，應知照有關部門的所有負責人員。

(6) 有關部門負責管理人員應在發現缺點時，適時採取矯正行動。

釋義：

(1) ISO 9004對於品質系統的稽核「……稽核務須實施，期能決定該品質管理系統中之各類要項是否有效達成規定之品質目標。……」（ISO 9004,5.4.1節）。

(2) 內部安全稽核（Internal Safety Audit）。在ISO 9002中，亦有類似之規定。對於內部品質稽核（Internal Quality Audit）在4.17節中「……實施一項經計劃且書面化之內部品質稽核綜合制度，以驗証品質業務是否與規劃之安排相符，從而決定品質系統之有效性。」

(3) 實施內部安全稽核，應訂定一套妥適的計劃，該計劃的內容應包括：

　　a. 應予稽核的規定業務及場所；

　　b. 執行稽核人員的資格；

　　c. 執行稽核之根據；（諸如組織變遷、不良報告，例行查核及視察。）

　　d. 報告稽查之所見、結論及建議事項之程序。（ISO 9004,5.4.3節）

(4) 稽核與報告：稽核所見事項、結論及建議，應書面呈送公司管理階層適當人員參考，對於不符合規定之特別例證，應予載明，方可建議適切的矯正行動。前次稽核所建議的矯正行動，其執行狀況及效果應予評定。（ISO 9004，5.4.4節）

(5) 參與稽核的人員，除非因公司組織結構之限制，稽核人員應是與被稽核部門無關的獨立人員。以免球員兼裁判，而失去內部稽核之意義。

（十三）發證、查驗及管制（Certification, Verification and Control）

(1) 舶舶應由頒有有關該船舶符合文件之公司營運。

(2) 符合文件應由：主管機關，主管機關認可之機構，或某一國家政府其代表某一公司從事業務所在地國家之主管機關，簽發予符合國際安全管理章程之每一公司。此項文件應被接受以作為該公司有能力符合本章程之之証據。

(3) 此項文件之副本應置備於船上，俾船長待於主管機關或主管機關認可之機

構要求查核時出示。

(4) 一項稱為安全管理證書之證書，應由主管機關或主管機關認可之機構簽發予船舶。當簽發該證書時，主管機關應查明該公司及其船上之管理係按核定的安全管理制度運作。

釋義：

(1) ISO 9000系列，透過認證制度，來強制提昇品質管理功能。經由授權認證機構審評合格後，發給品保（QA）證書有效期三年，每半年或一年查核認證一次。（依認證公司而定）

(2) ISM Code之實施亦透過證書的簽發與港口國管制來達到全面安全管理的目標。因安全管理制度涉及船舶的事務，因此授權的認證機構，一般仍委由船級機構負責執行。其取得認證作業模式，可參考ISO 9002之認證方式及船舶經理人協會所制定之ISMA Code之標準內容，即可符合ISM Code之認證制度。

(3) ISM與ISO最大不同在於ISM要求公司除了要有一份「符合文件」（Document of Compliance）外，船舶本身亦必須有一張「安全管理證書」（Safety Management Certificate）。船舶行駛營運，必須同時擁有上述兩種證書方可結關通行。

(4) ISO為了市場需要，才必須做認證。而ISM是只要營運船舶，就必須做認證。這是公約中，透過港口國的管制作業規定，而達法定的功能。

(5) 目前對於發證的技術性問題，國際海事組織（IMO）在一九九六年之前應會提出指導原則。對於證書文件約有效期間，依一九八八年「船舶檢驗與發證統一制度」之規定，上述證書文件原則上會訂為五年。每年做一次的查核簽證。

(6) 有關港口國之管制，在一九九一年A.680（17）決議案中「IMO對船舶管理與安全操作及對防止污染之準則」及「有關船舶安全與污染防止操作規定之管制程序」有詳細的規定。

(7) 在13.2章節中，關於簽發符合文件之機構中，第三項指某一政府之主管機關，委託另一國家政府代為簽發。如賴比瑞亞政府海事當局，即全權委託美國政府或其授權機構簽發相關證件，巴拿馬政府，委託中國驗船中心代為查驗及發證。

(8) 對認可機構之授權，國際海事組織（IMO）在一九九三年A.739（18）號決議案中採納「對代表主管機關之機構授權準則」，有明確的規定。（ISM

545

Code與ISO 9002條款內容對照，請參閱表20-3）

表20-3　ISM Code與ISO 9002標準條款內容對照表

| ISO 9002 Standard ＼ IMS Code | 1 安全管理系統 | 2 安全與環保政策 | 3 公司之責任與職權 | 4 指派人員 | 5 船長之責任與職權 | 6 資源與人源 | 7 船上作業計劃之制定 | 8 應急準備 | 9 發生不符合意外及危害件之報告與分析 | 10 船舶及裝備的維護 | 11 大件 | 12 公評司估查核、檢討與 |
|---|---|---|---|---|---|---|---|---|---|---|---|---|
| 4.1　管理責任 | ˅ | ˅ | ˅ | ˅ | ˅ | ˅ | | | | | | |
| 4.2　品質系統 | ˅ | | | | | | | | | | | |
| 4.3　合約審查 | | | ˅ | | | | | | | | | |
| 4.4　設計管制（不適用） | | | | | | | | | | | | |
| 4.5　文件及數據管理 | | | | | | | | | | | ˅ | |
| 4.6　採購 | | | | | | | | | | | | |
| 4.7　客戶供應品之管制 | | | | | | | | | | | | |
| 4.8　產品之鑑別及追溯性 | | | | | | | ˅ | | | ˅ | | |
| 4.9　製程管理 | | | | | | | ˅ | ˅ | | | | |
| 4.10　檢驗與測試 | | | | | | | | | | ˅ | | ˅ |
| 4.11　檢驗、量測與試驗之設備 | | | | | | | | | | | | |
| 4.12　檢驗與測試狀況 | | | | | | | | | | ˅ | | ˅ |
| 4.13　不合格品之管制 | | | | | | | | | ˅ | | | |
| 4.14　矯正及預防措施 | | | | | | | | | ˅ | | | ˅ |
| 4.15　運搬、儲存、包裝、保存及交貨 | | | | | | | | | | | | |
| 4.16　品質記錄管制 | | | | | | | | | | ˅ | | ˅ |
| 4.17　內部品質稽核 | | | | | | | | | | | | ˅ |
| 4.18　訓練 | | | | ˅ | | ˅ | | | | | | |
| 4.19　服務 | | | | | | | | | | | | |
| 4.20　統計技術 | | | | | | | | | | | | |

# 第四節　國際安全管理章程（ISM Code）之運用及管制

## 一、生效實施及期限

### （一）強制實施

1. 客船包括載客的高速艇筏，不得遲於一九九八年七月一日。
2. 總噸位在500以上的油輪，化學液體船，氣體載運船，散裝貨船及載貨之高速艇筏，不得遲於一九九八年七月一日。
3. 總噸位在500以上的其他貨船及可動式離岸鑽採平台，不得遲於二○○二年七月一日。
4. 依一九九四年五月大會的第3號決議，敦促各國政府，使總噸位大於150，小於500的貨船亦儘可能實施「國際安全管理章程」（ISM Code）。

### （二）基於自願實施

即無論任何型式目的船舶，自現在起即可按章程的規定自行實施。

### （三）實施之要件

船舶必須由領有「符合文件」（Document of Compliance簡寫D.O.C）的公司管理經營。

## 二、ISM Code實施之管制

1. 船公司必須通過並領有由授權認証機構發給的「符合文件」有效期限5年。每年查驗一次。
2. 所有規定的船舶，必須領有「安全管理証書」（Certificate）。有效期限5年，每年查驗一次。
3. 營運船舶，在船上應備妥一份公司「符合文件」副本及「船舶安全管理証書」始得開航。
4. 此項管制措施，由港口國（Port State）依公約之規定予以執行檢查。
   請參閱圖20-3及圖20-4。

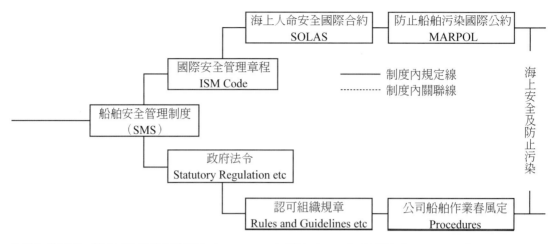

品管作業程序—對公司及船舶實施評估（Assessment）稽核（Audit）及發證（Certification）

公司—合格證件（Document of compliance）

船舶—安全管理證書（Safety Management Certificate）

圖20-2　船舶安全管理制度系統表

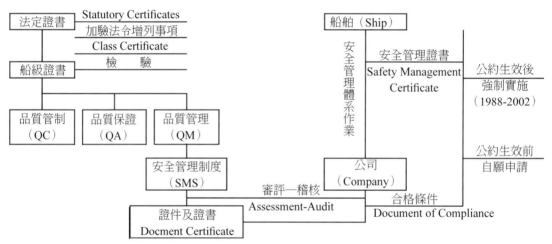

圖20-3　船級體系作業及安全管理體系作業關連圖

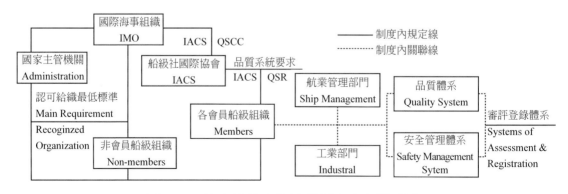

圖20-4　建立船舶安全管理制度之有關機構

DUPLICATE

Document No.: **DOC-97-008**

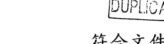

## 符合文件(鑑定書)
## DOCUMENT OF COMPLIANCE (VOLUNTARY)

本文件係由中國驗船中心簽發給下述公司，以資證明其
自願建立之管理系統符合 IMO 所採納之 A.741(18)決議案"
國際安全管理章程(ISM-Code)"為船舶安全營運及防止污染而定之相關規定

Issued by CHINA CORPORATION REGISTER OF SHIPPING to document voluntary
compliance with the relevant requirements of the International Safety Management Code for
the Safe Operation of Ships and for Pollution Prevention(ISM Code),
as adopted by IMO with Resolution A.741(18)

549

### 公司 COMPANY:

名稱 Name: **中鋼運通股份有限公司 CHINA STEEL EXPRESS CORPORATION**

地址 Address: **32F NO.8 MING-CHUAN 2ND ROAD, KAOHSIUNG, TAIWAN, ROC**

管理之船型(刪去不適用者): TYPES OF SHIPS (delete as appropriate):

| | |
|---|---|
| ~~客船 Passenger ship~~ | ~~化學液體船 Chemical tanker~~ |
| ~~高速客船 Passenger high speed craft~~ | ~~氣體運輸船 Gas carrier~~ |
| ~~高速貨船 Cargo high speed craft~~ | ~~可移動式離岸鑽探設施 Mobile offshore drilling unit~~ |
| 散裝船 Bulk carrier | ~~其他貨船 Other cargo ship~~ |
| ~~油輪 Oil tanker~~ | |

**茲證明** 該公司之安全管理系統業經評鑑並認定其已符合 ISM-Code 之規定。
**THIS IS TO CERTIFY** That the Safety Management System of the Company has been audited and has
been recognized to fully comply with the requirements of the ISM Code. 。

本文件在任何一方面將不妨害主管官署於 ISM-Code 強制生效後之權限。
This certificate does not prejudice in any respect the authority which will be competent as soon as the ISM Code
becomes mandatory.

本符合文件有效期限至　　　　　　　　　　　　惟應接受規定之年度評鑑。
This document is valid until _____ **SEPTEMBER 12, 2002** _____ subject to annual verifications 。

簽發地點
Issued at _____ **TAIPEI** _____

簽發日期
Date of issue **SEPTEMBER 22, 1997**

中國驗船中心
China Corporation Register of shipping

H. K. Lee　　總驗船師
Chief Surveyor

GC68(7/1996)

## 附件20-2　船舶安全管理證書

Certificate No.: **SMC-98-001**

# 安全管理證書
中華民國
## SAFETY MANAGEMENT CERTIFICATE REPUBLIC OF CHINA

茲由中華民國交通部委託中國驗船中心依照
一九七四年海上人命安全國際公約修正案之規定發給本證書
Issued under the provisions of the INTERNATIONAL CONVENTION FOR THE SAFETY OF LIFE
AT SEA, 1974, as amended, under the authority of the Government of THE REPUBLIC OF CHINA by
CHINA CORPORATION REGISTER OF SHIPPING

船名 Name of Ship: **中鋼運盈　CHINA STEEL INVESTOR**

船舶號數或信號符字 Distinctive Number or Letters: **BDFG**

船籍港 Port of Registry: **Kaohsiung**

船型 *Type of Ship*: **Bulk carrier**

總頓位 Gross Tonnage: **82112**

IMO 編號 IMO Number: **9127277**

公司(詳見 ISM 章程 1.1.2 節)Company(see paragraph 1.1.2 of the ISM Code):

名稱 Name: **中鋼運通股份有限公司　CHINA STEEL EXPRESS CORPORATION**

地址 Address: **32F, NO. 8, MIN CHUAN 2ND ROAD, CHIEN CHEN DISTRICT 806, KAOHSIUNG, TAIWAN, R.O.C.**

**茲證明**該船之安全管理系統業經評鑑並認定其已符合國際安全管理章程為船舶安全營運及防止污染
(ISM Code)**而訂之相關規定,且公司之符合文件經查證適合本船型。
THIS IS TO CERTIFY THAT the safety management system of the ship has been audited and that it
complies with the requirements of the International Management Code for the Safe Operation of Ships and for
Pollution Prevention (ISM Code),** following verification that the Document of Compliance for the Company is
applicable to this type of ship.

本安全管理證書有效期限至　　　　　　　　　惟應接受定期評鑑及必須維持有效之
符合文件。
This Safety Management Certificate is valid until **January 04, 2003** subject to periodical verification
and the validity of the Document of Compliance.

發證地點
Issued at **Taipei**

簽發日期
Date of issue **April 01, 1998**

中國驗船中心
China Corporation Register of Shipping

H.K. Lee
總驗船師
Chief Surveyor

*擬入下列船型: 客船、高速客船、高速貨船、散裝船、油輪、化學液体船、氣體運輸船、可移動式鑽探設施、其他貨船。
*Insert the type of ship from among the following: Passenger ship; Passenger high speed craft; Cargo high speed craft; Bulk carrier; Oil
tanker; Chemical tanker; Gas carrier; Mobile offshore drilling unit; Other cargo ship.
** IMO 所採納之 A 741(18)決議案。
**Adopted by the Organization by resolution A.741(18).

Form No. GC73 / 01.1998

Certificate No. SMC-98-001

## 安全管理證書(鑑定書)
### SAFETY MANAGEMENT CERTIFICATE (VOLUNTARY)

本證書係由中國驗船中心簽發給下述船舶，以資證明其管理系統自願符合 IMO 所採納之
A.741(18)決議案 "國際安全管理章程(ISM-Code)"為船舶安全管運及防止污染而定之相關規定
Issued by CHINA CORPORATION REGISTER OF SHIPPING to document voluntary compliance with the relevant
requirements of the International Safety Management Code for the Safe Operation of Ships and for Pollution Prevention(ISM
Code), as adopted by IMO with Resolution A. 741(18)

| 船　名<br>Name of Ship | 船舶號數或信號符字<br>Distinctive No. / Letters | 船籍港<br>Port of Registry | 總噸位<br>Gross Tonnage | IMO 編號<br>IMO Number |
|---|---|---|---|---|
| 中鋼運盈<br>CHINA STEEL INVESTOR | BDFG | Kaohsiung | 82112 | 9127277 |

| 公　司　名　稱　Name of the Company | 船　型　Type of Ship |
|---|---|
| 中鋼運通股份有限公司<br>China Steel Express Corporation | BULK CARRIER |

公司之符合文件：Document of Compliance of Company:

| 編　號 Document<br>Number | 簽發單位　Issuing Authority | 有效期限　Validity |
|---|---|---|
| DOC-97-008 | 中國驗船中心<br>China Corporation Register of Shipping | September 12, 2002 |

茲證明 該船舶之安全管理系統業經評鑑並認可其已符合 ISM-Code 之規定，且公司之符合文件亦經查證通
合於本船。

THIS IS TO CERTIFY That the Safety Management System of the ship has been audited and has been
recognized to fully comply with the requirements of the ISM Code, following the verification that the Document
of compliance of the Company is relevant to that ship.

本證書在任何一方面將不妨害主管官署於 ISM-Code 強制生效後之權限。

This certificate does not prejudice in any respect the authority which will be competent as soon as the ISM Code
becomes mandatory.

本證書有效期限至
件。 惟應接受規定之中期評鑑及必須維持有效之符合文

This certificate is valid until ___January 04, 2003___ subject to the intermediate verifications(s) and the
validity of the Document of Compliance.

發證地點

Issued at ___Taipei___

簽發日期

Date of issue ___January 12, 1998___

中國驗船中心
China Corporation Register of Shipping

H.K. Lee　　　　　　總驗船師
Chief Surveyor

Form No. GC71 / 01.1998

# 第二十一章 公司管理上的責任與作業

　　在ISM Code未公布實施前，國內外規模較大，管理較上軌道的海運公司，為了提昇公司的國際形象，乃參照國際經理人協會制定的ISMA Code內容，取得ISO9002的品保（QA）認證。然而目前國際安全管理章程（ISM Code）已由國際海事組織（IMO）納入SOLAS 1974之公約中強制實施，因此航商不需再做ISO9002的認證，而直接申請ISM Code有關的認證工作。，建立一套「船舶安全管理制度」，為一項大工程，從最高管理階層的政策擬定到船上基層人員的配合，這種全員參與，耗時費力的工作，必須要有恆心毅力，公司亦須編列預算來完成這項工作。本章即對於海運公司在組織運作及系統管理中，提出因應作業的模式。

## 第一節　海運公司的責任

　　由前述吾人得知海上安全的保障繫於減少人為疏忽及管理的不當。ISM Code之施行即為了達成船舶安全管理與營運及海洋環境污染之防止，提供一國際標準。在「國際安全管理章程」前言第三項中亦明確認為公司需要適當的管理組織俾能對其所屬船舶上之需要作出回應，以實現並保持海上安全及環境保護之高標準。並對於公司應有的責任，予以明確的規定。茲將其重點列述如下：

### 一、營運管理上的責任

1. 如負責船舶營運之實體並非船舶所有人，則船舶所有人必須將該實體的全名及詳細資料向主管機關提報。（ISM Code 3.1）
2. 公司有責任確實提供適當之資源及岸上支援以使其指派的人員，遂行其功能。（ISM Code 3.3）
3. 公司應確保船長為適當的合格指揮統御人員並熟悉公司管理制度；所屬每船艘船舶均依規定配置適格，執有證書，並在醫學上而言，適任其職務之航海人

員。（ISM Code 6.1，6.2）

4. 公司應確保其新進或調職新擔任有關安全與環境保護之人員均已適當熟悉其職責。（ISM Code 6.3）

5. 繼續不斷促進岸上及船上人員之安全管理技能，包括有關安全及環境保護的緊急備便。（ISM Code 1.2.3）

6. 依公司營運船舶作業型態，安排適當的岸上及船上訓練。（ISM Code 6.5）

7. 船舶狀況在任何時間均能保持一定的標準。（ISM Code 10.2）

8. 建立並施行公司的稽核作業。（ISM Code 12）

### 二、管理系統文件化之責任

1. 所有與管理、執行、及查核有關且影響安全與污染防止工作人員其責任與職權及相互間的關係，公司應予明定，並作成書面文件。（ISM Code 3.2）

2. 對於各類訓練，船上作業計劃，應急準備、船舶與裝備的維護、及不符合事件回報等建立作業程序書。（ISM Code 6.3，6.5，7.8，10）

3. 公司應建立並保持程序書，以管制所有有關安全管理制度之文件及資料。
（ISM Code 11.1）

## 第二節　海運公司之施行措施

　　海運公司或船務代理公司，凡與船舶運作有關，均需有授權機構發給的「符合文件」（D.O.C），方可營運船舶。公司如何順利取得D.O.C呢？船上是否要同時拿到「船舶安全管理證書」？在整體計劃中可依下述任一方式進行：(1)公司與船同時進行。(2)公司先取得認證，再實施船上認證。(3)若公司營運船舶眾多，可分階段，逐一認證，亦可整體一次完成。

　　公司認證作業，應就公司本身營運之規模與實際情形，參照章程的條文內容，以文件的方式建立一套系統化的管理制度，內容之編寫應力求重點化、簡單化，避免過於複雜，說的、寫的與做的要能符合一致。國際海運商會（International Chamber of Shipping；ICS）為了配合ISM Code之實施，對海運公司提出相關建議事項，諸如安全管理制度的制定，新進人員或調職人員的熟悉方法，各類的相關法規，相關的操作文件，船上作業及緊急計劃的參考出版刊物及文件化系統的架構等，其詳細內容，海運公司可引以參考。

**施行之要點與步驟：**

公司取得ISM Code認證之要點及步驟，先前曾提及國外各驗船機構之海事服務部門，都已先後舉辦研討會並提出相關作業上之重點與建議，內容上大致相同，茲分別將其整理歸納並列述如下：

（一）英國勞氏驗船協會（Lloyd's Register of Shipping；LR）

1. 組織管理的承諾（Management Commitment）

   作業施行成功與否，組織中之最高管理階層應作成承諾，致力於安全管理政策及既定之目標。

2. 完善的專案規畫（Good Project Planning）

   成立專案並規劃實施程序及主要重點，包括設定目標完成日期與要求、確定職責範圍、資訊之溝通、過程之監控、及結果之審查。

3. 充足的資源分配（Adequate Resource Allocation）

   組織內成員有其既定之工作，為避免造成額外負擔，影響品質與進度，公司應編制預算給予充足的人力與物力資源配合，並依各單位作業上之需要，給予合理之分配。

4. 教育與訓練（Training）

   安排各項講習，讓公司之員工及海上人員充分了解安全管理制度及國際安全管理章程之內容；提供適當之相關訓練，包括公司內部及政府民間機構舉辦講習與訓練。

5. 組織中全員參與（Involvement）

   安全管理制度架構下組織有關的成員，從最高至基層，包括船上人員均應參與作業，而非僅由部分特定人員參與負責。

6. 文件化作業（Documentation）

   依安全管理作業內容，編寫手冊，程序書，工作說明書及各類記錄表格。技術上求簡單明瞭，事先做好準備工作，並審查內容有無不適合之處。

7. 試作及內部稽核（Implementation and Internal Audit）

   安全管理系統文件建立後，即依文件內容所載，在各單位確實施行，並定期作內部稽核工作，查核各項作業是否符合規定。

8. 試評及持續改善（Pre-assessment and Ongoing Improvement）

   進行外部稽核或申請認證機構做審核工作，針對缺點或不符合事件，做持續改善。

9. 申請認證（Assessed by Certification Body）（參閱圖21-1）
   申請經由主管機關授權之認證機構，予以評審認證。

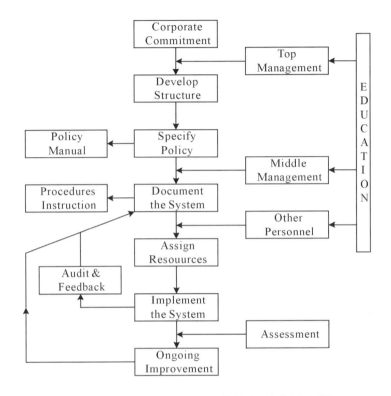

圖21-1　LR建議之認證作業施行計畫流程圖

資料來源：Lloyd's Register Advisory Service

（二）美國驗船協會（American Bureau of Shipping；ABS）

1. 最高決策階層對實施安全管理制度需作成承諾，意志不堅則不易推行，事倍功半。

2. 由於ISM或ISO 9000在品質保證之系統作業程序大致相同，公司視營運業務及市場之需要，應確定單獨施行ISM或同時施行ISO 9000之認證。

3. 透過專業認證顧問公司（Consultant/Marine Service）輔導，將有助於管理系統之建立。

4. 詳細評估公司目前之狀況及優勢所在，針對欠缺之處予以加強或調整。

5. 岸上員工及船上人員接受必要的教育訓練，了解國際安全管理章程之內容及相關作業要求。

6. 製備管理系統之各類文件，包括手冊，程序書，工作指導書及記錄格式。

7. 確實做好內部稽核工作。

8. 管理系統文件化作業完成後，需在公司試行運作，並隨時修正不合之處。

9. 向授權之驗船機構申請認證（參閱圖21-2）。

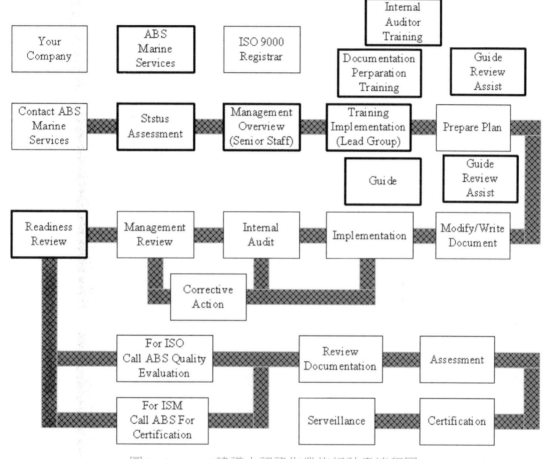

圖21-2　ABS建議之認證作業施行計畫流程圖

資料來源：American Bureau of Shipping Marine Service

（三）日本海事協會（Nippon Kaiji Kyokai；NK）

　　日本驗船協會在其「船舶管理系統審查規則」中，說明了NK規則包含之內容較ISM Code廣泛，共計十五項，其內容重點如下：

1. 船舶管理系統

　　海運公司建立船舶管理系統之組織架構，業務之確定及責任，並作成各項程序書，說明書及記錄。

2. 船舶經營者之責任

制定安全營運及環境維護之政策與方針，岸上及船上組織中各階層能確實執行，及經營者之管理審查。

3. 組織

建立組織圖，確定組織成員之相互關係，職務內容與職權，及緊急事件之應急組織。

4. 契約之確認

租傭契約、船舶管理契約、船舶保險、P&I保險等契約內容之檢討及確認。

5. 文書管理

凡與船舶管理系統有關之文書及各項說明應予建立、維持。

6. 採購管理

凡與船舶營運有關之必要物件，其採購及驗收程序之建立。

7. 船上業務之運用管理

對於船舶安全與污染防止有關隻船上各項業務計劃及指標應予建立，包括各項業務定義及適當人員之選派。

8. 船舶航行相關之業務管理

(1) 航海安全之業務管理，包括航行當值人員之適當編排，航行儀器裝備之供給，航行安全資訊之提供，進出港作業及環境保護。

(2) 特殊運航之業務管理，包括特定船舶之人員任用，特殊航行水域之規定。

(3) 旅客、貨物裝載之業務管理，包括危險物品及緊急狀況下之處置。

9. 船舶及設備維護之業務管理

包括各項證書之保有，船體及機器設備之保養，定期檢查及事故調查分析。

10. 緊急事件應急之業務管理

公司及船上對於緊急事件之識別與規定，應急處置及演習訓練。

11. 業務之檢證、識別及追溯

12. 不符合，事故及危險發生之報告與分析

船舶管理系統中，涉及不符合（Non－Confirm），事故及危險狀態對公司之報告，事故之調查、分析及檢討。

13. 安全管理記錄

建立安全管理業務記錄之收集、保管與維持時效。

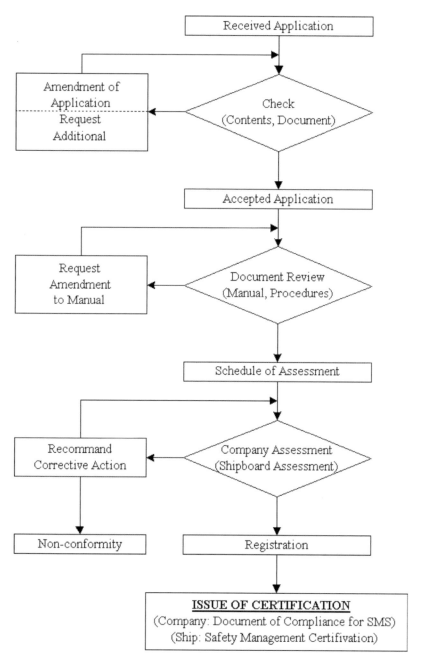

圖21-3　為取得NK認證之流程圖。

14. 內部監察

公司內部稽核之建立，稽核部門之獨立性，及稽核計劃。

15. 教育與訓練

組織內成員了解相關規則內容，公司新進人員及新上船人員之熟悉訓練，相關

職務人員之進修與在職訓練。

日本驗船協會亦提供關於「安全管理手冊」編寫之指導書（Guide for Safety Management Manual），便於申請NK船級之海運公司參考，國內海運公司亦可引以參考，內容包括下列各項：安全管理制度，管理責任，公司之責任與職權，文件管制，人員任用，船上作業計劃之建立，船舶裝備之保養維護，應急準備，不符合、海上事故及危險情況發生之報告與分析，內部稽核、訓練等。文中更述及手冊內容編寫以三十至四十頁為宜，超過五十頁時，則應考慮將一部分內容移於程序書上。

（四）中國驗船中心，在「公司實施ISM Code之步驟」中，建議如下：

1. 公司對ISM Code先應有正確的認識。
2. 由船級機構對公司及船舶作初次評鑑工作。
3. 訂定實施ISM Code進度計劃表及編列預算。
4. 建立（制定）公司之「安全與環保政策」。
5. 確定實施「安全與環保政策」之責任與職權。
6. 成立ISM Code推行小組及透過認證顧問協助，建立系統化作業。
7. 進行教育訓練及全員參與。
8. 建立公司實施ISM Code有關「安全管理」之系統文件。
9. 建立船舶實施ISM Code 有關「安全管理」之系統文件。
10. 試作與改善。
11. 內部稽核。
12. 申請認證。

圖21-4～6為中國驗船中心建議施行步驟相關流程圖。

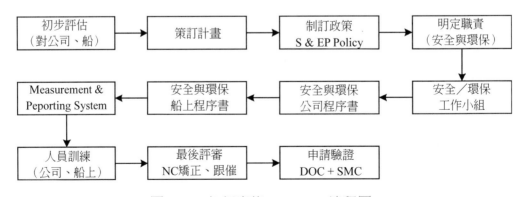

圖21-4　如何實施ISM-Code流程圖

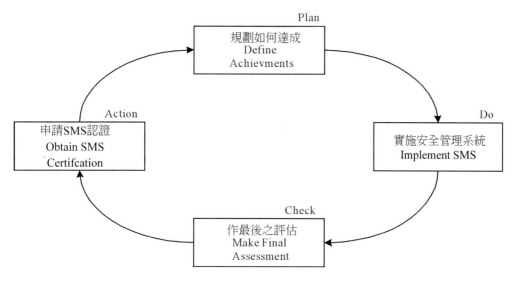

圖21-5　實施安全管理系統基本課題－PDCA圖

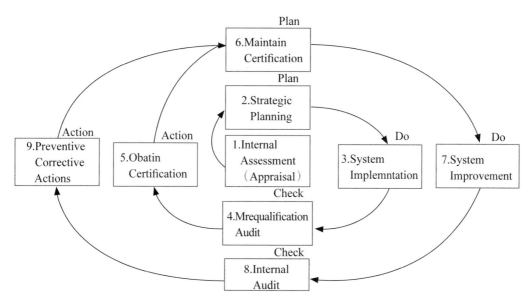

圖21-6　安全管理之認知與維持－PDCA圖

　　國內海運公司在因應作業上，可採取中國驗船中心提出之方式，逐步施行。

**施行成功與失敗之因素：**

　　整體作業的施行，最終目標即在於順利獲得認證通過。成功與否，依挪威驗船協會（DNV）從事於ISO 9002及SEP輔導與認證之經驗，認為下列為主要因素：

（一）成功因素：

1. 所有管理階層及船上甲級船員均有適當之訓練。
2. 岸上及船上組織皆有真實改進之目標與作業活動標準。
3. 具長遠的概念，而非急就章。
4. 對公司員工及船上人員能有實務性之引導介紹。
5. 從最高階層至基層人員皆能一貫執行。
6. 經常定期執行內部稽核工作。
7. 了解潛能並予以發揮。
8. 從強處著手並了解現況。

（二）失敗因素：

1. 資深管理階層及主要成員並無作成承諾。
2. 直線（行政）管理及各階層官員之訓練皆顯不足。
3. 一人規劃，毫無完整之程序。
4. 心理上認為「稽核是慌亂的作業活動」。
5. 心理上存在著「我們一切都很好；我們僅需使文件就緒；我們正做這些事情」。
6. 未能及時做好，只想明天成為最好的。
7. 未全員參與。
8. 不適當的指導。
9. 構建過多的系統文件工作。

## 第三節　海運公司船舶管理體系之建立與作業

### 一、船舶管理部門架構與功能

　　傳統線式組織中，與船舶管理有關的事務諸如船務、工務、物料供應、船舶保險及研發考核等事宜，分立部門各別運作（參閱表21-1）。然而船舶之管理運作屬整體性的，分立部門各別運作，難免在橫向連繫與環扣上不夠堅實嚴密，在作業流程上亦顯繁複。因此新的船舶管理架構，乃將此五項功能整合成一體，成為組織架構上規模較大的部門（參閱表21-2），統稱為船舶管理部門。在此架構

下，依支援功能上的需要，而區分為船員事務、工程維修、物料供應、海事安全與保險、研究與發展等組群。其運作功能如下：

表21-1　我國航業公司組織一般狀況

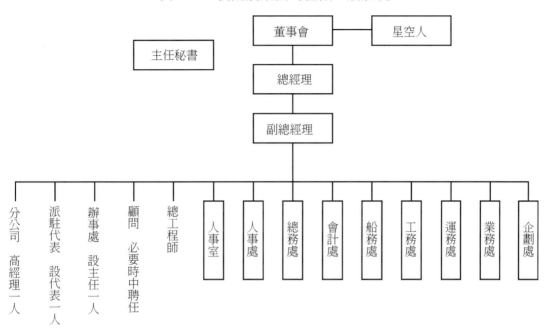

表21-2　功能整合一體之船舶管理組織架構

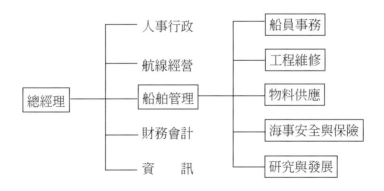

（一）船員事務（Crew Affair）

1. 負責各級船員之招募、任用。

2. 人員上下船之交通安排。

3. 薪資核發、福利、考核。

4. 公司安全管理政策的教育、訓練。

5. 專業知識及技能之岸上訓線。

### （二）工程維修（Fleet Engineering）

1. 船舶各項的保養維護（包括甲板、機器及設備），歲修進塢的安排、各項船級與法規上檢驗之執行。
2. 監控船舶的運作狀況，維持船況的一定標準。
3. 船舶運作預算的審查與控制。

### （三）物料供應（Supply）

1. 審核及供應船上經常性所需的司多、物件、及保養修護所需的配件與備品。
2. 緊急配件之安排與送達。
3. 與供應商之間的聯繫、合約作業。
4. 各類燃油、滑油及保養用油的安排與供應。

### （四）海事安全與保險（Nautical Security & Insurance）

1. 船舶航行安全、貨物作業及技術方面的資訊提供。
2. 船上各種訓練的安排及審理考評。
3. 安全管理與環保政策的執行、督導。
4. 船舶保險及船員有關之保險事宜。

### （五）研究與發展（Research & Development）

1. 有關船舶最新科技資料之蒐集與研究。
2. 品質管理應用於船舶管理之研究與改進。並提供高階管理資訊參考。
3. 船舶管理整體預算的追蹤、控制。
4. 船隊（Fleet）營運費用、投資費用、油料費用的監核，以及船舶管理部門的內部審核。
5. 新船建造的規劃與情報蒐集。

## 二、稽核及認證作業

任何一種管理制度或品質管理系統能否有效的達成，必須透過不斷的查核，檢討並研究改進。甚或藉認證作業，獲得授權機構所簽發的證書，以證明公司或管理單位符合一定的標準。實施船舶安全管理制度，海運公司應實施內部安全

稽查，以查核其安全與污染防止之行動是否符合安全管理制度（ISM Code條文12.1），並以取得「公司符合文件」及「船舶安全管理證書」為要件，以證明公司符合安全營運標準。因此如何做好稽核工作及認證作業，亦是海運公司必須重視的一環。

（一）管理審查與內部安全稽核

公司管理階層應對於安全管理制度，制定獨立及評估之規章。此等審查應由公司管理階層之適當人員或由公司管理階層指定具能力而獨立人士執行，該項審查應包含架構完備而內容廣泛之內部安全稽核的評估。

稽核計劃

計劃是有效執行稽核中重要的一部分，它詳述那些項目要稽核以及如何執行稽核。

稽核計劃之形式應涵蓋下列各點：

1. 應予稽核之規定業務及場所。
2. 執行人員之資格。
3. 執行稽核之根據。（諸如：組織變遷、不良報告、例行查核及視察）
4. 報告稽核之所見、結論及建議事項之程序。

稽核人員之資格及行為

1. 優秀內部稽核主管的條件應考慮：
   (1) 專業能力（Professional）是否足以擔任；
   (2) 個人特質（Personal Character）是否清新；
   (3) 人際關係（Public Relation）是否良好；
   (4) 管理技巧（Managing Skill）是否圓熟。
2. 執行稽核之人員，應獨立於所稽核之規定業務或場所。
3. 稽核人員應持客觀心態，避免武斷評論，或循私護短。
4. 稽核人員應避免有抓賊心態，並應從大處著眼，小處著手。

稽核之業務及場所應包括

1. 公司行政及管理作業程序。
2. 船上各項作業程序。
3. 人員、裝備及物料資源。
4. 工作場所、作業及流程。
5. 文件檔案、報告、紀錄之保管情況。

稽核所見之報告與追蹤

　　稽核所見事項、結論及建議，應書面呈送公司管理階層適當人員參考。在稽核所見之報告及追蹤應涵蓋下述各項：

1. 凡不符合規定或不良之特定例證，應於稽核報告中載明；該等不符合事項之可能原因明確時，亦宜包含在內。

2. 報告中亦可建議適切的矯正措施。

3. 前次稽核中所建議之矯正措施，其執行狀況及效果應予評定。

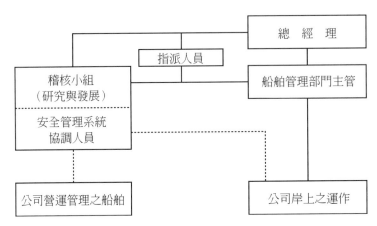

圖21-7　為海運公司，內部安全稽核的組織架構

（二）文件作業

　　品質管理系統，要求各項作業及流程均需予以文件化。因此在施行船舶安全管理制度時，海運公司必需制定系統化作業流程並予以文件化。文件及資料的管制，在整個安全管理制度佔重要的部分。由於文件系統，所涵括的範圍，遍及每一作業層級。但因管理與應用層次的不同，其編製內容亦有層級之分。對海運公司而言，無論是公司的管理系統或船上的管理系統，其文件之製作大致可分成下列四個層級；其層級架構如圖21-9，其相關文件體係如圖21-8所示：

1. 公司品質政策及品質管理手冊（Policy/Manual）。

2. 各項計劃及程序說明書（Plan/Procedure）。

3. 查核表、冊／各類圖表、文件／工作指導書。（Check List/Post/Circulars/Working Instruction）

4. 各項品質紀錄（Record），如查核記錄、訓練記錄等。

圖21-8　文件層級架構

金字塔由上而下各層文字：

政策
（Policy）
品質／管理手冊
（Manual）

各項計劃程序說明書
（Procedure，Plan）

查核表冊
各類報表
工作指導書
（Working Instruction，Check List，Post，Circula）

各項品質記錄（Record）

## （一）安全管理手冊（Safety Management Manual）

安全管理手冊是屬於公司中一種重要文件，它是安全管理保證系統的構成要素，它能顯示出公司的安全管理政策及安全管理系統，它記錄了許多非常有用的資訊及與有價值的資源，它是經過公司內主要人員對部門間，組織間的互相溝通和運作所產生出來的一套制度。安全管理手冊的大小，內容的多寡亦因公司組織的大小而異。

安全管理手冊的基本目的是在提供一個公司安全管理系統的全貌及提供施行及保持系統的資訊。它是一個很好的管理工具，使組織內人員清楚的了解他們應負的責任，同時方可使工作不致於中斷。

在安全管理手冊中，亦應宣示公司的品質政策，亦即將組織的品質意圖及方針明示，讓所有員工有所了解與遵行，例如「追求海上人命安全及海洋環境之維護」。

## （二）各類計劃書及程序書（Plan/Procedure）

作業（包括應急）計劃書及程序書，是管理階層用以管制的工具，唯此計劃書及程序書是一項作業內容和其執行步驟（先後次序）。它詳細敘述相關人員所進行的工作。如船員的召募，訓練及船上緊急事件的處理程序等等。

計劃書／程序書中應將工作可能發生的時機及需要何種方式來執行某種特定

工作，予以詳細說明。

（三）其他文件（Supporting Document）

此類文件包括工作指導書，查核表、冊、各種圖表、文件等。係提供給基層人員或第一線之工作人員，在執行業務或船上工作時，如何做好該項業務或工作。如物料、配件的點收及查核，船上保養工作操作指導，各類張貼圖表等。

（四）各項品質記錄（Record）

在安全管理系統中，需要做成紀錄的部分，均需製作成格式，並依程序書中之規定，分類編號。通常均應留下相關人員之簽名，此項記錄包括管理審查記錄、稽核記錄、保養記錄及訓練記錄等。

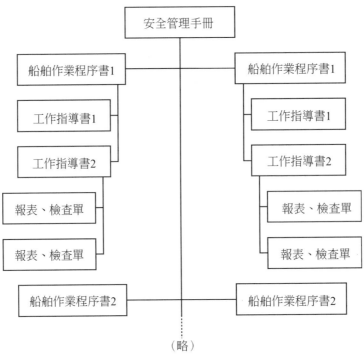

圖21-9　文件層級架構

三、文件制備

（一）公司取得符合文件（DOC）應制定「安全管理手冊」（Safety Management Manual），包括兩大部分：

1. 品質保證部分（Quality Assurance），其內容應述明下列各項：

(1) 企業及公司之品質政策宣示。

(2) 船舶管理的目標宣示。

(3) 安全與環境保護之政策宣示。

(4) 組織與管理流程。

(5) 人力與資源。

(6) 管理代表。

(7) 品質系統。

(8) 訓練。

(9) 管理審查。

(10) 文件管制。

(11) 流程管制。

(12) 不符合事件之管制。

(13) 品質記錄。

(14) 內部稽核。

(15) 統計分析。

(16) 公司安全管理系統。

⋮

（與公司管理運作有關之項引）

2. 品質程序部分（Quality Procedures），其內容應述明下列各項：

(1) 文件管制。

(2) 合約審查。

(3) 內部稽核。

(4) 不符合事件。

(5) 管理審查。

(6) 訓諫。

(7) 人員召募與雇用。

(8) 船舶監控與報告。

(9) 船舶維護與檢驗。

(10)物料申請與流程管制。

(11)船上人員之升遷及解聘。

(12)船舶航修及進塢。

(13)海事事件的調查。

(14)海事諮詢與稽核。

(15)船舶營運費用。

(16)各單位檔案之紀錄。

⋮

（與公司管理運作業務有關之項引）

（二）船舶取得「安全管理證書」（SMC）應制定下列有關船上安全與環境保護
之管理手冊及計劃程序書：

1. 船上管理手冊（Shipboard Management Manual）。

2. 船上安全手冊（Shipboard Safety Manual）。

3. 船上緊急及意外手冊（Emergencies and Contingencies Manual）。

4. 船上油污緊急計劃（Shipboard Oil Pollution Emergencies Plan）。

5. 駕駛台及甲板程序手冊（Bridge and Deck Procedure Manual）。

6. 機艙程序手冊（Engine Room Procedure Manual）。

7. 貨物作業手冊（Cargo Operation Manual）。

8. 機艙保養手冊（Engine Room Maintenance Manual）。

9. 艙面保養手冊（Deck Maintenance Manual）。

## 第四節　認證步驟與流程

ISM Code第十三條中規定，船舶必須持有法定的「安全管理證書」，並由
領有「符合文件」之公司營運。因此海運公司營運船舶，需同時領有上述兩種證
書。在第二、三章中已述ISO 9000的QA認證，在船舶安全管理制度中，同樣亦有
認證的程序。

國際海事組織（IMO）自一九九四年六月即開始對於稽核，查驗及發證作業
的指導原則（Guidelines）提出討論，至一九九五年五月已制定該項草案，並已提
交一九九五年十一月大會中定案。在指導原則之草案中，關於發證原則及發證程
序均有規定。

依草案中之規定，公司取得「符合文件」需整個管理系統建立後，在公司內試作至少六個月及在所屬任一船舶試作至少三個月，船舶取得「安全管理證書」，則需在該船舶試作至少三個月。由於各公司管理組織及運作方式不同，在施行此項認證作業時，自應斟酌其所需時間，予以安排其開始作業日期，以免延誤其獲取認證時效。

　　關於認證作業步驟，本章第二節中已列述中國驗船中心所提之建議，在此不予重述。依英國驗船協會（Lloyd's Shipping Register）提供之認證作業步驟及時程，前後時間至少需要十二個月，這是在理想及順利的狀況下而言，一般保守考量下，大約需要一年六個月的時間。

　　至於認證作業的流程，與ISO 9002 QA認證之模式大致相同，惟船舶安全管理制度，除了公司需要認證外，船舶部分亦需個別認證。圖21-10為中國驗船中心所擬定的認證作業流程圖。

572

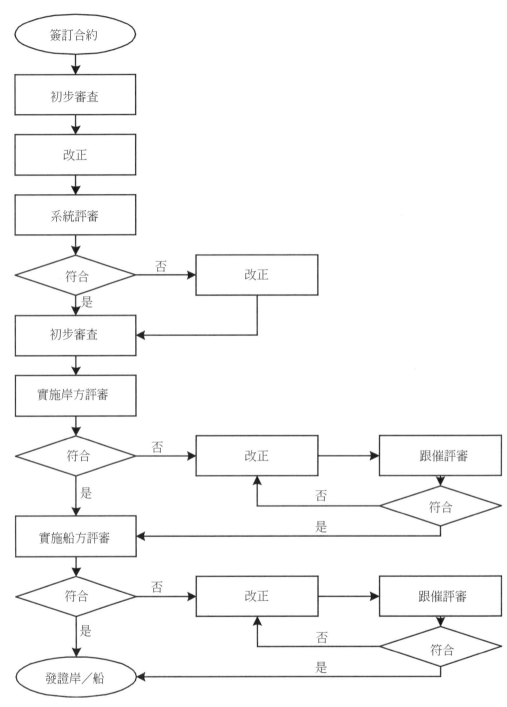

圖21-10　船舶安全管理認證

# 第二十二章 船上執行事項與作業程序

ISM Code 之施行，除公司之管理流程要求外，對於船上的各項作業與規定需要作文件化的程序管制。透過稽核與審查、認証後，方可取得「安全管理證書」（Safety Management Certification SMC）。船上執行事項範圍甚廣，且由於人員素質結構的不同，在實施的過程中，非如岸上人員易於溝通掌握。因此事前的宣導工作至為重要，本章關於船舶作業事項，涉及實務，特摘述郭船長炳秀之撰述。供列參考。

## 第一節 船長之責任與職責

### 一、公約之規定

國際安全管理章程第5條對船長責任與職權之規定：

公司應將船長之責任予以書面文件化明定之。船長應執行工作公司擬定之安全及環保政策；船長應激勵所屬船員遵守該政策；船長在船發布命令或指示時要簡單明瞭；達成有關規定並記錄之；審查安全管理制度並將缺點向公司管理部門報告。船長在船執行管理制度時所遭遇之情況均有不同，公司應授權船長在系統規定外作明確的判斷與處理其船上事務，如有必要得請求公司支援，以達成船長對安全與環保做出之決定。

### 二、依公司之規定

公司明文規定船長之責任與職權要點有：

1. 船長依法管理全船一切事務，指揮全體船員，對全體船員之工作負管理及考核之責。督導各級船員明瞭並遵守公司「船員服務規則」明訂各人之職責。
2. 船長執行其職務應大公無私，一視同仁方可維持船上秩序與風紀。

3. 船長應明瞭其船舶狀況，維持其適航性。尤應注意船體之完整、船體之正常、船員配額及適合性及貨載情況。夜間航行或錨泊時應寫夜令簿，交待夜間事情之處理。

4. 船長應負責保管各種船上證書，並維持其有效。

5. 船長管理全船時要以「安全第一」為要。

6. 船長應依「船上污染應急計劃」監督船員嚴格執行預防措施，避免海上環境污染。並遵守各國港口對環保之規定。

7. 船長應查核大副所做之貨物裝載計劃，考量船舶安全。

8. 船長於航行前擬定航行計劃，使本航次能安全航行至目的港。

9. 船長及各船副應確實遵守「國際避碰章程」之規定操縱船舶。

10. 船長僱用引水人協助航行時，勿忘其負全船指揮之責。

11. 船舶發生觸礁、擱淺等，船長應妥為處理，並電告公司。

12. 船長應每週檢查船員住艙及各部位一次，並記錄之。

13. 船舶離港前船長應督導各部屬檢查有無走私、偷渡等非法事件之發生。

14. 執行公司安全管理系統，訓練各船員遵守該系統，並檢查各項報告及記錄。如遇特殊情況，船長為安全與環保所做之法定可超越安全管理系統之規定。

15. 船上發生不符合事件，船長應做成報告，以免再次發生或事態擴大造成危害事件。

16. 檢討安全管理制度，向公司提出修改建議。

17. 排定年度應急操演，按時舉行，以維船舶與公司緊急事故聯絡管道之通暢。

18. 依規定舉行求生、滅火操演，提高警覺。

19. 船長交接時應將注意事項列單供新任船長參考。

## 第二節　船上作業計劃與船舶保養

公司應建立船上作業程序書，以供船舶安全營運與污染防止之船上操作計劃及指示，並由合格人員執行之。作業程序書應著重於防範措施，防止危害事故之發生。作業程序書之撰寫，應力求簡潔及明瞭，各檢查表有更便捷查核的功能。

作業程序書應參考國際與國內法規之修訂而修改之，亦應隨船上執行者建議而修改更新。船上作業依其急迫性可分為：

（一）一般作業（Shipboard Operation）

（二）特別作業（Special Shipboard Operation）

（三）危機作業（Critical Shipboard Operations）

　　特別作業在事故已發生後，才能顯示出作業有何錯誤，如：

1. 確保水密完整性

2. 海圖及航行書籍之修正

3. 機器、設備之可靠性

4. 保養作業

5. 加添燃油、滑油

6. 貨物超載、應力過大或穩定度之維持

7. 貨物之固定

　　海盜及恐佈分子之活動

　　危機作業指人為的過失會立即引起意外事故，造成人員、船舶或環境之傷害，如：

1. 限制水域或交通繁忙水域之航行

2. 能見度不良時之航行

3. 惡劣天氣之航行

4. 有毒物質或危險貨物之處置

5. 密閉空間之進入或工作

　　船上作業依功能又可分為：

1. 船舶安全作業

2. 駕駛台與甲板操作作業

3. 貨物裝卸作業

4. 機艙操作作業

5. 應急和意外

6. 事故處理作業

## 一、船舶安全作業（Shipboard Safety Operation）

　　船舶安全作業可跨部門，船舶一般性之安全作業，為全體船員共同遵守者，多數需集體合作者，每一作業均應書寫程序書或再搭配檢查表，以加強其功能，主要船舶安全作業程序書一覽表。如表22-1所示。

575

表22-1　船舶安全作業程序書一覽表

| 項目 | 編號 |
|---|---|
| 1.船上應急組織圖 | OSC－SOP－01 |
| 2.船上安全訓練 | OSC－SOP－02 |
| 3.進入密閉空間 | OSC－SOP－03 |
| 4.防止環境污染 | OSC－SOP－04 |
| 5.熱工操作 | OSC－SOP－05 |
| 6.氣焊工作，電焊工作 | OSC－SOP－06 |
| 7.吊運重物 | OSC－SOP－07 |
| 8.高空及般外作業 | OSC－SOP－08 |
| 9.滅火及救生設備 | OSC－SOP－09 |
| 10.有毒及化學品使用 | OSC－SOP－10 |
| 11.直升機作業 | OSC－SOP－11 |
| 12.海盜預防作業 | OSC－SOP－12 |
| 13.偷渡預防作業 | OSC－SOP－13 |
| 14.禁酒類飲用辦法 | OSC－SOP－14 |
| 15.禁止毒品使用及載運辦法 | OSC－SOP－15 |
| 16.個人安全裝備 | OSC－SOP－16 |

## 二、駕駛台與甲板作業（Bridge and Deck Operation）

　　船舶航行、錨泊、進出港作業、靠離碼頭作業、氣象變化等，隨時均有危害事故之可能發生，訂定各項作業程序書及其檢查表，有助於工作人員預防事故發生。主要駕駛台與甲板作業程序書覽表。如表22-2所示。

## 三、貨物作業（Cargo Operation）

　　散裝貨輪營運以貨載為主，貨載之良好直接影響船舶營運、船體結構及人員安全。大副負裝卸貨物之責，其他船員及船副配合作業，訂定貨物作業程序書及檢查表，有助於貨物作業之順利。主要作業程序覽表。如22-3所示。

表22-2　駕駛台與甲板作業程序書一覽表

| 項目 | 編號 |
|---|---|
| 航行當值 | OSC－BDP－01 |
| 航行警告 | OSC－BDP－02 |
| 海圖及航海圖書 | OSC－BDP－03 |
| 導航設備 | OSC－BDP－04 |
| 氣象、海況 | OSC－BDP－05 |
| 氣象導航 | OSC－BDP－06 |
| 叫喚船長 | OSC－BDP－07 |
| 引水人員僱用 | OSC－BDP－08 |
| 錨泊作業 | OSC－BDP－09 |
| 繫纜作業 | OSC－BDP－10 |
| 錨泊當值 | OSC－BDP－11 |
| 人員上船、下船管制 | OSC－BDP－12 |
| 寒冷天氣預防 | OSC－BDP－13 |
| 水呎檢查 | OSC－BDP－14 |
| 貨艙污水檢查 | OSC－BDP－15 |

表22-3　貨物作業程序書一覽表

| 項目 | 編號 |
|---|---|
| 各類散裝貨物特性及積載作業 | OSC－COP－01 |
| 貨物裝卸作業 | OSC－COP－02 |
| 裝卸貨物當值 | OSC－COP－03 |
| 壓艙水作業 | OSC－COP－04 |
| 貨艙清潔作業 | OSC－COP－05 |
| 機具裝備使用 | OSC－COP－06 |
| 船體應力，穩度、俯仰差計算 | OSC－COP－07 |
| 散裝貨物裝卸港口特性作業 | OSC－COP－08 |

## 四、船舶保養

　　船舶正常營運需靠船舶保養得宜。船舶保養良有助於船舶效率之提升，船舶保養應訂有計劃確實執行。

　　船舶保養分：

1. 維護作業（Maintenance）。

2. 機艙操作（Engine Operation）。

　　船舶維護作業程序書可列舉者有：

1. 甲板及一般機具保養。

2. 安全裝備保養。

3. 物料與備件申請。

4. 滑油與燃油申請。

5. 航次修理。

6. 入塢修理。

　　機艙操作程序書，主要者列表述之。如表22-4所示。

表22-4　機艙操作作業程序書一覽表

| 項目 | 編號 |
| --- | --- |
| 機艙輪值作業 | OSC－EOP－01 |
| 到港、離港準備工作作業 | OSC－EOP－02 |
| 用車完畢作業 | OSC－EOP－03 |
| 定速航行作業 | OSC－EOP－04 |
| 緊急煞車 | OSC－EOP－05 |
| 無人當值機艙進出 | OSC－EOP－06 |
| 駕駛台／機艙控制室通訊作業 | OSC－EOP－07 |
| 斷電／跳電回復／啟動作業 | OSC－EOP－08 |
| 寒冷、惡劣天氣操作 | OSC－EOP－09 |
| 加油作業 | OSC－EOP－010 |
| 燃油駁送／淨化／回流 | OSC－EOP－11 |
| 機艙艙底水 | OSC－EOP－12 |
| 機艙密閉空間進入 | OSC－EOP－13 |

## 五、應急準備與意外事件

（一）應急準備（Emergency and Contingency Preparation）

　　國際安全管理章程第八條對應急準備之規定：公司應建立程序以鑑別並回應船上之潛在的危急狀況；公司應建立應付危急狀況之操演計劃；安全管理制度應提供措施，以確保公司的組織能隨時對船舶危急狀況等予以回應。

　　船上危急狀況應建立程序書以利有關人員作業，其主要項目如應急作業程序一覽表。如表22-5所示。

表22-5　應急作業程序覽表

| 項目 | 編號 |
|---|---|
| 船舶碰撞 | OSC－ECP－01 |
| 觸礁／擱淺 | OSC－ECP－02 |
| 船體進水 | OSC－ECP－03 |
| 船體結構損害 | OSC－ECP－04 |
| 貨物移動 | OSC－ECP－05 |
| 惡劣天候航行 | OSC－ECP－06 |
| 人員落水 | OSC－ECP－07 |
| 求助 | OSC－ECP－08 |
| 棄船 | OSC－ECP－09 |
| 搜尋與營救 | OSC－ECP－10 |
| 導航設備故障 | OSC－ECP－11 |
| 舵機故障 | OSC－ECP－12 |
| 主機故障 | OSC－ECP－13 |
| 電力系統故障 | OSC－ECP－14 |
| 醫療與急救 | OSC－ECP－15 |
| 海盜與恐怖行動 | OSC－ECP－16 |
| 油污染應急 | OSC－ECP－17 |

（二）意外事件

　　國際安全管理章程第九條規定：公司制訂之安全管理系統應確保於收到船上發生不符合、意外事故及危害事件之報告能做出調查及分析之程序書以改進安全和防止污染為目的，公司應建立程序以實行矯正行動。不符合事件作業程序書要點於下：

1. 船上發生不符事件時，部門主管應填寫不符合事件報告，述明內容，影響層面及矯正之紀錄。
2. 船長於收到不符事件報告後，應於一週內按報告內容進行追查並採取矯正措施。
3. 船長應於每年將不符事件報告彙總分析，向公司對安全管理系統之修正建議，做為管理審查會議討論之議題。
4. 公司收到不符合事件報告後應由指派人簽署詳閱，並傳閱有關部門主管注意，避免事件擴大或再度發生。

## 六、船上稽核與認證

### （一）船上稽核

　　船上內部稽核可由公司派員為之或船上部門間相互為之。船長於安全管理系統實施三個月時排訂內部稽核計劃，通知各部門主管，爭取各主管之認同與合作。內部稽核目的在找出系統運作上的缺失或執行上的疏忽，做為系統改進之參考，以達船舶安全營運之目的。每一缺失均應開具一張缺失報告，「被稽者若認為合理則可簽收並寫矯正措施項目，限期改善，某些項目可立即改善者，但最多不得超過三個月。船長或公司對該矯正措施予以評估，滿意後方可結案。

　　船上工作同仁分工合作完成每日例行作業，維持船舶正常營運。內部稽人員應公正、客觀地去發現問題，並應注意態度及溝通技巧，促進部門間之和諧為要，船長尤應妥為計劃全程督導內部稽核。內部稽核紀錄為初次評鑑及日後追蹤評鑑發證之要項。

### （二）船上認證

　　船舶「安全管理證書」由其主管官署或授權機構核發，由公司向發證機構申請認證評鑑。船長於收到公司安全管理系統（SMS）文件後，著手宣導系統內容，可以集體閱讀、會議等方式使其部屬瞭解並配合作業，另以訓練、操演等方式加強共識以執行安全管理系統（SMS）之實施。船舶實施系統依各程序書作業並紀錄建檔保存，紀錄建檔需有三個月以上之紀錄方可視為安全管理系統正式運作。

　　安全管理系統運作期間最少要召開一次內部稽核並有紀錄可查，內部稽核所開列之缺失報告應有矯正措施，限三個月內改正完畢結案。系統運作期間內至少應舉行一次應急操演，以確定船舶與公司緊急事件發生時，聯絡管道之通暢及相關人員配合作業良好。

　　船長及指派人認為該輪安全管理系統已正常運作良好，可由公司向發證機構中國驗船中心，申請船舶認證。申請書應填寫資料有：
1. 公司中英文名稱
2. 公司地址
3. 聯絡人
4. 中英文船名
5. 船舶登記號碼

6.申請證書項目，如初次評審等

7. 受評日期及港口

　　公司在認證機構作船舶認證前，應將公司「符合文件」（DOC）副本送船備查。

　　中國驗船中心於收到申請書後，將排訂評鑑計劃 通知航業公司。公司收到評鑑計劃後將轉知船長準備受評。船上評鑑作業約需二位評鑑員二天作業時間評鑑如未發現重大缺失時，主導評鑑員將建議中國驗船中心核發該輪之『安全管理證書』（SMC）。

　　證書有效期間五年，日後於取得日起二年六個月時再做追蹤評鑑，但二年六個月內公司「符合文件」（DOC）應保持有效。

# 參考文獻

1. 中國驗船中心，船舶檢驗與發證統一制度之研究，中國驗船中心，民國79.12。
2. 中國驗船中心，港口當局依國際公約對船舶之管制，民國81.3。
3. 中國驗船協會，International Convention on Load Line 1966。
4. 中國驗船協會，一九七三／七八年防止船舶污染國際公約，民國83.1。
5. 中國驗船協會，一九七四年海上人命安全國際公約，民國68.6。
6. 中國驗船協會，一九九四年海上人命安全國際公約／一九九四年增訂，民國83.9。
7. 中國驗船協會，巴黎備忘錄，民國71.4。
8. 中國驗船協會，商船最低標準公約及附件，民國70.9。
9. 中國驗船協會，船舶管制之程序（LKO A.466號決議案），民國71.10。
10. 交部運輸研究所，「一九七八年航海人員訓練，發證及當值標準國際公約，一九九五年修正案」中譯本，民國85年9月。
11. 高雄港務局，高雄港船席調配作業手冊。
12. 經濟部商檢局，品質管理與品質保證國際標準ISO9001/9002/9003修訂內容簡介，民國83.3。
13. 經濟部商檢局，品質管理與品質保證國際標準ISO9001-1994年版，民國83.8。
14. 經濟部商檢局，品質管理與品質保證國際標準手冊，民國80.5。
15. 運輸研究所，航運市場變動中的船隊整建問題，交通部，民國77.4。
16. 聯偉管理顧問公司，ISO 9000評審員及主導評審員課程，1995。
17. 交通部，本國船員供需特性之分析與對策之研究，交通部，民國83。
18. 周和平等，「一九七八年航海人員訓練，發證及當值標準國際公約一九九五年修正案對我國船員管理體制之影響及規劃因應方案」，交通部，民國86年7月。
19. 許洪烈，「探討海事安全觀點及海事保全觀點介面互動之影響」，中華海運月刊，2003。
20. 周和平，船務行政，交通部交通研究所，民國69年3月。
21. 曾國雄，黃主列編譯，海運實務指南，文京圖書公司，民國73年9月。
22. 周和平，貨物裝卸實務，周氏兄弟出版社，民國80年9月。
23. 邱垂錫譯，船舶學，徐氏基金會，民國81年9月。
24. 周和平、徐國裕，船長在管理上角色地位之探討，海技第52期，民國84年6月。
25. 周和平、李彌、陳彥宏、徐國裕等，「港口國管制規定對我國海運發展與港埠管理之影響及因應對策之研究」，交通部運輸研究所，民國85年6月。
26. 郭炳秀，「依國際安全管理章程之規定建立船舶安全管理實施之研究」，海洋大學碩士論文，民國86年6月。
27. 周和平，船藝學，國立編譯館，民國86年9月。
28. 徐國裕，我國商船人力資源與船員改策之探討，船舶與海運第735期，民國86年9月。
29. 黃余得，航商對新船設計建造需求之探討，船舶與海運第746期，民國87年3月。
30. 馬豐源，論船舶系統以可靠性為中心之維修策略，海運用刊第164期，民國87年8月。
31. 黃余得，航商訂購新船應有的認識，船舶與海運第762-764期，民國87年9月。

32. 周和平等，「個人安全與社會責任」，海洋大學海運研究中心，民國88年7月。

33. 陳威隆，「國際商港港埠設施保全機制之研究」，海洋大學碩士論文，民國93年6月。

34. 劉慧貞，「海運業者建立貨櫃船舶保全系統之研究」，海洋大學碩士論文，民國93年6月。

35. 江國地譯，船長在工業化海上運輸體系扮演之角色，海洋大學航海學刊（7），民國65.6。

36. 王衛耻，海上保險法與共同海損，文笙書局，民國72.10。

37. 許曉民，海的危難事故，海洋學院航海學會，民國73.3。

38. 楊仲箈，船舶技術管理，交通部交通研究所，民國73.3。

39. 鄧運連，船舶檢驗與發證管制之研究，文化大學碩士論文，民國76.6。

40. 唐富藏，交通政策，華泰書局，民國78.6。

41. 周和平，我國海運人才培育之研究，海洋大學海洋運輸系，民國79.6。

42. 邱展發，P&I與船舶保險，航貿圖書出版社，民國80.1。

43. 朱于益，船上應攜備有關航行安全之證書與文件，船舶與海運，606期中華海運研究發展協會，民國81.7。

44. 崔延紘，海洋運輸學（上、下），國立編譯館，民國81.9。

45. 姜占魁，組織行為與行政管理，三民書局，民國81.9。

46. 黃異，國際海洋法，國立編譯館，民國81.9。

47. 姚忠義，當前商船船員教育及訓練問題探討及改善方法之研究，中華民國船長公會，民國82.1。

48. 林光，海運學，華泰書局，民國82.2。

49. 呂仁瑞，ISO 9001，1994版國際標準條文之精解，仁瑞管理文化出版社，民國83.7。

50. 楊幼蘭譯，企業改造（Reengineer the Corporation）牛頓出版社，民國83.10。

51. 姚玉麟，運輸保險學（修訂版），文化大學出版部，民國84.1。

52. 周和平、崔延紘、徐國裕，船舶管理支援體系運作之探討，船舶與海運，667期，中華海運研究協會，民國84.8。

53. 周和平、徐國裕，船舶安全管理品質與保證，航運季刊第四卷第三期P26-64，航運學會，民國84.9。

54. 徐國裕，「因應國際安全管理章程實施之研究」，海洋大學碩士論文，85年6月。

55. 邱啟舜，船舶檢驗與發證統一制度－HSSC，船舶與海運第788期，民國88.7月。

56. 船舶法，民國85年12月5日修定。

57. 船員法，民國88年6月22日公布。

58. 海商法，民國88年7月14日修定。

59. 武藤秀一，船員制度近代化今後之課題，日本「海運」，1990.7。

60. 柚木尚，船舶管理系統審查登錄規則之解說，NK品審室，1993。

61. IUMI船舶保險報導1994，安田保險會社（日本）1994.11。

62. ICS，Code of Ship Management Standards（ISMA Code），1991.6。

63. P. Druker著／侯家駒校訂，管理學（上、下），聯經出版社，民國63.10。

64. 徐國裕編撰，「船舶安全與海運管理」論文集，中華海洋事業協會，2010.3。

65. 徐國裕主編，2011年海峽兩岸「國際海事公約暨船舶營運安全」研討會論文集，中華海洋事業協會，2011.6。

66. P.L. Johnson，ISO 9000 Meeting the New International Standards，MeGRAW HILL，INC／巨

擘書局，1993。

67. Willbrin & Cheng, Global Management of Quality Assurance System，MeGRAW HILL，INC／巨擘書局，1994。

68. H.T. Anonsen, Ship Management and Standards, Vesta Insurance Co., Norway, 1991.9。

69. ICS, Shipping and the Environment, A Code of Practice, ICS/ICF, 1993。

70. L.C. KENEALL, The Business of Shipping，美書企業，1983。

71. ALAN.E.BRANCH, Economics of Shipping Practice and Management，基隆圖書公司，1983。

72. R.D. ELDEN, Ship Management，美書企業，1997。

73. B.M. Thomas, Management of Ship Maintenance，基隆圖書公司，1981。

74. H.I. LAVERY, Shipboard Operations, Heineman Ltd., 1984。

75. E.R. HARDY Ivamg, Marine Insurance，基隆圖書公司，1984。

76. F.N. Hopkins, Business & Law for the Shipmaster，基隆圖書公司，1987。

77. S.J. Wiater, Shipping Economics and Policy，基隆圖書公司，1983。

78. Capt.P. A. Heathcote, Shipboard Management the CN Way, Journal of MER, P23～25, April, 1984。

79. S.C. CERTO, Modern Management, 6th Edition, Allyn Bacon, USA, 1994。

80. ISM Workshop, SAFETY Management System Development & Certification Scheme to ISM Code, LR Advisory Service, 1994。

81. Guidance for safety management Manual, Nippon Kaiji Kyokai, 1994。

82. Introduction to ISO-9002 & ISM Code Certification, DNV Class, 1995。

83. Guidelines on the Application of the IMO International Safety Management ICS/TCF, 1993。

84. Practical Audition Assessment & Registration of Quality Management System, ALAN A GRIFFIN & associates (UK), 1995。

85. On-Board Ship Administration, IMO Model Corse 2.05, IMO 1992。

# 推薦好書

## 駕駛台資源管理
### Bridge Resource Management

作　　者　胡延章 編著／徐國裕 審閱
I S B N　978-957-11-6437-3
書　　號　5125
定　　價　380

## 電子海圖－整合式導航資訊系統

作　　者　張淑淨 著
I S B N　978-957-11-5820-4
書　　號　5120
定　　價　450

## 船舶建造與經營管理
### Shipbuilding Management

作　　者　劉武顯、張建仁、廖本豐 著
I S B N　978-957-11-6373-4
書　　號　5123
定　　價　350

## 輪機概論
### Marine Engineering

作　　者　楊仲筬 編著
I S B N　978-957-11-7069-5
書　　號　5119
定　　價　420

## 船舶操縱－理論與實務
### Ship Maneuvering

作　　者　徐國裕 編著
I S B N　978-957-11-6236-2
書　　號　5118
定　　價　780

## 海岸資源管理
### Coastal Resources Management

作　　者　吳全安 編著
I S B N　978-957-11-4665-2
書　　號　5116
定　　價　480

## 海巡應用科技
### Applied Technology in Coast Guard Missions

作　　者　吳東明 著
I S B N　978-957-11-6021-4
書　　號　5121
定　　價　420

## 行動衛星通訊
### Mobile Satellite Communication

作　　者　林進豐 編著
I S B N　978-957-11-4665-2
書　　號　5D99
定　　價　380

國家圖書館出版品預行編目資料

船舶管理／徐國裕編著. －－二版.－－臺北
市：五南, 2013.09
　　面；　公分
ISBN 978-957-11-7268-2（平裝）
1.船舶　2.航運管理
557.43　　　　　　　　　　102015567

5I17

# 船舶管理（第二版）
## Ship Management

作　　者 ― 徐國裕

發 行 人 ― 楊榮川

總 編 輯 ― 王翠華

主　　編 ― 穆文娟

責任編輯 ― 王者香

封面設計 ― 小小設計有限公司

出 版 者 ― 五南圖書出版股份有限公司

地　　址：106台北市大安區和平東路二段339號4樓

電　　話：(02)2705-5066　　傳　　真：(02)2706-6100

網　　址：http://www.wunan.com.tw

電子郵件：wunan@wunan.com.tw

劃撥帳號：01068953

戶　　名：五南圖書出版股份有限公司

台中市駐區辦公室/台中市中區中山路6號

電　　話：(04)2223-0891　　傳　　真：(04)2223-3549

高雄市駐區辦公室/高雄市新興區中山一路290號

電　　話：(07)2358-702　　傳　　真：(07)2350-236

法律顧問　林勝安律師事務所　林勝安律師

出版日期　2007年7月初版一刷
　　　　　2013年9月二版一刷

定　　價　新臺幣750元